张文显

河南南阳人，毕业于吉林大学，获法学硕士和哲学博士学位，作为访问学者和高级访问学者先后在美国哥伦比亚大学、华盛顿州立大学从事西方法哲学和法律政治学研究。现任中国法学会党组成员、副会长、学术委员会主任，浙江大学、吉林大学教授，国家司法文明协同创新中心理事长兼联席主任。兼任国务院学位委员会法学评议组召集人，教育部社会科学委员会法学学部召集人，全国哲学社会科学研究专家委员会委员，中央马克思主义理论研究和建设工程咨询委员会委员，浙江省法官检察官遴选委员会主任，中国法学教育研究会会长，中华司法研究会副会长。曾任吉林大学法学院院长、副校长、党委书记，吉林省高级人民法院党组书记、院长、国家二级大法官。主要研究领域和研究方向是法理学、司法学、法律政治学。先后主持完成国家社科基金重大课题及重点课题八项，教育部、司法部、最高人民法院、中央政法委、中国法学会重大课题九项。出版学术论著和国家教材二十余部，发表论文文章四百余篇，提交咨询建议二十余份，有十六项研究成果获得二十项国家级奖励及省部级奖励。

法治中国的理论建构

张文显 著

Theoretical Foundation
of Rule of Law China

法律出版社

前 言

十八大以来，特别是十八届四中全会以来，中国法治站在了历史的新起点，步入了“快车道”和“宽车道”。全面依法治国、加快推进法治中国建设的伟大实践亟需法治理论的指导和支撑，也为法治理论的创新发展和中国特色社会主义法治理论体系的形成创造了难得的历史机遇。在这样的历史机遇中，我与法学界同仁们全身心地投入到全面依法治国、建设法治中国的理论研究之中。我组织召开了一系列法治理论研讨会、学术沙龙、学术调研活动，先后主持完成了“全面推进依法治国，加快建设法治中国研究报告”、“法治中国理论创新咨询报告”、“中国特色社会主义法治理论研究报告”、“坚持和发展中国特色社会主义法治理论指导意见（建议稿）”等重大课题，发表了四十多篇有关法治的专题论文、学术演讲、研究报告、理论笔谈。本书收录了2011年7月以来作者有关法治的文稿39篇。这些文稿大部分是在报纸杂志上公开发表的，少量是在学术演讲、访谈的基础上新近成稿的。

本书收录文稿时采用以下技术方法：文稿在发表后被转载、收录的，按同一文稿对待，只收录首次发表的文稿；文稿同时在报刊和论文集上发表的，只收录报刊上发表的文稿；未公开发表的同名文稿在多个会议、讲座上宣读过的,只收录最优版本的文稿;个别题目相同或接近但内容有实质性不同的文稿,按不同成果对待,同时收录。

本书所收文稿,大部分保持原貌,只校正文稿中的错字、漏字、衍字以及明显有误的标点符号,订正错误的引注。少量改动的文稿主要存在于以下情形中:有些文稿原来的文本比较长,发表时报社与杂志社限于篇幅进行了删减,本次按照原文本收入;有些文稿之间论题相同或接近,因而内容难免重复,本次在不影响原文整体性的前提下做了适当删节;对有些篇幅较长的文稿采用了节选的方式;有些文稿最初是以讲演文本(或讲演录音稿)的形式出现,本次收入时适当进行了编辑加工;有些文稿发表时有"提要"、"关键词"等,本次予以全部删除。

本书为每篇文稿标有题注。题注内容包括:对个别合著文稿的合作作者的姓名及排序,文稿首次发表的报刊或其他出版物的名称、时间,文稿被权威性文摘刊物转载或摘录的情况,文稿再次发表或收入学术文集或其他出版物的情况,文稿在会议或讲座上的宣读情况,以及作者认为应当做出说明的其他情况。

张文显

2016 年 8 月 28 日

目　录

前言

专论

访谈与演讲

专　论

全面依法治国的战略定位与意义*

党的十八大确立了到2020年全面建成小康社会的奋斗目标。党的十八大之后，以习近平同志为总书记的党中央深入探索全面建成小康社会的战略举措，以及全面建成小康社会后我国经济社会持续发展、党和国家长治久安的一系列重大问题，形成了全面建成小康社会、全面深化改革、全面依法治国、全面从严治党的战略布局。

一、在“四个全面”战略布局中，全面依法治国有着极其重要的定位和作用

（一）全面依法治国是全面建成小康社会的重要目标与任务

全面建成小康社会必然要求全面依法治国。党的十八大在确立全面建成小康社会战略目标的同时提出了小康社会的法治目标：“依法治国基本方略全面落实，法治政府基本建成，司法公信力不断提高，人权得到切实尊重和保障。”强调法治是治国理政的基

---

* 本文是作者为《全面依法治国：迈向国家治理新境界》（党建读物出版社2016年版）撰写的序言。

本方式,要更加注重发挥法治在国家治理和社会管理中的重要作用,善于运用法治思维和法治方式深化改革、推动发展、化解矛盾、维护稳定,为此要全面推进科学立法、严格执法、公正司法、全民守法。可见,全面小康社会是包括全面依法治国在内的“全面”。

(二)全面依法治国是全面深化改革的重要保障

党的十八届三中全会作出了《中共中央关于全面深化改革若干重大问题的决定》(以下简称十八届三中全会《决定》),四中全会作出了《中共中央关于全面推进依法治国若干重大问题的决定》(以下简称十八届四中全会《决定》)。两个《决定》接续出台彰显出改革与法治内在联系,正如习近平总书记所说,改革与法治如鸟之两翼、车之两轮。[1]同时,两个《决定》也把改革与法治的关系,即破与立的对立统一关系置于更加突出的位置。许多改革举措涉及现行法律制度,致使改革与法治的关系十分敏感,如何正确认识和处理改革与法治的关系,是在法治轨道上有序推进改革,还是突破宪法法律制度乱改革,既是对改革的考验,也是对法治的挑战。习近平总书记和党中央明确要求改革不能以牺牲法制的统一、尊严和权威为代价,指出凡属重大改革要于法有据,确保在法治轨道上推进改革,需要修改法律的可以先修改法律,先立后破,有序进行;有的重要改革措施,需要得到法律授权的,要按法定程序进行,不得超前推进,防止违反宪法法律的“改革”对宪法法律秩序造成严重冲击,避免违法改革对法治的“破窗效应”。总而言之,要善于以法治凝聚改革共识,以法治引领改革方向,以法治规范改革程序,以法治确保和巩固改革成果。

(三)全面依法治国与全面从严治党是相辅相成的

中国共产党是执政党,又是国家和社会的领导党,拥有宪法和法律规定的执政权和领导权。党的领导是我国政治体系的核心。

因而，全面从严治党是全面依法治国的根本保证。首先，从国家治理体系看，管党治党与依法治国是相辅相成的。在我国，国家治理体系是由一整套制度构成的，其中包括以宪法为统领的国家法律制度体系，以中国共产党党章为统领的党内法规制度体系，以党的基本路线和基本国策为统领的党和国家政策制度体系。三者之间具有内在统一性和互补性。我们党治国理政，推进国家治理体系现代化，不仅要有完善的国家法律制度体系，而且必须有健全的党内法规制度体系，特别是中央层面的、全党统一的党内法规体系。在某种意义上说，完善党内法规制度体系，推进党内法规制度现代化，是完善和发展国家治理体系，推进国家治理体系现代化的必然要求。所以，要根据管党治党和依法治国的总体部署，以“宪法为上、党章为本”为基本原则，不断完善党内法规制度体系。其次，从管党治党与依法治国的内在要义看，二者也是相辅相成的。依法治国的“国”，首先是国家机器意义上的“国”，其次才是国度意义上的“国”。马克思主义经典作家认为，国家作为政治机器，是代表统治阶级管理社会的公共权力，是包括立法权、行政权、司法权、军事权等在内的权力体系。因此，依法治国实质上就是依法治权。由于中国共产党是执政党，即掌握和运用国家政权的党，党通过自己的党员，特别是领导干部执掌和运行国家权力。所以，依法治权合乎逻辑地要求从严管党治党。从这种内在逻辑出发，要始终把规范和控制国家权力作为主要目标，确保国家权力属于人民、为了人民、接受人民监督；要始终把从严管党治党作为全面落实依法治国基本方略实现党和国家各项工作法治化的奠基工程。再次，管党治党与依法治国的相辅相成，必然要求把以法治思维和法治方式反对腐败与以党性思维和党纪方式反对腐败有机结合起来，把严肃执纪与严格执法统一起来，完善执纪与执法有效衔接的程序。

综上所述，从“四个全面”战略布局看，全面依法治国意义十分重大。“没有全面依法治国，我们就治不好国、理不好政，我们的战略布局就会落空。”所以,我们“要把全面依法治国放在‘四个全面’的战略布局中来把握,深刻认识全面依法治国同其他三个‘全面’的关系,努力做到‘四个全面’相辅相成、相互促进、相得益彰”。[2]

二、全面依法治国有着重大的现实意义、深远的历史意义和广阔的世界意义

党的十一届三中全会以来,我们党始终重视法治建设,把依法治国确定为党领导人民治理国家和社会的基本方略,把依法执政确定为党治国理政的基本方式。党的十八大进一步做出了全面推进依法治国的战略部署,强调要科学立法、严格执法、公正司法、全民守法。十八大之后,习近平总书记发出“建设法治中国”的伟大号召,2013 年,党的十八届三中全会《决定》明确提出“推进法治中国建设”,强调依法治国、依法执政、依法行政共同推进,法治国家、法治政府、法治社会一体建设。2014 年,党的十八届四中全会《决定》对全面推进依法治国的总体目标、基本原则、法治建设和法治改革的重大任务做出全方位的部署,号召全党和全国人民坚定不移走中国特色社会主义法治道路,为建设法治中国而奋斗。我们党之所以以如此坚强的意志和勇气、以如此坚韧不拔的精神,领导全国人民奋力推进法治建设,是因为依法治国对于中华民族和中国特色社会主义事业具有重大的现实意义和深远的历史意义,对于人类社会的文明进步亦具有重大意义。

(一)全面依法治国是推进中国政治文明和社会现代化的必由之路

习近平总书记指出:“法治和人治问题是人类政治文明史上的一个基本问题,也是各国在实现现代化过程中必须面对和解决的一个重大问题。综观世界近现代史,凡是顺利实现现代化的国家,没有一个不是较好解决了法治和人治问题的。相反,一些国家虽

然也一度实现快速发展,但并没有顺利迈进现代化的门槛,而是陷入这样或那样的'陷阱',出现经济社会发展停滞甚至倒退的局面。后一种情况很大程度上与法治不彰有关。"[3] 他还指出,一些国家在一定时期经济获得较快发展,但是由于没有解决好法治和人治的关系,很快就陷入停滞或衰败境地。新中国成立以后,我们党和国家很多重大的失误,也都是人治惹的祸。《中共中央关于建国以来党的若干历史问题的决议》深刻分析了这一教训,指出:"种种历史原因又使我们没有能把党内民主和国家政治社会生活的民主加以制度化、法律化,或者虽然制定了法律,却没有应有的权威",这"就使党和国家难以防止和制止'文化大革命'的发动和发展"。所以,"为了保障人民民主,必须加强社会主义法制,使民主制度化、法律化,使这种制度和法律具有稳定性、连续性和极大的权威。"根据对国内外经验教训的考察分析,习近平总书记指出:人类社会发展的事实证明,依法治理是最可靠、最稳定的治理,"法治兴则国家兴,法治衰则国家乱","全面推进依法治国,是深刻总结我国社会主义法治建设成功经验和深刻教训作出的重大抉择"。[4]

我们党之所以摒弃人治、选择法治,是因为人治有致命的弊端,法治有巨大的优越性。人治的典型特征在于统治者个人或者极少数人说了算,这种治理方式除了出错率高之外,往往导致人亡政息、难以为继。有鉴于此,邓小平同志反复告诫党和人民,人治"危险得很",人治"靠不住"。他曾在同几位中央负责同志的谈话中指出:"一个国家的命运建立在一两个人的声望上面,是很不健康的,是很危险的。不出事没问题,一出事就不可收拾。""还是要靠法制,搞法制靠得住些。"[5] 相对于人治,法治则具有多方面明显的优越性。其最大优越性在于,它能够保持执政党的执政理念、执政路线、执政方针的连续性、稳定性、权威性,不因领导人的改变而改变,不因领导人看法和注意力的改变而改变,真正做到"不动摇"、"不折腾"。

（二）全面依法治国是发展社会主义市场经济、建构现代市场体系的根本要求和重要保障

当今世界有两种生产资料所有制形式，我们坚持和不断完善公有制为主体、多种所有制经济共同发展的基本经济制度。坚持以公有制为主体，发展壮大国有经济，国有经济控制国民经济命脉，对于发挥社会主义制度的优越性，增强我国的经济实力、国防实力和民族凝聚力，具有关键性作用；对于全体社会成员享有基本的生活需要和最低限度的社会平等，最终走向共同富裕的道路，也是极其重要的制度保障。而个体经济、私营经济、合资或外资等非公有制经济是社会主义市场经济的重要组成部分，它们的发展对于充分调动社会各方面的积极性、加快生产力发展、增加社会就业具有重要作用。

当今世界有两种资源配置的基本方式，一是计划经济，二是市场经济，我们告别了僵化的计划经济，选择了自由的市场经济。事实证明，市场经济是当今世界最有效率的经济运行机制。党的十四大把建立社会主义市场经济体制作为我国经济体制改革的总体目标，具有伟大的现实意义和极其深远的历史意义。党的十四大以来，我们在建立社会主义市场经济体制方面的理论研究和实践探索，更加明确了社会主义市场经济体制的建设目标。党的十八届三中全会进一步做出“加快完善现代市场经济体系”的决定，提出“建立统一开放、竞争有序的市场体系，是使市场在资源配置中起决定性作用的基础。必须加快形成企业自主经营、公平竞争，消费者自由选择、自主消费，商品和要素自由流动、平等交换的现代市场体系”。

建立社会主义市场经济体制和现代市场体系，需要法治的引领和保障。在建立社会主义市场经济体制和现代市场体系的过程中必须同步完善社会主义市场经济的法律体系和法治体系。这是因为市场经济内在地需要法律和法治，没有法律和法治就没有市

场经济,市场经济必然是也必须是法治经济。

适应社会主义市场经济体制和现代市场体系运行的内在需要,法治在市场经济体制和市场体系中至少有着以下几个方面不可或缺的作用。第一,保障作用。通过为市场经济提供良好的外部法律环境,为市场经济体制的建立和市场经济的发展创造稳定的政治局面、安居乐业的社会秩序和切实有效的社会保障体系。这方面的作用犹如为市场经济“护航”。第二,引领作用。引领作用旨在通过规定社会主义市场经济的发展方向、价值目标、基本政策和利益关系,指引市场经济沿着正确、合法、高效和安全的路线破浪前进。这一方面的作用犹如为市场经济“引航”。第三,服务作用。由于市场经济法治化,经济交往的过程无不同时也是法律交往的过程,加上法律越来越专门化、技术化、信息化和国际化,市场经济对法律服务的需求和依赖也越来越大。律师、公证、法律咨询等法律职业和法律服务体系的发展就是为了满足这方面的需要。法律服务的范围将从主要是诉讼代理扩大到法律顾问、法律评价和法律审定,并从国内扩大到国外。第四,规制作用。市场经济具有二重性。一方面,发展社会主义市场经济有利于解放和发展社会生产力,增强国家的综合国力,提高人民的生活水平,也有利于增强人们的自立意识、竞争意识、效率意识、民主法治意识和开拓创新精神,使社会主义的活力和优越性进一步发挥出来。但另一方面,市场自身也存在一些弱点和消极方面,如可能扩大贫富差别,导致两极分化,也会使一些人利用市场机制的空档而见利忘义、唯利是图、搞假冒伪劣,在两种经济体制转轨过程中出现混乱和无序,等等。法律将对市场经济的消极方面予以规制,以充分发挥市场经济的积极作用,克服其弱点和消极因素。第五,推进经济体制改革的作用。主要表现为把改革纳入法治的轨道,用法律法规引导和规范改革,用法律确认和巩固改革的成果。

（三）全面依法治国是发展社会主义民主政治、切实保障人权的根本要求和重要保障

法治与民主政治有着内在的必然联系，社会主义民主政治本质上是法治化政治。

首先，民主政治在运作上是代议民主或间接民主。这种体制意味着在政治权力的持有与政治权力的行使之间存在某种程度的分离。这种分离可能引起政治失控和权力异化。以权谋私、贪污腐化、权钱交易、弄权渎职等政治腐败行为都是权力失控和异化的现象。为了防止政治权力的失控和异化，要有一部宪法，庄严地宣布一切权力属于人民，公民与生俱来的权利和自由不受非法剥夺；严格地规定国家代表机关（立法机关）、行政机关、司法机关及其他国家机关的职权范围和行使职权的程序，同时建立有效的监督体系和制约机制。在制定宪法之后，还需制定出一系列法律法规，以制约国家权力，有效地保障人民当家作主。

其次，民主政治是程序性政治。民主政治要求各政治主体必须依照既定的规则和程序参与政治（行使政治权力和权利）。随着法律知识的丰富和法治意识的增强，公民对规则的要求和对一切政治活动必须符合宪法法律的要求会越来越强烈，从而推动政治活动的法制化、有序化。

再次，民主政治是自由和平等的政治。自由、平等的政治体制为各种政见、决策和立法建议的表达和交流，各政治主体影响和参与决策提供了机会，使立法政策和法律既能真实地反映广大人民群众的根本利益和共同意志，又能够获得人民群众的拥护和遵守。但如果没有一定法律的引导、规范和制约，人们就无法进行愿望和政见的交流，更不可能在平等地、自由地发言和讨论的基础上形成社会共识或多数人的意志，并根据共识或多数人的意志制定出法律和政策。

最后，民主政治应当是高效的政治体制，而高效的政治体制必

须是法制化的体制。政治体制的效率取决于多种因素，其中法制化是一个基本因素。若没有法制的引领和保障，政治决策中的“权力任性”、“瞎指挥”、“瞎折腾”就不可避免。在一切无效率的事情中，最无效率的莫过于“瞎折腾”。若没有法制对政治主体权利和权力的宣告和保障，政治生活、经济生活、社会生活就难以充满活力。

社会主义民主政治不仅具备以上特征，它还体现为充分而切实的人权宣言和人权保障。因此，发展人民民主，就要保障人民享有广泛的权利和自由。正如习近平总书记所强调的：社会主义法治必须坚持人民主体地位，即“必须坚持法治为了人民、依靠人民、造福人民、保护人民。要保证人民在党的领导下，依照法律规定，通过各种途径和形式管理国家事务、管理经济和文化事业，管理社会事务。要把体现人民利益、反映人民意愿、维护人民权益、增进人民福祉落实到依法治国全过程，使法律及其实施充分体现人民意志”。〔6〕

（四）全面依法治国是建设社会主义和谐社会、实现党和国家长治久安的根本要求和重要保障

我们党在全面推进小康社会建设的过程中，提出构建社会主义和谐社会，强调指出：社会和谐是中国特色社会主义的本质属性，构建社会主义和谐社会是贯穿中国特色社会主义事业全过程的长期历史任务，是在发展的基础上正确处理各种社会矛盾的历史过程和社会结果，要按照民主法治、公平正义、诚信友爱、充满活力、安定有序、人与自然和谐相处的总要求和共同建设、共同享有的原则，着力解决人民最关心、最直接、最现实的利益问题，努力形成全体人民各尽其能、各得其所而又和谐相处的局面，为发展提供良好社会环境。2012 年，党的十八大进一步重申“社会和谐是中国特色社会主义的本质属性”，把“和谐”作为社会主义核心价值观第

一层面的核心要素，提出“开创社会和谐人人有责、和谐社会人人共享的生动局面”，并发出“建设富强、民主、文明、和谐的社会主义现代化国家”的伟大号召。

社会和谐是中国特色社会主义的本质属性。在社会主义和谐社会的所有科学内涵和基本特征中，第一条也是最重要的一条，就是民主法治。民主法治在和谐社会的全部内涵和基本特征中具有统揽全局、支撑全局的作用，而不仅仅是其中的某一方面、某一部分。和谐社会与法治社会是互为表征的，和谐社会必然是法治社会，法治社会当然是和谐社会；只有在一个崇信民主、奉行法治的社会，构建和谐社会的其他要素才能够得到真正的实现；和谐社会的其他要素特征都包含着对法治的需求和依赖，人与社会、人与自然的许多问题最终都归结于法治问题，需要通过法治来解决。法治在构建社会主义和谐社会中具有至关重要的作用，因而必须依靠法治来推动和谐社会的构建，依靠法治来引导社会的和谐发展，依靠法治来保障和谐社会的实现。为此，构建社会主义和谐社会必须建立和不断完善一系列法治机制，诸如：尊重和保障权利和人权的法治机制，激发活力和创造的法治机制，公正合理协调利益的法治机制，重建确保社会信用的法治机制，维护生态平衡、天人和谐的法治机制，保证舆论引导和舆论监督的法治机制，反腐倡廉、守护认同的法治机制，定分止争、化解纠纷的法治机制，建构合作共赢的和谐世界的法治机制，等等。

（五）全面依法治国、建设法治强国，是实现中华民族伟大复兴中国梦的必然要求和必经过程

习近平总书记指出：“全面推进依法治国，是着眼于实现中华民族伟大复兴中国梦、实现党和国家长治久安的长远考虑。对全面推进依法治国作出部署，既是立足于解决我国改革发展稳定中的矛盾和问题的现实考量，也是着眼于长远的战略谋划。”[7]“我们

提出全面推进依法治国,坚定不移厉行法治,一个重要意图就是为子孙万代计、为长远发展谋。"[8]"全面建成小康社会、实现中华民族伟大复兴的中国梦……就必须在全面推进依法治国上作出总体部署、采取切实措施、迈出坚实步伐。"[9]"'国无常强,无常弱。奉法者强则国强,奉法者弱则国弱。'我们必须把依法治国摆在更加突出的位置,把党和国家工作纳入法治化轨道,坚持在法治轨道上统筹社会力量、平衡社会利益、调节社会关系、规范社会行为,依靠法治解决各种社会矛盾和问题,确保我国社会在深刻变革中既生机勃勃又井然有序。"[10]"历史是最好的老师。经验和教训使我们党深刻认识到,法治是治国理政不可或缺的重要手段。法治兴则国家兴,法治衰则国家衰。什么时候重视法治、法治昌明,什么时候就国泰民安;什么时候忽视法治、法治松弛,什么时候就国乱民怨。"[11]可见,依法治国,建设法治中国、法治强国,与中国梦、强国梦是一脉相承的。法治中国是中国梦的重要组成部分,法治中国与富强中国、民主中国、文明中国、和谐中国、美丽中国、公平中国、平安中国、健康中国、海洋强国等核心要素相辅相成,共同编织成中国梦的美好愿景。

中国梦,既是复兴梦,又是强国梦。在当今世界,一个强大的国家,必定是法治上的强国。全面推进依法治国,对于实现从法律大国到法治强国的转型升级,实现近代以来中国人民孜孜以求的法治梦,具有深远的历史意义。截至2014年12月,我国已制定现行宪法和有效法律243部,现行有效的行政法规739部、地方性法规9200多部。就成文法的数量而言,我国已经成为一个"法律大国",但还远不是一个"法治强国"。法治强国的标准是:法治成为国家与社会的核心价值,成为国家治理和社会治理的根本方式,成为支撑国家兴旺发达的强大力量;全社会尊重法治、信仰法治、坚守法治;宪法具有极大权威,法律具有普遍的实效,任何个人和组织都必须在宪法和法律的范围内活动;在国际关系和全球治理中拥有平等的话语权、规则的制定权、执法权和司法权。根据这些核心指标的判断,我国正处在从法律大国向法治强国转型升级的路上。在推进国家治理体系现代化和法治化的进程中,人民期盼着建设法治强国,实施法治强国战略。只有实现了法治强国,中国才有可能成为名副其实的强国。

(六)全面依法治国是实现国家治理体系和治理能力现代化的必然要求

厉行法治,依法治国,是国家治理现代化的内在要求。正如习近平总书记所指出的:"依法治国是坚持和发展中国特色社会主义的本质要求和重要保障,是实现国家治理体系和治理能力现代化的必然要求。我们要实现经济发展、文化昌盛、社会公正、生态良好,必须更好发挥法治的引领和规范作用。"〔12〕全面依法治国是"完善和发展中国特色社会主义制度、推进国家治理体系和治理能力现代化的重要方面"。〔13〕

现代法治的核心要义是"良法",国家治理现代化的核心要义是"善治"。"立善法于天下,则天下治;立善法于一国,则一国治。"〔14〕正是现代法治为国家治理注入了良法的基本价值,提供了善治的创新机制。就国家治理体系而言,"良法"(善法)就是良好的制度。国家治理是不是良法之治,关键看国家治理制度体系贯彻什么样的价值观和价值标准。以国家治理现代化的世界元素和中国标准而言,秩序、公平、人权、效率、和谐、诚信、自由等当属其基本价值。

法治不仅为国家治理注入良法的基本价值,而且构成国家治理体系和治理能力的重要依托。"法律是治国之重器,法治是国家治理体系和治理能力的重要依托。"〔15〕"法治体系是国家治理体系的骨干工程。"所谓"依托",就是制度载体,制度化设计。由于中国特色社会主义法治体系的基石是宪法,支柱是依宪执政、依宪治国,所以宪法和依宪执政、依宪治国也就构成了国家治理体系的基石和支柱。所谓"骨干工程",就是说推进依法治国、推进国家治理法治化是实现国家治理现代化的重中之重的工程,只有在法治的轨道上才能顺利实现国家治理现代化。国家治理体系和治理能力现代化实质上就是国家治理法治化。

(七)全面依法治国是解决我国发展中面临的一系列重大问题的根本要求

习近平总书记指出:"全面推进依法治国,是解决党和国家事业发展面临的一系列重大问题,解放和增强社会活力、促进社会公平正义、维护社会和谐稳定、确保国家长治久安的根本要求。"[16]他还指出:"我国改革发展稳定形势总体是好的,但发展中不平衡、不协调、不可持续的问题依然突出,人民内部矛盾和其他社会矛盾凸显,党风政风也存在一些不容忽视的问题,其中大量矛盾和问题与有法不依、执法不严、违法不究相关。解决制约持续健康发展的种种问题,克服部门保护主义和地方保护主义、维护市场秩序、保护知识产权、化解产能过剩、打击假冒伪劣产品、保护生态环境、保障人民民主、维护社会主义法制权威和尊严、克服执法不严和司法不公,解决人民最关心的教育、就业、收入分配、社会保障、医药卫生、住房等方面的突出问题,解决促进社会公平正义、完善互联网管理、加强安全生产、保障食品药品安全、改革信访工作制度、创新社会治理体制、维护社会和谐稳定等方面的难题,克服公器私用、以权谋私、贪赃枉法等现象,克服形式主义、官僚主义、享乐主义和奢靡之风,反对特权现象、惩治消极腐败现象等,都需要密织法律之网、强化法治之力。"[17]

总之,面对改革发展稳定的艰难任务和矛盾风险的巨大挑战,依法治国地位更加突出、作用更加重大。要破解改革发展稳定的困境,"推动我国经济社会持续健康发展,不断开拓中国特色社会主义事业更加广阔的发展前景,就必须全面推进社会主义法治国家建设,从法治上为解决这些问题提供制度化的方案。"[18]

(八)全面依法治国有利于推进国际关系法治化和世界法治文明

进入新世纪之后,法治越来越成为文明国家的基本共识和人类社会的普遍价值,成为我们这个时代的主旋律。我们正在走入一个法治的时代,国际社会正在呈现出一种法治化的趋势。正如当前国内的很多问题已经纳入法治的轨道,国家之间、区域之间乃至世界范围内的很多问题也越来越多地纳入法治轨道。这些年,联合国积极推动建设国际法治,取得了不少成绩。2005 年《世界首脑会议成果文件》将法治作为一项价值观和基本原则,呼吁在国家和国际两级全面实行法治。联合国大会及其第六委员会和国际法委员会,致力于国际条约的制定和国际法的编纂,为"国际立法"做出了积极贡献。安全理事会积极预防和解决地区冲突,设立特设刑事法庭,把违反国际人道法和人权法的个人绳之以法,通过法治手段,维护国际和平与安全。国际法院通过司法手段解决国际争端,其判决和咨询意见阐明了国际法的有关原则和规则,丰富和发展了国际法。从 2006 年开始,联合国大会第六委员会开始讨论国家和国际两级法治的问题。对于这个问题的研讨不仅具有重要的现实意义,有利于扩大各国在加强法治方面的共识,而且体现出世界各国共同努力建设一个法治世界的愿望。在这样的时代背景下,推进依法治国、建设法治中国,毫无疑问是顺应历史潮流的正确选择。同时,应当看到,中国作为一个负责任的大国,中国执政党和政府依法治国、厉行法治,是推动国际关系法治化的强大力量和坚实基础。当中国在法治中和平崛起,在法治中走向富强、民主、文明、和谐,在全面依法治国进程中成为一个法治强国的时候,世界秩序将随之变得更加公正、更加合理、更加文明、更加稳定。

注 释

〔1〕《习近平关于全面依法治国论述摘编》,中央文献出版社 2015 年版,第 14 页。

〔2〕《习近平关于全面依法治国论述摘编》,中央文献出版社 2015 年版,第 15 页。

〔3〕《习近平关于全面依法治国论述摘编》,中央文献出版社 2015 年版,第 12 页。

〔4〕《习近平关于全面依法治国论述摘编》,中央文献出版社 2015 年版,第 8 页。

〔5〕《邓小平文选》(第 3 卷),人民出版社 1993 年版,第 311、379 页。

〔6〕《习近平关于全面依法治国论述摘编》,中央文献出版社 2015 年版,第 29 页。

〔7〕《习近平关于全面依法治国论述摘编》,中央文献出版社 2015 年版,第 11 页。

〔8〕《习近平关于全面依法治国论述摘编》,中央文献出版社 2015 年版,第 12—13 页。

〔9〕《习近平关于全面依法治国论述摘编》,中央文献出版社 2015 年版,第 7 页。

〔10〕《习近平关于全面依法治国论述摘编》,中央文献出版社 2015 年版,第 11 页。

〔11〕《习近平关于全面依法治国论述摘编》,中央文献出版社 2015 年版,第 8 页。

〔12〕《习近平关于全面依法治国论述摘编》,中央文献出版社 2015 年版,第 4—5 页。

〔13〕《习近平关于全面依法治国论述摘编》,中央文献出版社 2015 年版,第 7 页。

〔14〕(宋)王安石:《临川先生文集》,中华书局 1959 年版,第 678 页。

〔15〕《习近平关于全面依法治国论述摘编》,中央文献出版社 2015 年版,第 6 页。

〔16〕《习近平关于全面依法治国论述摘编》,中央文献出版社 2015 年版,第 4 页。

〔17〕《习近平关于全面依法治国论述摘编》,中央文献出版社 2015 年版,第 10 11 页。

〔18〕《习近平关于全面依法治国论述摘编》,中央文献出版社 2015 年版,第 6 页。

坚定不移走中国特色社会主义法治道路*

党的十八届四中全会《决定》指出:“全面推进依法治国,总目标是建设中国特色社会主义法治体系,建设社会主义法治国家。”实现这一总目标,必须坚持正确的路线,选择正确的道路。道路问题是最根本的问题,道路决定命运,道路决定前途。中国特色社会主义法治道路就是全面推进依法治国的唯一正确路线,是全面推进依法治国、加快建设法治中国的总路线,也可以说是社会主义法治建设的基本路线。正如习近平总书记所强调的:“中国特色社会主义法治道路,是社会主义法治建设成就和经验的集中体现,是建设社会主义法治国家的唯一正确道路。”[1]“全面推进依法治国,必须走对路。如果路走错了,南辕北辙了,那再提什么要求和举措也都没有意义了。全会决定有一条贯穿全篇的红线,这就是坚持和拓展中国特色社会主义法治道路。中国特色社会主义法治道路是一个管总的东西。具体讲我国法治建设的成就,大大小小可以列举出十几条、几十条,但归结起来就是开辟了中国特色社会主义法治道路这一条。”[2]“在坚持和拓展中国特色社会主义法治道路这个根本问题上,我们要树立自信、保持定力。走中国特色社会主义法治道路是一个重大课题,有许多东西需要深入探索,但基本的东

---

* 本文是作者为2015年“双百报告会”撰写的演讲稿。

西必须长期坚持。”[3]对这一点，要理直气壮讲、大张旗鼓讲。要向干部群众讲清楚我国社会主义法治的本质特征，做到正本清源、以正视听。四中全会《决定》和习近平总书记关于社会主义法治道路的重要讲话向全党全国人民释放出了正确而明确的信号，指明了全面推进依法治国的正确方向，这对于进一步统一全党全国人民的认识和行动具有十分重要的意义。

一、中国特色社会主义法治道路的核心要义

四中全会《决定》高屋建瓴，将中国特色社会主义法治道路进一步凝练为“三个要义”。习近平总书记指出：坚持党的领导，坚持中国特色社会主义制度，贯彻中国特色社会主义法治理论，“这三个方面实质上是中国特色社会主义法治道路的核心要义，规定和确保了中国特色社会主义法治体系的制度属性和前进方向。”[4]所谓“要义”，就是实质性、本质性意义，就是精髓、决定性要素。在“要义”前面再加上“核心”二字，更凸显出坚持党的领导、坚持中国特色社会主义制度、贯彻中国特色社会主义法治理论这三个方面对于中国特色社会主义法治道路所具有的重大而根本的意义。正是这三个“核心要义”，明示了中国特色社会主义法治道路的基本内涵和基本内容，确定了中国特色社会主义法治道路的根本性质和根本要求，描绘出了这条道路的鲜明特征和鲜明标识。深入理解、全面把握这三个核心要义，对于坚持中国特色社会主义法治道路、全面依法治国、建设法治中国具有方向性、战略性、全局性意义。

在中国特色社会主义法治道路的三个核心要义中，党的领导是根本，中国特色社会主义制度是基础，中国特色社会主义法治理论是指导思想和学理支撑。

坚持中国共产党的领导。党的领导是中国特色社会主义最本质的特征，是社会主义法治最根本的保证。把党的领导贯彻到依

法治国全过程和各方面，是我国社会主义法治建设的一条基本经验。我国宪法确立了中国共产党的领导地位，坚持党的领导，是宪法的根本要求，是依宪治国、依宪执政的根本体现，是党和国家的根本所在、命脉所在，是全国各族人民的利益所系、幸福所系，是全面推进依法治国的题中应有之义。“坚持中国特色社会主义法治道路，最根本的是坚持中国共产党的领导。依法治国是我们党提出来的，把依法治国上升为党领导人民治理国家的基本方略也是我们党提出来的，而且党一直带领人民在实践中推进依法治国。全面推进依法治国，要有利于加强和改善党的领导，有利于巩固党的执政地位、完成党的执政使命，决不是要削弱党的领导。”[5]党的领导和社会主义法治是一致的，社会主义法治必须坚持党的领导，党的领导必须依靠社会主义法治。只有在党的领导下依法治国、厉行法治，人民当家作主才能充分实现，国家和社会生活法治化才能有序推进。坚持党的领导是法治的根本保证。

坚持中国特色社会主义制度。“我国社会主义制度保证了人民当家作主的主体地位，也保证了人民在依法治国的主体地位。这是我们的制度优势，也是中国特色社会主义法治区别于资本主义法治的根本所在。”[6]

坚持中国特色社会主义制度，一要坚持中国特色社会主义政治制度，即坚持工人阶级领导的、以工农联盟为基础的人民民主专政；坚持中国共产党的领导；坚持人民代表大会制度、中国共产党领导的多党合作和政治协商制度、民族区域自治制度、基层群众自治制度；坚持并不断发展多层面、多样化的具体民主制度。这里主要谈谈坚持人民代表大会制度和中国共产党领导的多党合作和政治协商制度。

人民代表大会制度是我国的根本政治制度，是人民当家作主的根本途径和最高实现形式，是中国特色社会主义政治制度的主要内容，是坚持党的领导、人民当家作主、依法治国有机统一的重要制度载体。实行人民代表大会制度是由我国的国家性质所决定的。一个国家的政治制度,核心是国体和政体问题。国体与政体密不可分,国体决定政体,政体体现国体。一个国家采取什么样的政体,是由这个国家的国体决定的,也就是说,是由掌握国家权力的阶级根据这个国家的政治、经济、文化、民族和历史传统来决定的。

我国是人民民主专政的社会主义国家,国家的一切权力属于人民。这是我国国家制度的核心内容和根本要求。人民代表大会制度是体现我国国家性质的最好形式。人民当家作主,最根本的是掌握国家权力。但是,人民掌握国家权力,需要有相应的政权组织形式和制度来实现。由我国的国体所决定,人民代表大会制度体现了国家一切权力属于人民的原则,体现了人民与国家权力之间的关系。这就是说,人民通过民主选举代表,组成国家权力机关,行使国家权力。我国《宪法》明确规定:“人民行使国家权力的机关是全国人民代表大会和地方各级人民代表大会。”“全国人民代表大会和地方各级人民代表大会是国家权力机关,由民主选举产生,对人民负责,受人民监督。”“国家行政机关、审判机关、检察机关都由人民代表大会产生,对它负责,受它监督。”人民代表大会制度保证了国家权力始终掌握在人民手中,保证了国家权力真正体现人民的意志、代表人民的利益,保证了人民当家作主的地位。

中国共产党领导的多党合作和政治协商制度,既不同于西方国家的两党或多党竞争制,也有别于有的国家实行的一党制。这一制度是在中国长期的革命、建设、改革实践中形成和发展起来的,是适合中国国情的一项基本政治制度,是具有中国特色的社会主义政党制度,是中国社会主义民主政治的重要组成部分。

中国共产党领导的多党合作和政治协商制度是中国社会历史发展的必然选择。现代民主政治是政党政治。政党制度是现代民主政治的重要组成部分。一个国家实行什么样的政党制度,是由该国国情、国家性质和社会发展状况所决定的。我国的政党制度是近代中国政治发展的必然结果。辛亥革命后，中国曾经一度模仿西方国家，实行议会政治和多党制，但很快就以失败告终。后来，国民党蒋介石集团实行一党专制独裁，遭到全国人民的坚决反对，最终彻底失败。中国共产党领导的多党合作和政治协商制度，正是在多党制和国民党一党独裁统治这两种政党制度模式失败之后确立和发展起来的，是中国人民在争取民主、反对独裁斗争中作出的正确选择。1978 年以来，中国共产党明确了多党合作和政治协商是中国民主政治制度的重要组成部分，确立了中国共产党与各民主党派“长期共存、互相监督、肝胆相照、荣辱与共”的十六字方针。1993 年，第八届全国人民代表大会第一次会议将“中国共产党领导的多党合作和政治协商制度将长期存在和发展”载入宪法，中国多党合作制度有了明确的宪法依据。

中国共产党领导的多党合作和政治协商制度是具有强大生命力的政治制度。共产党领导、多党派合作，共产党执政、多党派参政，是我国的基本政治格局。中国共产党领导的多党合作和政治协商制度为正确处理我国政党关系提供了制度保证。

多党合作和政治协商的生命力在于协商民主。习近平总书记在庆祝中国人民政治协商会议成立 65 周年大会上强调：“社会主义协商民主，是中国社会主义民主政治的特有形式和独特优势，是中国共产党的群众路线在政治领域的重要体现”，“在中国共产党统一领导下，通过多种形式的协商，广泛听取意见和建议，广泛接受批评和监督，可以广泛达成决策和工作的最大共识，有效克服党派和利益集团为自己的利益相互竞争甚至相互倾轧的弊端；可以广泛畅通各种利益要求和诉求进入决策程序的渠道，有效克服不同政治力量为了维护和争取自己的利益固执己见、排斥异己的弊端；可以广泛形成发现和改正失误和错误的机制，有效克服决策中情况不明、自以为是的弊端；可以广泛形成人民群众参与各层次管理和治理的机制，有效克服人民群众在国家政治生活和社会治理中无法表达、难以参与的弊端；可以广泛凝聚全社会推进改革发展的智慧和力量，有效克服各项政策和工作共识不高、无以落实的弊端。这就是中国社会主义协商民主的独特优势所在。”

坚持中国特色社会主义制度，二要坚持中国特色社会主义基本经济制度。当今世界有两种生产资料所有制形式，我们坚持和不断完善公有制为主体、多种所有制经济共同发展的基本经济制度。坚持以公有制为主体，发展壮大国有经济，国有经济控制国民经济命脉，对于发挥社会主义制度的优越性，增强我国的经济实力、国防实力和民族凝聚力，具有关键性作用；对于全体社会成员享有基本的生活需要和最低限度的社会平等，最终走向共同富裕的道路，也是极其重要的制度保障。而个体经济、私营经济、合资或外资独资经济等非公有制经济是社会主义市场经济的重要组成部分，它们的发展对于充分调动社会各方面的积极性、加快生产力发展、增加社会就业具有重要作用。

当今世界有两种资源配置的基本方式，一是计划经济，二是市场经济，我们告别了僵化的计划经济，选择了自由的市场经济。事实证明，市场经济是当今世界最有效率的经济运行机制。党的十四大把建立社会主义市场经济体制作为我国经济体制改革的总体目标，具有伟大的现实意义和极其深远的历史意义。党的十四大以来，我们在建立社会主义市场经济体制方面的理论研究和实践探索，更加明确了社会主义市场经济体制的建设目标。十八届三中全会进一步做出“加快完善现代市场体系”的决定，提出：“建设统一开放、竞争有序的市场体系，是使市场在资源配置中起决定性作用的基础。必须加快形成企业自主经营、公平竞争、消费者自由选择、自主消费、商品和要素自由流动、平等交换的现代市场体系。”

坚持中国特色社会主义基本经济制度，完善社会主义市场经济体制和现代市场体系,内在地需要法治的引领和保障,并为社会主义法治的发展形成坚实的经济基础和强大动力。

总之,坚持中国特色社会主义制度,核心是坚持人民代表大会制度,坚持人民代表大会制度,就是不搞"三权分立"和西方的"议会民主";关键是坚持中国共产党领导的多党合作与政治协商,坚持中国共产党领导的多党合作与政治协商,就是不多党竞选、轮流执政,就是要不断拓展民主制度。基础是坚持社会主义基本经济制度,坚持社会主义基本经济制度,就是要把社会主义法治建立在牢固的社会主义经济基础之上,为社会主义经济建设,进而为政治建设、文化建设、社会建设、生态文明建设和全面建成小康社会保驾护航。

贯彻中国特色社会主义法治理论。中国特色社会主义法治理论是对中国社会主义法治实践的经验总结和理论表达,是中国特色社会主义理论体系的重要组成部分。中国特色社会主义法治理论全面阐述了法治的本质、法治的普遍规律、现代法治的一般原理及社会主义法治的本质特征、内在要求、价值功能、基本原则、发展方向、遵循道路等重大问题,深刻回答了什么是社会主义法治,如何依法治国、建设社会主义法治国家和社会主义法治体系,如何推进法治中国建设,即如何实现依法治国、依法执政、依法行政共同推进,法治国家、法治政府、法治社会一体建设,国家法治、地方法治、社会法治协调发展,如何在法治轨道上推进国家治理体系和治理能力现代化,如何形成全面依法治国与全面建成小康社会、全面深化改革、全面从严治党相辅相成、相互促进、相得益彰的局面等一系列重大问题和前沿问题。总之,中国特色社会主义法治理论是关于法治,特别是中国特色社会主义法治的科学认知的集成,是党和国家法治建设的根本指导思想,是"我们党处理法治问题的基本立场"。[7]因而,坚持中国特色社会主义法治道路,建设中国特色社会主义法治体系和法治国家,推进中国法治事业科学发展,必须始终如一地贯彻中国特色社会主义法治理论。

二、走中国特色社会主义法治道路必须坚持的基本原则

中国特色社会主义法治道路的“三个核心要义”,可以具体化为“五个坚持”,亦即“五个基本原则”,即坚持中国共产党的领导,坚持人民主体地位,坚持法律面前人人平等,坚持依法治国和以德治国相结合,坚持从中国实际出发。

坚持中国共产党的领导。坚持党的领导,不是一句空话,而是具体体现为党领导立法、保证执法、支持司法、带头守法上。

党领导立法,首先是党研究决定立法工作中的重大问题。十八届四中全会《决定》指出,凡立法涉及重大体制和重大政策调整的,必须报党中央讨论决定。党中央向全国人大提出宪法修改建议,由全国人大依照宪法规定的程序进行宪法修改。法律制定和修改的重大问题由全国人大常委会党组向党中央报告,由党中央提出解决问题的立法建议。按照《决定》精神,地方性法规制定和修改的重大问题也应由相应的地方人大常委会党组向同级党委报告,由同级党委提出解决问题的立法建议。立法实践证明,只有充分发挥党委凝聚各方智慧、协调各方力量的作用,立法工作中的重大问题才能得到有效解决。

领导立法,其次体现为善于使党的主张通过立法程序上升为国家法律。党是人民利益的忠实代表者,党的事业就是维护好、发展好、实现好人民利益。因此,党的主张和人民意志、党的利益和人民利益是统一的。在领导人民治理国家的过程中,党要善于通过立法渠道使党的主张通过法定程序成为国家意志,成为全社会一体遵循的法律规范和准则,从制度上、法律上保证党的路线方针政策的贯彻实施。

保证执法,是确保体现党的意志和人民利益的法律正确实施的根本。各级党委要积极支持和推动各级政府创新执法体制,完

善执法程序，推进综合执法，严格执法责任，建立权责统一、权威高效的依法行政体制，加快建设职能科学、权责法定、执法严明、公开公正、廉洁高效、守法诚信的法治政府，督促和保证行政机关严格规范公正文明执法。

支持司法，关键是发挥党依法执政和依法治国的政治优势、组织优势、纪律优势，排除对司法活动的各种干预和干扰，为独立公正司法创新良好的制度环境和社会环境，支持司法机关依法独立公正行使司法权。十八届四中全会《决定》明确提出，各级党政机关和领导干部要支持法院、检察院依法独立公正行使职权。根据四中全会《决定》，中央有关部门出台了制止和处分领导干部干预司法的专门文件，这是对司法机关正确适用法律的强大支持。

带头守法，首先要求党组织要维护宪法法律尊严和权威，自觉在宪法法律的范围内活动，带头遵守宪法和法律，引导和带动全社会形成办事依法、遇事找法、解决问题用法、化解矛盾靠法的良好法治环境。特别是各级人大、政府、政协、审判机关、检察机关的党组织要领导和监督本单位模范遵守宪法法律，坚决查处执法犯法、违法用权等行为。

带头守法也要求党员领导干部这个"关键少数"做好表率。党员领导干部要牢记法律红线不可逾越、法律底线不可触碰，做尊法的模范，带头尊崇法治、敬畏法律；做学法的模范，带头了解法律、掌握法律；做守法的模范，带头遵纪守法、捍卫法治；做用法的模范，带头厉行法治、依法办事。不容忽视的是，目前仍有一些党员领导干部还存在长官思想和特权观念，习惯于认为法律是管老百姓的，自己可以不受法律约束。这类思想观念是封建专制、人治思想的残余，与现代民主、法治思想格格不入，必须坚决破除。

坚持党的领导，就要把依法治国基本方略同依法执政基本方式统一起来，把党总揽全局、协调各方同人大、政府、政协、审判机关、检察机关依法依章程履行职能、开展工作统一起来，把党领导人民制定和实施宪法法律同党坚持在宪法法律范围内活动统一起来,善于使党的主张通过法定程序成为国家意志,善于使党组织推荐的人选通过法定程序成为国家政权机关的领导人员,善于通过国家政权机关实施党对国家和社会的领导,善于运用民主集中制原则维护中央权威、维护全党全国团结统一。

坚持人民主体地位。中国特色社会主义法治与西方资本主义法治最根本的区别就在于:西方法治本质上是由资本所控制、所运用,体现资产阶级意志,首先为资产阶级根本利益服务;而我们始终坚持法治建设为了人民、依靠人民、造福人民、保护人民,以保障人民根本权益为出发点和落脚点,保证人民依法享有广泛的权利和自由、承担应尽的义务,维护社会公平正义,促进共同富裕;始终坚持保证人民在党的领导下,依照法律规定,通过各种途径和形式管理国家事务,管理经济文化事业,管理社会事务。

坚持人民主体地位,还意味着法律为人民所掌握、所遵守、所运用,法律是全体公民必须遵守的行为规范,法律更是保障自身权利的有力武器。

坚持法律面前人人平等。平等是社会主义法律的基本属性之一,在法治的范畴内,平等主要包括权利平等、机会平等、规则平等。社会主义法律的基本属性还包括国家强制性、权威性、连续性、稳定性等,把平等性从各种属性当中抽取出来作为中国特色社会主义法治的基本原则,有其鲜明的针对性,即针对特权思想、特权人物、特权阶层,针对权大于法、钱大于法、关系大于法,它们构成厉行法治的障碍与阻力。四中全会《决定》强调指出:坚持法律面前人人平等,就是要求任何组织和个人都必须尊重宪法法律权威,都必须在宪法法律范围内活动,都必须依照宪法法律行使权力或权利、履行职责或义务,都不得有超越宪法法律的特权。必须维护国家法制统一、尊严、权威,切实保证宪法法律有效实施,绝不允许任何人以任何借口任何形式以言代法、以权压法、徇私枉法。尤其是要以规范和约束公权力为重点,加大监督力度,做到有权必有责、用权受监督、违法必追究,坚决纠正有法不依、执法不严、违法不究行为。坚持法律面前人人平等,还要反对形形色色的歧视。

坚持依法治国和以德治国相结合。依法治国是政治文明的标志,以德治国是精神文明的标志。法治与德治的关系问题,历来是政治学、法学的基本问题。党的十五大以来,党中央总结古今中外治国的成功经验,明确提出了依法治国与以德治国相结合的治国思想。在2001年全国宣传部长会议上,江泽民同志深刻指出:“我们在建设有中国特色社会主义、发展社会主义市场经济的过程中,要坚持不懈地加强社会主义法制建设,依法治国;同时也要坚持不懈地加强社会主义道德建设,以德治国。……我们要把法制建设与道德建设紧密结合起来,把依法治国与以德治国紧密结合起来。”[8]党的十六大报告将依法治国与以德治国相结合确定为党领导人民建设中国特色社会主义必须坚持的基本经验,并把依法治国纳入政治文明的范畴,在政治建设部分加以论述,把以德治国纳入精神文明的范畴,在文化建设部分加以论述。这表明依法治国属于政治建设和政治文明的范畴;以德治国属于思想建设和精神文明的范畴。十六大报告关于依法治国与以德治国的深刻论述,突破了法治、德治水火不容的传统思维定势,阐明了一种现代法治和新型德治相结合的治国新思路。按照这种治国新思路,依法治国与以德治国并不是彼此对立、矛盾的,而是相互补充、促进的。依法治国属于政治文明范畴,是治理国家的主要方式。以德治国属于精神文明范畴,是思想建设的主要方式,主要是以德教民、以德化民、以德育人。这样,在立法、执法、司法、法律监督、法律解释等政治法律活动中,必须严格遵循法治的精神、原则和方法,不得以德治取代或冲击法治。而在相当广泛的社会生活领域和精神文明建设中,必须强调德治的精神、原则和方法,不能一味地用法律的强制手段解决思想道德问题,要注重弘扬和培育民族精神,提高全民族的思想道德素质。

四中全会《决定》和习近平总书记在四中全会上的讲话进一步强调“必须坚持一手抓法治、一手抓德治”,同时深入地阐述了依法治国与以德治国的关系,指出:国家和社会治理需要法律和道德共同发挥作用,既重视发挥法律的规范作用,又重视发挥道德的教化作用,实现法律和道德相辅相成、法治和德治相得益彰。

习近平总书记深刻指出:“发挥好法律的规范作用,必须以法治体现道德理念、强化法律对道德建设的促进作用。一方面,道德是法律的基础,只有那些合乎道德、具有深厚道德基础的法律才能为更多人所自觉遵行。另一方面,法律是道德的保障,可以通过强制性规范人们行为、惩罚违法行为来引领道德风尚。要注意把一些基本道德规范转化为法律规范,使法律法规更多体现道德理念和人文关怀,通过法律的强制力来强化道德作用、确保道德底线,推动全社会道德素质提升。”“发挥好道德的教化作用,必须以道德滋养法治精神、强化道德对法治文化的支撑作用。再多再好的法律,必须转化为人们内心自觉才能真正为人们所遵行。‘不知耻者,无所不为。’没有道德滋养,法治文化就缺乏源头活水,法律实施就缺乏坚实社会基础。在推进依法治国过程中,必须大力弘扬社会主义核心价值观,弘扬中华传统美德,培育社会公德、职业道德、家庭美德、个人品德,提高全民族思想道德水平,为依法治国创造良好人文环境。”[9]

坚持从中国实际出发。坚持从中国实际出发,就是从坚持中国法治国情出发,突出中国特色、实践特色、时代特色。国情是一门大学问,每个学科讲国情都有自己的关注点,从而形成了经济国情、政治国情、文化国情、生态国情、历史国情等,法学要关注的是法治国情。我们的法治国情如何?

第一,中国是世界上文明发达最早的国家之一,法制文明是中国古代文明的重要构成和明显标志,而且从历史进程上看从来没有中断过。战国中期,李悝的《法经》创中国封建法典之体制,开成文法典之先河。随后建立的秦朝扩大了成文法的规模,奠定了中国长达两千多年封建法制的基本轮廓。汉唐诸代君臣与巨儒主张“德主刑辅”,熔礼义刑德于一炉,使中国封建法制成为“天理、国法、人情”的融合体,形成了法治与德治相结合的鲜明特点。《唐律疏议》更以其完备的体例、严谨而丰富的内容成为封建法典的范例。经过宋、元、明、清等朝代一千多年的维系、传承和发展,形成了世界公认为五大法系之一的中华法系,广泛地传播和影响到周边国家,并在相当长的时间里居于世界法制文明的顶峰。中国古代法制文明中有许多超越时空、具有普遍价值的经验和理论。例如,主张“国无常强,无常弱。奉法者强则国强,奉法者弱则国弱”;[10]注重法律的良善品质,强调“立善法于天下,则天下治;立善法于一国,则一国治”,[11]“为国也,观俗立法则治,察国事本则宜”,[12]要以人为本,以民为本,社会和合;善于通过法律的人文精神对社会成员心理和观念世界进行整合与引领,来维系和范导整个社会,注重礼法互补,主张德治与法治并存,强调明德慎刑;注重法律的教育功能,主张以法为教,强调法律的任务不仅是“禁暴惩奸”,而且要“弘风阐化”;注重治国者、执法者的道德品质以及对国家的责任感和使命感,主张“徒法不足以自行”,[13]为官者、执法者要“天下为公”,清正廉洁,光明正大,执法如山,“法不阿贵,绳不挠曲”,[14]“公生明,廉生威”;[15]注重法律的综合意义,主张对法律条文和典籍从天理、国法、人情的有机结合上予以解释和注释,以更好地定分止争、惩恶扬善,法律的实施不能就事论事;注重立法与执法并重,“天下之事,不难于立法,而难于法之必行”;[16]注重变法促进,强调通过变法革新来解决社会深层次矛盾,保持社会稳定,推动社会发展。中国特色社会主义法治理论在对中华传统法律文化的丰富资源进行梳理和甄别的基础上择善而用,使中国特色社会主义法治具有厚重的民族精神和鲜明的时代精神。

第二,我们是在不同文明共存互鉴的历史条件下推进依法治国。所以,不能自我封闭。正如习近平总书记所指出的:“坚持从我国实际出发,不等于关起门来搞法治。法治是人类文明的重要成果之一,法治的精髓和要旨对于各国国家治理和社会治理具有普遍意义,我们要学习借鉴世界上优秀的法治文明成果。但是,学习借鉴不等于是简单的拿来主义,必须坚持以我为主、为我所用,认真鉴别、合理吸收,不能搞‘全盘西化’,不能搞‘全面移植’,不能照抄照搬。”西方法治文明源自古希腊、古罗马,积淀深厚,尤其是近代法治萌生于西方资本主义社会,有许多理念、原则和方法,反映了人类法治文明发展的一般规律。诸如依法而治、法治国家、法治政府、权力制约、人权神圣、财产神圣、税收法定、法律面前人人平等、契约自由、言论自由、罪刑法定、正当程序、权利推定、“法无禁止即自由”等法治理论,以及司法(职权)独立、法官中立、律师自由执业、疑罪从无、非法证据排除等司法学说。发展中国特色社会主义法治,应当坚持在中国国情和中国需要的前提下,认真鉴别、合理吸收西方法治经验和法治理论,使之与中国本土化理论贯通,彰显中国特色社会主义法治理论体系的开放性、包容性和科学性。

第三,我们是在全球化时代建设社会主义法治国家。我们生存的这个世界正在发生着历史性变迁,全球化正在有力地改变着人类的生产方式、生活样式和生存状态,也在深刻地影响着人类社会的经济、政治、法律制度及其变迁。在这样一个全球化时代,无论是观察和处理经济问题、文化教育科技问题,还是观察和处理政治问题、军事问题、外交问题,我们都必须有全球意识、全球视野、全球眼光、全球思维,要有全球化的问题意识和应对全球化的战略意识。同样,全面推进依法治国、建设法治国家、推进法治中国建设的一些根本性问题也必须在全球化的背景中和全球治理结构中加以研究和解决。我们必须以开放的眼界统筹国内法治与国际法治两个大局,而不能封闭僵化,关起门来搞法治建设,要主动参与全球法治，构建全球化时代的涉外法治体系、推进国际关系法治化、构建国际法治新秩序，为中华民族伟大复兴创造更加良好的外部法治环境。正如习近平总书记所强调的：中国坚持走和平发展道路，同时也将推动各国共同坚持和平发展，构建民主法治、公正合理、合作共赢的国际经济政治新秩序。中国将大力推进国际关系民主化法治化，与各国共同维护人类良知和国际公理，在世界和地区事务中主持公道、伸张正义，更加积极有为地参与热点问题的解决，既通过维护世界和平来发展自己，又以自身发展促进世界和平。

第四，我们是发展中的社会主义大国，仍处于社会主义法治建设的初级阶段，现阶段的经济社会发展、治国理政的法治需求，社会法治文化发展水平，法治专门人才队伍的总体素质，执法司法的经济成本和社会成本，决定了法治建设的指标体系不能脱离实际，不能盲目拔高；更不能照抄照搬他国的法治模式和法治体系，尤其是不能盲目地照搬照抄西方国家的法治模式，否则，就会水土不服，会“画虎不成反类犬”。

在坚持中国特色社会主义法治道路的同时，还要与时俱进、改革创新，不断丰富三个核心要义、五项基本原则的具体内容，不断拓展中国特色社会主义法治道路。

注　释

〔1〕《习近平关于全面依法治国论述摘编》，中央文献出版社 2015 年版，第 24 页。

〔2〕《习近平关于全面依法治国论述摘编》，中央文献出版社 2015 年版，第 26 页。

〔3〕《习近平关于全面依法治国论述摘编》，中央文献出版社 2015 年版，第 27 页。

〔4〕《习近平关于全面依法治国论述摘编》，中央文献出版社 2015 年版，第 23 页。

〔5〕《习近平关于全面依法治国论述摘编》，中央文献出版社 2015 年版，第 27 页。

〔6〕《习近平关于全面依法治国论述摘编》，中央文献出版社 2015 年版，第 28 页。

〔7〕《习近平关于全面依法治国论述摘编》,中央文献出版社 2015 年版,第 123 页。

〔8〕《江泽民文选》(第 3 卷),人民出版社 2006 年版,第 200 页。

〔9〕《习近平关于全面依法治国论述摘编》,中央文献出版社 2015 年版,第 30—31 页。

〔10〕《韩非子·有度》。

〔11〕(宋)王安石:《临川先生文集》,中华书局 1959 年版,第 678 页。

〔12〕《商君书·算地》。

〔13〕《孟子·离娄上》。

〔14〕《韩非子·有度》。

〔15〕(明)年富:《官箴》刻石。

〔16〕(明)张居正:《张太岳集》,上海古籍出版社 1984 年版,第 482 页。

建设中国特色社会主义法治体系*

党的十八届四中全会提出:全面推进依法治国的总目标是建设中国特色社会主义法治体系,建设社会主义法治国家。社会主义法治体系是法学理论的新概念,建设中国特色社会主义法治体系是法治建设的新思维、新纲领。法治体系的形成是一个国家法治现代化和国家治理现代化的重要标志,建设中国特色社会主义法治体系,就是要大力推进中国法治现代化和国家治理现代化。

一、提出建设中国特色社会主义法治体系的重大意义

全面推进依法治国,涉及立法、执法、司法、守法、法治监督、法治保障、法学教育,涉及依法治国、依法执政、依法行政共同推进,涉及法治国家、法治政府、法治社会一体建设,涉及国家法治、政府法制、地方法治、社会法治(社会软法体系)统筹互动、协调发展,因而需要一个思想含量和学术信息量极高的统领性概念,“中国特色社会主义法治体系”就是这样一个最好的统领性概念。

法治体系是一个描述一国法治运行与操作规范化有序化程度、表征法治运行与操作各个环节彼此衔接、结构严整、运转协调

---

* 本文发表于《法学研究》2014 年第 6 期,收入本书时补充了因当期杂志字数所限而未发表的内容。

状态的概念，也是一个规范法治运行与操作，使之充分体现和有效实现法治核心价值的概念。

法治体系是与法律体系和法制体系不同的法学理论概念。法律体系，是指由一国现行的全部法律规范按照不同的法律部门分类组合而形成的一个体系化的有机联系的统一整体。法律体系是法治体系的组成部分，又是法治体系存在和运行的基础和前提。但是，法治体系不同于法律体系，法律体系是法律的规范体系，法治体系则是法律的运行体系，一个是静态，一个是动态。法治体系不仅包括立法、执法、司法、守法等法律实施环节，而且包括保证法律体系运行的保障机制和监督机制，体现了全面推进依法治国的整体要求。

法制体系，亦即法律制度体系，是指由法律法规构建起来的制度体系。我国现行法律制度体系包括规范和保障社会主义民主政治的法律制度、尊重和保障人权的法律制度、规范和保障市场经济秩序的法律制度、保护环境资源和生态文明的法律制度、行政管理法律制度、司法与诉讼法律制度、涉外法律制度等等。在这些制度之下，又有许多更为具体的法律制度。由于每一个具体的法律制度分别是由一组或多或少的法律规范构成的，所以，法制体系实质上也就是法律规范体系。

与法治体系相邻的概念还有"法治系统"。1979 年 10 月，著名科学家钱学森在一次规模空前的系统工程学术盛会上发表重要演讲。在演讲中，他提出："在现代这样一个高度组织起来的社会里，复杂的系统几乎是无所不在的，任何一种社会活动都会形成一个系统，这个系统的组织建立、有效运转就成为一项系统工程。""社会主义法治需要一系列法律、法规、条例，从国家宪法直到部门法的规定，集总成为一个法治的体系、严密的科学体系，这也是系统工程，法治系统工程。"[1]之后，1985 年 4 月，钱学森出席了在北京召开的"全国首届法制系统科学讨论会"，并发表了题为"现代科学技术与法学研究和法制建设”的重要讲话。此后,“法治(法制)系统”、“法治系统工程”的概念进入法学概念体系,并成为一个时期法学研究的热点之一。法治系统、法治系统工程概念中的某些认知与法治体系的认知比较接近,但其核心理念差距较大,法治体系着眼于全面推进依法治国,而法治系统(法制系统)则着眼于用系统工程的科学技术方法对法律的制定和实施进行系统构建和工程化探索。

中国特色社会主义法治体系不同于一般意义的法治体系。它是在中国共产党的领导下,坚持中国特色社会主义制度,以中国特色社会主义法治理论为指导建构起来的。其核心价值是法治为了人民、依靠人民、造福人民、保护人民的人民主体性原则,以及由此延伸出来的尊重和保障人权、促进社会公平正义、维护社会和谐稳定、保证国家长治久安、保障经济持续发展、增进人的全面自由与福祉;其基石是《中华人民共和国宪法》,支柱是依宪执政和依宪治国。

十八届四中全会提出建设中国特色社会主义法治体系,具有重大而深远的意义:

(一)明确了我国法治的社会主义性质和方向

四中全会向国内外释放出正确且明确的信号:我们要建设的是中国特色社会主义法治体系和社会主义法治国家,姓“社”不姓“资”,并且要具有中国特色,因此必须坚持中国特色社会主义法治道路,坚持中国共产党的领导,坚持中国特色社会主义制度,坚持中国特色社会主义法治理论指导,坚持人民主体地位,坚持从中国国情出发。这对于进一步统一全党全国人民的认识和行动、保持法治战略定力,具有十分重要的意义。

(二)明确了全面推进依法治国的总抓手、总纲领

全面推进依法治国,涉及立法、执法、司法、守法、普法、法学教

育、法治队伍建设等各个方面,并与全面深化改革、全面建成小康社会互相联结、互相推进,所以,不能摸着石头过河,而必须加强顶层设计、统筹谋划,在实际工作中必须有一个总揽全局、牵引各方的总抓手、总纲领。建设中国特色社会主义法治体系就是全面推进依法治国的总抓手、总纲领,是贯穿四中全会《决定》的一条主线,对全面推进依法治国具有纲举目张的意义。

(三)推动了中国法治建设的战略升级

我国的社会主义法治建设起步于中华人民共和国的成立,1949年9月制定了具有临时宪法作用的《中国人民政治协商会议共同纲领》,1954年9月制定了《中华人民共和国宪法》,完成了新中国立宪大业,确立了社会主义制度的“四梁八柱”。改革开放初期,我们党面对无法无天的乱象,提出要健全社会主义法制。总体而言,在过去的三十年间,法治建设的主要矛盾是解决无法可依的问题,重心是建设中国特色社会主义法律体系。在法律体系形成之后,法治建设的重心必然转向提高法律体系的质量,转向法律的实施,为此必须强调科学立法、严格执法、公正司法和全民守法,强调法律实施的保障与监督。建设中国特色社会主义法治体系这一总目标的提出,意味着我国法治建设的战略转型和全面升级。以此为标志,中国的法治建设进入了新的历史阶段,站在了新的历史起点上。

(四)为推进国家治理体系和治理能力现代化拓展了实践路径

十八届三中全会提出全面深化改革的总目标是推进国家治理体系和治理能力现代化,十八届四中全会提出全面推进依法治国的总目标是建设中国特色社会主义法治体系。两个总目标的提出是党的十八大作出的总体战略部署在时间轴上的顺序展开。构建中国特色社会主义法治体系，是推进国家治理现代化对法治建设必然提出的新任务，它们是完全契合的。法治与国家治理息息相关，法治体系与国家治理体系相得益彰。推进国家治理现代化必然要求推进国家治理法治化。改革开放以来，我国各项治理制度的创新发展始终与法治体系的完善发展同步。市场经济是法治经济、民主政治是法治政治、法治是治国基本方略、法治是执政基本方式、法治是治国理政的基本方式、运用法治思维和法治方式治国理政，这些科学论断和丰富实践充分表明，国家治理现代化的过程也就是国家治理法治化的过程，法治化是国家治理现代化的必由之路。在这个意义上，中国特色社会主义法治体系的建设必将为国家治理现代化发挥引领和规范作用，促进国家治理体系和治理能力现代化。

（五）推进了法治理论创新和中国特色社会主义法治理论体系的完善和发展

理论来源于实践、运用于实践并在实践中不断创新发展。四中全会提出建设中国特色社会主义法治体系是我们党的重大理论创新。围绕全面推进依法治国、建设中国特色社会主义法治体系，四中全会《决定》和习近平总书记的重要讲话科学地回答了全面推进依法治国、建设社会主义法治国家、努力建设法治中国、实现法治中国梦的一系列重大理论问题；揭示了中国特色社会主义法治体系的科学内涵，阐述了党的领导、人民主体、依法治国三者的内在统一关系；提出了一系列内涵丰富、思想深刻、精于原创的社会主义法治理论观点，例如，“党的领导和社会主义法治是一致的，社会主义法治必须坚持党的领导，党的领导必须依靠社会主义法治”，“法治是国家治理体系和治理能力的重要依托”，“法律是治国之重器，良法是善治之前提”，“公正是法治的生命线”，“人民是依法治国的主体和源泉”，“法律红线不可逾越、法律底线不可碰触”，

“党的政策和国家法律互联互动”,“人民权益要靠法律保障,法律权威要靠人民维护”,“改革要于法有据”,等等。法治理论的创新发展增强了中国特色社会主义法治理论的时代化、科学化、系统化特征,构成了人类法治思想发展史上又一具有划时代意义的重大理论成果。在建设中国特色社会主义法治体系和法治国家新的伟大实践中,中国特色社会主义法治理论必将得到进一步的发展,并在法治体系和法治国家建设中发挥更加有效的理论指导、学理支撑、行动指南的作用,同时也将引领我国法学研究范式的历史性转型。

二、建设中国特色社会主义法治体系的主要任务

在全面推进依法治国、建设社会主义法治国家,推进法治中国建设,推进国家治理现代化的历史新阶段,建设中国特色社会主义法治体系,就是要形成“五个体系”,促成“五种局面”。

(一)形成“五个体系”,即完备的法律规范体系、高效的法治实施体系、严密的法治监督体系、有力的法治保障体系、完善的党内法规体系

1. 形成完备的法律规范体系

2011年3月10日,吴邦国委员长在十一届全国人大四次会议第二次全体会议上宣布中国特色社会主义法律体系已经形成。法律体系形成并不意味着法律规范体系已经完备。事实上,我国法律规范体系中还存在许多缺项,一些该有的法律规范还没有制定出来,在国家政治生活、经济生活、文化生活、社会生活、生态生活中仍然存在不少无法可依的空间,特别是在改革的重点领域法律缺项更多;有些法律法规未能全面反映客观规律和人民意愿;有些法律法规针对性、可操作性不强;有些法律法规由于是部门利益或地方利益博弈的结果,带有严重的部门化、地方化倾向,致使实践

中争权诿责现象较为突出;有些法律规范互相“打架”,致使公民、法治乃至执法者和司法者无所适从。针对这种情况,四中全会要求深入推进科学立法、民主立法,提高立法效率和质量,加强重点领域立法,加快完善体现权利公平、机会公平、规则公平的法律制度,保障公民人身权、财产权、基本政治权利等各项权利不受侵犯,保障公民经济、文化、社会等各方面权利得到落实;实现立法和改革决策相衔接,做到重大改革于法有据、立法主动适应改革和经济社会发展需要。要坚持上下有序、内外协调、科学规范、运行有效的原则完善和发展法律规范体系,各部门法之间、各种不同渊源的规范性法律文件之间彼此衔接、和谐统一;更加注重立改废释并举,实现从粗放型立法向集约型立法的转变;进一步加强科学立法和民主立法,让法律法规立得住、行得通、真管用。

2. 形成高效的法治实施体系

法律的生命在于实施,法律的权威在于实施,法律的伟力也在于实施。无论在直观上,还是参照国内外法治评估数据,我国法律实施的情况都低于世界的平均水平。不把宪法和法律当回事、不给宪法和法律留面子的实例比比皆是;有法不依、执法不严、违法不究的现象在很大范围内司空见惯,有些地方以权谋私、徇私枉法、破坏法治的问题还很严重,人民群众对这些问题意见还很大。为了克服这些现象,保证法律有效实施,必须建立高效的法治实施体系。完善法治实施体系,最重要的是健全宪法实施体系机制。习近平总书记指出:“宪法是国家的根本法。法治权威能不能树立起来,首先要看宪法有没有权威。必须把宣传和树立宪法权威作为全面推进依法治国的重大事项抓紧抓好,切实在宪法实施和监督上下工夫。”[2]为此,四中全会《决定》提出了一系列保障宪法实施的措施,包括:完善全国人大及其常委会宪法监督制度,健全宪法解释程序机制;加强备案审查制度和能力建设,依法撤销和纠正违宪违法的规范性文件;将每年12月4日(现行宪法颁布实施的日期）确定为国家宪法日；建立宪法宣誓制度等。法治实施体系的核心是执法和司法，严格执法和公正司法是法律实施的关键。与此同时，还必须强调执法和司法的效率。

3. 形成严密的法治监督体系

法治监督是指对法律制定和实施情况的监督。我国现实的法治监督存在诸多突出问题，如监督的目的不清晰；监督范围不明确、监督程序不健全、监督手段和方式不足、监督机制不完善；监督法治化、体系化、常态化程度较低，致使各种监督方式之间缺乏协同性；监督的权威性和执行力不高，许多监督裁决被束之高阁，甚至被不屑一顾；监督机构和监督人员也存在不敢监督、不愿监督、不会监督的问题。针对这种状况，四中全会《决定》提出建立由党内监督、人大监督、民主监督、行政监督、司法监督、审计监督、社会监督、舆论监督等构成的更加严密的监督体系，形成强大的监督合力，同时强调监督工作规范化、程序化、制度化，形成对法治运行全过程全方位的法治化监督体系，督促科学立法、严格执法、公正司法、全民守法的实现，确保党和国家机关及其工作人员按照法定权限和程序正确行使权力，真正做到法定授权必须为、法无授权不得为。

4. 形成有力的法治保障体系

法治保障体系是个新概念，就宏观目标而言，法治保障体系包括政治保障、制度保障、思想保障、组织保障、运行保障等。坚持党的领导是社会主义法治的政治保障，保障社会主义法治的政治方向；坚持中国特色社会主义制度是社会主义法治的制度保障，保障社会主义法治立足于社会主义民主政治制度和市场经济体制的基础上；贯彻中国特色社会主义法治理论是社会主义法治的思想保障，保障社会主义法治的科学发展；建设宏大的法治工作队伍是社会主义法治的组织和人才保障，保障法治的尊严、权威和有效实施；建立科学的法治建设指标体系和考核标准并有效实施是社会主义法治的运行保障,保障全面推进依法治国各项任务的细化和落实。继十八届三中全会提出建立科学的法治建设指标体系和考核标准之后,四中全会《决定》再次明确地“把法治建设成效作为衡量各级领导班子和领导干部工作实绩重要内容,纳入政绩考核指标体系。把能不能遵守法律、依法办事作为考察干部重要内容”。法治建设评估应作为考核各级党委、政府工作的重要方面。作为法治保障体系的组成部分,法治建设指标体系应涵盖依法执政、科学立法、民主立法、依法行政、严格执法、公正司法、全民守法等各个领域和各个方面。考评标准要考虑可操作性,把决策和行为是否合法、人民群众是否满意、法治利民惠民的实效作为重要的标准。这五条是从宏观上建构的法治保障体系,具体到立法、执法、司法、守法等法治环节,还要有的放矢地创建和完善保障体系,例如,为了保证司法机关依法独立公正地行使审判权和检察权,就要推进以去地方化为目标的省以下司法管理体制改革,探索建立与行政区划适当分离的司法管辖制度,建立跨行政区域的司法机关;推进以去行政化为核心的司法权运行机制改革,以审判权为中心优化司法职权配置、完善诉讼制度,改革审判委员会和检察委员会制度,完善主审法官、合议庭、主任检察官、主办侦查员办案责任制,加强对司法活动的监督,建立健全法官检察官履行职责保护机制,等等。

5. 形成完善的党内法规体系

依法执政、依法治国,不仅要有完善的国家法律体系,而且必须有健全的党内法规体系,特别是中央层面的党内法规体系。“党内法规”的通用含义是指党的中央组织以及中央纪律检查委员会、中央各部门和省、自治区、直辖市党委制定的规范党组织的工作、活动和党员行为的规章制度的总称。根据四中全会精神,要根据全面推进依法治国和依规管党治党的总体部署,以“宪法为上、党章为本”为基本原则,全面建成内容科学、程序严密、配套完备、运行有效的党内法规制度体系。党内法规实际上分为两类：一类仅适用于党内，例如《中国共产党纪律处分条例》；另一类不只使用适用于党内，而且主要用以调整党委与立法机关、政法机关、人民团体的关系，例如，有关加强党领导立法工作的规范性文件，规范的是党中央和地方党委与立法机构的关系，确保法律法规充分体现党的路线方针政策，体现人民的意志和利益。党中央制定的规章制度既是党依法执政的基本遵循，也是党治国理政的根本保障，因而是中国特色社会主义法治体系的重要组成部分。完善党内法规体系，也包括促进党法党规与国家法律体系内在统一、协调一致、相得益彰。

（二）以形成五个体系为前提，大力促成"五种局面"

1. 促成科学立法、严格执法、公正司法、全民守法、人才强法的局面

科学立法是全面推进依法治国的前提，严格执法是全面推进依法治国的关键，公正司法是全面推进依法治国的重点，全民守法是全面推进依法治国的基础，人才强法是全面推进依法治国的保障。

科学立法。建设法治体系，实行依法治国，科学立法是基础。强调科学立法，是为了提高立法质量。习近平总书记在十八届中央政治局第四次集体学习时的讲话中指出："人民群众对立法的期盼，已经不是有没有，而是好不好、管用不管用、能不能解决实际问题；不是什么法都能治国，不是什么法都能治好国；越是强调法治，越是要提高立法质量。"[3]提高立法质量，关键在于：一要尊重和体现经济、政治、文化、社会、生态建设与发展客观规律，使法律准确适应改革发展稳定需要，积极回应人民期待，更好协调利益关系；二要坚持问题导向，切实提高法律的针对性、及时性、系统性、协调性，发挥立法凝聚共识、统一意志、引领公众、推动发展的作用；三

要注重增强法律的可执行性和可操作性,努力使每一项立法都符合宪法精神、反映人民意愿、得到人民拥护;四要坚持立改废释并举,全方位推进立法工作;五要坚持民主立法、科学立法,完善立法体制和程序,提高立法效率。

严格执法。党的十八大报告、十八届三中全会《决定》、四中全会《决定》和习近平总书记的系列讲话始终强调严格执法。习近平总书记指出:法令行则国治,法令弛则国乱。我国现实生活中出现的很多问题,往往同执法失之于宽、失之于松有很大关系。有的执法人员执法随意性大,粗放执法、变通执法、越权执法比较突出,要么有案不立、有罪不究,要么违规立案、越权管辖;有的刑讯逼供、滥用强制措施;有的办关系案、人情案、金钱案,甚至徇私舞弊、贪赃枉法,等等。对违法行为必须严格尺度、依法处理、不能迁就,否则就会产生"破窗效应"。为了确保严格执法,四中全会《决定》提出探索建立检察机关提起公益诉讼制度,检察机关在履行职责中发现行政机关违法行使职权或者不行使职权的行为,应该督促其纠正,必要时可向人民法院提出行政公益诉讼。

公正司法。公正是法治的生命线。司法是维护社会公平正义的最后一道防线。司法公正对社会公正具有重要引领作用,司法不公对社会公正具有致命破坏作用。所以,司法必须公正。所谓公正司法,就是受到侵害的权利一定会得到保护和救济,违法犯罪活动一定要受到制裁和惩罚,人民群众在每一个司法案件中都能感受到公平正义。如果人民群众通过司法程序不能保障自己的合法权利,司法就没有公信力,人民群众也不会相信司法。司法是定分止争的最后一道防线。要做到定分止争,司法必须公正,如果司法不公、人心不服,不仅难以定分止争、化解矛盾,甚至可能激化和聚集矛盾。司法还是维护法律尊严和权威的最后一道防线。要发挥维护法律尊严和权威的作用,司法必须公正、公开、公平,司法机关必须有足够的尊严和权威、有极高的公信力。为此,必须完善司法管理体制和司法权力运行机制,规范司法行为,加强对司法活动的监督,努力让人民群众在每一个司法案件中获得或感受到公平正义。

全民守法。全面推进依法治国,必然要求全民守法。全民守法,就是全国各族人民、一切国家机关和武装力量、各政党和各社会团体、各企业事业组织,都必须以宪法和法律为根本活动原则,并负有维护宪法和法律尊严、保证宪法和法律实施的职责。任何组织或者个人,都不得有超越宪法和法律的特权。一切违反宪法和法律的行为,都必须予以追究。任何公民、社会组织、国家机关、政党(包括执政党),都要依照宪法和法律行使权利或权力、履行义务或职责。在社会转型、矛盾凸显的当前形势下,要引导全体人民通过法律程序来合理表达诉求、依法维护权利、文明解决纷争;要努力培育社会主义法治文化,在全社会形成学法尊法守法用法的良好氛围。守法是一个积极的概念,不仅要重视履行义务,更要认真行使权利。守法的前提是尊法、学法、懂法,因此,要深入开展法治宣传教育。

人才强法。人才强法是人才强国的重要组成部分。科学立法、严格执法、公正司法、全民守法都离不开高素质的法治工作队伍。建设一支优秀的法治工作队伍,才能实现良法善治、法正民安。社会主义法治建设的主体是人民,人民是推进依法治国的根本动力和力量源泉。但同时也要看到,法治工作的核心是依法治理国家和社会,处理公共事务,化解社会矛盾纠纷,实现权利救济,尊重和保障人权,维护社会公平正义,促进社会和谐稳定,因而具有很强的政治性、思想性、智慧性、专业性、技术性,需要高级专门人才去担当。特别是进入新世纪之后,随着科学技术进步、社会转型和利益格局的巨变,新型案件、疑难案件、涉外案件、知识产权案件层出不穷,征地拆迁、土地承包纠纷、社会保险、教育医疗、消费者权益等涉及民生问题和群体性利益的案件逐年增加,与人格权、生存权、环境权、发展权等人权问题关联的诉讼也呈现攀升趋势。这就需要大批受过良好专业训练并具有实践理性和实践经验的法律专家。

2. 促成依法治国、依法执政、依法行政共同推进的局面

依法治国。依法治国是党领导人民治理国家的基本方略，依法执政是中国共产党执政的基本方式，依法行政是依法治国的核心内容。依法治国就是人民在党的领导下，依照法治原则和法律规定，通过各种途径和形式管理国家事务，管理经济文化事业，管理社会事务，使国家各项工作法治化，使社会主义民主制度和法律不因领导人的改变而改变，不因领导人看法和注意力的改变而改变。

依法执政。全面推进依法治国，建设中国特色社会主义法治体系和法治国家，关键在于党科学而又有效的依法执政。依法执政的基本内涵是：党依照宪法和法律执掌国家政权、领导国家政权、运用国家政权，实现党的执政宗旨、执政目标和执政任务；依法支持和督促国家机关依法行使国家权力、履行国家职能，以确保国家机关活动的民主性、合法性、公正性、权威性；依法治国理政，如审议重要立法，审议人大常委会和政府工作报告，制定国防外交基本方针，以及管理属于党和国家机关共同负责的事项等。坚持依法执政，各级领导干部要带头遵守法律，带头依法办事，不得违法行使权力，更不能以言代法、以权压法、徇私枉法。健全党领导依法治国的制度和工作机制，完善保证党确定依法治国方针政策和决策部署的工作机制和程序，加强对全面推进依法治国统一领导、统一部署、统筹协调，完善党委依法决策机制。各级人大、政府、政协、审判机关、检察机关的党组织要领导和监督本单位模范遵守宪法法律，坚决查处执法犯法、违法用权等行为。为了做到依法执政，首要任务是完善党依法执政的体制机制和法律法规，确保党在宪法和法律范围内活动，依照宪法、法律和党内法规制度行使执政

权和领导权；确保党既严格守法，又能科学有效地领导立法、保证执法、支持司法；提高各级党委及其领导干部运用法治思维和法治方式治国理政的能力和水平。尤其要强调的是，通过长期依法执政实践，把党建设成为坚持宪法至上、维护法律尊严和权威、在宪法法律范围内活动的执政党，尊重和保障人权、促进社会公平的执政党，领导、支持和监督国家机关依法行使国家权力的执政党，实现党的执政方式和执政活动法治化。

依法行政，就是各级政府在党的领导下、在法治轨道上开展工作，创新执法体制，完善执法程序，推进综合执法，严格执法责任，建立权责统一、权威高效的依法行政体制。特别是要牢固树立权力来自人民、权力源于法律授予的政府理念，坚持职权法定原则，做到法定职责必须为、法无授权不可为。

3. 促成法治国家、法治政府、法治社会一体建设的局面

法治国家。什么样的国家是法治国家呢？一个成熟的法治国家通常包括这样五方面的要素：第一，法律之治。法治成为治国理政的基本方式，基本的政治关系、经济关系、社会关系等纳入法律调整和法治轨道，实现民主政治法治化、市场经济法治化、社会管理法治化。第二，程序之治。在国家政治生活中，程序问题至关重要。程序给人信心，程序保证效率，程序减少失误。正如美国著名大法官威廉姆斯·道格拉斯所言："正是程序决定了法治与恣意的人治之间的基本区别。"[4]第三，人民主体，法治为了人民、依靠人民、造福人民、保护人民，法律为人民所掌握、所遵守、所运用。第四，有限政府，即职能和权力受到限制的政府。第五，良法善治，这是法治国家的最高境界。

法治政府。政府依照宪法法律组成，政府的权力由宪法授予，政府依法行政、严格执法，政府违法担责。在任何国家，法治的重心都是制约和控制行政权力，防止其滥用和异化，因为行政权力"无所不在、无所不能"。2004 年国务院发布的《全面推进依法行政

实施纲要》,正式确立了“法治政府原理”。四中全会《决定》更加明确地提出“加快建设职能科学、权责法定、执法严明、公开公正、廉洁高效、守法诚信的法治政府。”

法治社会。法治社会与法治国家是互为依存、相辅相成的。我们既需要建设一个法治的国家,也需要建设一个法治的社会。法治社会建设是法治中国建设的重要组成部分,是创新社会治理的内在要求,是人民安居乐业、社会安定有序的重要保障。法治社会的基本标志,一是党和政府依法治理社会,健全依法维权和化解纠纷机制,建立健全社会矛盾预警机制、利益表达机制、协商沟通机制、救济救助机制,畅通群众利益协调、权益保障法律渠道。完善立体化社会治安防控体系,保障人民生命财产安全。二是社会依法自治,基层组织和部门、行业依法治理,各类社会主体自我约束、自我管理,市民公约、乡规民约、行业规章、团体章程等社会规范在社会治理中有效发挥作用。三是全体人民自觉守法,法治精神和法治文化蔚然成风,全社会厉行法治的积极性和主动性普遍增强,形成守法光荣、违法可耻的社会氛围,广大公民争当社会主义法治的忠实崇尚者、自觉遵守者、坚定捍卫者。建设法治社会,必须正确处理政府与社会、自治与他治、维权与维稳、活力与秩序、法律规范与其他社会规范的关系。

4. 促成国家法治主导下的政府法制体系、地方法制体系、社会软法体系协调发展的局面

我国是单一制社会主义国家,法制统一、宪法至上是与人民代表大会制度同样重要的根本制度。在这个前提下,发挥中央、地方、社会、各级人大、各级政府、各种组织的法治积极性,推进政府法制、地方法制、社会软法体系三者功能互补、协调发展,是全面推进依法治国、建设法治国家和法治社会的题中应有之义。

政府法制。政府法制在法治体系当中具有特殊的地位和作用。在法律体系中,行政法规和规章不仅数量多,而且调整范围

广;在法律运行中,政府扮演执法者的角色,直接决定着法律实施的状态,决定着依法治国的成效,从而决定着法治的命运。因此,四中全会《决定》强调加强和改进政府立法制度建设,完善行政法规、规章制定程序,完善公众参与政府立法机制;重要行政管理法律法规由政府法制机构组织起草;对部门间争议较大的重要立法事项,由决策机关引入第三方评估,不能久拖不决。同时,《决定》强调政府作为执法主体要严格规范公正文明执法。

地方法制。地方法制是由宪法统领的统一的国家法制的重要组成部分。地方法制既是实施国家宪法法律所必需,也是建立符合地方省情市情的法律秩序、保障地方经济发展、社会管理和公共治理的需要,地方法制建设还是国家法律制度创新的基础和来源。我国改革开放过程中涌现出来的许多重大法律制度创新,包括农村土地承包经营制度、国有土地有偿使用制度、所有权与经营权分离、基层群众民主自治等,都首先起源于地方自发的改革创新实践,然后由党中央、全国人大常委会、国务院总结成功经验并由政策、法律、行政法规加以确认。地方和基层在长期的改革创新实践中所积累起来的大量新规则、新制度,为国家立法提供了可资利用的丰富的本土资源。在全面推进依法治国的新时期,中央更加重视地方法治建设,四中全会《决定》进一步扩大地方立法权,依法授予设区的市地方立法权,这对于发挥地方积极性和能动性,完善地方法制体系,推动地方工作法治化,将产生深远的作用。这意味着全国 233 个还没有立法权的城市将逐步依法获得立法权,在法定的权限和范围内,制定地方性法规,推进地方工作法治化。地方法制包括由有立法权的人大及其常委会制定的地方性法规,也包括由省级人民政府制定的政府规章。据统计,现行有效的地方性法规有九千多件,政府规章大体也是九千多件。

社会软法体系主要包括市民公约、乡规民约、行业规章、团体章程等多种形式的社会规范,学者们把这些社会规范称为"软法"。

社会软法规范对于其效力所及的组织和个人具有重要的规范、指引和约束作用,也是治理公共事务的重要依据。在软法体系当中,行业法制非常重要,它们是社会自治的重要规范,也是依法治国的重要保障。当各个行业都有健全的规范体系(或者是由国家制定的,或者是由行业自己制定的)时,整个法律体系和法治体系就有坚实的社会基础。四中全会《决定》强调发挥各种社会规范(软法)在法治社会建设中的积极作用,将极大地增强中国法治的社会活力和可持续性。

5. 促成党的领导、人民当家作主、依法治国有机统一的局面

党的领导、人民当家作主、依法治国有机统一是中国特色社会主义法治体系最鲜明的本质特征。"三统一"是我国法治建设的基本经验,也是今后法治建设的根本遵循。依法治国,建设法治国家,坚持党的领导是最根本的保证,把党的领导贯彻到依法治国全过程和各方面,是我国社会主义法治建设的一条基本经验。只有在党的领导下依法治国、厉行法治,人民当家作主才能充分实现,国家和社会生活法治化才能有序推进。保证人民当家作主是前提和目标,人民当家作主,既是法治的前提和基础,更是法治的本质和动力。依法治国是实现党的领导和人民当家作主的基本途径。人民代表大会制度是实现党的领导、人民当家作主、依法治国有机统一的根本制度载体。促成"三统一"就要积极探索如何在宪法的统领下把党的领导、人民当家作主、依法治国统一于人民代表大会制度。

注 释

〔1〕 钱学森:"大力发展系统工程,尽早建立系统科学的体系",载《光明日报》1979年11月10日。

〔2〕 习近平:"关于《中共中央关于全面推进依法治国若干重大问题的决定》的说

明”,载《人民日报》2014 年 10 月 29 日,第 2 版。

〔3〕 习近平:“在十八届中央政治局第四次集体学习时的讲话”,载《习近平关于全面依法治国论述摘编》,中央文献出版社 2015 年版,第 43 页。

〔4〕 转引自季卫东:“法律程序的意义——对中国法制建设的另一种思考”,载《中国社会科学》1993 年第 1 期,第 83 页。

中国特色社会主义法治理论的科学定位*

中国特色社会主义法治理论具有深厚的实践基础、丰富的思想渊源、鲜明的时代特征、重大的现实意义和深远的历史意义。如何科学定位和准确把握中国特色社会主义法治理论，既直接决定着我们对它的理论认同和理论自觉，又直接关乎它能否在实践中有效地发挥行动指南作用。可以说，这是中国特色社会主义法治理论研究与实践的前置性问题。本文试就这一问题发表若干浅见。

一、中国特色社会主义法治理论是中国特色社会主义法治道路的核心要义

习近平总书记指出，坚持党的领导，坚持中国特色社会主义制度，贯彻中国特色社会主义法治理论，“这三个方面实质上是中国特色社会主义法治道路的核心要义，规定和确保了中国特色社会主义法治体系的制度属性和前进方向。”[1]这是对中国特色社会主义法治理论最根本最鲜明的科学定位。

所谓“要义”，就是实质性、本质性意义，就是精髓、决定性要

---

* 本文发表于《法学》2015年第11期。

素。在“要义”前面再加上“核心”二字，更凸显出坚持党的领导、坚持中国特色社会主义制度、贯彻中国特色社会主义法治理论这三个方面对于中国特色社会主义法治道路的重大而深刻的意义。正是这三个“核心要义”，明示了中国特色社会主义法治道路的基本内涵和基本内容，确定了中国特色社会主义法治道路的根本性质和根本要求，描绘出了这条道路的鲜明特征和鲜明标识。深入理解、全面把握这三个核心要义，对于坚持中国特色社会主义法治道路、全面依法治国、建设法治中国具有方向性、战略性、全局性意义。

在这三个核心要义中，党的领导是根本，中国特色社会主义制度是基础，中国特色社会主义法治理论是指导思想和学理支撑。中国特色社会主义法治理论全面阐述了法治的本质、法治的普遍规律、现代法治的一般原理及社会主义法治的本质特征、内在要求、价值功能、基本原则、发展方向、遵循道路等重大问题；深刻回答了什么是法治，什么是社会主义法治，如何依法治国、建设社会主义法治国家和社会主义法治体系，如何推进法治中国建设，即如何实现依法治国、依法执政、依法行政共同推进，法治国家、法治政府、法治社会一体建设，国家法治、地方法治、社会法治协调发展，如何在法治轨道上推进国家治理体系和治理能力现代化，如何形成全面依法治国与全面建成小康社会、全面深化改革、全面从严治党相辅相成、相互促进、相得益彰的局面等一系列重大问题和前沿问题。总之，中国特色社会主义法治理论是关于法治，特别是关于中国特色社会主义法治的科学认知的集成，是党和国家法治建设的根本指导思想，是“我们党处理法治问题的基本立场”。[2]因而，坚持中国特色社会主义法治道路，建设中国特色社会主义法治体系和法治国家，推进中国法治事业科学发展，必须始终如一地贯彻中国特色社会主义法治理论。

二、中国特色社会主义法治理论是中国特色社会主义理论体系的重要组成部分

胡锦涛同志曾经指出:“改革开放以来我们取得一切成绩和进步的根本原因,归结起来就是:开辟了中国特色社会主义道路,形成了中国特色社会主义理论体系。高举中国特色社会主义伟大旗帜,最根本的就是要坚持这条道路和这个理论体系。”[3]中国特色社会主义理论体系是包括邓小平理论、“三个代表”重要思想、科学发展观、“四个全面”战略思想等在内的科学理论体系。这个理论体系博大精深,涵盖改革发展稳定、内政外交军事、治党治国治军、经济政治社会文化生态建设等有关中国特色社会主义事业的理论与实践问题,有关依法治国、厉行法治,建设社会主义法治国家和中国特色社会主义法治体系,全面推进法治中国建设等重大理论是其重要的具有综合性的组成部分。正如习近平总书记所指出的:“中国特色社会主义法治理论,本质上是中国特色社会主义理论体系在法治问题上的理论成果。”[4]

中国特色社会主义法治理论虽然从时段上主要指 20 世纪 70 年代末我国实行改革开放和依法治国以来逐渐形成和发展的法治理论,但是它并没有与马克思主义法学理论和作为马克思主义法学理论中国化伟大成果的毛泽东法律思想脱节,而是继承和发展了马克思主义法律思想和法学原理,继承和发展了毛泽东法律思想。毛泽东法律思想是毛泽东思想的组成部分。毛泽东、周恩来、朱德、刘少奇、董必武、彭真等老一辈无产阶级革命家是新民主主义革命法制和社会主义民主法制建设的领导者和实践者,在新民主主义革命和社会主义革命与法制建设的长期探索与实践中,创造性地提出了与这两个时期的革命与建设实际相适应、具有鲜明中国风格的马克思主义法学理论观点,内容相当丰富。例如,历史唯物主义的、革命的法律观,民主、国体、政体和宪法思想,新民主

主义宪政理论，法制是人类文明的基本标志的观点，“两类矛盾”的学说，民主和社会主义相结合、纲领性和灵活性相结合、领导与群众相结合的立法思想，有法可依、有法必依的法制原则，宽严相济的刑法思想，以事实为依据、以法律为准绳的诉讼原则，等等。这些重要思想在中国特色社会主义法治理论体系形成过程中都得到了继承和发展。

同时，中国特色社会主义法治理论也没有割断历史、封闭自我，而是坚持古为今用、洋为中用、中西合璧、与时俱进。

中国特色社会主义法治理论传承了中华传统法律文化的精华。中国是世界上文明发达最早的国家之一，法制文明是中国古代文明的重要构成和明显标志，而且从历史进程上看从来没有中断过。战国中期，李悝的《法经》创中国封建法典之体制，开成文法典之先河。随后建立的秦朝扩大了成文法的规模，奠定了中国长达两千多年封建法制的基本轮廓。汉唐诸代君臣与巨儒主张“德主刑辅”，熔礼义刑德于一炉，使中国封建法制成为“天理、国法、人情”的融合体，形成了法治与德治相结合的鲜明特点。《唐律疏议》更以其完备的体例、严谨而丰富的内容成为封建法典的范例。经过宋、元、明、清等朝代一千多年的法律文明维系、传承和发展，形成了被世界公认为五大法系之一的中华法系，广泛地影响和传播到周边国家，并在相当长的时间里居于世界法制文明的顶峰。中国古代法制文明中有许多超越时空、具有普遍价值的经验和理论。例如，主张“国无常强，无常弱。奉法者强则国强，奉法者弱则国弱”；[5]注重法律的良善品质，强调“立善法于天下，则天下治；立善法于一国，则一国治”，[6]“为国也，观俗立法则治，察国事本则宜”，[7]要以人为本，以民为本，社会和合；善于通过法律的人文精神对社会成员心理和观念世界进行整合与引领，规范、引导和维系整个社会，注重礼法互补，主张德治与法治并存，强调明德慎刑；注重法律的教育功能，主张以法为教，强调法律的任务不仅是

“禁暴惩奸”，而且要“弘风阐化”；注重治国者、执法者的道德品质以及对国家的责任感和使命感，主张“徒法不足以自行”；[8]为官者、执法者要“天下为公”，清正廉洁，光明正大，执法如山，“法不阿贵，绳不挠曲”；[9]“公生明，廉生威”；[10]注重法律的综合意义，主张对法律条文和典籍从天理、国法、人情的有机结合上予以解释和注释，以更好地定分止争、惩恶扬善，法律的实施不能就事论事；注重立法与执法并重，“天下之事，不难于立法，而难于法之必行”；[11]注重变法促进，强调通过变法革新解决社会深层次矛盾，保持社会稳定，推动社会发展。中国特色社会主义法治理论在对中华传统法律文化的丰富资源进行梳理和甄别的基础上，联系当代实际进行了科学的改造和扬弃，把那些能够与以科学、理性、民主、自由、公平、人权、法治、和平、秩序、效率为内容的时代精神融为一体的文化传统，融入社会主义法治理论、法治体系和法治实践之中，使中国特色社会主义法治理论的民族精神和时代精神浑然一体。

中国特色社会主义法治理论也包含着对西方法治经验和理论成果的兼容并蓄。西方法治文明源自古希腊、古罗马，积淀深厚，尤其是近代法治萌生于西方资本主义社会，有许多理念、原则和方法，反映了人类法治文明发展的一般规律。诸如依法而治、法治国家、法治政府、权力制约、人权神圣、财产神圣、税收法定、法律面前人人平等、契约自由、言论自由、罪刑法定、正当程序、权利推定、“法无禁止即自由”等法治理论，以及司法（职权）独立、法官中立、律师自由执业、疑罪从无、非法证据排除等司法学说。在中国特色社会主义法治理论体系形成过程中，坚持从中国国情和中国需要出发，认真鉴别、合理吸收了西方法治经验和法治理论，使之与中国本土化理论贯通，彰显了中国特色社会主义法治理论体系的开放性、包容性和科学性。

三、中国特色社会主义法治理论是对中国社会主义法治实践的经验总结和理论表达

中国特色社会主义法治理论最鲜明的特点就是它的实践性，它立足于当代中国法治建设的实践，是对中国特色社会主义法治实践过程、实践经验的理论概括，它指导法治实践，回答法治实践提出的问题，并在法治实践中丰富、创新和发展。中国特色社会主义法治是前无先例、外无范式的事业，没有现成的道路可以遵循，没有现成的模式可以照搬，主要靠我们自己探索、实践和创造。长期坚持不懈的艰辛探索，特别是改革开放以来党领导人民厉行法治、依法治国、建设法治国家的伟大实践，为内涵丰富、逻辑自洽、思想深刻的中国特色社会主义法治理论的形成奠定了坚实的实践基础，提供了丰富的实践经验，当然也有偏离法治轨道的深刻教训。

“新中国成立初期，我们党在废除旧法统的同时，积极运用新民主主义革命时期根据地法制建设的成功经验，抓紧建设社会主义法治，初步奠定了社会主义法治的基础。后来，党在指导思想上发生‘左’的错误，逐渐对法制不那么重视了，特别是‘文化大革命’十年内乱使法制遭到严重破坏，付出了沉重代价，教训十分惨痛！”[12]在“文化大革命”结束之后，我们党召开了具有历史意义的十一届三中全会。这次全会做出两项最为重要的决定，一是把党和国家工作的重心由以“阶级斗争为纲”转向以经济建设为中心；二是确定“健全社会主义民主、加强社会主义法制”，“有法可依、有法必依、执法必严、违法必究”的法制工作方针。由此，法制得以恢复和重建，法治建设步入快车道。“文化大革命”结束的时候，中国仍处于无法无天的状态。所以，法治建设的当务之急是制定一批恢复法律秩序和社会秩序迫切需要的法律。1979 年 7 月 1 日，五届全国人大四次会议一天通过了七部法律（中国法治史上著名的

“一日七法”），包括刑法、刑事诉讼法、地方各级人民代表大会和地方各级人民政府组织法、全国人民代表大会和地方各级人民代表大会选举法、人民法院组织法、人民检察院组织法、中外合资经营企业法等。同年9月9日，中共中央发出了《关于坚决保证刑法、刑事诉讼法切实实施的指示》，首次提出要实行社会主义法治。1982年，在党中央的坚强领导下，全国人大完成了对宪法的修改，颁布了新宪法，即现行宪法。1992年，党的十四大提出实行社会主义市场经济，同时提出要建立社会主义市场经济法律体系。1997年，党的十五大史无前例地提出“依法治国，建设社会主义法治国家”，把依法治国确定为党领导人民治理国家的基本方略，把建设社会主义法治国家作为建国大业的重要目标之一。1999年，现行宪法第三次修改，以宪法修正案的方式规定“国家实行依法治国，建设社会主义法治国家”。2007年，中共十七大提出全面落实依法治国基本方略，加快建设社会主义法治国家。2011年，十一届全国人大第四次会议宣布中国特色社会主义法律体系已经形成。2012年，中共十八大做出了“法治是治国理政的基本方式”的科学判断和政治宣言，并做出了“依法治国基本方略全面落实，法治政府基本建成，司法公信力不断提高，人权得到切实尊重和保障”的“法治小康”目标，作出了全面推进依法治国的战略决策，强调要科学立法、严格执法、公正司法、全民守法。十八大之后，习近平总书记发出“建设法治中国”的伟大号召。2013年，党的十八届三中全会在《中共中央关于全面深化改革若干重大问题的决定》中明确提出“推进法治中国建设”，强调依法治国、依法执政、依法行政共同推进，法治国家、法治政府、法治社会一体建设；全面推进依法治国、加快建设法治中国，成为新时期中国法治建设的战略目标。2014年，党的十八届四中全会做出《中共中央关于全面推进依法治国若干重大问题的决定》，对全面推进依法治国的总目标、总路线、重大任务等做出全方位的部署。党中央每一次重大法治决策和全国人大相应的决定都是对我国法治建设实践的正确引领和强大推动，也都是法治理论发展进步的标志和进一步推进法治理论创新发展的强大动力。

在中国特色社会主义法治理论的形成与发展过程中，作为我国新时期社会主义法治建设的领导者、推动者、实践者，历届中央领导集体和邓小平、江泽民、胡锦涛、习近平等主要领导同志发挥了不可替代的重大作用。他们立足于改革开放、建立社会主义市场经济、发展社会主义民主政治、全面建成小康社会、实现国家长治久安的战略立场，从我国国情和社会主义法治建设的实践出发提出问题、反思教训、总结经验，在丰富实践经验的基础上形成法治理论，并不断推进法治理论创新发展。例如，邓小平同志提出“社会主义民主法制化”，“人治危险得很、搞法制才靠得住”，“一手抓改革和建设、一手抓法制”等重大理论。江泽民同志提出“法治是社会进步、社会文明的重要标志”，“依法治国、建设社会主义法治国家”，“党的领导、人民当家作主、依法治国有机统一”，“坚持依法治国与以德治国相结合”等重大理论。胡锦涛同志提出“党的事业至上、人民利益至上、宪法法律至上”，“依法治国、执法为民、公平正义、服务大局、党的领导为主要内容的社会主义法治理念”，“民主法治与和谐社会建设的理论”，“法治是以和平理性的方式解决社会矛盾的最佳选择”，“法治是治国理政的基本方式”，“依法执政”，“依宪执政”，“科学立法、严格执法、公正司法、全民守法”等重大理论。习近平同志提出“建设法治中国”、厉行“良法善治”，“依法治国、依法执政、依法行政共同推进”，“法治国家、法治政府、法治社会一体建设”，“以提升司法公信力为根本尺度深化司法体制改革”，“推进国家治理体系和治理能力现代化”，“建设中国特色社会主义法治体系”，“从严治党、依法反腐”，“改革要于法有据”，“推进国际关系民主化、法治化”等重大理论。正是这些重大的原创性科学概念和理论观点构成了中国特色社会主义法治理论的基本体系。与此同时,法学界不断深入地开展法治研究。20 世纪 70 年代末至 80 年代,围绕法治建设实践和法学研究领域的拨乱反正、正本清源,法学界先后开展了关于法治与人治、法的阶级性与继承性、法的本质、法律面前人人平等、法学基本范畴、法学研究范式转换等重大理论问题讨论,有力地推进了法学领域的思想解放和理论创新。在 20 世纪 90 年代相继开展了市场经济与现代法的精神、市场经济与法治经济、中国特色社会主义法律体系(法制体系)、依法治国、法制国家、法治国家等对我国社会主义法治具有重大建构意义的研究和论证,极大地拓展了中国法学的研究领域,推进了法学理论创新和中国特色社会主义法学理论体系和法治理论体系建设。进入本世纪后,随着法治国家和法治中国建设的提速和提质,法治研究更加深入而广泛地推进,其中关于依法执政、依宪执政、法治政府、法治社会、立法体制改革、司法体制改革、法治文化建设、中国特色社会主义法治体系、中国特色社会主义法治道路等法治建设的核心问题的研究,在深化和创新法治理论的同时,也使中国特色社会主义法治理论涵盖了法治的所有实践领域和实践问题。总之,在党的领导下,在邓小平理论、"三个代表"重要思想、科学发展观、"四个全面"战略思想的指导下,中国法学界总结了改革开放以来我国社会主义法治建设的实践经验,在此基础上进行理论概括、理论诠释、理论创新,从而形成了反映社会主义法治建设内在规律的科学体系。以我们党的原创性法治理论为主体、以法学界的研究成果为丰富的理论资源而构成的内涵丰富、逻辑自洽、思想深刻的中国特色社会主义法治理论体系凝聚着法治的中国经验,饱含着法治的中国元素,彰显了法治的中国精神,描绘了法治的中国道路,注入了法治现代化的强大能量,为社会主义法治建设提供了理论指导和学理支撑,在世界法治理论宝库中日益彰显其中国话语、中国风格、中国气派、中国价值。

四、中国特色社会主义法治理论是与时俱进、不断创新的理论

与时俱进、创新发展，是中国特色社会主义法治理论的重要品格和鲜明特征。中国特色社会主义法治理论形成和发展的进程充分表明，改革开放以来我国社会主义法治理论始终处于创新发展之中，从未停止过与时俱进，邓小平、江泽民、胡锦涛、习近平同志是推进中国特色社会主义法治理论创新发展的舵手和楷模。以党与法的关系、坚持党的领导与厉行法治的关系为例，上世纪 80 年代初(1982 年)，邓小平提出并力主在党章中宣告“党必须在宪法和法律的范围内活动”，体现了我们党尊重宪法法律、树立和维护宪法法律权威的意志；在进入 21 世纪之后的 2002 年，江泽民同志在党的十六大报告中提出“依法执政”的命题，十六届四中全会《关于加强党的执政能力建设的决定》把依法执政确立为党执政的基本方式。2004 年，胡锦涛同志在庆祝全国人民代表大会成立 50 周年大会上的讲话中进一步明确指出：“依法治国首先要依宪治国，依法执政首先要依宪执政”，提出“党的事业至上、人民利益至上、宪法法律至上。”十八大以来习近平同志对党和法治的关系问题进行了更加深入的探索，强调指出：党的领导和社会主义法治是一致的，社会主义法治必须坚持党的领导，党的领导必须依靠社会主义法治；在新形势下，党要履行好执政兴国的重大职责，必须依据党章从严治党，依据宪法治国理政，真正做到党领导立法、保证执法、支持司法、带头守法；依法治国，首先是依宪治国，依法执政，关键是依宪执政；在十八届四中全会上将“三个至上”精准表述为“党的事业、人民利益、宪法法律至上”。在其他很多法治理论的发展方面也有很好的与时俱进、接续创新的样本。

尽管中国特色社会主义法治理论体系已经形成，但是，必须清醒地看到，以建设中国特色社会主义法治体系、建设社会主义法治

国家的全面依法治国总目标为对照,同全面落实依法治国基本方略、加快建设法治中国的现实需要相比,我国的法治理论还存在对依法执政、依法治国、依法行政、依法治军、公正司法、依法自治等方面的客观规律把握不透,对建国以来法治领域的经验总结不够、教训反思不深,对古今中外法治文明优秀成果研究和吸收不够、对各种有害的法治理念和法学思潮分析、批判不力,在法治理论体系的建构方面还存在概念化、体系化水平不高,法治理论对法治建设实践、法治改革实践、法学教育研究指导不足,法治理论人才队伍建设严重滞后等问题。因此,必须从党和国家事业发展全局的战略高度,从依法治国、建设社会主义法治体系和法治国家的实际急需出发,把坚持和发展中国特色社会主义法治理论作为一项重大而紧迫的任务,采取有力措施,切实抓紧抓好。

党的十八届四中全会《决定》对如何坚持和发展中国特色社会主义法治理论提出了明确的意见和要求,指出:“必须从我国基本国情出发,同改革开放不断深化相适应,总结和运用党领导人民实行法治的成功经验,围绕社会主义法治建设重大理论和实践问题,推进法治理论创新,发展符合中国实际、具有中国特色、体现社会发展规律的社会主义法治理论,为依法治国提供理论指导和学理支撑。”这不仅明确地表明中国特色社会主义法治理论需要不断创新发展,创新发展只有进行时,没有完成时,只有不断创新,才能适应法治建设和法治现代化的需求,才能保持法治理论之树长青;而且提出了创新发展的基本原则和主要路径。

其基本原则是:一要“符合中国实际”,符合实际,才能根深叶茂,科学管用;二要“具有中国特色”,就是要有坚守社会主义内核,体现中华法治文明,体现当代中国法治道路和法治精神,形成鲜明的中国法治话语体系,以此打破西方法治话语的支配地位,消解西方法治中心主义的影响,提升中国在国际社会的法治话语权和在全球法治治理中的作用;三要“体现社会发展规律”,主要是体现全面建成小康社会的规律、全面深化改革的规律、全面依法治国的规律、全面从严治党的规律、社会主义经济建设和发展规律（特别是市场经济规律）、政治建设和发展规律（特别是社会主义民主政治规律和法治中国发展规律）、社会建设和社会发展规律、文化建设和文化发展规律、生态文明建设和修复规律，体现司法文明、法治文明、政治文明、社会文明的一般规律，等等。只有揭示出、认知到、阐述清上述各种规律，只有对客观规律保持敬畏和尊重，我们的法治理论才是科学的、令人信服、受人尊重的理论。

其主要路径包括：(1)“从我国基本国情出发”，包括政治国情、经济国情、法治国情、党情社情，处于全球化时代的中国国情也包括世界情势等。(2)“同改革开放不断深化相适应”，适应全面深化改革、即各领域各方面各层次改革，适应新形势、新情况、新要求，适应全球化的发展趋势，适应全球治理和国际关系法治化。当然，“适应”不意味着消极地跟在后面、总是落后于实践，而是要有远见和预见，做到理论先行。(3)着力总结和运用党领导人民实行法治的成功经验，实践是理论的本源，只有植根于中国法治实践大地，才能发现和摄取法治理论发展的营养品，才能在法治经验理论化的基础上不断凝练精辟的法治理论要素，丰富中国特色社会主义法治理论体系。(4)围绕社会主义法治建设重大理论和实践问题，推进法治理论创新。全面推进依法治国的时代是新法治理论生成和广泛传播的时代，是理论创新的时代。法治时代是需要理论创新的时代，也是理论能够创新的时代，理论创新是法学理论研究的第一要务，是中国特色社会主义法治理论发展进步的不竭动力。要始终坚持问题导向，不断发现问题、解答和解决问题，在发现和解决问题中深化和拓展理论研究，实现理论观点突破，促成新概念、新范畴、新命题、新理论的生成。(5)要注意吸收中华法律文化的精华，借鉴西方法治文明成果，既立足当代又继承传统，既立足本国又学习外国，大力推进学术观点创新、学科体系创新和科研方法创新。但是,吸收传统不是“简单复古”,借鉴外来不能“全盘西化”。

注　释

〔1〕《习近平关于全面依法治国论述摘编》,中央文献出版社 2015 年版,第 23 页。

〔2〕《习近平关于全面依法治国论述摘编》,中央文献出版社 2015 年版,第 123 页。

〔3〕胡锦涛:《高举中国特色社会主义伟大旗帜　为夺取全面建设小康社会新胜利而奋斗——在中国共产党第十七次全国代表大会的报告》,人民出版社 2007 年版,第 10—11 页。

〔4〕《习近平关于全面依法治国论述摘编》,中央文献出版社 2015 年版,第 35 页。

〔5〕《韩非子·有度》。

〔6〕(宋)王安石:《临川先生文集》,中华书局 1959 年版,第 678 页。

〔7〕《商君书·算地》。

〔8〕《孟子·离娄上》。

〔9〕《韩非子·有度》。

〔10〕(明)年富:《官箴》刻石。

〔11〕(明)张居正:《张太岳集》,上海古籍出版社 1984 年版,第 482 页。

〔12〕《习近平关于全面依法治国论述摘编》,中央文献出版社 2015 年版,第 8 页。

全面推进法制改革，加快法治中国建设*

——十八届三中全会精神的法学解读

中共十八届三中全会深刻剖析了我国改革发展稳定面临的重大理论和实践问题，阐明了全面深化改革的重大意义和未来走向，提出了全面深化改革的指导思想、目标任务、重大原则，描绘了全面深化改革的新蓝图、新愿景、新目标，汇集了全面深化改革的新思想、新论断、新举措，反映了社会呼声、社会诉求、社会期盼，凝聚了全党全社会关于全面深化改革的思想共识和行动智慧。全会精神集中体现在《中共中央关于全面深化改革若干重大问题的决定》（以下简称《决定》）、习近平总书记《关于〈中共中央关于全面深化改革若干重大问题的决定〉的说明》（以下简称《说明》）、《中国共产党第十八届中央委员会第三次全体会议公报》（以下简称《公报》）和习近平总书记在本次全会两次全体会议上的重要讲话之中。其中有关法制改革和法治中国建设的思想和部署，既集中体现在《决定》的第九部分"推进法治中国建设"，又贯穿于《决定》的始终，是十八届三中全会的精华之一，引起国内外的广泛关注和好

---

* 本文发表于《法制与社会发展》2014 年第 1 期，并被《新华文摘》2014 年第 11 期转载。

评。本文从三个方面对十八届三中全会精神做以初步的法学解读。

一、在全面深化改革中提升法治话语和法治理念

在党的历史上,法治话语从未像在十八届三中全会《决定》中这样显赫。改革开放以来,党的十二大、十三大、十四大报告有关法制建设都是放在精神文明建设部分来论述,法制和民主都是作为与物质文明对应的精神文明的组成部分,法治尚未获得独立的地位。党的十五大报告首次将社会主义民主政治从精神文明中独立出来,专列标题"政治体制改革和民主法制建设"进行阐述,开启了新的范式,表明党对民主和法制(法治)建设更加重视。从此,法制和法治建设作为民主和民主政治建设的基本内容就放在民主政治中来阐述和部署。在民主政治项下,法治作为与民主相辅相成的两翼其地位有显著提升,特别是党的十五大报告明确提出要"依法治国,建设社会主义法治国家"之后,法治的重要地位和作用获得空前的重视。之后,党的十六大报告在"政治建设和政治体制改革"部分、十七大报告在"坚定不移发展社会主义民主政治"部分、十八大报告在"坚持走中国特色社会主义政治发展道路和推进政治体制改革"部分阐述法治和法治建设问题。党的十八届三中全会《决定》进一步把法治建设从民主政治中相对独立出来,第八章"加强社会主义民主政治制度建设"专题阐述和部署民主政治建设,第九章"推进法治中国建设"则对法治建设和法制改革进行专题论述和部署。这样的结构安排释放出中央更加重视法治建设的信号。

作为法学基本范畴的法(法律)、法治(法制)、权利、义务、权力等,像一颗颗珍珠出现在《决定》的全文。统计表明,《决定》中"法(法律)"出现167处,"法治(法制)"出现20处,"权利"和具体权利概念出现50处,"权力"和具体权力概念出现53处。[1]

法治话语洋溢在《决定》全文。法治话语包括法治概念、法治观念、法治命题、法治论断、法治论述、法治思想等。诸如,“紧紧围绕坚持党的领导、人民当家作主、依法治国有机统一深化政治体制改革,加快推进社会主义民主政治制度化、规范化、程序化,建设社会主义法治国家,发展更加广泛、更加充分、更加健全的人民民主。”“建设法治中国,必须坚持依法治国、依法执政、依法行政共同推进,坚持法治国家、法治政府、法治社会一体建设。”“健全社会普法教育机制,增强全民法治观念。”“建设法治化营商环境”。“坚持依法治理,加强法治保障,运用法治思维和法治方式化解社会矛盾。”“把涉法涉诉信访纳入法治轨道解决”。“发展环保市场,推行节能量、碳排放权、排污权、水权交易制度”。

法治理念和法治精神贯穿《决定》全文。《决定》自始至终彰显着先进的法治理念和法治精神,可以从四个方面来看。

(一)《决定》充分体现尊重和保障人权的法治理念和法治精神

《决定》指出:“国家尊重和保障人权”;“完善人权司法保障制度”;“推进城乡要素平等交换和公共资源均衡配置。维护农民生产要素权益,保障农民工同工同酬,保障农民公平分享土地增值收益”;“贯彻党的民族政策,保障少数民族合法权益,巩固和发展平等团结互助和谐的社会主义民族关系”;“发挥律师在依法维护公民和法人合法权益方面的重要作用”;“健全农村留守儿童、妇女、老年人关爱服务体系,健全残疾人权益保障、困境儿童分类保障制度”;“建立畅通有序的诉求表达、心理干预、矛盾调处、权益保障机制,使群众问题能反映、矛盾能化解、权益有保障”;“赋予农民更多财产权利。保障农民集体经济组织成员权利,积极发展农民股份合作,赋予农民对集体资产股份占有、收益、有偿退出及抵押、担保、继承权。保障农户宅基地用益物权,改革完善农村宅基地制度，选择若干试点，慎重稳妥推进农民住房财产权抵押、担保、转让，探索农民增加财产性收入渠道。建立农村产权流转交易市场，推动农村产权流转交易公开、公正、规范运行”；“公有制经济财产权不可侵犯，非公有制经济财产权同样不可侵犯”；“多渠道增加居民财产性收入。”除了关于一般人权和财产权的内容之外，《决定》有关教育、就业、医疗、养老保险、住房、计划生育改革以及生态保护、司法改革的内容，也都积极回应了人权需要，充分体现了尊重和保障人权的法治理念和法治精神。

值得注意的还有，《决定》在处理权力与权利、国家与社会、政府与市场等关系问题上，采用了权利本位的法治思维和方法。《决定》指出：“建立公平开放透明的市场规则。实行统一的市场准入制度，在制定负面清单基础上，各类市场主体可依法平等进入清单之外领域。”并指出：“推行地方各级政府及其工作部门权力清单制度，依法公开权力运行流程。”这两处规定，就是法学界概括的对公民和法人，“法不禁止则自由”；对国家和政府，“法无授权则不能”。

（二）《决定》充分体现公平正义的法治理念和法治精神

《决定》充满着公平正义的价值理念。“公平正义”、“正义”、“公平”、“公正”在《决定》中出现31处。《决定》把“促进公平正义”与“增进人民福祉”并列作为全面深化改革的出发点和落脚点，并作为改革的指导思想，强调“让发展成果更多更公平惠及全体人民”。加快转变经济发展方式，推动经济“更有效率、更加公平、更可持续发展”。“紧紧围绕更好保障和改善民生、促进社会公平正义深化社会体制改革，改革收入分配制度，促进共同富裕，推进社会领域制度创新，推进基本公共服务均等化，加快形成科学有效的社会治理体制，确保社会既充满活力又和谐有序。”“保障公平竞争。”“国家保护各种所有制经济产权和合法利益，保证各种所有制经济依法平等使用生产要素、公开公平公正参与市场竞争、同等受到法律保护，依法监管各种所有制经济。”“公平参与竞争。”“必须加快形成企业自主经营、公平竞争，消费者自由选择、自主消费，商品和要素自由流动、平等交换的现代市场体系，着力清除市场壁垒，提高资源配置效率和公平性。”“建立公平开放透明的市场规则。”“按照统一税制、公平税负、促进公平竞争的原则，加强对税收优惠特别是区域税收优惠政策的规范管理。”“建立农村产权流转交易市场，推动农村产权流转交易公开、公正、规范运行。”“深化司法体制改革，加快建设公正高效权威的社会主义司法制度，维护人民权益，让人民群众在每一个司法案件中都感受到公平正义。”“确保依法独立公正行使审判权检察权。”“完善文化市场准入和退出机制，鼓励各类市场主体公平竞争、优胜劣汰，促进文化资源在全国范围内流动。”“实现发展成果更多更公平惠及全体人民。”“大力促进教育公平。”“建立更加公平可持续的社会保障制度。”

（三）《决定》充分体现民主共和的法治理念和法治精神

《决定》指出：“发展更加广泛、更加充分、更加健全的人民民主。”在改革指导思想上，《决定》强调：“坚持以人为本，尊重人民主体地位，发挥群众首创精神，紧紧依靠人民推动改革，促进人的全面发展”；“人民是改革的主体，要坚持党的群众路线，建立社会参与机制，充分发挥人民群众积极性、主动性、创造性。”

有关民主的法治理念集中体现在《决定》的第八部分“加强社会主义民主政治制度建设”。《决定》指出：“发展社会主义民主政治，必须以保证人民当家作主为根本，坚持和完善人民代表大会制度、中国共产党领导的多党合作和政治协商制度、民族区域自治制度以及基层群众自治制度，更加注重健全民主制度、丰富民主形式，从各层次各领域扩大公民有序政治参与，充分发挥我国社会主义政治制度优越性。”

《决定》特别注重民主制度和机制的健全与完善。例如，《决定》强调,执政党要民主执政,要坚持和发展民主集中制,“充分发扬党内民主”,“完善科学民主决策机制”,“加强人大常委会同人大代表的联系,充分发挥代表作用。通过建立健全代表联络机构、网络平台等形式密切代表同人民群众联系。”注重基层民主建设,强调“发展基层民主。畅通民主渠道,健全基层选举、议事、公开、述职、问责等机制。开展形式多样的基层民主协商,推进基层协商制度化,建立健全居民、村民监督机制,促进群众在城乡社区治理、基层公共事务和公益事业中依法自我管理、自我服务、自我教育、自我监督。健全以职工代表大会为基本形式的企事业单位民主管理制度,加强社会组织民主机制建设,保障职工参与管理和监督的民主权利。”

《决定》有关国家治理、社会治理、社区治理、法人治理、学校治理、居民自治等概念,特别是有关协商民主的理念与改革举措,充分体现了作为中华人民共和国“国魂”的共和精神。“共和”(republic)有两种意义,一是指政体,即与君主制相对应的政体。凡是政府及其首脑是定期选举产生的、政府职能是法定的、政府权力是有限的,这种政体就是共和政体。二是指强调政治平等、民主参与和公共治理的政治模式。这种政治模式的精髓是政治协商和政治和谐,它是保证不同群体、阶层、集团平等表达利益诉求和政策主张,并妥善协调各种利益关系的机制。在利益多元化的条件下,人们之间出现不同的甚至对立的利益诉求、政策主张、价值标准是正常的,并不可怕,可怕的是没有共和机制保障大家在平等自由地表达诉求和主张的基础上协商对话,达成共识。

《决定》强调“推进国家治理体系和治理能力现代化”,“加快形成科学有效的社会治理体制,确保社会既充满活力又和谐有序”,可以说是共和精神的回归。其中有关国家治理、社会治理、公共治理、群众自治等的思想和改革举措,就是共和精神的发扬光大。

《决定》指出:“推进协商民主广泛多层制度化发展。……在党的领导下，以经济社会发展重大问题和涉及群众切身利益的实际问题为内容，在全社会开展广泛协商，坚持协商于决策之前和决策实施之中。构建程序合理、环节完整的协商民主体系，拓宽国家政权机关、政协组织、党派团体、基层组织、社会组织的协商渠道。深入开展立法协商、行政协商、民主协商、参政协商、社会协商。加强中国特色新型智库建设，建立健全决策咨询制度。发挥统一战线在协商民主中的重要作用。完善中国共产党同各民主党派的政治协商，认真听取各民主党派和无党派人士意见。中共中央根据年度工作重点提出规划，采取协商会、谈心会、座谈会等进行协商。……发挥人民政协作为协商民主重要渠道作用。重点推进政治协商、民主监督、参政议政制度化、规范化、程序化。各级党委和政府、政协制定并组织实施协商年度工作计划，就一些重要决策听取政协意见。完善人民政协制度体系，规范协商内容、协商程序。拓展协商民主形式，更加活跃有序地组织专题协商、对口协商、界别协商、提案办理协商，增加协商密度，提高协商成效。在政协健全委员联络机构，完善委员联络制度。”这些大力发展协商民主的思想和改革举措，体现了当代中国的社会主义共和精神。

（四）《决定》充分体现维护社会主义法制统一、尊严和权威的法治理念和法治精神

《决定》强调：“维护宪法法律权威。宪法是保证党和国家兴旺发达、长治久安的根本法，具有最高权威。要进一步健全宪法实施监督机制和程序，把全面贯彻实施宪法提高到一个新水平。建立健全全社会忠于、遵守、维护、运用宪法法律的制度。坚持法律面前人人平等，任何组织或者个人都不得有超越宪法法律的特权，一切违反宪法法律的行为都必须予以追究。”

在《决定》全文中，“依法”二字出现了 26 次，包括依法执政，依法行政，依法行使审判权检察权，依法治国，依法治理，依法管理，

依法监管,依法办事,依法自主决策,依法开展活动,依法自治,依法严密防范和惩治各类违法犯罪活动,依法追究刑事责任等;还有“反对地方保护”,“防止地方保护和部门利益法制化”,“保证国家法律统一正确实施”等,这些表明,从执政党、国家机关、社会组织到公民,都要做到有法可依,执法必严,违法必究。

维护法制的统一、尊严和权威这一法治理念和法治精神,还体现在处理改革与法治的关系。习近平总书记在十八届三中全会上指出:这次全会提出的许多改革举措涉及现行法律制度。凡属重大改革要于法有据,需要修改法律的可以先修改法律,先立后破,有序进行。有的重要改革举措,需要得到法律授权的,要按法律程序进行。习近平总书记在山东等地调研时进一步强调:要有序推进改革,该中央统一部署的不要抢跑,该尽早推进的不要拖宕,该试点的不要仓促推开,该深入研究后再推进的不要急于求成,该得到法律授权的不要超前推进。

二、在全面深化改革中同步实施法制改革

全面深化改革的过程就是同步实施法制改革和全面推进法治建设的过程。在全面深化改革中实施的法制改革包括两个方面,一是“自身改革”,二是“配套改革”。所谓“自身改革”,亦可称之为“自主改革”、“自行改革”,是指法制适应法治现代化和社会现代化的发展趋势与客观规律对自身的体制、机制、方法等进行的改革创新。所谓“配套改革”,是指为了保证、引导和规范经济社会生态等领域的改革而进行的与改革相适应、相协调的法制改革,以及法律的立、改、废等。

(一)法制的“配套改革”

全面深化改革必然要求“深刻变法”,要求法制进行与之相适应、相协调的配套改革。全面深化改革涉及经济、政治、文化、社

会、生态、党建等领域。《决定》用六个“紧紧围绕”来概括改革的聚焦点和着力点,并具体分解出六十大项改革举措,每一大项之下包括相对具体的改革事项。所有改革事项都与法制改革息息相关,几乎都涉及现行法律的修改、缺位法律的制定,涉及某些陈旧过时的行政法规、地方性法规的清理与废止,都需要用宪法和法律凝聚改革共识,用宪法和法律来引导和规范改革,用宪法和法律来确认和巩固改革成果。

之所以把全面深化改革中法律的立、改、废等作为法制改革,是因为目前进行的改革是在我国发展进入新阶段、改革进入攻坚期和深水区的情况下进行的改革,尤其要“突破利益固化的藩篱”。这里所说的固化的“利益”,不仅指利益集团的利益,而且包括国家机关的利益。近些年来,一些上述固化的利益通过某些途径以改革成果的形式得到宪法法律的确认,取得了合法性;一些改革的受益者为了维护自身的既得利益已经沦为改革继续推进的阻力,他们甚至以“改革不能违宪违法”为借口反对改革。要打破盘根错节的利益格局,需要进行相应的制度创新和突破,这就难免与现行法律相冲突,就需要对法律进行立、改、废,需要适时修改宪法,在这种意义上可以说,“深化改革”是对“改革”的“改革”。

法制改革的性质定位决定于《决定》所规划和部署的改革。以经济体制改革为例,《决定》指出:“经济体制改革是全面深化改革的重点,核心问题是处理好政府和市场的关系,使市场在资源配置中起决定性作用和更好发挥政府作用。市场决定资源配置是市场经济的一般规律,健全社会主义市场经济体制必须遵循这条规律,着力解决市场体系不完善、政府干预过多和监管不到位问题。”从市场的“基础性作用”到“决定性作用”无疑是一场最具挑战性的革命。从“国家管理体系”到“国家治理体系”、从“社会管理体制”到“社会治理体制”的变化同样是革命性的变革,是朝着政治民主、社会民主、公共治理的历史性变革。在发挥市场决定性作用的前提下,《决定》就“坚持和完善基本经济制度”、“加快完善现代市场经济”、“加快转变政府职能”、“深化财税体制改革”、“健全城乡发展一体化体制机制”、“构建开放型经济新体制”提出了二十二大项改革举措,其中每一项经济改革所要求的立法都是深刻的法制改革。例如,《决定》指出:“健全归属清晰、权责明确、保护严格、流转顺畅的现代产权制度。公有制经济财产权不可侵犯,非公有制经济财产权同样不可侵犯”;积极发展“国有资本、集体资本、非公有资本等交叉持股、相互融合的混合所有制经济”,“允许混合所有制经济实行企业员工持股,形成资本所有者和劳动所有者利益共同体”;“推动国有企业完善现代企业制度”,“健全协调运转、有效制衡的公司法人治理结构”;“支持非公有制经济健康发展。……坚持权利平等、机会平等、规则平等,废除对非公有制经济各种形式的不合理规定,消除各种隐性壁垒,制定非公有制企业进入特许经营领域具体办法”;“必须加快形成企业自主经营、公平竞争,消费者自由选择、自主消费,商品和要素自由流动、平等交换的现代市场体系,着力清除市场壁垒,提高资源配置效率和公平性。”“完善主要由市场决定价格的机制”;“建立城乡统一的建设用地市场。在符合规划和用途管制前提下,允许农村集体经营性建设用地出让、租赁、入股,实行与国有土地同等入市、同权同价。……建立兼顾国家、集体、个人的土地增值收益分配机制,合理提高个人收益。完善土地租赁、转让、抵押二级市场”;“完善发展成果考核评价体系,纠正单纯以经济增长速度评定政绩的偏向,加大资源消耗、环境损害、生态效益、产能过剩、科技创新、安全生产、新增债务等指标的权重,更加重视劳动就业、居民收入、社会保障、人民健康状况”;“加快事业单位分类改革,加大政府购买公共服务力度,推动公办事业单位与主管部门理顺关系和去行政化,创造条件,逐步取消学校、科研院所、医院等单位的行政级别。建立事业单位法人治理结构,推进有条件的事业单位转为企业或社会组织。建立各类事业单位统一登记管理制度”;“深化税收制度改革,完善地方税体系,逐步提高直接税比重。推进增值税改革,适当简化税率。调整消费税征收范围、环节、税率,把高耗能、高污染产品及部分高档消费品纳入征收范围。逐步建立综合与分类相结合的个人所得税制。加快房地产税立法并适时推进改革,加快资源税改革,推动环境保护费改税。按照统一税制、公平税负、促进公平竞争的原则,加强对税收优惠特别是区域税收优惠政策的规范管理。税收优惠政策统一由专门税收法律法规规定,清理规范税收优惠政策。完善国税、地税征管体制”;“建立事权和支出责任相适应的制度”;“在坚持和完善最严格的耕地保护制度前提下,赋予农民对承包地占有、使用、收益、流转及承包经营权抵押、担保权能,允许农民以承包经营权入股发展农业产业化经营。鼓励承包经营权在公开市场上向专业大户、家庭农场、农民合作社、农业企业流转,发展多种形式规模经营”;“赋予农民更多财产权利。保障农民集体经济组织成员权利,积极发展农民股份合作,赋予农民对集体资产股份占有、收益、有偿退出及抵押、担保、继承权。保障农户宅基地用益物权,改革完善农村宅基地制度,选择若干试点,慎重稳妥推进农民住房财产权抵押、担保、转让,探索农民增加财产性收入渠道。建立农村产权流转交易市场,推动农村产权流转交易公开、公正、规范运行”;“推进城乡要素平等交换和公共资源均衡配置。维护农民生产要素权益,保障农民工同工同酬,保障农民公平分享土地增值收益,保障金融机构农村存款主要用于农业农村”;“加快自由贸易区建设。……形成面向全球的高标准自由贸易区网络。”这些改革举措必然引起我国现行法律体系的内在调整,引起相关法律规则、原则、制度和精神的深刻变动。

法制改革的性质也决定于改革成果的制度化表现。法制与改革的关系为:改革是内容;法制是形式,是对改革成果的规则表达、制度体现和定型化。各个领域的重要改革最后都要体现为制度的完善与创新，体现为规范化、法制化。《决定》指出："到二〇二〇年，在重要领域和关键环节改革上取得决定性成果，完成本决定提出的改革任务，形成系统完备、科学规范、运行有效的制度体系，使各方面制度更加成熟更加定型。"《决定》的许多地方强调制度化、规范化、法制化等。诸如，"加快推进社会主义民主政治制度化、规范化、程序化"；"重点推进政治协商、民主监督、参政议政制度化、规范化、程序化"；"推进机构编制管理科学化、规范化、法制化"；"推进协商民主广泛多层制度化发展"；"推动党的纪律检查工作双重领导体制具体化、程序化、制度化"；"推动新闻发布制度化"；"推进国内贸易流通体制改革，建设法治化营商环境"；"加快生态文明制度建设"，"健全自然资源资产产权制度和用途管制制度。对水流、森林、山岭、草原、荒地、滩涂等自然生态空间进行统一确权登记，形成归属清晰、权责明确、监管有效的自然资源资产产权制度。建立空间规划体系，划定生产、生活、生态空间开发管制界限，落实用途管制。健全能源、水、土地节约集约使用制度。健全国家自然资源资产管理体制"；"坚定不移实施主体功能区制度，建立国土空间开发保护制度"；"建立生态环境损害责任终身追究制"；"实行资源有偿使用制度和生态补偿制度。……坚持谁受益、谁补偿原则，完善对重点生态功能区的生态补偿机制，推动地区间建立横向生态补偿制度。发展环保市场，推行节能量、碳排放权、排污权、水权交易制度，建立吸引社会资本投入生态环境保护的市场化机制，推行环境污染第三方治理"；"改革生态环境保护管理体制。建立和完善严格监管所有污染物排放的环境保护管理制度，独立进行环境监管和行政执法。"

（二）法制的"自身改革"

根据十八届三中全会《决定》，法制的"自身改革"包括立法体制机制改革、行政执法体制机制改革、司法体制机制改革，以及其他方面的改革。

1. 立法体制机制改革

法制改革首先是立法体制机制改革,用立法改革引领执法改革和司法改革,保障和规范经济社会的全面改革。《决定》关于立法体制机制改革的内容很多,可细化为以下方面:(1)"进一步健全宪法实施监督机制和程序",例如,在全国人大或全国人大常委会之下设立类似宪法委员会的机构,负责宪法实施中的解释工作、法律或政令的合宪性审查工作、宪法实施情况的执法检查等。(2)"健全立法起草、论证、协调、审议机制",提高立法的科学性、合理性、民主性。(3)"完善人大工作机制,通过座谈、听证、评估、公布法律草案等扩大公民有序参与立法途径,通过询问、质询、特定问题调查、备案审查等积极回应社会关切",扩大民主立法、监督立法的范围与途径。(4)"提高立法质量,防止地方保护和部门利益法制化",防止地方和部门越权立法,避免重复立法、粗糙立法、腐败立法。(5)"完善规范性文件、重大决策合法性审查机制",维护社会主义法制的统一性和权威性。(6)"健全法规、规章、规范性文件备案审查制度",保证全国人大常委会对全国范围内的立法监督。(7)"逐步增加有地方立法权的较大的市数量",适应区域经济社会发展的立法需求,增强地方性立法的适应性与可操作性。(8)"建立科学的法治建设指标体系和考核标准",推动地方法治科学发展。

此外,适应全面深化改革的法制需求,要大力推进立法程序和立法机制的创新。例如,就深化司法体制改革来说,它涉及宪法、人民法院组织法、人民检察院组织法、法官法、检察官法、律师法、刑事诉讼法、民事诉讼法、行政诉讼法及其他法律、法规的修改。如果按照常规的法律修改程序和方法,一部法律一部法律地进行修改,就很难适应深化司法体制改革的急需,很难为司法体制改革提供急需的法律引导、规范和保障。所以,全国人大常委会可采用集成式“打包立法”方式，除宪法修改外，通过一个集成的修法决定，将需要修改的若干法律“一揽子”修改。

2. 行政执法体制机制改革

行政执法体制机制改革已经进行多年，相对集中行政处罚权和综合执法的领域已从最初的城市管理逐步扩展到文化、旅游、矿山安全、农业、林业、水利、交通等领域，初步解决了多头执法、相互扯皮、执法扰民、执法谋私的问题。但是，对应依法行政、建设法治政府的标准，与人民群众的要求比较，行政执法改革仍然任重道远；行政执法领域问题频发，尤其是城管执法问题在全社会引起强烈反响和指责，社会舆论呼唤深化行政执法改革。《决定》从“建立权责统一、权威高效的行政执法体制”和“完善行政执法程序”两个方面，从多个节点设计和部署深化行政执法改革，确保严格规范公正文明执法。(1)“整合执法主体，相对集中执法权，推进综合执法，着力解决权责交叉、多头执法问题”；(2)“减少行政执法层级”；(3)“加强食品药品、安全生产、环境保护、劳动保障、海域海岛等重点领域基层执法力量”；(4)“理顺城管执法体制，提高执法和服务水平”；(5)“完善行政执法程序”；(6)“规范执法自由裁量权”；(7)“加强对行政执法的监督”；(8)“全面落实行政执法责任制和执法经费由财政保障制度”；(9)“完善行政执法与刑事司法衔接机制”；(10)建立“独立进行环境监管和行政执法”的制度。此外，《决定》还提出“改革行政复议体制，健全行政复议案件审理机制，纠正违法或不当行政行为。”

3. 司法体制机制改革

深化司法体制改革是法制改革的重点，也是全面深化改革的主要方面。习近平总书记指出：司法改革是这次全面深化改革的重点之一。作为十八届三中全会《决定》之精华版的《中国共产党第十八届中央委员会第三次全体会议公报》指出：“全会提出，建设法治中国，必须深化司法体制改革，加快建设公正高效权威的社会主义司法制度,维护人民权益。”从习近平总书记关于《决定》的说明和《公报》可以看出,深化司法体制改革在法治中国建设和全面深化改革中的突出地位。

建国六十多年来,中国社会主义司法制度的建立、完善和发展始终是由司法改革推动的。20 世纪 50 年代中华人民共和国成立之初,适应社会主义革命和社会主义建设的需要,适应巩固新生的人民民主专政国家政权和建立社会主义法律秩序和社会秩序的需要,适应土地改革、恢复国民经济的需要,在废除国民党旧法统和六法全书的同时,党领导了革命性司法改革,建立了新民主主义的、社会主义的司法制度,确立了在党的领导下人民法院依法独立审判、公开审判、人民陪审、司法调解、刑事辩护、审判监督,人民检察院依法行使法律监督权等社会主义司法原则,确保人民在法律面前人人平等。1954 年《宪法》、《人民法院组织法》、《人民检察院组织法》等确认了这一改革成果,顺利实现了从《共同纲领》体制下的新民主主义司法制度向《宪法》体制下的社会主义司法制度的变革,并为社会主义司法制度的完善和发展创造和积累了有益的经验。“文化大革命”结束之后,适应重建社会主义法律秩序、引导和保障经济和社会发展以及解决历史遗留问题的急需,党领导了重建性司法改革,在较短时间内恢复了司法体制,重建了社会主义司法制度。恢复不是简单复原,重建也不是复制原样,而是包含了许多制度创新。在恢复重建过程中,开始探索有中国特色的社会主义司法制度。这一时期的司法改革成果在 1982 年《宪法》,1979 年制定的《人民法院组织法》、《人民检察院组织法》以及这期间先后制定的三大诉讼法当中得以确认和巩固。进入 20 世纪 90 年代,在深入推进经济体制改革、建立社会主义市场经济,积极稳妥推进政治体制改革、发展社会主义民主政治的基础上,党的十五大做出了依法治国、建设社会主义法治国家的重大战略部署,同时明确提出:“推进司法改革,从制度上保证司法机关独立公正地行使审判权和检察权”。党的十六大进一步明确提出:“推进司法体制改革。……进一步健全权责明确、相互配合、相互制约、高效运行的司法体制。”从此,党领导了体制性司法改革。党的十七大提出“深化司法体制改革”,十八大提出“进一步深化司法体制改革”。根据中央关于司法体制改革的决定和主张,国家立法机关修订了有关司法的一系列法律,完善了司法法律体系。国家司法机关按照党中央的统一部署,扎实推进司法体制机制改革。历经十五年,具有中国特色的社会主义司法制度基本确立。十八届三中全会部署的司法改革属于进一步深化司法体制的改革。

新一轮司法体制改革,可以用“一个目标”、“两去”、“四化”来概括。

一个目标,即“加快建设公正高效权威的社会主义司法制度,维护人民权益,让人民群众在每一个司法案件中都感受到公平正义。”建设公正高效权威的社会主义司法制度是党的十七大报告提出的司法改革目标,十八大报告虽然没有在文字上重申这一目标,但是提出“进一步深化司法体制改革,坚持和完善中国特色社会主义司法制度”,其内涵大体一致。十八大之后,习近平总书记多次讲话重申了建设公正高效权威的社会主义司法制度。建设公正高效权威的社会主义司法制度的直接目的,一是确保人民法院、人民检察院依法独立公正行使审判权和检察权;二是“维护人民权益,让人民群众在每一个司法案件中都感受到公平正义”;三是提升司法公信力,习近平总书记指出:“这些年来,群众对司法不公的意见比较集中,司法公信力不足很大程度上与司法体制和工作机制不合理有关。”[2]这也说明了司法改革与提升司法公信力的关联性。

“两去”,就是司法去地方化和去行政化。

关于司法去地方化。这些年来,由于历史、经济、政治、国家治理体系等原因,我国司法呈现出明显的地方性特征,司法地方化倾向加剧,严重损害了司法公正和社会公平正义。进入 20 世纪 90 年代以后,随着市场经济的发展,地方政府的经济利益和利益集团的利益对司法产生了前所未有的影响,地方保护主义对司法施加的压力日趋加重,构成对司法统一、司法公正的巨大挑战。在这种情况下,一些地方法院丧失其中立性、公平性本质而沦为地方利益的保护伞,甚至成为地方政府和地方商业利益集团巧取豪夺、暴力征用的工具,严重损害了司法的形象和声誉,损害了社会公平正义,破坏了法制尊严和统一。基于此,《决定》把去地方化作为司法改革的首要任务,通过改革司法管理体制和司法管辖制度来破解司法地方化,具体举措包括"推动省以下地方法院、检察院人财物统一管理","探索建立与行政区划适当分离的司法管辖制度"等。

司法去地方化,是为了确保司法机关依法独立行使审判权、检察权。就人民法院而言,也可以说就是"审判独立"(亦可叫作独立司法)。所谓审判独立,就是国家的审判权只能由各级人民法院统一行使,其他机关均无权行使此项权力;人民法院依照法律规定独立行使审判权,不受行政机关、社会团体和个人的非法干涉;人民法院审理案件必须严格依照法律规定,统一正确适用法律,也就是说,司法机关审理案件只服从法律。审判独立是防范和抵制地方保护主义和部门保护主义的制度要求。

关于司法去行政化。目前各行各业行政化趋势普遍增强,法院的行政化倾向也日趋严重。法官和法院工作人员按照行政机关"官本位"层级模式定级,法官群体因被划分为不同等级而存在上下级隶属关系,院长对副院长、副院长对庭长、庭长对法官是一种领导与被领导、支配与被支配的关系。这就为法院各级领导影响和干预法官办案留下了制度空间。由于来自外部的党政机关干预和利益集团的影响主要是通过法院内部各级"领导"施加的,所以,审判庭庭长、分管副院长,甚至院长直接插手合议庭和法官审理案件、干预合议庭和法官裁决的情况时有发生,在一些法院甚至常规化,人情案、关系案由此发生。由于领导行政式地干预办案,法官审判的责任心有所下降，审判质量不高。特别是有些法院的审判委员会一年终天讨论案件，代替合议庭做出裁判决定或指导意见，判审分离的情况相当普遍。

司法行政化不仅表现在一个法院内部，也表现在法院系统内部。上级法院过多地干预下级法院的审判工作，事前干预、审理过程干预、审判之后继续干预，也有扩大的趋势。超越法律规定的各种名堂的“内审”，不仅拖延了审判期限，而且滋生了司法腐败。上级法院对下级法院行政化绩效考核中的改判率、发回重审率等指标，也迫使下级法院（法官）不得不经常“请示”上级法院（法官），以避免改判或发回重审。

针对司法行政化的弊端和危害，《决定》采取了多项司法去行政化措施。其中包括：“健全司法权力运行机制。”“改革审判委员会制度，完善主审法官、合议庭办案责任制，让审理者裁判、由裁判者负责。明确各级法院职能定位，规范上下级法院审级监督关系。”司法去行政化，是为了确保法官独立办案、独立负责地作出裁判，更好地提高法官的司法能力和水平。

“四化”，一是推进司法公开化，二是推进人权司法保障法治化，三是推进司法职权配置科学化，四是推进司法职业化。

一是推进司法公开化。司法公开是人民对国家权力运行的知情权、监督权、参与权的内在要求，是司法民主的必然要求，也是提升司法公信力的必要条件。对此，《决定》出台了多项保证司法公开的措施，其中包括：“推进审判公开、检务公开，录制并保留全程庭审资料。增强法律文书说理性，推动公开法院生效裁判文书。严格规范减刑、假释、保外就医程序，强化监督制度。广泛实行人民陪审员、人民监督员制度，拓宽人民群众有序参与司法渠道。”

二是推进司法人权保障法治化。从国家尊重和保障人权的宪法原则和法治理念出发，《决定》把“完善人权司法保障制度”作为重大的司法改革任务，这是我国司法改革史上前所未有的。在司法领域，严重侵犯人权的现象集中表现在对公民人身权利和自由的侵害，以及对公民财产权利的侵害两个方面。《决定》十分明确地宣告"严禁刑讯逼供、体罚虐待"。一般而言，刑讯逼供和体罚虐待是为了获得犯罪嫌疑人的口供。针对这种情况，《决定》强调："健全错案防止、纠正、责任追究机制，……严格实行非法证据排除规则。"在一些案件当中，随意违法违规处置犯罪嫌疑人的财产、赃款赃物不随案移送，因此当刑事被告人被宣告无罪时，被查封、扣押的财产却往往渺无踪影。在一些民事案件中，超标的查封和扣押当事人的财产，严重影响当事人的正常经营和生活的情况也大量存在。对此，《决定》要求："进一步规范查封、扣押、冻结、处理涉案财物的司法程序。"为了在司法领域为保障人权提供法律援助，《决定》提出要"完善法律援助制度"，"发挥律师在依法维护公民和法人合法权益方面的重要作用。"

值得注意的是，《决定》提出"逐步减少适用死刑罪名"，并把它作为完善人权司法保障制度的重点问题之一提出来。把死刑问题与人权保障联结起来，这在党的文件当中可能是首次。还有，《决定》把"废止劳动教养制度"也作为完善司法人权保障制度的一项内容，使这项改革的意义显得更加重要。2013 年 12 月 28 日，全国人大常委会决定废止执行了 56 年的劳动教养制度，可谓中国人权保障的又一亮点。

《决定》把司法机关和社会呼吁多年的"健全国家司法救助制度，完善法律援助制度"作为司法改革的项目，回应了社会的期待，也破解了司法实践制约"案结事了"的一个"瓶颈"问题。

上述改革虽然不是司法人权保障的全部，却是司法领域人权保障面对的突出问题。所以，《决定》关于完善司法人权保障的改革举措有的放矢、深得人心。

三是推进司法职权配置科学化。自党的十七大提出优化司法职权配置的任务以来，有关司法改革的方案都涉及优化司法职权配置这个问题。十八届三中全会《决定》从“健全司法权力运行机制”的新角度再次关注司法职权优化问题。《决定》指出:“优化司法职权配置,健全司法权力分工负责、互相配合、互相制约机制,加强和规范对司法活动的法律监督和社会监督。”优化司法职权配置,形成在党的领导下,在宪法法律的制度框架内,司法机关(含具有部分司法职能的机关,如公安机关、司法行政机关)之间既互相制约监督又有效协同配合的法治局面。优化司法职权当以首先保证人民法院依法独立公正行使审判权为要义。在全部司法案件中,人民法院直接受理的民行诉讼案件约占90%;在刑事诉讼案件中,人民法院担负着最终定罪量刑、惩恶扬善的职责。所以,从司法权运行规律出发,必须确立以审判权为中心的科学理念,必须树立审判权应有的权威。司法改革不能以牺牲或弱化审判权为代价。然而,最近二十多年,我们看到的却是审判权持续弱化,审判权运行空间被不适当地压缩,人民法院缺乏应有的尊严,司法公正得不到应有的认可和维护:行政诉讼案件立案难、审理难、执行难;法院的民事判决经常得不到当事人自觉履行和有效执行;大量涉府执行案件执行不能、执行不力;针对法院的涉诉信访居高不下,法院疲于应对缠访、闹访、反复访、群体访;法院难以依法理直气壮地排除非法证据等。新一轮司法体制改革强调“健全司法权力分工负责、互相配合、互相制约机制”,[3]强调“严格实行非法证据排除规则”,[4]强调“把涉法涉诉信访纳入法治轨道解决,建立涉法涉诉信访依法终结制度。”[5]

优化司法职权配置尚有很大的制度空间。例如,看守所可否由公安机关移交给司法行政机关管理,以更好地避免刑讯逼供、体罚虐待;检察机关自侦案件的批捕权可否移交给法院,以加强人权保障和制约监督;法院的民事执行权可否由法院移交给司法行政机关,由司法行政机关统一执行审判机关的刑事裁判和民事裁判,以使人民法院集中精力做好审判工作。

四是推进司法职业化。司法职业的特点非常明显。然而，由于历史与现实的多种原因，我国司法职业化程度低于世界平均水平，这表现在：第一，一些没有受过法律职业教育、没有法律工作经历的领导干部，因为提拔晋级的“通盘考虑”而被安排到法院院长、检察院检察长的岗位上。第二，对法官、检察官与对党政机关的公务员无区别地管理，选任法官、检察官除了通过司法考试之外，还要通过公务员考试。第三，违背司法职业特点实施司法干部人事管理。很多地方把法官、检察官当作普通“干警”，“一刀切”地按照公安警察的管理方式来管理法官、检察官。第四，司法职业共同体没有形成，法官、检察官、律师互相交流渠道不畅。第五，法官、检察官的职业保障制度存在缺陷，时常发生坚持法律底线、抵制非法干预的法官、检察官被打击报复，被随意调离司法工作岗位的情况。为了提高司法职业化水平，加强司法职业保障，《决定》要求：“建立符合职业特点的司法人员管理制度，健全法官、检察官、人民警察统一招录、有序交流、逐级遴选机制，完善司法人员分类管理制度，健全法官、检察官、人民警察职业保障制度。”同时，“完善律师执业权利保障机制和违法违规执业惩戒制度，加强职业道德建设”。

三、在全面深化改革中加快推进法治中国建设

中共十八大在十五大、十六大、十七大提出依法治国基本方略的基础上，做出了全面推进依法治国的战略决策，开创了中国法治建设的新局面。十八大以来，习近平总书记就法治建设发表了一系列重要讲话，提出了许多新的科学观点、命题和论断，特别是十分明确地提出了建设“法治中国”。十八届三中全会《决定》进一步把“法治中国”作为法治建设的目标。“法治中国”这一概念的提出，是习近平同志在地方工作期间提出的“法治浙江”命题的合乎逻辑的延伸与发展。法治中国与富强中国、民主中国、公正中国、

文明中国、和谐中国、美丽中国、平安中国等要素相辅相成，共同编织出"中国梦"。中国梦是雄壮而和谐的交响乐，在中国梦中加入法治中国篇，是极其必要和完美的。

关于法制（法治）建设目标，上世纪50年代，董必武同志曾提出"有法可依、有法必依"。改革开放之后，邓小平同志在此基础上加了两句话"执法必严、违法必究"，于是有了法制建设的"十六字方针"。党的十一届三中全会强调社会主义民主的法律化、制度化，法制民主化、民主法制化。之后，关于法制建设的表述几乎没有大的变化，直到1996年2月，江泽民同志提出"依法治国，建设社会主义法制国家"。同年3月，八届全国人大四次会议把"依法治国，建设社会主义法制国家"写入《国民经济和社会发展"九五"计划和2010年远景目标纲要》。1997年，党的十五大进一步明确提出"依法治国，建立社会主义法治国家"，用"法治国家"取代了此前提出的"法制国家"。至此，我国法治建设有了纲领性目标。1999年3月，九届全国人大第一次会议对1982年《宪法》进行了第三次修改，明确规定："中华人民共和国实行依法治国，建设社会主义法治国家。"党所提出的依法治国、建设社会主义法治国家的纲领进一步上升为国家的宪法原则和全国人民的奋斗目标。十五大以来，围绕依法治国、建设社会主义法治国家，党中央阐述了一系列重要、重大理论观点，使法治建设的指导思想不断丰富和发展。诸如，党的领导、人民当家作主、依法治国的有机统一；以依法治国、执法为民、公平正义、服务大局和党的领导为主要内容的社会主义法治理念；依法执政，党既严格守法又领导立法、保证执法和支持司法的有机统一，支持权力机关、行政机关、司法机关依法独立行使职权；作为政治文明的依法治国与作为精神文明的以德治国有机结合，现代法治与新型德治相辅相成；科学立法、民主立法，建立中国特色社会主义法律体系；以人为本、立法为民、执法为民、司法为民；人民依法规范与监督政府权力，政府依法行政，执法为民，建设法治政府;全面落实依法治国基本方略,加快建设社会主义法治国家;权利公平、机会公平、规则公平、司法公正;法治是治国理政的基本方式,运用法治思维和法治方式治国理政;等等。十八届三中全会《决定》在党和国家重要文献中首次正式使用“法治中国”概念,提出“建设法治中国”。“法治中国”概念的正式使用和推进以“坚持依法治国、依法执政、依法行政共同推进,坚持法治国家、法治政府、法治社会一体建设”作为主要内容的法治中国建设的战略部署,指明了社会主义法治建设的方向和道路,顺应了人民群众对法治建设的关切和期待,必将呈现中国法治建设的“升级版”。

在新的历史起点上,法治中国建设的着力点在于:

(一)法治建设要进一步加快和提速

进一步增强建设法治中国的紧迫感和使命感,确立“加快思维”。党的十七大首次提出要“全面落实依法治国基本方略,加快建设社会主义法治国家”。十八大再次提出要“加快建设社会主义法治国家,发展社会主义政治文明”,“全面推进依法治国”,“加快推进社会主义民主政治制度化、规范化、程序化,从各层次各领域扩大公民有序政治参与,实现国家各项工作法治化。”《决定》同样以时不待我的紧迫感对待法治中国建设,提出“加快推进社会主义民主政治制度化、规范化、程序化,建设社会主义法治国家”;“推进法治中国建设”;“加快建设公正高效权威的社会主义司法制度”;“推进国家治理体系和治理能力现代化”;“推进社会领域制度创新”;“推动人民代表大会制度与时俱进”,“推进人民代表大会制度理论和实践创新”;“推进协商民主广泛多层制度化发展”,“推进政治协商、民主监督、参政议政制度化、规范化、程序化”;“推进基层协商制度化”;“推动省以下地方法院、检察院人财物统一管理”;“推进审判公开、检务公开”,“推动公开法院生效裁判文书”;“全面推进平安中国建设,维护国家安全,确保人民安居乐业、社会安定有序”;“推动国有企业完善现代企业制度”;“推动农村产权流转交易公开、公正、规范运行”;等等。之所以要“加快”、“全面推进”、“推动”,乃是因为我国的法治建设还不够快,需要进一步提速;还存在许多缺陷,需要进一步全面推动。

(二)要紧紧围绕国家治理体系和治理能力现代化,推进法治现代化

十八届三中全会《公报》把“完善和发展中国特色社会主义制度,推进国家治理体系和治理能力现代化”作为全面深化改革的总目标。习近平总书记指出:“国家治理体系和治理能力是一个国家制度和制度执行能力的集中体现。国家治理体系是在党领导下管理国家的制度体系,包括经济、政治、文化、社会、生态文明和党的建设等各领域体制机制、法律法规安排,也就是一整套紧密相连、相互协调的国家制度;国家治理能力则是运用国家制度管理社会各方面事务的能力,包括改革发展稳定、内政外交国防、治党治国治军等各个方面。国家治理体系和治理能力是一个有机整体,相辅相成,有了好的国家治理体系才能提高治理能力,提高国家治理能力才能充分发挥国家治理体系的效能。”“推进国家治理体系和治理能力现代化,就是要主动适应时代变化,既改革不适应实践发展要求的体制机制、法律法规,又不断构建新的体制机制、法律法规,使各方面制度更加科学、更加完善,实现党、国家、社会各项事务治理制度化、规范化、程序化。要更加注重治理能力建设,增强按制度办事、依法办事意识,善于运用制度和法律治理国家,把各方面制度优势转化为管理国家的效能,提高党科学执政、民主执政、依法执政水平。”[6]这些论述深刻地解释了推进国家治理体系和治理能力现代化与法治的关系。国家治理体系和治理能力的现代化最后必然要表现为法治现代化,表现为法治作为治国理政的基本方式,体现在运用法治思维和法治方法深化改革、推动发展、

化解矛盾、维护稳定上。既然推进国家治理体系和治理能力现代化是全面深化改革的总目标,那么,推进法治中国建设,就要把法治作为治理体系和治理能力的核心来抓。

国家治理体系包括政治治理、经济治理、社会治理、文化治理、生态治理等。治理能力包括执政党科学执政、民主执政、依法执政的能力,政府科学理政(行政)、民主理政(行政)、依法理政(行政)的能力,社会组织参与公共治理和依法自治的能力,党和国家领导人以及各级领导干部深化改革、推动发展、化解矛盾、维护稳定的能力。所有这些治理领域和治理能力,都离不开法治,离不开法治思维和法治方法。围绕国家治理体系和治理能力现代化推进法治现代化,法治现代化就不再是抽象之物,而变得更加具体,更有抓手。

(三)法治中国建设要坚持依法治国、依法执政、依法行政共同推进,坚持法治国家、法治政府、法治社会一体建设

十八届三中全会《决定》关于推进"法治中国"建设的方针比我们党此前提出的建设"法治国家"的方针内涵更加丰富、思想更加深刻、形式更加生动。法治国家主要是国家层面的法治,而法治中国则不仅包括国家层面的法治,而且包括政府层面、社会层面的法治,是全方位、立体化的法治概念。建设法治中国,除了建设法治国家之外,还要建设法治政府、法治社会。关于依法治国、建设法治国家,依法行政、建设法治政府,学术界已经研究得相当深入。本文着重就依法治理社会和社会依法自治、建设法治社会的问题,略作论述。

法治社会是与法治国家互为依存、相辅相成的。我们既需要建设一个法治的国家,也需要建设一个法治的社会。如果说法治国家表征"公域"之治,那么,法治社会则表征"私域"之治。在法治国家范畴内,法治意味着民主的法律化、制度化,意味着将公共权

力纳入法治的轨道,实现共产党作为执政党依法执政,各民主党派作为参政党依法参政;人民代表大会依宪立法、民主立法、科学立法,依法决定国家大事,依法实施对行政权、司法权和其他国家权力运行的监督,保障宪法和法律实施;各级人民政府切实尊重和保障人权,切实合法有效地行使公共管理权力,做到依法行政;司法机关为民司法、公正司法、高效司法、廉洁司法、和谐司法,维护社会公平正义、促进社会和谐稳定,保障经济社会科学发展。

在法治社会的范畴内,法治首先意味着法治精神、法律规则和法治方式融入社会生活领域,无论是公民,还是法人,都必须尊重法律,维护法律的尊严和权威。其次意味着全体公民和法人学法懂法尊法用法守法护法,树立社会主义民主法治、自由平等、公平正义、诚实守信等理念。再次意味着广泛的社会自治。社会自治为社会主体通过自我协商、平等对话解决社会自身的问题留有广阔空间。社会自治的内容十分丰富、形式无限多样。诸如,工会、共青团、妇联、法学会等人民团体依照法律和各自章程独立自主地开展工作,各种各样的非政府组织诸如城市的居民委员会、农村的村民委员会、受国家机关委托代行某种社会公共管理职能的中介组织(如消费者协会、律师协会、会计师协会等)日益扮演着公共治理的角色,各种各样的“民间法”、“软法”、社团规范、乡规民约、道德习俗、纪律政策等发挥着法律无法替代的作用。根据社会自治理论和社会治理创新的客观规律,凡是法律规定属于社会自治的事务、领域和地方,政府尽可能不去介入;已经介入的要尽可能及早退出来。《决定》在多处强调了社会自治以及作为社会自治的基层民主。“发展基层民主。畅通民主渠道,健全基层选举、议事、公开、述职、问责等机制。开展形式多样的基层民主协商,推进基层协商制度化,建立健全居民、村民监督机制,促进群众在城乡社区治理、基层公共事务和公益事业中依法自我管理、自我服务、自我教育、自我监督。健全以职工代表大会为基本形式的企事业单位民主管理制度，加强社会组织民主机制建设，保障职工参与管理和监督的民主权利。”“改进社会治理方式。坚持系统治理，加强党委领导，发挥政府主导作用，鼓励和支持社会各方面参与，实现政府治理和社会自我调节、居民自治良性互动。坚持依法治理，加强法治保障，运用法治思维和法治方式化解社会矛盾。坚持综合治理，强化道德约束，规范社会行为，调节利益关系，协调社会关系，解决社会问题。坚持源头治理，标本兼治、重在治本，以网格化管理、社会化服务为方向，健全基层综合服务管理平台，及时反映和协调人民群众各方面各层次利益诉求。”“激发社会组织活力。正确处理政府和社会关系，加快实施政社分开，推进社会组织明确权责、依法自治、发挥作用。适合由社会组织提供的公共服务和解决的事项，交由社会组织承担。支持和发展志愿服务组织。限期实现行业协会商会与行政机关真正脱钩。”

法治国家与法治社会的关系可以表述为：法治国家引领法治社会，法治社会为依法治国构筑坚实的社会法治基础。一个以民主和法治为基础的平等、自由和协商的社会领域的存在，始终是法治国家的根基所在，因为法治秩序在结构上是社会同国家协调的产物——社会赢得的是自主的空间，得以自由地缔约和结社建构自身；国家和政府则作为社会公共领域在制度上的一种延伸，成为维护法律秩序的手段，本身不得任意侵入、压制或并吞社会的制度空间，否则，法治也就蜕变成赤裸裸的专制。

建设法治国家和法治社会，政府依法行政、建设法治政府是关键，党依法执政是根本。1999 年，国务院发布《关于全面推进依法行政的决定》，正式导入“依法行政原理”。2004 年，国务院发布《全面推进依法行政实施纲要》，正式确立了“法治政府原理”，并提出 2010 年基本建成法治政府。《纲要》将法治政府之下的依法行政内涵凝练为六项要求：合法行政、合理行政、程序正当、高效便民、诚实守信和权责统一。建成法治政府的纲要与目标在于：转变政府职能,深化行政管理体制改革;建立健全科学民主决策机制;提高制度建设质量;理顺行政执法体制,加快行政程序建设,规范行政执法行为;积极探索高效、便捷和成本低廉的防范、化解社会矛盾的机制;完善行政监督制度和机制,强化对行政行为的监督;不断提高行政机关工作人员依法行政的观念和能力;提高认识,明确责任,切实加强对推进依法行政工作的领导。党的十八大报告提出了"法治政府时间表"——到2020年"法治政府基本建成"。《决定》在多处重申依法行政、建设法治政府,并把这一目标与加快转变政府职能、简政放权、严格执法等紧密相连。这意味着法治政府建设目标更为切实。

中国共产党既是执政党,又是领导党。建设法治中国,实现法治中国梦,关键在党,在于党科学而又有效地依法执政,不断提高依法执政的能力和水平,通过依法执政实践,把党建设成为依法执政、善于运用法治思维和法治方式处理改革发展稳定以及国际关系等执政事务的政党,带头守法、在宪法法律范围内活动的政党,坚守宪法至上、维护法律尊严和权威的政党,坚守人权神圣、尊重和保障人权、促进社会公平的政党,支持和监督国家机关依法行使国家各项权力的政党,实现党的领导工作和执政活动的法治化。

(四)法治中国建设要着力依法管权、强化权力运行制约和监督体系

在任何国家,法治的重心都是制约和控制权力,防止其滥用和异化。当下,我国权力运行中的突出问题包括:一是权力授予和运行缺乏公开、透明、规范的程序。一些国家权力(公共权力),包括常规权力和非常规权力的授予和运行缺乏法律程序。例如,一些地方存在大量在宪法和法律上根本找不到依据的"临时机构"、"协调机构",它们或者是完全独立的,或者是相对独立的,实际权力都很大,实际掌握着各种资源的配置、各种项目的审批、各种计划的

决策，但是在宪法和法律上却没有任何明确的法定授权，更谈不上权力运行的程序性规定，无法保证权力运行的公开性、透明性、规范性等基本要求，也就无法接受国家权力机关和公众的监督，很容易导致权力滥用。二是权力边界不清。许多国家机构和公共机构，它们到底有什么权力，哪些事情该管、那些事情不该管，并不甚清晰，权力之间存在过多交叉，导致有利的事情各个机关一哄而上，乱作为；不利的事情各个机构事不关己，都不作为，由此导致多头执法、重复执法、执法扰民、执法坑民。权力边界不清还表现在，一些地方政府自恃掌握着编制、人事、财政大权，往往把司法机关当作自己的下属部门，行政权力堂而皇之地介入和插手司法权力的运行，导致严重的司法地方保护主义和部门保护主义，损害司法公正和司法权威。三是权力没有边界。比权力边界不清更危险的，是权力根本没有边界，或者说事实上没有边界。这突出表现在，一些地方或部门党政不分，在“一元化领导”惯性思维下，党委书记大权独揽，权力过分集中，插手项目审批、资源配置、人事安排、土地出让、工程指挥，看起来和做起来都很“合法”。许多成为腐败分子的领导干部，问题就出现在这里。由于“一把手”监督制度的缺失，在一些地方实际上形成了以“一把手”为主导的“管理层内部控制”问题，逐渐实现了对区域内从经济资源、文化资源、社会资源到政治资源的全面垄断和控制，“一把手”成为腐败的高发岗位。四是权力自由裁量权过大，特别是行政审批和行政执法自由裁量权过大。自由裁量权过大，时常导致权力被滥用。人们常说，恣意的权力与绝对的权力一样导致腐败。当前腐败现象得不到有效遏制，在很大程度上与行政自由裁量权幅度过宽、过大直接关联。一些政府机关及其工作人员，利用自由裁量权空间，在行政审批、资源配置等方面以权谋私、徇私枉法，进行权钱交易、权色交易等；一些行政机关及其工作人员，在行政处罚中显失公平，畸轻畸重，为所欲为，引发社会矛盾；一些行政机关及其工作人员在行政征收中乱摊派、乱收费;一些国有企业的负责人甚至动用数十亿元、数百亿元资金为腐败分子的政绩涂金。五是对权力的制约弱化、监督不力、追责不严,一些制约监督机制形同虚设,尤其是对一把手的监督和制约往往是形同虚设、软弱无力、无能为力。

针对这种情况,我国法治建设的着力点之一就是依法管权,建立并不断完善依法管权的法律制度。依法管权包括依法授权、依法限权、依法治权等。《决定》提议设立权力清单制度,就是依法管权的创新举措。《决定》强调"规范各级党政主要领导干部职责权限,科学配置党政部门及内设机构权力和职能,明确职责定位和工作任务","推行地方各级政府及其工作部门权力清单制度,依法公开权力运行流程。"建立权力清单制度,完善依法授权,明确哪些是党政机关依法可以做、能够做的,在权力清单之外行使权力就是越权,就是滥用职权,就是违法行为。由此,把权力关进了制度的笼子里。

要完善和强化对权力的监督制约。国家权力,尤其是政府权力运行的效应是双重的,它既会对社会带来利益,也可能对社会造成危害;它既可能维护和保障人民的权利和自由,也可能侵犯人民的权利和自由以致制造奴役和恐怖。就一般情况来说,没有界限和不受制约的权力对社会造成危害的可能性极大。"权力在社会关系中代表着能动而易变的原则。在权力未受到控制时,可以将它比作自由流动、高涨的能量,而其结果往往具有破坏性。权力的行使,常常以无情的和不可忍受的压制为标志;在权力统治不受制约的地方,它极易造成紧张、摩擦和突变。再者,在权力可以通行无阻的社会制度中,发展趋势往往是社会上的权势者压迫或剥削弱者。"[7]出于对权力本性的这种深刻的历史考察和理性分析,近代以来的思想家始终不渝地告诫人们要对权力保持着高度的戒备心理,牢固树立防范意识,采取坚强有效的制约措施。对权力的制约机制是各种各样的。比较流行的做法有:法律上规定权力的界限，把权力的行使控制在安全范围内；实行权力之间的制约——立法权、行政权、司法权、监督权等各种权力之间的制约，中央与地方逐级分权，防止权力过分集中和垄断；以舆论为主导的社会监督，把权力置于阳光之下。除了上述这些机制外，还应当重视用权利制约和监督权力。权力与权利的关系是：权力来源于权利，权力服务于权利，权力应以权利为界限，权力必须由权利制约。用权利制约权力的具体方法可包括：把权力分散或分解为权利，使尽可能多的权力权利化。把权力权利化，是制约和监督权力的有效方法，也是民主政治的优越所在。

制约和监督权力，必然要求权力运行须公开透明。对此，《决定》做出了一系列规定。“完善党务、政务和各领域办事公开制度，推进决策公开、管理公开、服务公开、结果公开。”“优化政府机构设置、职能配置、工作流程，完善决策权、执行权、监督权既相互制约又相互协调的行政运行机制。”“加强和规范对司法活动的法律监督和社会监督。”“探索推进国有企业财务预算等重大信息公开。”“构建公开透明的国家科研资源管理和项目评价机制。”“实施全面规范、公开透明的预算制度。”“推进审判公开、检务公开。”“推行新提任领导干部有关事项公开制度试点。”“政府定价范围主要限定在重要公用事业、公益性服务、网络型自然垄断环节，提高透明度，接受社会监督。”

要大力推进反腐败斗争法治化。在世界范围内，腐败主要指权力腐败。腐败首先是利用公共权力谋取私利，其次是侵害公共利益和群众利益。当下中国，腐败已成为侵犯人权、损害公共利益和人民群众利益、危害国家安全、社会和谐的首位政治祸害，是人民群众深恶痛绝并强烈要求从严治理的突出问题。权力腐败集中表现为权钱交易、权色交易、权权交易、权力寻租、权力暴征。当下中国，权力腐败呈现出明显的体系性和一定的普遍性，而不是单一的权力腐败，其中包括行政权力的腐败、司法权力的腐败、立法权力的腐败、决策权力的腐败、执行权力的腐败、人事权力的腐败等等。权力腐败源于权力滥用,而权力滥用则源于制度缺陷,缺乏权力不易腐败、不能滥用、不敢滥用的监督制约制度和预防惩治机制。要从法律上完善权力不能腐败、不易腐败的制度,从源头上管控权力滥用;要强化监督,形成授权者、掌权者、行权者不愿、不敢、不能滥用职权的环境,预防和减少权力滥用。还有,要把权力关进笼子里。对于如何把权力这只"老虎"关进笼子里,使其不能被滥用、不能腐败,《决定》指出:"坚持用制度管权管事管人,让人民监督权力,让权力在阳光下运行,是把权力关进制度笼子的根本之策。必须构建决策科学、执行坚决、监督有力的权力运行体系,健全惩治和预防腐败体系,建设廉洁政治,努力实现干部清正、政府清廉、政治清明。"

通过强化权力运行制约监督,防范权力异化,使权力真正为人民服务,以此提升党的公信力、政府公信力、司法公信力。

(五)加强宪法法律实施

由于历史与现实的多重原因,在我国,有法不依的现象普遍存在,这导致我国法制缺乏应有的尊严,并缺乏必要的权威性和实效性。无论在直观上,还是在统计数据上,我国法律被遵守的情况低于世界的平均水平。不把宪法和法律当回事、不给宪法和法律留面子的实例比比皆是。巨大的反差使我们不得不把维护法律体系的尊严和权威,确保宪法法律有效实施作为当前和今后相当长时期法治中国建设的重中之重。

宪法和法律时常丢面子。我国宪法和立法法都明确规定,涉及个人财产之征收,只能通过制定法律或全国人大常委会授权国务院制定行政法规来实施,但是一些省市 2009 年以后纷纷试图出台房产税法。对这种显然违宪和违法的行为,却没有机构来审查和制止。直到全国政协委员和全国人大代表大声疾呼"给宪法留点面子”，房产税热才降下来。《决定》明确强调“落实税收法定原则”，挽回了宪法的“面子”，维护了社会主义法制的尊严。

违法强拆、暴力强迁事件持续不断发生，《物权法》形同虚设。新闻报道中常有这样的镜头：政府官员手持《城市房屋拆迁管理条例》作为强拆依据，被拆迁人则拿着《物权法》据理力争。然而，《物权法》并非可以当然担负起拆迁纠纷终结者的角色，因为早在《物权法》之前，《宪法》就已经确认了国家保护公民合法私有财产的责任，既然《宪法》的尊严已经扫地，《物权法》又能有什么面子呢？执法部门违法是家常便饭。重庆市民顾建清在九龙坡区劳动和社会保障局当门卫 11 年，单位一直没有给他买社会保险。他每月工资仅有 350 元，远远低于法定最低工资标准。而且自 2001 年以来，单位再没跟他签订劳动合同。[8] 如此违反《劳动法》和《劳动合同法》的事情，居然发生在主管这一业务的执法部门，可谓法律莫大的尴尬与悲哀。

严格执法成为例外，成为美谈。山西省浑源县交警毛丽因拒绝为“特权车”开“绿灯”被称为“恒山脚下最美女交警”。[9] 本是正常的执法行为为何能得到人们的盛赞？因为不对领导开罚单似乎成为交警的潜规则，人们见惯了权大于法，见惯了有法不依、执法不严、违法不究，严格执法便显得难能可贵。

针对这种情况，在继续完善和发展中国特色社会主义法律体系的同时，要更加重视宪法法律的实施，保证有法必依、执法必严、违法必究，加快形成不敢违法、不能违法、不愿违法的良好法治文化环境。为此，《决定》强调：“维护宪法法律权威。……要进一步健全宪法实施监督机制和程序，把全面贯彻实施宪法提高到一个新水平。建立健全全社会忠于、遵守、维护、运用宪法法律的制度。坚持法律面前人人平等，任何组织或者个人都不得有超越宪法法律的特权，一切违反宪法法律的行为都必须予以追究。”

注　释

〔1〕在《决定》当中,除了作为一般概念的权利和权力之外,还包括大量×权、××权、×××权等概念和术语。这些概念和术语分别表意权利或权力,本文对它们逐一进行了分析和归类,将人权、产权、股权、私有权、版权、经营权、担保权、继承权、用益物权、合法权益、生产要素权益、权益保障、自主权、碳排放权、排污权、水权(交易制度)、林权、确权、律师执业权等归入"权利"范围,而将政权、立法权、执法权、审判权、检察权、执行权、(国家)监督权、管理权、执法自由裁量权、公共权力、(中央、地方)事权、职权、权责一致、权责交叉、放权、授权、权限等归入"权力"范围。

〔2〕习近平:"关于《中共中央关于全面深化改革若干重大问题的决定》的说明",载《人民日报》2013年11月16日,第1版。

〔3〕是"互相制约"而不是"单向制约"。

〔4〕这等于给了法院一把"尚方宝剑"。

〔5〕这是给法院"松绑"、"减压"。

〔6〕习近平:"切实把思想统一到党的十八届三中全会精神上来",载《人民日报》2014年1月1日,第2版。

〔7〕[美]博登海默:《法理学:法律哲学与法律方法》,邓正来译,中国政法大学出版社1999年版,第360页。

〔8〕"重庆一男子在社保局当门卫11年无社保",载http://news.163.com/11/0406/02/70U1L79H00014AED.html。

〔9〕"'恒山脚下最美女交警'半年给领导公车开出138张罚单",载《重庆晚报》2011年4月19日,第22版。

全面推进依法治国的伟大纲领*

——对十八届四中全会精神的认知与解读

导语：解读十八届四中全会《决定》的方法论

深刻理解和学习贯彻十八届四中全会精神，从方法论上说要做到三个结合：

一是要与深入学习贯彻习近平总书记关于法治的系列重要讲话结合起来。十八大以来，习近平总书记发表了至少10篇有关法治的专题讲话，其中包括：2012年12月4日“在首都各界纪念现行宪法公布实施行30周年大会上的讲话”、2013年2月23日“在十八届中央政治局第四次集体学习时的讲话”、2014年1月7日“在中央政法工作会议上的讲话”、2014年2月17日“在省部级主要领导干部学习贯彻十八届三中全会精神全面深化改革专题研讨班上的讲话”、2014年9月5日“在庆祝全国人民代表大会成立60周年大会上的讲话”、2014年9月22日“在庆祝中国人民政治协商会议成立65周年大会上的讲话”、2013年11月9日“关于《中共中央关于全面深化改革若干重大问题的决定》的说明”、2013年11月12

* 本文发表于《法制与社会发展》2015年第1期。

日在十八届三中全会上的讲话、2014 年 10 月 20 日“关于《中共中央关于全面推进依法治国若干重大问题的决定》的说明”、2014 年 10 月 23 日在十八届四中全会上的讲话。此外，习近平总书记还对宪法宣传、法治建设、政法工作等作出了一系列重要批示。这些讲话和批示形成了习近平法治思想，发展了中国特色社会主义法治理论，四中全会《决定》是在习近平法治思想指导下制定出来的。

二是与深入学习贯彻十八大和十八届三中全会精神结合起来。十八届三中全会做出了全面深化改革的重大决定，十八届四中全会做出全面推进依法治国的重大决定。这两次全会是全面建成小康社会同一主题在时间轴上的顺序展开，两个决定堪称姊妹篇。由此，中国的社会主义现代化呈现出改革与法治“双轮驱动”的新局面。无论是准确理解四中全会精神，还是深刻理解三中全会精神，都一定要把两次全会、两个决定结合起来。特别是对四中全会精神的理解一定要结合三中全会精神，并以三中全会《决定》为前提，这是因为：第一，四中全会《决定》既是贯彻落实十八大精神，也是接续三中全会决定。全面推进依法治国是全面深化改革的重要方面和重大任务，中央强调要在全面深化改革的总体框架内、以推进国家治理体系和治理能力现代化为大目标加快建设中国特色社会主义法治体系。第二，法治建设的一些重要问题在三中全会《决定》中已经做出顶层设计的，四中全会《决定》不再重复。在三中全会决定中，有关法治改革和法治中国建设的思想和部署，既集中体现在《决定》的第九部分“推进法治中国建设”，又贯穿于《决定》的始终，是十八届三中全会的精华之一。例如，关于“建立科学的法治建设指标体系和考核标准”、关于司法改革的一些重要规定等。

三是与总结法治经验、分析法治问题、谋划法治建设工作结合起来。四中全会是坚持以问题为导向做出全面推进依法治国的重大决定，而不是从某个抽象的法治模式或者一整套泛泛的法治理念出发进行顶层设计。正如习近平总书记所说:“坚持改革方向、问题导向,适应推进国家治理体系和治理能力现代化要求,直面法治建设领域突出问题,回应人民群众期待,力争提出对依法治国具有重要意义的改革举措。”“全会决定应该旗帜鲜明就法治建设的重大理论和实践问题作出回答,既充分肯定我国社会主义法治建设的成就和经验,又针对现实问题提出富有改革创新精神的新观点新举措;既抓住法治建设的关键,又体现党和国家事业发展全局要求;既高屋建瓴、搞好顶层设计,又脚踏实地、做到切实管用;既讲近功,又求长效。”[1]四中全会为我们树立了坚持问题导向的示范。《决定》指出:“必须清醒看到,同党和国家事业发展要求相比,同人民群众期待相比,同推进国家治理体系和治理能力现代化目标相比,法治建设还存在许多不适应、不符合的问题,主要表现为:有的法律法规未能全面反映客观规律和人民意愿,针对性、可操作性不强,立法工作中部门化倾向、争权诿责现象较为突出;有法不依、执法不严、违法不究现象比较严重,执法体制权责脱节、多头执法、选择性执法现象仍然存在,执法司法不规范、不严格、不透明、不文明现象较为突出,群众对执法司法不公和腐败问题反映强烈;部分社会成员尊法信法守法用法、依法维权意识不强,一些国家工作人员特别是领导干部依法办事观念不强、能力不足,知法犯法、以言代法、以权压法、徇私枉法现象依然存在。这些问题,违背社会主义法治原则,损害人民群众利益,妨碍党和国家事业发展,必须下大气力加以解决。”《决定》提出的190项改革举措正是针对这些突出问题的。

当然,学习四中全会精神要集中研读《决定》文本和习近平总书记关于《决定》的说明。不能把学习的精力放在阅读各种各样的辅导、问答材料上。各种各样的辅导、问答材料,都只能作为参考。

一、新起点:在新的历史起点上全面推进依法治国

十八届四中全会是在坚实的法治实践基础和充分的法治理论准备基础上召开的,可以说是水到渠成。社会主义法治建设既有的成就和经验是全面推进依法治国的新起点,四中全会《决定》则是新起点的标识。

新中国成立前夕,中国共产党即将作为全国范围内的执政党的时候,就把宪法法律作为治国理政的重要工具。1949 年 9 月,制定了具有临时宪法作用的《中国人民政治协商会议共同纲领》。根据共同纲领,组建了中央人民政府,并规定了中央人民政府及其各个构成部分的职权和行使职权的基本程序,为新中国的国家政权提供了合法性依据。1954 年 9 月,在毛泽东主席的亲自主持下,制定了《中华人民共和国宪法》,完成了立宪大业。这部宪法以人民民主和社会主义两大原则为统领,规定了我国的国体、政体、国家机构、公民基本权利和义务等,根据宪法制定了《全国人民代表大会组织法》、《国务院组织法》、《人民法院组织法》、《人民检察院组织法》、《地方各级人民代表大会和地方各级人民委员会组织法》等一批基本法律和重要法规,基本实现了人民民主和社会主义民主的法律化制度化,确立了社会主义中国的基本政治制度、立法体制、司法体制以及社会主义法制的基本原则,用毛泽东主席的话说,就是确立了社会主义制度的“四梁八柱”。1956 年,党的八大强调,随着革命暴风雨时期的结束和社会主义建设时期的到来,应着手系统地制定比较完备的法律,健全国家的法制,法制建设出现良好开局。但令人痛心的是,1957 年以后,由于受“左”的思想影响和“匈牙利事件”等国际国内复杂形势的严重干扰,党对社会基本矛盾发生误判,提出了以阶级斗争为纲的错误路线。1958 年北戴河中央政治局扩大会议上,否定法治的错误认识和意志占据上风,从此,我国法制建设停滞不前,甚至倒退,到了“文化大革命”期间,更

是遭到了惨重的破坏。

粉碎“四人帮”，结束“文化大革命”之后，经过对十年内乱的深刻反思，党回到了建设法制、实行法治的正确道路上。改革开放以来，我们党始终高度重视法治。有这样几个重要的历史节点。

1978 年，党的十一届三中全会明确提出“发展社会主义民主、健全社会主义法制”的纲领和“有法可依、有法必依、执法必严、违法必究”的法制工作基本方针。

1979 年 7 月 1 日，五届人大二次会议一天通过了 7 部法律，包括《刑法》、《刑事诉讼法》、《地方各级人民代表大会和地方各级人民政府组织法》、《全国人民代表大会和地方各级人民代表大会选举法》、《人民法院组织法》、《人民检察院组织法》、《中外合资经营企业法》等。同年 9 月 9 日，中共中央发出《关于坚决保证刑法、刑事诉讼法切实实施的指示》，首次提出“要实行社会主义法治”。

1982 年，五届人大五次会议完成了对宪法的修改，颁布并实施新宪法，即现行宪法。

1997 年，党的十五大提出，依法治国、建设社会主义法治国家，提出到 2010 年形成中国特色社会主义法律体系。

2002 年，党的十六大提出，发展社会主义民主政治最根本的是要把坚持党的领导、人民当家作主和依法治国有机统一起来。“三统一”的提出和阐述，更加突出了法治在社会主义民主政治和政治文明中的地位和作用。

2007 年，党的十七大在依法治国基本方略实施十年之后，强调要全面落实依法治国基本方略，加快建设社会主义法治国家。

2012 年，党的十八大强调，法治是治国理政的基本方式，要更加注重发挥法治在国家治理和社会管理中的重要作用，并做出全面推进依法治国的战略决策，强调要科学立法、严格执法、公正司法、全民守法。

2013 年，十八届三中全会在《全面深化改革若干重大问题的决定》中提出"推进法治中国建设";强调依法治国、依法执政、依法行政共同推进,法治国家、法治政府、法治社会一体建设,并对立法体制改革、执法体制改革、司法体制改革做出了宏观部署。

经过六十多年的不懈探索和实践,我国的社会主义法治建设取得了历史性成就——中国特色社会主义法律体系形成,依法执政、依法行政、公正司法、全民守法稳步推进,法治基础更加坚实,全社会法治观念明显增强,法治经验更加丰富,这就使我们有充分的实践基础提出全面推进依法治国和加快法治国家建设。

在积极开展法治实践探索的同时,我们党不断总结建国以来法治建设的成功经验,深刻反思偏离法治轨道的惨痛教训,并将这些经验和反思上升为理论,为十八届四中全会做了充分的理论准备。特别是党的十八大以来,习近平总书记发表了一系列有关法治的专题讲话,创造性地发展了中国特色社会主义法治理论。在总结经验、反思教训、研判趋势、创新理论的基础上,全党深刻地认识到:全面推进依法治国,是解决党和国家事业发展面临的一系列重大问题,解放和增强社会活力、促进社会公平正义、维护社会和谐稳定、确保党和国家长治久安的根本要求。全面推进依法治国是关系我们党执政兴国、关系人民幸福安康、关系党和国家长治久安的重大战略问题,是完善和发展中国特色社会主义制度、推进国家治理体系和治理能力现代化的重要方面。我们要全面深化改革,全面建成小康社会,实现中华民族伟大复兴的中国梦,就必须在全面推进依法治国上作出总体部署、采取切实措施、迈出坚实步伐。在这样的实践基础和理论准备的历史背景下,党的十八届四中全会对全面推进依法治国做出了系统论述和总体部署,勾画出法治建设的新蓝图,实现了党在法治事业上继往开来、改革创新、跨越发展。由此,我国法治建设步入了崭新的历史阶段,站在了新的历史起点上,在更高的历史起点上开启新的征程。新起点、高起点判断的理据和标志是:

第一，四中全会是中共执政历史上首次以法治为主题的中央全会，全会《决定》是中国社会主义建设史上，也是世界社会主义发展史上第一部就社会主义法治建设的根本性、全局性、长远性问题做出深入阐述和顶层设计的纲领性文献，体现了我们党全面推进依法治国、加快建设法治国家、推进法治中国建设的坚强意志和决心，回应了全国人民对法治的强烈需求和对依法治国的热切期待，在社会主义法治发展史上具有划时代意义。

第二，《决定》推出并阐述了一系列法治新概念、新命题、新论断、新观点、新思想，例如，社会主义法治体系、法治实施体系、法治监督体系、法治保障体系、党内法规制度体系，总体国家安全观，立法和改革决策相衔接，消除权力设租寻租空间，行政裁量权基准制度，阳光司法，以审判为中心的诉讼制度，党的政策和国家法律互联互动，谁执法谁普法的普法责任制，法治工作队伍，党规党纪严于国家法律，依法治军、从严治军，提高国防和军队建设法治化水平，依法保障一国两制实践和推进祖国统一，加强涉外法律工作，等等。《决定》还提出了一系列内涵丰富、思想深刻的社会主义法治建设理论，例如，“党的领导和社会主义法治是一致的，社会主义法治必须坚持党的领导，党的领导必须依靠社会主义法治”的观点；“法治是国家治理体系和治理能力的重要依托”的观点；“法律是治国之重器，良法是善治之前提”的观点；“公正是法治的生命线”的观点；“人民是依法治国的主体和源泉，法律为人民所掌握、所遵守、所运用”的观点，“人民权益要靠法律保障，法律权威要靠人民维护”的观点，“一手抓法治、一手抓德治”的观点，“健全事实认定符合客观真相、办案结果符合实体公正、办案过程符合程序公正的法律制度”的观点，“法律红线不可逾越、法律底线不可碰触”的观点，等等。上述新概念、新命题、新论断、新观点、新思想、新理论深刻回答了法治中国建设的重大理论问题，推动了中国特色社会主义法治理论体系的形成，使我国法治建设在一个更加成熟、更加定型、更加科学的法治理论指导下全面推进。中国特色社会主义法治理论体系的创新发展也推进了中国特色社会主义法治话语体系的基本形成。这个法治话语体系凝聚着法治的中国经验，饱含着法治的中国元素，彰显了法治的中国精神，描绘了法治的中国道路。中国特色社会主义法治理论体系和话语体系的形成，必将打破西方法治话语体系的支配地位，消解西方法治中心主义的影响，不仅有利于增强亿万人民对社会主义法治的道路自信、理论自信、制度自信，也有利于提升中国在国际社会的法治话语权和影响力。

第三，《决定》系统阐述了当代中国法治的核心价值和价值体系。《决定》广泛凝聚了全党全社会的法治价值共识，首次明确提出人民主体这一当代中国法治的核心价值，强调法治为了人民、依靠人民、造福人民、保护人民，由此延伸出来若干法治的核心价值，诸如尊重和保障人权、促进社会公平正义、维护社会和谐稳定、保证国家长治久安、保障经济持续发展、增进人的全面自由与福祉等。进而派生出其他具体价值。例如，以民为本、立法为民、科学立法、民主立法的立法理念，公开公正、廉洁高效、守法诚信的执法理念，公平正义、独立司法、人权保障的司法理念，规则意识、契约精神、自治自律、公序良俗等社会法治意识。社会主义法治核心价值的阐发与法治价值体系的建构，释放出厉行法治的巨大动力源泉，亿万人民正在形成中国共产党是“真搞法治、搞真法治”的共识。可以预见，一个以人民为主体、以保障和发展人民利益为出发点和落脚点，并由人民所掌握、所遵守、所运用的法治必将得到全国人民的高度认同、广泛参与和全力支持，由此，中国法治将实现从“政府推进型”向“党政与人民共同推进型”的重大转变。

第四，《决定》对新时期新阶段的中国法治建设作出了全新部署，确定了全面推进依法治国的指导思想、总目标、总路线和重大任务，推出了190项重大改革举措，涉及依法治国的各个方面、各个环节。《决定》不仅提出了许多新任务、新指标，例如，建设中国特色社会主义法治体系，建设法治社会，依法依规管党治党，依法治军，开展涉外法律工作，而且对既有的法治建设任务提出了更高的标准，例如，在依法执政，法律法规立改废释，宪法法律实施，依法行政、建设法治政府，司法改革等方面都提出了新的指标。新的部署、新的任务、新的指标必将推动中国法治在更高起点上科学发展，推动社会主义法治现代化，加快从建设法律体系到建设法治体系的升级，从法律大国到法治强国的升级，从规则本位的法律之治到权利本位的良法善治的升级，从“摸着石头过河”到顶层设计、科学布局的升级。因此，《决定》的贯彻落实，必将开启依法治国的新征程，谱写法治中国新篇章。

二、总目标：建设社会主义法治体系，建设社会主义法治国家

《决定》指出：“全面推进依法治国，总目标是建设中国特色社会主义法治体系，建设社会主义法治国家。”在两个建设中，建设中国特色社会主义法治体系是四中全会首次提出，所以在《决定》中是上了标题的（第一部分的标题是“坚持走中国特色社会主义法治道路，建设中国特色社会主义法治体系”），是习近平总书记关于《决定》的说明中着重阐述的重大问题。所以，本文重点解读建设中国特色社会主义法治体系这个目标。

（一）法治体系的概念

社会主义法治体系是法学理论的新概念，建设中国特色社会主义法治体系是法治建设的新思维、新纲领。法治体系的形成是一个国家法治现代化和国家治理现代化的重要标志，建设中国特色社会主义法治体系，就是要大力推进中国法治现代化和国家治理现代化。

全面推进依法治国，涉及立法、执法、司法、守法、法治监督、

法治保障、法学教育，涉及依法治国、依法执政、依法行政共同推进，法治国家、法治政府、法治社会一体建设，涉及国家法治、政府法治、地方法治、社会法治（社会软法体系）统筹互动、协调发展，因而需要一个思想含量更丰富、理论概括更精准的统领性概念，“中国特色社会主义法治体系”无疑就是这样一个比较好的统领性概念。

“法治体系”既是一个描述一国法治运行与操作规范化有序化程度、表征法治运行与操作各个环节彼此衔接、结构严整、运转协调状态的概念，也是一个规范法治运行与操作，使之充分体现和有效实现法治核心价值和价值体系的概念。与“法律体系”作为中性概念不同，法治体系概念包括保障人权、制约公权、促进公正、维护稳定、推动发展等价值内涵。

“法治体系”是与“法律体系”和“法制体系”不同的法学理论概念。法律体系，是指由一国现行的全部法律规范按照不同的法律部门分类组合而形成的一个体系化的有机联系的统一整体。例如，我国现行法律体系包括七大部分、五个层次。法律体系是法治体系的组成部分，又是法治体系存在和运行的基础和前提。但是，法律体系不同于法治体系，法律体系是法律的规范体系，法治体系则是法律的运行体系，一个是静态，一个是动态。法治体系不仅包括立法、执法、司法、守法等法律实施环节，而且包括保证法律体系运行的保障机制和监督机制，体现了全面推进依法治国的整体要求。

法制体系，亦即法律制度体系，是指由法律法规构建起来的制度体系。我国现行法律制度体系包括规范和保障社会主义民主政治的法律制度、尊重和保障人权的法律制度、规范和保障市场经济秩序的法律制度、保护环境资源和生态文明的法律制度、行政管理法律制度、司法与诉讼法律制度、劳动与社会保障法律制度、涉外法律制度，等等。在这些制度之下，又有许多更为具体的法律制度。例如,诉讼制度之下包括刑事诉讼制度、民事诉讼制度、行政诉讼制度;在刑事诉讼制度之下又包括证据制度、辩护制度等。由于每一个具体的法律制度分别是由一组或多或少的法律规范构成的,所以,法制体系实质上也就是法律规范体系。

与法治体系相邻的概念还有"法治系统"。1979 年 10 月,著名科学家钱学森在一次规模空前的系统工程学术盛会上发表重要演讲。在演讲中,他提出:"在现代这样一个高度组织起来的社会里,复杂的系统几乎是无所不在的,任何一种社会活动都会形成一个系统,这个系统的组织建立、有效运转就成为一项系统工程"。"社会主义法治需要一系列法律、法规、条例,从国家宪法直到部门法的规定,集总成为一个法治的体系、严密的科学体系,这也是系统工程,法治系统工程。"[2]之后,1985 年 4 月,钱学森出席了在北京召开的"全国首届法制系统科学讨论会",并发表了题为"现代科学技术与法学研究和法制建设"的重要讲话。此后,"法治(法制)系统"、"法治系统工程"的概念进入法学概念体系,并成为一个时期法学研究的热点之一。法治系统、法治系统工程概念中的某些认知与法治体系的认知比较接近,但其核心理念差距较大,法治体系着眼于全面推进依法治国,而法治系统(法制系统)则着眼于用系统工程的科学技术方法对法律的制定和实施进行系统构建和工程化探索。

中国特色社会主义法治体系不同于一般意义的法治体系。它是在中国共产党的领导下,坚持中国特色社会主义制度,以中国特色社会主义法治理论为指导建构起来的,其基石是《中华人民共和国宪法》,支柱是依宪执政和依宪治国。

(二)建设中国特色社会主义法治体系的主要任务

在全面推进依法治国、建设社会主义法治国家,推进法治中国建设,推进国家治理现代化的历史新阶段,建设中国特色社会主义法治体系，就是要形成“五个体系”，促成“五种局面”。

形成“五个体系”，即形成完备的法律规范体系、高效的法治实施体系、严密的法治监督体系、有力的法治保障体系，形成完善的党内法规体系。

1. 形成完备的法律规范体系

2011年3月10日，吴邦国委员长在十一届全国人大四次会议第二次全体会议上宣布中国特色社会主义法律体系已经形成。法律体系形成并不意味着法律规范体系已经完备。事实上，我国法律规范体系中还存在许多缺项，一些该有的法律规范还没有制定出来，在国家政治生活、经济生活、文化生活、社会生活、生态生活中仍然存在不少无法可依的空间，特别是在改革的重点领域，法律缺项更多；有些法律法规未能全面反映客观规律和人民意愿；有些法律法规针对性、可操作性不强；有些法律法规由于是部门利益或地方利益博弈的结果，带有严重的部门化、地方化倾向，致使实践中争权诿责现象较为突出；有些法律规范互相冲突，致使公民、法人乃至执法者和司法者无所适从。针对这种情况，四中全会要求，深入推进科学立法、民主立法，提高立法效率，加强重点领域立法，加快完善体现权利公平、机会公平、规则公平的法律制度，保障公民人身权、财产权、基本政治权利等各项权利不受侵犯，保障公民经济、文化、社会等各方面权利得到落实；实现立法和改革决策相衔接，做到重大改革于法有据、立法主动适应改革和经济社会发展需要。要坚持上下有序、内外协调、科学规范、运行有效的原则完善和发展法律规范体系，各部门法之间、各种不同渊源的规范性法律文件之间彼此衔接、和谐统一；更加注重立改废释并举，实现从粗放型立法向集约型立法的转变；进一步加强科学立法和民主立法，让法律法规立得住、行得通、真管用。

2. 形成高效的法治实施体系

法律的生命在于实施，法律的权威在于实施，法律的伟力也在于实施。无论在直观上,还是参照国内外法治评估数据,我国法律实施的情况都低于世界的平均水平。不把宪法和法律当回事、不给宪法和法律留面子的实例比比皆是;有法不依、执法不严、违法不究的现象在很大范围内司空见惯,有些地方以权谋私、徇私枉法、破坏法治的问题还很严重,人民群众对这些问题意见还很大。为了克服这些现象,保证法律有效实施,必须建立高效的法治实施体系。完善法治实施体系,最重要的是健全宪法实施体系机制。习近平总书记指出:"宪法是国家的根本法。法治权威能不能树立起来,首先要看宪法有没有权威。必须把宣传和树立宪法权威作为全面推进依法治国的重大事项抓紧抓好,切实在宪法实施和监督上下工夫。"[3]为此,四中全会《决定》提出了一系列保障宪法实施的措施,包括:完善全国人大及其常委会宪法监督制度,健全宪法解释程序机制;加强备案审查制度和能力建设,依法撤销和纠正违宪违法的规范性文件;将每年12月4日(现行宪法颁布实施的日期)确定为国家宪法日;建立宪法宣誓制度等。法治实施体系的核心是执法和司法,严格执法和公正司法是法律实施的关键。与此同时,还必须强调执法和司法的效率。

3. 形成严密的法治监督体系

法治监督是指对法律实施情况的监督。我国现实的法治监督存在诸多突出问题,如监督的目的不清晰;监督范围不明确、监督程序不健全、监督手段和方式不充分、监督机制不完善;监督法治化、体系化、常态化程度较低,致使各种监督方式之间缺乏协同性;监督的权威性和执行力不高,许多监督裁决被束之高阁,甚至被不屑一顾;监督机构和监督人员也存在不敢监督、不愿监督、不会监督的问题。针对这种状况,四中全会《决定》提出,建立由党内监督、人大监督、民主监督、行政监督、司法监督、审计监督、社会监督、舆论监督等构成的更加严密的监督体系,形成强大的监督合力,同时强调监督工作规范化、程序化、制度化,形成对法治运行全过程全方位的法治化监督体系,督促科学立法、严格执法、公正司法、全民守法的实现,确保党和国家机关及其工作人员按照法定权限和程序正确行使权力,真正做到法定授权必须为、法无授权不得为。

4. 形成有力的法治保障体系

法治保障体系是个新概念,就宏观目标而言,法治保障体系包括政治保障、制度保障、思想保障、组织保障、运行保障等。坚持党的领导是社会主义法治的政治保障,保障社会主义法治的政治方向;坚持中国特色社会主义制度是社会主义法治的制度保障,保障社会主义法治立足于社会主义民主政治制度的基础上;贯彻中国特色社会主义法治理论是社会主义法治的思想保障,保障社会主义法治的科学发展;建设宏大的法治工作队伍是社会主义法治的组织和人才保障,保障法治的尊严、权威和有效实施;建立科学的法治建设指标体系和考核标准并有效实施是社会主义法治的运行保障,保障全面推进依法治国各项任务的细化和落实。继十八届三中全会提出建立科学的法治建设指标体系和考核标准之后,四中全会《决定》再次明确地"把法治建设成效作为衡量各级领导班子和领导干部工作实绩重要内容,纳入政绩考核指标体系。把能不能遵守法律、依法办事作为考察干部重要内容"。法治建设评估应作为考核各级党委、政府工作的重要方面。作为法治保障体系的组成部分,法治建设指标体系应涵盖依法执政、科学立法、依法行政、严格执法、公正司法、全民守法等各个领域各个方面。考评标准要考虑可操作性,把决策和行为是否合法、人民群众是否满意、法治利民惠民的实效作为重要的标准。这五条是从宏观上建构的法治保障体系,具体到立法、执法、司法、守法等法治环节,还要有的放矢地创建和完善保障体系,例如,为了保证司法机关依法独立公正地行使审判权和检察权,就要推进以去地方化为目标的省以下司法管理体制改革,探索建立与行政区划适当分离的司法管辖制度，建立跨行政区域的司法机关；推进以去行政化为核心的司法权运行机制改革，以审判权为中心优化司法职权配置、完善诉讼制度，改革审判委员会和检察委员会制度，完善主审法官、合议庭、主任检察官、主办侦查员办案责任制，加强对司法活动的监督，建立健全法官检察官履行职责保护机制，等等。

5. 形成完善的党内法规体系

依法执政、依法治国，不仅要有完善的国家法律体系，而且必须有健全的党内法规体系，特别是中央层面的党内法规体系。“党内法规”的通用含义是指党的中央组织以及中央纪律检查委员会、中央各部门和省、自治区、直辖市党委制定的规范党组织的工作、活动和党员行为的规章制度的总称。根据四中全会精神，要根据全面推进依法治国和依规管党治党的总体部署，以“宪法为上、党章为本”为基本原则，全面建成内容科学、程序严密、配套完备、运行有效的党内法规制度体系。党内法规实际上分为两类：一类仅适用于党内，例如《中国共产党纪律处分条例》；另一类不仅适用于党内，而且主要用以调整党委与立法机关、政法机关、人民团体的关系，例如，有关加强党对立法工作的领导的规范性文件，规范的是党中央和地方党委与立法机关的关系，确保法律法规充分体现党的路线方针政策，体现人民的意志和利益。党中央制定的规章制度既是党依法执政的基本遵循，也是党治国理政的根本保障，因而是中国特色社会主义法治体系的重要组成部分。完善党内法规体系，也包括促进党法党规与国家法律体系内在统一、协调一致、相得益彰。

促成“五种局面”包括：

1. 促成科学立法、严格执法、公正司法、全民守法、人才强法全面推进的局面

科学立法是全面依法治国的前提，严格执法是全面依法治国的关键，公正司法是全面依法治国的重点，全民守法是全面依法治国的基础，人才强法是全面推进依法治国的保障。

(1)科学立法

建设法治体系,实行依法治国,科学立法是基础。强调科学立法,是为了提高立法质量。越是强调法治,越是要提高立法质量。提高立法质量,关键在于:一要尊重和体现经济、政治、文化、社会、生态建设与发展客观规律,使法律准确适应改革发展稳定需要,积极回应人民期待,更好协调利益关系;二要坚持问题导向,切实提高法律的针对性、及时性、系统性、协调性,发挥立法凝聚共识、统一意志、引领公众、推动发展的作用;三要注重增强法律的可执行性和可操作性,努力使每一项立法都符合宪法精神、反映人民意愿、得到人民拥护;四要坚持立改废释并举,全方位推进立法工作;五要坚持民主立法、科学立法,完善立法体制和程序,提高立法效率。

(2)严格执法

党的十八大报告、十八届三中全会《决定》、四中全会《决定》和习近平总书记的系列讲话始终强调严格执法。习近平总书记指出:法令行则国治,法令弛则国乱。我国现实生活中出现的很多问题,往往同执法失之于宽、失之于松有很大关系。有的执法人员执法随意性大,粗放执法、变通执法、越权执法比较突出,要么有案不立、有罪不究,要么违规立案、越权管辖;有的刑讯逼供、滥用强制措施;有的办关系案、人情案、金钱案,甚至徇私舞弊、贪赃枉法,等等。对违法行为必须严格尺度、依法处理、不能迁就,否则就会产生"破窗效应"。为了确保严格执法,四中全会《决定》提出,探索建立检察机关提起公益诉讼制度,检察机关在履行职责中发现行政机关违法行使职权或者不行使职权的行为,应该督促其纠正,必要时可向人民法院提出行政公益诉讼。

(3)公正司法

公正是法治的生命线。司法是维护社会公平正义的最后一道防线。司法公正对社会公正具有重要引领作用,司法不公对社会公正具有致命破坏作用。所以,司法必须公正。所谓公正司法,就是受到侵害的权利一定会得到保护和救济,违法犯罪活动一定要受到制裁和惩罚,人民群众在每一个司法案件中都能感受到公平正义。如果人民群众通过司法程序不能保障自己的合法权利,司法就没有公信力,人民群众也不会相信司法。司法是定分止争的最后一道防线。要做到定分止争,司法必须公正,如果司法不公、人心不服,不仅难以定分止争、化解矛盾,甚至可能激化和聚集矛盾。司法还是维护法律尊严和权威的最后一道防线。要发挥维护法律尊严和权威的作用,司法必须公正、公开、公平,司法机关必须有足够的尊严和权威、有极高的公信力。为此,必须完善司法管理体制和司法权力运行机制,规范司法行为,加强对司法活动的监督,努力让人民群众在每一个司法案件中感受到公平正义。

(4)全民守法

全面推进依法治国,必然要求全民守法。全民守法,就是全国各族人民、一切国家机关和武装力量、各政党和各社会团体、各企业事业组织,都必须以宪法和法律为根本活动原则,并负有维护宪法和法律尊严、保证宪法和法律实施的职责。任何组织或者个人,都不得有超越宪法和法律的特权。一切违反宪法和法律的行为,都必须予以追究。任何公民、社会组织、国家机关、政党(包括执政党),都要依照宪法和法律行使权利或权力、履行义务或职责。在社会转型、矛盾凸显的当前形势下,要引导全体人民通过法律程序来合理表达诉求、依法维护权利、文明解决纷争;要努力培育社会主义法治文化,在全社会形成学法尊法守法用法的良好氛围。守法是一个积极的概念,不仅要重视履行义务,更要认真行使权利。守法的前提是学法、懂法,因此,要深入开展法治宣传教育。

(5)人才强法

人才强法是人才强国的重要组成部分。科学立法、严格执法、公正司法、全民守法都离不开高素质的法治工作队伍。建设一支优秀的法治工作队伍，才能实现良法善治、法正民安。社会主义法治建设的主体是人民，人民是推进依法治国的根本动力和力量源泉。但同时也要看到，法治工作的核心是依法治理国家和社会，处理公共事务，化解社会矛盾纠纷，实现权利救济，尊重和保障人权，维护社会公平正义，促进社会和谐稳定，因而具有很强的政治性、思想性、智慧性、专业性、技术性，需要高级专门人才去担当。特别是进入新世纪之后，随着科学技术进步、社会转型和利益格局的巨变，新型案件、疑难案件、涉外案件、知识产权案件层出不穷，征地拆迁、土地承包纠纷、社会保险、教育医疗、消费者权益等涉及民生问题和群体性利益的案件逐年增加，与人格权、生存权、环境权、发展权等人权问题关联的诉讼也呈现攀升趋势。这就需要大批受过良好专业训练、并具有实践理性和实践经验的法律专家。

2. 促成依法治国、依法执政、依法行政共同推进的局面

依法治国是党领导人民治理国家的基本方略，依法执政是中国共产党执政的基本方式，依法行政是依法治国的核心内容。

(1)依法治国

依法治国就是人民在党的领导下，依照法治原则和法律规定，通过各种途径和形式管理国家事务，管理经济文化事业，管理社会事务，使国家各项工作法治化，使社会主义民主制度和法律不因领导人的改变而改变，不因领导人看法和注意力的改变而改变。

(2)依法执政

全面推进依法治国，建设中国特色社会主义法治体系和法治国家，关键在于党科学而又有效地依法执政，依法执政的基本内涵是：党依照宪法和法律执掌国家政权、领导国家政权、运用国家政权，实现党的执政宗旨、执政目标和执政任务；依法支持和督促国家机关依法行使国家权力、履行国家职能，以确保国家机关活动的民主性、合法性、公正性、权威性；依法治国理政，如审议重要立法，审议人大常委会和政府工作报告，制定国防外交基本方针，以及管理属于党和国

家机关共同负责的事项等。坚持依法执政,各级领导干部要带头遵守法律,带头依法办事,不得违法行使权力,更不能以言代法、以权压法、徇私枉法。健全党领导依法治国的制度和工作机制,完善保证党确定依法治国方针政策和决策部署的工作机制和程序,加强对全面推进依法治国统一领导、统一部署、统筹协调,完善党委依法决策机制。各级人大、政府、政协、审判机关、检察机关的党组织要领导和监督本单位模范遵守宪法法律,坚决查处执法犯法、违法用权等行为。为了做到依法执政,首要任务是完善党依法执政的体制机制和法律法规,确保党在宪法和法律范围内活动,依照宪法、法律和党内法规制度行使执政权和领导权;确保党既严格守法,又能科学有效地领导立法、保证执法和司法;提高各级党委及其领导干部运用法治思维和法治方式治国理政的能力和水平。尤其要强调的是,通过长期依法执政实践,把党建设成为坚持宪法至上、维护法律尊严和权威、在宪法法律范围内活动的执政党,尊重和保障人权、促进社会公平的执政党,领导、支持和监督国家机关依法行使国家权力的执政党,实现党的执政方式和执政活动法治化。

(3)依法行政

依法行政,就是各级政府在党的领导下,在法治轨道上开展工作,创新执法体制,完善执法程序,推进综合执法,严格执法责任,建立权责统一、权威高效的依法行政体制。特别是要牢固树立权力来自人民、权力源于法律授予的政府理念,坚持职权法定原则,做到法定职责必须为、法无授权不可为。

3. 促成法治国家、法治政府、法治社会一体建设的局面

(1)法治国家

什么样的国家是法治国家呢?一个成熟的法治国家通常包括这样五方面的要素:第一,法律之治。法治成为治国理政的基本方式,基本的政治关系、经济关系、社会关系等纳入法律调整和法治轨道,实现民主政治法治化、市场经济法治化、社会管理法治化。

第二,程序之治。在国家政治生活中,程序问题至关重要。程序给人信心,程序保证效率,程序减少失误。正如美国著名大法官威廉姆斯·道格拉斯所言:“正是程序决定了法治与恣意的人治之间的基本区别。”[4]第三,人民主体,法治为了人民、依靠人民、造福人民、保护人民,法律为人民所掌握、所遵守、所运用。第四,有限政府,即职能和权力受到限制的政府。第五,良法善治,这是法治国家的最高境界。

(2)法治政府

法治政府要求政府依照宪法法律组成,政府的权力由宪法授予,政府依法行政、严格执法,政府违法担责。在任何国家,法治的重心都是制约和控制行政权力,防止其滥用和异化,因为行政权力“无所不在、无所不能”。2004年国务院发布的《全面推进依法行政实施纲要》,正式确立了“法治政府原理”。四中全会《决定》更加明确地提出“加快建设职能科学、权责法定、执法严明、公开公正、廉洁高效、守法诚信的法治政府。”

(3)法治社会

法治社会与法治国家是互为依存、相辅相成的。我们既需要建设一个法治的国家,也需要建设一个法治的社会。法治社会建设是法治中国建设的重要组成部分,是创新社会治理的内在要求,是人民安居乐业、社会安定有序的重要保障。法治社会的基本标志,一是党和政府依法治理社会,健全依法维权和化解纠纷机制,建立健全社会矛盾预警机制、利益表达机制、协商沟通机制、救济救助机制,畅通群众利益协调、权益保障法律渠道。完善立体化社会治安防控体系,保障人民生命财产安全。二是社会依法自治,基层组织和部门、行业依法治理,各类社会主体自我约束、自我管理,市民公约、乡规民约、行业规章、团体章程等社会规范在社会治理中有效发挥作用。三是全体人民自觉守法,法治精神和法治文化蔚然成风,全社会厉行法治的积极性和主动性普遍增强,形成守法光荣、违法可耻的社会氛围，广大公民争当社会主义法治的忠实崇尚者、自觉遵守者、坚定捍卫者。建设法治社会，必须正确处理政府与社会、自治与他治、维权与维稳、活力与秩序、法律规范与其他社会规范的关系。

4. 促成国家法治主导下的政府法治、地方法治、社会法治（软法治理）协调发展的局面

我国是单一制社会主义国家，法制统一、宪法至上是与人民代表大会制度同样重要的根本制度。在这个前提下，发挥中央、地方、社会、各级人大、各级政府、各种组织的法治积极性，推进政府法治、地方法治、社会法治（软法治理）三者功能互补、协调发展，是全面推进依法治国、建设法治国家的题中应有之义。

（1）政府法治

政府法治在法治体系当中具有特殊的地位和作用。在法律体系中，行政法规和规章不仅数量多，而且调整范围广；在法律运行中，政府扮演执法者的角色，直接决定着法律实施的状态，决定着依法治国的成效，从而决定着法治的命运。因此，四中全会《决定》强调，加强和改进政府立法制度建设，完善行政法规、规章制定程序，完善公众参与政府立法机制；重要行政管理法律法规由政府法制机构组织起草；对部门间争议较大的重要立法事项，由决策机关引入第三方评估，不能久拖不决。同时，《决定》强调，政府作为执法主体要严格规范公正文明执法。

（2）地方法治

地方法治是国家统一的社会主义法治的重要组成部分。地方法治既是实施国家宪法法律所必需，也是建立符合地方省（区）情市情的法律秩序、保障地方经济发展、社会管理和公共治理的需要，地方法治建设还是国家法律制度创新的基础和来源。我国改革开放过程中涌现出来的许多重大法律制度创新，包括农村土地承包经营制度、国有土地有偿使用制度、所有权与经营权分离、基

层群众民主自治等，都首先起源于地方的改革创新实践，然后由中央总结成功经验并由立法加以确认。地方和基层在长期的改革创新实践中所积累起来的大量新规则、新制度，为国家立法提供了可资利用的丰富的本土资源。在全面推进依法治国的新时期，中央更加重视地方法治建设，四中全会《决定》进一步扩大地方立法权，依法授予设区的市地方立法权，这对于发挥地方积极性和能动性，完善地方法制体系，推动地方工作法治化，将产生深远的作用。这意味着全国233个还没有立法权的设区的城市将逐步依法获得立法权，在法定的权限和范围内，制定地方性法规，推进地方工作法治化。

(3)社会法治(软法治理)

社会法治在这里是狭义上的，主要是指市民公约、乡规民约、行业规章、团体章程等多种形式的社会规范及其社会治理，学者们把这些社会规范称为“软法”、“软法治理”。社会软法规范对于其效力所及的组织和个人具有重要的规范、指引和约束作用，也是治理公共事务的重要依据。在软法体系当中，行业法制非常重要，它们是社会自治的重要规范，也是依法治国的重要保障。当各个行业都有健全的规范体系(或者是由国家制定，或者是由行业自己制定)时，整个法律体系和法治体系就有坚实的社会基础。四中全会《决定》强调发挥各种社会规范(软法)在法治社会建设中的积极作用，将极大地增强中国法治的社会活力和可持续性。

5. 促成党的领导、人民当家作主、依法治国有机统一的局面

党的领导、人民当家作主、依法治国有机统一是中国特色社会主义法治体系最鲜明的本质特征。“三统一”是我国法治建设的基本经验，也是今后法治建设的根本遵循。依法治国，建设法治国家，坚持党的领导是最根本的保证，把党的领导贯彻到依法治国全

过程和各方面，是我国社会主义法治建设的一条基本经验。只有在党的领导下依法治国、厉行法治，人民当家作主才能充分实现，国家和社会生活法治化才能有序推进。保证人民当家作主是前提和目标，人民当家作主，既是法治的前提和基础，更是法治的本质和动力。依法治国是实现党的领导和人民当家作主的基本途径。人民代表大会制度是实现党的领导、人民当家作主、依法治国有机统一的根本制度载体。促成“三统一”就要积极探索如何在宪法的统领下把党的领导、人民当家作主、依法治国统一于人民代表大会制度。

应当指出，建设中国特色社会主义法治体系和建设社会主义法治国家，仍然是法治建设的阶段性目标，终极目标、更长远的目标，是建设法治中国。正如四中全会《决定》第一部分、即有关总目标、总路线的这一部分的最后一段话所言：“全面推进依法治国是一个系统工程，是国家治理领域一场广泛而深刻的革命，需要付出长期艰苦努力。全党同志必须更加自觉地坚持依法治国、更加扎实地推进依法治国，努力实现国家各项工作法治化，向着建设法治中国不断前进。”也正如《决定》全篇的最后一段话所言：“全党同志和全国各族人民要紧密团结在以习近平同志为总书记的党中央周围，高举中国特色社会主义伟大旗帜，积极投身全面推进依法治国伟大实践，开拓进取，扎实工作，为建设法治中国而奋斗！”

三、总路线：坚定不移地坚持中国特色社会主义法治道路

实现总目标要坚持正确的路线，选择正确的道路，道路问题是最根本的问题，道路决定命运，道路决定前途。中国特色社会主义法治道路就是全面推进依法治国的唯一正确路线，是全面推进依法治国、加快建设法治中国的总路线，也可以说是法治建设的基本路线。正如习近平总书记所强调的：中国特色社会主义法治道路，

是社会主义法治建设成就和经验的集中体现，是建设社会主义法治国家的唯一正确道路。对这一点，要理直气壮讲、大张旗鼓讲。要向干部群众讲清楚我国社会主义法治的本质特征，做到正本清源、以正视听。《决定》和习近平总书记的讲话向全党全国人民释放出正确而明确的信号，指明了全面推进依法治国的正确方向，这对于进一步统一全党全国人民的认识和行动具有十分重要的意义。

四中全会《决定》高屋建瓴，将中国特色社会主义法治道路进一步凝练为“三个核心要义”、“五个坚持”。

“三个核心要义”：坚持中国共产党的领导，坚持党的领导是法治的根本保证。坚持中国特色社会主义制度，关键是坚持人民代表大会制度，不搞三权分立；坚持中国共产党领导的多党合作与政治协商，不搞多党竞选，轮流执政。贯彻中国特色社会主义法治理论，确保法治建设始终在科学理论指导下前行，不走弯路，减少曲折。

“五个坚持”：坚持中国共产党的领导，坚持人民主体地位，坚持法律面前人人平等，坚持依法治国和以德治国相结合，坚持从中国实际出发。

坚持中国共产党的领导。党的领导是中国特色社会主义最本质的特征，是社会主义法治最根本的保证。把党的领导贯彻到依法治国全过程和各方面，是我国社会主义法治建设的一条基本经验。我国宪法确立了中国共产党的领导地位。坚持党的领导，是社会主义法治的根本要求，是党和国家的根本所在、命脉所在，是全国各族人民的利益所系、幸福所系，是全面推进依法治国的题中应有之义。党的领导和社会主义法治是一致的，社会主义法治必须坚持党的领导，党的领导必须依靠社会主义法治。只有在党的领导下依法治国、厉行法治，人民当家作主才能充分实现，国家和社会生活法治化才能有序推进。必须坚持党领导立法、保证执法、支持司法、带头守法，把依法治国基本方略同依法执政基本方式统一起来，把党总揽全局、协调各方同人大、政府、政协、审判机关、检察机关依法依章程履行职能、开展工作统一起来，把党领导人民制定和实施宪法法律同党坚持在宪法法律范围内活动统一起来，善于使党的主张通过法定程序成为国家意志，善于使党组织推荐的人选通过法定程序成为国家政权机关的领导人员，善于通过国家政权机关实施党对国家和社会的领导，善于运用民主集中制原则维护中央权威、维护全党全国团结统一。坚持依法执政，既要求党依据宪法法律治国理政，也要求党依据党内法规管党治党。

坚持人民主体地位。中国特色社会主义法治与西方资本主义法治最根本的区别就在于：西方法治本质上是由资本所控制、所运用，体现资产阶级意志，首先为资产阶级根本利益服务；而我们始终坚持法治建设为了人民、依靠人民、造福人民、保护人民，以保障人民根本权益为出发点和落脚点，保证人民依法享有广泛的权利和自由、承担应尽的义务，维护社会公平正义，促进共同富裕；始终坚持保证人民在党的领导下，依照法律规定，通过各种途径和形式管理国家事务，管理经济文化事业，管理社会事务。法律为人民所掌握、所遵守、所运用，法律是全体公民必须遵守的行为规范，法律更是保障自身权利的有力武器。

坚持法律面前人人平等。平等是社会主义法律的基本属性之一，在法治的范畴内，平等主要包括权利平等、机会平等、规则平等。社会主义法律的基本属性还包括国家强制性、权威性、连续性、稳定性等，把平等性从各种属性当中抽取出来作为中国特色社会主义法治的基本原则，有其鲜明的针对性，即针对特权思想、特权人物、特权阶层，针对权大于法、钱大于法、关系大于法，它们构成厉行法治的障碍与阻力。四中全会《决定》强调指出：坚持法律面前人人平等，就是要求任何组织和个人都必须尊重宪法法律权威，都必须在宪法法律范围内活动，都必须依照宪法法律行使权力或权利、履行职责或义务，都不得有超越宪法法律的特权。必须维护国家法制统一、尊严、权威，切实保证宪法法律有效实施，绝不允许任何人以任何借口任何形式以言代法、以权压法、徇私枉法。尤其是要以规范和约束公权力为重点，加大监督力度，做到有权必有责、用权受监督、违法必追究，坚决纠正有法不依、执法不严、违法不究行为。坚持法律面前人人平等，还要反对形形色色的歧视。

坚持依法治国和以德治国相结合。依法治国是政治文明的标志，以德治国是精神文明的标志。法治与德治的关系问题，历来是政治学、法学的基本问题。党的十五大以来，党中央总结古今中外治国的成功经验，明确提出了依法治国与以德治国相结合的治国思想。在2001年全国宣传部长会议上，江泽民同志深刻指出："我们在建设有中国特色社会主义、发展社会主义市场经济的过程中，要坚持不懈地加强社会主义法制建设，依法治国；同时也要坚持不懈地加强社会主义道德建设，以德治国……我们要把法制建设与道德建设紧密结合起来，把依法治国与以德治国紧密结合起来。"〔5〕党的十六大报告将依法治国与以德治国相结合确定为党领导人民建设中国特色社会主义必须坚持的基本经验，并把依法治国纳入政治文明的范畴，在政治建设部分加以论述，把以德治国纳入精神文明的范畴，在文化建设部分加以论述。这表明依法治国属于政治建设和政治文明的范畴；以德治国属于思想建设和精神文明的范畴。十六大报告关于依法治国与以德治国的深刻论述，突破了法治、德治水火不容的传统思维定式，阐明了一种现代法治和新型德治相结合的治国新思路。按照这种治国新思路，依法治国与以德治国并不是彼此对立、矛盾的，而是相互补充、促进的。依法治国属于政治文明范畴，是治理国家的主要方式。以德治国属于精神文明范畴，是思想建设的主要方式，主要是以德教民、以德化民、以德育人。这样，在立法、执法、司法、法律监督、法律解释等政治法律活动中，必须严格遵循法治的精神、原则和方法，不得以德治取代或冲击法治。而在相当广泛的社会生活领域和精神文明建设中,必须强调德治的精神、原则和方法,不能一味地用法律的强制手段解决思想道德问题,要注重弘扬和培育民族精神,提高全民族的思想道德素质。四中全会《决定》和习近平总书记在四中全会上的讲话进一步强调“必须坚持一手抓法治、一手抓德治”,同时深入地阐述了依法治国与以德治国的关系,指出:国家和社会治理需要法律和道德共同发挥作用,既重视发挥法律的规范作用,又重视发挥道德的教化作用,以法治体现道德理念、强化法律对道德建设的促进作用,以道德滋养法治精神、强化道德对法治文化的支撑作用,实现法律和道德相辅相成、法治和德治相得益彰。

坚持从中国实际出发。就是从坚持中国法治国情出发。国情是一门大学问,每个学科讲国情都有自己的关注点,从而形成了经济国情、政治国情、文化国情、生态国情、历史国情等,法学要关注的是法治国情。我们的法治国情如何?首先,中国是世界上文明发达最早的国家之一,法制文明是中国古代文明的重要构成和明显标志。中国古代法制文明中有许多超越时空、具有普遍价值的因素。例如,注重法律的人文精神,强调以人为本,以民为本,社会和合;善于通过人文精神对社会成员心理和观念世界的整合与引领,来维系和范导整个社会;注重礼法互补,主张德治与法治并存,强调明德慎刑;注重法律的教育功能,主张以法为教,强调法律的任务不仅是“禁暴惩奸”,而且要“弘风阐化”,仁义礼乐者,皆出于法;注重治国者、执法者的道德品质以及对国家的责任感和使命感,主张为官者、执法者要清正廉洁,光明正大,发挥以吏为师的榜样作用;注重法律的综合意义,主张对法律条文和典籍从天理、国法、人情的有机结合上予以解释和注释,法律的实施不能就事论事;注重变法促进,强调通过变法革新来解决社会深层次矛盾,保持社会稳定,推动社会发展。全面推进依法治国、建设法治国家,就要加强法律文化研究,对中华传统法律文化的丰富资源进行梳理和甄别，在此基础上，对其进行现代化的改造和扬弃，把那些能够与以科学、理性、民主、自由、公平、人权、法治、和平、秩序、效率为内容的时代精神融为一体的文化传统融入社会主义法治体系之中，使中国特色社会主义法治体系的民族精神和时代精神浑然一体。其次，现代法治起源于西方，西方法治文明是人类法治文明的一部分。近代以来，基于启蒙思想而形成的依法而治（法治国）、权力制约、人权至上、法律面前人人平等、契约自由、罪刑法定、正当程序等法治理念，反映了人类治理国家和社会的智慧和经验，反映了人类社会法治文明发展的一般规律，具有普遍意义。在建设中国特色社会主义法治体系中，我们应当认真分析西方法治文明要素并理性地借鉴和吸纳，把这些具有普遍意义的法治文明成果体现在我国的立法、执法和司法活动之中。也就是说，我们以古为今用、洋为中用、中西合璧、与时俱进的法治建设成就，彰显中国社会主义法治的民族性、开放性、包容性和进步性。再次，我们是在全球化时代建设社会主义法治国家。我们生存的这个世界正在发生着历史性变迁，全球化正在有力地改变着人类的生产方式、生活样式和生存状态，也在深刻地影响着人类社会的经济、政治、法律制度及其变迁。在这样一个全球化时代，无论是观察和处理经济问题、文化教育科技问题，还是观察和处理政治问题、军事问题、外交问题，我们都必须有全球意识、全球视野、全球眼光、全球思维，要有全球化的问题意识，应对全球化的战略意识。同样，全面推进依法治国、建设法治国家、推进法治中国建设的一些根本性问题也必须在全球化的背景中和全球治理结构中加以研究和解决。我们必须以开放的眼界统筹国内法治与国际法治两个大局，而不能封闭僵化，关起门来搞法治建设，要主动参与全球法治，构建全球化时代的涉外法治体系、推进国际关系法治化、构建国际法治新秩序，为中华民族伟大复兴创造更加良好的外部法治环境。正如习近平总书记所强调的：中国坚持走和平发展道路，同时也将推动各国共同坚持和平发展,构建民主法治、公正合理、合作共赢的国际经济政治新秩序。中国将大力推进国际关系民主化法治化,与各国共同维护人类良知和国际公理,在世界和地区事务中主持公道、伸张正义,更加积极有为地参与热点问题的解决,既通过维护世界和平来发展自己,又以自身发展促进世界和平。最后,我们是发展中的社会主义大国,仍处于社会主义法治建设的初级阶段,现阶段的经济社会发展、治国理政的法治需求,社会法治文化发展水平,法治专门人才队伍的总体素质,执法司法的精神成本和社会成本,决定了法治建设的指标体系不能脱离实际,不能盲目拔高;更不能照抄照搬他国的法治模式和法治体系,尤其是不能盲目地照搬照抄西方国家的法治模式,否则,就会水土不服,会"画虎不成反类犬"。

在坚持中国特色社会主义法治道路的同时,还要与时俱进、改革创新,不断丰富三个核心要义、五项基本原则的具体内容,拓展中国特色社会主义法治道路。四中全会《决定》就是拓展中国特色社会主义法治道路的范例。

注　释

〔1〕 习近平:"关于《中共中央关于全面推进依法治国若干重大问题的决定》的说明",载《人民日报》2014年10月29日,第2版。

〔2〕 钱学森:"大力发展系统工程,尽早建立系统科学的体系",载《光明日报》1979年11月10日。

〔3〕 习近平:"关于《中共中央关于全面推进依法治国若干重大问题的决定》的说明",载《人民日报》2014年10月29日,第2版。

〔4〕 Opinion of Justice William O. Douglas in Joint Anti - Fascist Refugee Committee v. McGrath, United States Reports Vol. 341, 1951, p. 179.

〔5〕 《江泽民文选》(第3卷),人民出版社2006年版,第200页。

以两个总目标定位两个体系的意义及其关系*

以两个总目标定位两个体系的意义及其关系，也就是法治体系和国家治理体系的关系。我们都知道，党的十八届三中全会作出了《中共中央关于全面深化改革若干重大问题的决定》，提出了全面深化改革的总目标。十八届四中全会作出了《中共中央关于全面推进依法治国若干重大问题的决定》。两次中央全会是全面建成小康社会同一主题在时间轴上的有序展开，两个全会的《决定》堪称“姊妹篇”。由此，中国社会主义现代化建设呈现出了改革与法治双轮驱动的崭新局面。因为这样一个内在的关系，所以无论是理解四中全会《决定》，还是理解三中全会《决定》，我们都一定要把两次全会、两个《决定》结合起来。特别是对四中全会的精神，一定要结合三中全会精神来领会和理解，并以三中全会的《决定》

---

* 本文发表于《西南政法大学学报》2016 年第 1 期。作者先后于 2014 年 11 月 30 日在泰州举办的“江苏法治论坛”上首次作题为“以两个总目标定位两个体系的意义与关系”的主旨报告，2014 年 12 月 6 日在上海举办的“首届中国高校智库论坛”上以“以两个总目标定位两个体系的意义与关系”为题作主题报告，2014 年 12 月 13 日在重庆举行的中央编译局西南政法大学政治学法学理论研究基地第二届高峰论坛上以“以两个总目标定位两个体系的意义及其关系”为题作主题报告，在系列主题报告的基础上经修改最终形成本文。

为前提。我们搞法律的同志,讲四中全会的时候首先要把三中全会搞明白。四中全会《决定》既贯彻、落实十八大精神,也接续三中全会精神。另外,法治建设的一系列重大问题,一些原则性的问题,在三中全会的《决定》当中已经做出了顶层设计和战略部署。基于这样一种认识,我选择了这样一个题目。

下面我讲四个问题:

一、全面推进依法治国是全面深化改革的重要方面

三中全会作出了全面深化改革的决定,四中全会作出了全面推进依法治国的决定,那么在三中全会的决定当中已经包含了推进法治中国建设的若干重大问题的部署。习近平总书记指出:“全面推进依法治国是关系我们党执政兴国、关系人民幸福安康、关系党和国家长治久安的重大战略问题,是完善和发展中国特色社会主义制度、推进国家治理体系和治理能力现代化的重要方面。”〔1〕

我认为,这句话加上两个《决定》的有关内容,可以这么来理解:首先要“在全面深化改革总体框架内全面推进依法治国各项工作”,这也是四中全会《决定》的原话;其次要坚定不移地推进法治领域的各项改革,四中全会《决定》提出了190项改革举措,这些改革举措都是全面深化改革应有的内容;最后要以改革思维和改革方式推进法治中国建设。三中全会之后,大家都提出要以法治思维和法治方式来深化改革。四中全会之后法学界也强调,要用改革的思维和改革方式来推进法治中国建设。

习近平总书记指出:“全面推进依法治国是一个系统工程,是国家治理领域一场广泛而深刻的革命。”〔2〕我们要坚定不移地推进法治领域的改革,坚决破除束缚全面依法治国的体制性、机制性障碍。解决法治领域的突出问题,例如立法不良、有法不依、执法不严、司法不公、监督疲软、权力腐败、人权保障不力等问题,根本途径在于改革。用老办法应对新情况、新问题,或者是用修修补补的

方法是解决不了问题的。四中全会《决定》坚持问题导向，推进国家治理体系和治理能力现代化的要求，直面法治建设领域的突出问题，回应人民群众的热切期待。许多改革举措涉及利益关系、权力结构，都是“硬骨头”。可以说，法治改革进入了前所未有的深水区和攻坚期，这比经济体制改革、社会体制改革更难，“硬骨头”更多。比如，人民法院现在的执行权和审判权分离，在体制上执行权能不能从人民法院剥离出来；再如，公安机关现在管看守所，这是可能造成刑讯逼供的一个体制性的问题，看守所能不能够剥离出来移交给国家司法行政机关；又如，检察机关决定对自侦案件的犯罪嫌疑人实施强制措施，特别是批捕这样的强制措施，要不要从检察机关剥离出来移交给人民法院。职务犯罪现在是检察机关自己侦查，自己决定批捕，这就缺少了一个权力制约的环节。这些问题能不能得到解决，要啃权力结构调整的这块“硬骨头”很难，所以一定要用改革的思维来推进法治中国建设。

习总书记讲“全面推进依法治国是一场广泛而深刻的革命”，大家想想革谁的命？谁来革命？革到什么程度？像这样的一些重大问题，都要在改革的思维下才能够准确定位，才能够下大决心。

二、法治体系是国家治理体系的组成部分，两个体系的关系如何

习近平总书记讲：“法治是国家治理体系和治理能力的重要依托。”[3]怎么理解“依托”？我的理解：依托就是制度载体，就是制度化的设计。如果没有这样一个载体，国家治理体系就不复存在，也不能运行。宪法是法治体系的基石，依宪执政、依宪治国是法治体系的支柱，当然也就构成了国家治理体系的基石和支柱。从制度载体的角度还可以这样来说，科学立法、严格执法、公正司法、全党守法（当然也包括全民守法）是国家治理体系运行力和执行力的逻辑力量和外在标志。也就是说，没有这样的一些方面，国家治理体

系的运行力和执行力就要大打折扣。从另一个角度来讲,法治体系是国家治理体系的主干。我们都知道,我们国家的治理体系就是制度体系,它包括三个方面:第一个就是以宪法为统领的法律制度体系;第二个是以党章为统领的党规、党法制度体系;第三个就是以党的基本路线、大政方针为统领的政策制度体系。这三个制度体系当中,政策制度体系属于过渡性的,它或早或晚会转化为法律,或者转化为党内法规制度体系。一说到党内法规制度体系,大家就以为党内法规是适用于党内的,实际上我们党制定的大量规范性文件,不仅仅适用于党内。譬如说《关于加强党对国家立法工作领导的若干意见》,规范的是党委和人大及其常委会的关系,是怎么样把党的路线方针政策、党的主张上升为国家的宪法和法规。人大在讨论法案当中遇到问题,特别是重大分歧如何向党中央报告,由党中央来决策。还有譬如关于加强党委对政法工作领导的条例,规范的是党委及其政法委与公安机关、审判机关、检察机关、司法行政机关等方面的关系。我通常用小平同志讲的"党规党法制度体系"替代"党内法规"的说法。在三个制度体系当中,"党规党法制度体系"最终要上升为宪法和法律。

三、建设中国特色社会主义法治体系是实现国家治理体系现代化的必然要求

国家治理现代化包括国家治理体系、治理方式和治理能力三个方面的现代化,核心是国家治理体系现代化,即是治理制度体系的现代化。因为没有治理体系的现代化,也就谈不上治理方式和治理能力的现代化。

对于国家治理现代化的标准,学术界有各种各样的概括。譬如说在前不久召开的一次会议上,有的专家认为国家治理现代化的标准有六条,这就是民主治理、法治治理、公正治理、文明治理、清廉治理、高效治理。有的学者认为,现代国家治理有五条指标,

就是功能化、理性化、科学化、自由化、民主化等等。我认为,从实践的意义和角度,可以将国家治理现代化的核心标准确定为三条,就是科学化、民主化、法治化。

第一,所谓科学化,就是作为现代化的国家治理必须深刻认识、充分尊重、自觉遵循国家治理的客观规律,这里既包括人类社会国家治理的一般规律,也包括基于中国历史传统和现实国情的中国国家治理的特殊规律。譬如说在世界范围内,在主权同一前提下的权力分工与制约;譬如说政党治理制度,这些都是现代国家治理的一般规律。从我们中国来讲,坚持以人民代表大会为根本制度载体,实行党的领导、人民民主和依法治国有机统一,坚持依法治国基本方略与依法执政基本方式相结合,坚持依法治国与以德治国相结合,这就是我们治国理政的特殊规律。科学化要求我们认识和处理好党民关系、党政关系、党法关系,认识和处理好中央与地方的关系、中央事权与地方事权的划分及其相互关系、政府与市场社会的关系、国家治理与社会治理的关系、国家治理与国际治理的关系。只有科学地界定和划分这些关系,才能够保证国家治理的科学化。在这方面,不科学的因素还相当多。

第二,国家治理现代化的另一个标准就是民主化。民主化是国家治理现代化的根本表征,这一点我们有很多政治学的大家在这儿,我就不班门弄斧地细说了。

第三,我想讲的就是法治化。由于法治与国家治理息息相关。在现代国家,法治是治国理政的基本方式,是国家治理现代化的重要标志。通过健全和完善国家治理法律规范、法律制度、法律程序和法律实施机制,形成科学完备的以法治为基础的国家治理体系,使中国特色社会主义制度更加成熟、更加定型、更加管用。我想,这是国家治理现代化的基本规律。为什么法治能够实现国家治理现代化呢? 我想主要有两点:一是法治为国家治理注入了良法的核心价值。十八届四中全会文件表述得很好,“法律是治国之重器，良法是善治之前提。”[4]而我们讲的是法治是国家治理的前提，良法是实现国家治理真正做到善治的前提。什么样的法是良法？充分体现了现代法治核心价值的法就是良法。比如尊重保障人权，维护社会公平正义，促进社会和谐，增进人民福祉等等，体现这样一些核心价值的良法为善治创造了前提，这是一点。二是在国家治理体系法治化的基础上，还要推进国家治理方式和治理能力的法治化，要运用法治思维和法治方式去治国理政。

在科学化、民主化、法治化这三个标准当中，我个人认为，法治化是科学化、民主化的制度保障，是实现执政、决策、立法科学民主的路径，也可以说法治化是国家治理现代化的必由之路。我在2014年8月写了一篇文章，发表在《中国法学》上，标题就是“法治与国家治理现代化”，也收录到了俞可平教授主编的书里，所以我在这里就不展开了，大家有兴趣的话可以看一看那本书。

“三化”的标准为什么说是从实践的角度提出来的呢？因为我们党提出了科学执政、民主执政、依法执政；人民代表大会提出了科学立法、民主立法、依宪立法；政府提出了科学决策、民主决策、依法决策。党、人大、政府提出的都是三条：科学、民主、法治。所以，这是可以作为法治现代化的三个标准的实践来源。

四、在法治的轨道上推进国家治理体系的现代化

十八届四中全会通过的《中共中央关于全面推进依法治国若干重大问题的决定》和习近平总书记《关于〈中共中央关于全面推进依法治国若干重大问题的决定〉的说明》强调，要在法治的轨道上推进国家治理体系和治理能力现代化。如何理解这句话的科学内涵，如何在法治的轨道上，或者说怎样在法治的轨道上来推进国家治理的现代化，我想这是一个非常重大的课题，也是一个横跨政治学和法学的核心问题。

注　释

〔1〕 习近平:“关于《中共中央关于全面推进依法治国若干重大问题的决定》的说明”,载《人民日报》2014 年 10 月 29 日,第 2 版。

〔2〕 习近平:“关于《中共中央关于全面推进依法治国若干重大问题的决定》的说明”,载《人民日报》2014 年 10 月 29 日,第 2 版。

〔3〕 习近平:“关于《中共中央关于全面推进依法治国若干重大问题的决定》的说明”,载《人民日报》2014 年 10 月 29 日,第 2 版。

〔4〕 “中共十八届四中全会在京举行”,载《人民日报》2014 年 10 月 24 日,第 1 版。

中国法治新常态*

去年以来,习近平总书记在科学分析国内外经济发展形势的基础上,用“新常态”来概括当前和未来一段时期中国经济发展的阶段性特征。目前,这一重大战略判断已经成为全社会共识,“新常态”这一“习式概念”也日渐成为统领社会科学的基本概念之一。

用“新常态”作为思维方式和分析工具,透视和展望中国法治,可以看到,在十八届三中全会、四中全会和五中全会精神指引下,在经济新常态的驱动和“互联网 +”的支撑下,在“四个全面”战略布局中,中国法治快速进入新常态。

法治新常态是改革开放以来我国法治建设和法治现代化进程的战略升级,是法治实然态、应然态和必然态三重叠加而形成的法治发展新状态新局面新趋势。法治新常态向我们显现的是:

全面依法治国与全面深化改革、全面从严治党、全面建成小康社会相辅相成;

党的领导、人民民主、依法治国新型统一;

法律规范体系、法治实施体系、法治保障体系、法治监督体系、党内法规体系五位一体;

---

* 本文是作者为《法制与社会发展》撰写的“法学时评”,发表于《法制与社会发展》2015 年第 6 期。

科学立法、严格执法、公正司法、全民守法、人才强法全面推进；

依法治国、依法执政、依法行政共同推进；

法治国家、法治政府、法治社会一体建设；

国家法治、地方法治、社会法治协调发展；

市场经济法治化、民主政治法治化、国家治理法治化三化同步；

人权得到切实尊重和保障，公权受到有效制约和监督，公共治理有序推进，国家能力显著提升，社会秩序包容和谐，公平正义普照大众，法治转型为治国重器与良法善治深度融汇；

国内法治、国际法治、全球法治相得益彰。

法治新常态向我们提示的是：

法治新常态是当前和今后相当长时期中国法治发展的大逻辑、总路线，我们应深入认识法治新常态、深刻把握法治新常态、主动适应法治新常态、积极引领法治新常态，奋力推进法治现代化。

法治新常态是实现“全面依法治国”、“建设法治中国”、“建成法治强国”法治三步走战略的必然选择，我们要朝着法治强国的战略目标，为在“第一个一百年”全面落实依法治国基本方略、在“第二个一百年”建成法治中国而奋斗。

引领法治新常态，实现法治强国梦，必须始终不渝地坚持和拓展中国特色社会主义法治道路，贯彻“三个核心要义”、“五项基本原则”，注重法治文明传承、互鉴、创新。

中国法治建设站在了新的历史起点上*

国人期盼、世界瞩目的中共十八届四中全会胜利闭幕了。以这次全会及其通过的《中共中央关于全面推进依法治国若干重大问题的决定》为标志,中国的法治在六十多年不断探索和积淀的基础上快速跨入新的历史阶段,站在了新的历史起点上。这一判断的理据在于:

全会是中共执政历史上首次以法治为主题的全会,《决定》是中国社会主义法治建设史上,也是世界社会主义历史上第一部就法治建设的根本性、全局性、长远性问题和前沿性做出全面部署的纲领性文献,体现了执政党全面推进依法治国、加快建设法治中国的坚强意志和决心,回应了全国人民对法治的无限需求和对依法治国的热切期待,《决定》所确定的法治中国建设的总目标、总路线和重大任务,亦具有划时代的意义。

全会《决定》系统、科学地回答了什么是法治、什么是法治体系、如何建设中国特色社会主义法治体系、建设一个什么样的法治国家、如何建设社会主义法治国家等重大的理论与实践问题,极大地推进了法治理论创新和中国特色社会主义法治理论体系的形

---

* 本文是作者为《法制与社会发展》撰写的"法学时评",发表于《法制与社会发展》2014 年第 6 期。

成。由此,中国法治建设将在体系化、现代化的科学理论指导下全面展开,必将谱写人类社会法治文明的崭新篇章。

全会以建设社会主义法治体系为法治建设的总目标,开启了我国法治建设的新历程,推动了我国法治建设的历史性转型,即从构建法律体系转向建设法治体系,从成为法律大国转向建设法治强国,从规则本位的法律之治转向权利本位的良法善治,从建设法治国家到建设法治国家、法治政府、法治社会三位一体的法治中国。

全会首次系统阐述了当代中国法治的核心价值和价值体系,进一步明确了依法治国、建设法治中国的目的性,实现了法治的功能本位到价值本位的转换。法治核心价值的阐发与实践,必将极大地激发全国人民对法治的认同和尊重,一个以人民为主体、以人民利益为目的的法治必将得到人民的广泛参与和支持,由此,我国法治建设也将从“政府推进型”转向“人民推进型”。

《决定》推出了一系列新的法治词语、概念、命题、论断、观念,促进了中国特色社会主义法治话语体系的基本形成。中国特色社会主义法治话语体系饱含法治的中国元素,彰显法治的中国精神、中国经验、中国道路。中国特色社会主义法治理论体系和话语体系的形成,消解了西方法治中心主义,打破了西方法治话语体系的垄断地位,有利于增强亿万人民对中国特色社会主义法治的道路自信、理论自信、制度自信,有利于增强中国在国际社会的法治话语权和影响力。

法治中国建设的前沿问题*

全面推进依法治国，加快建设法治中国，对于推进国家治理体系和治理能力现代化，全面建成富强民主文明和谐的现代化国家，实现中华民族伟大复兴具有深远的历史意义和重大的现实意义。改革开放以来，中国共产党高度重视法治建设，党的十五大提出要依法治国、建设社会主义法治国家。新一届中央领导集体审时度势、与时俱进，即将召开的十八届四中全会将对全面推进依法治国、加快建设法治中国做出顶层设计和战略部署，法学界多年的愿望和亿万人民的期盼终将成为现实。越是临近这一时刻，越是感到许多重大的理论前沿、制度前沿和实践前沿问题需要认真梳理和研究。对法治前沿问题的梳理与研究，需要站在法治中国建设的制高点，采取新的思维、新的参照、新的方法，以形成新的概念、新的观念、新的理论、新的建议。这正是中国法学面临并应承接的重大而迫切的任务。

本文把法治中国建设的前沿问题概括为三个方面，一是法治中国建设的指导思想；二是法治中国建设的战略目标；三是法治中

---

* 本文发表于《中共中央党校学报》2014 年第 5 期，作者曾于 2014 年 6 月 10 日在清华大学举办的“第十期中国法学创新讲坛”上以“法治中国建设的前沿问题”为主题作学术报告。

国建设的重大任务。

一、法治中国建设的指导思想

法治中国建设的指导思想，集中而言，就是习近平法治思想。本文认为习近平法治思想包括：一个统领概念、一组理论纲要、一套思想体系。

（一）统领概念："法治中国"

党的十八大做出了全面推进依法治国的战略部署，开创了中国法治建设的新局面。十八大以来，习近平总书记就法治建设发表了一系列重要讲话，提出了许多新的概念、命题、论断和论述。笔者认为，其中统领性概念当属"法治中国"。十八届三中全会通过的《中共中央关于全面深化改革若干重大问题的决定》（以下简称《决定》）确认了"法治中国"这一概念，并将法治建设的纲领确定为"推进法治中国建设"。[1]

"法治中国"概念的提出，是我们党在法治理论上的又一重大创新，也是党执政理念的重大创新。"法治中国"是对我们党历史上，尤其是改革开放以来关于法治建设成功经验的深刻总结，也是对未来中国法治建设的科学定位，具有深厚的历史文化底蕴、丰富的实践经验基础和强大的导向定位功能，构成我国法治建设新时期新阶段的时代主题。"法治中国"，以其无可比拟的包容性、凝聚力、感召力成为中国特色社会主义法治话语体系和法治理论体系的统领性概念，亦可视其为基石性范畴。

（二）法治中国理论纲要

十八大以来，习近平总书记发表了一系列有关法治的专题讲话，其中包括：2012 年 12 月 4 日"在首都各界纪念现行宪法公布实施 30 周年大会上的讲话"、2013 年 2 月 23 日"在十八届中央政治局第四次集体学习时的讲话”、2014 年 1 月 7 日“在中央政法工作会议上的讲话”、2014 年 2 月 17 日“在省部级主要领导干部学习贯彻十八届三中全会精神全面深化改革专题研讨班上的讲话”、2014 年 9 月 5 日“在庆祝全国人民代表大会成立 60 周年大会上的讲话”。这几篇专题讲话连同总书记相关的重要批示和谈话,构成了法治中国理论纲要。其要点如下:

第一,法治中国是中国梦的重要组成部分。法治梦与中国梦一脉相承,法治中国与富强中国、民主中国、文明中国、和谐中国、美丽中国、公平中国、平安中国等核心要素相辅相成,共同编织成中国梦的美好愿景。

第二,坚定不移地走中国特色社会主义政治和法治道路,坚持党的领导、人民当家作主、依法治国的有机统一,人民代表大会制度是三者有机统一的根本制度安排;注重借鉴丰富多彩的人类法治文明成果,但绝不能囫囵吞枣、绝不能邯郸学步,不照抄照搬、不削足适履。

第三,坚持和完善中国特色社会主义制度,推进国家治理体系和治理能力现代化。治理体系就是国家治理的制度体系,治理能力就是治理制度体系的执行力、运行力,法治是治国理政的基本方式,要善于运用法治思维和法治方式深化改革、推动发展、化解矛盾、维护稳定,努力以法治凝聚改革共识、规范发展行为、促进矛盾化解、维护社会和谐。

第四,全面推进科学立法、严格执法、公正司法、全面守法,不断开辟依法治国新局面,谱写政治文明的新篇章。

第五,党要履行好执政兴国的重大职责,必须依据党章从严治党、依据宪法治国理政。依法治国,首先是依宪治国;依法执政,关键是依宪执政。党领导人民制定宪法和法律,党领导人民执行宪法和法律,党自身必须在宪法和法律范围内活动,真正做到党领导立法、保证执法、带头守法。

第六,宪法和法律的生命在于实施,宪法和法律的权威也在于实施。中国特色社会主义法律体系形成之后,确保宪法法律的实施至关重要。必须加强宪法和法律实施,维护社会主义法制的统一、尊严、权威,形成人们不愿违法、不能违法、不敢违法的法治环境。

第七,加快建设法治政府。坚持依法行政,严格执法。正确处理政府与市场、政府与社会的关系,依据法治原则建立政府权力清单制度。

第八,深入推进司法体制改革。司法体制改革是政治体制改革的重要组成部分,是全面深化改革的重点之一,对推进国家治理体系和治理能力现代化具有十分重要的意义。深化司法体制改革,提高司法公信力,着力解决影响司法公正、制约司法能力的深层次问题,破解体制性、机制性、保障性障碍;人民法院、人民检察院依法独立公正行使审判权、检察权,司法人员公正办案,只服从事实、只服从法律。

第九,全面加强对权力的监督制约,“把权力关进制度的笼子里”,推进监督制约法律化、制度化、程序化,依法授权、依法管权、依法用权;让权力在阳光下运行。

第十,切实尊重和保障人权,保证人民平等参与、平等发展的权利,维护社会公平正义。

第十一,弘扬社会主义法治精神,努力培育社会主义法治文化。在全社会牢固树立宪法和法律的权威,让广大人民群众充分相信法律、自觉运用法律,使广大人民群众认识到宪法不仅是全体公民必须遵循的行为规范,而且是保障公民权利的法律武器。法律是成文的道德,道德是内心的法律。坚持把依法治国和以德治国结合起来,把法治建设和道德建设紧密结合起来,把他律与自律紧密结合起来,高度重视道德对公民行为的规范作用。引导公民既依法维护合法权益,又自觉履行法定义务,做到享有权利和履行义务相一致;做到严格执法、公正司法,就要信仰法治、坚守法治。

第十二,改革要于法有据。许多改革举措涉及现行法律制度。凡属重大改革要于法有据,需要修改法律的可以先修改法律,先立后破,有序进行;有的重要改革举措,需要得到法律授权的,要按法律程序进行。有序推进改革,该中央统一部署的不要抢跑,该得到法律授权的不要超前推进。在整个改革过程中,都要高度重视运用法治思维和法治方式,发挥法治的引领和推动作用,加强对相关立法工作的协调,确保在法治轨道上推进改革。

第十三,中国坚持走和平发展道路,同时也将推动各国共同坚持和平发展,构建民主法治、公正合理、合作共赢的国际经济政治新秩序。中国将大力推进国际关系民主化法治化,与各国共同维护人类良知和国际公理,在世界和地区事务中主持公道、伸张正义,更加积极有为地参与热点问题的解决,既通过维护世界和平来发展自己,又以自身发展促进世界和平。中国将继续通过平等协商处理矛盾和分歧,以最大诚意和耐心,坚持对话解决问题。

(三)法治中国思想体系

梳理和解读习近平总书记的一系列重要讲话、谈话、论述和批示,我们发现:有关法治中国建设的思想体系已经初步形成。其标志首先在于,有关法律和法治的理论要素几乎都已涉及,例如,法治的本质、法治的价值、法治文化、法治信仰、法治思维、法治方式、法律的权威、法治与国家治理、法治与社会治理、权力监督制约、依法执政、依法行政、依法治军、依法办事、依法反恐。其次在于,习近平法治思想作为对中国法治建设实践的理论表达,有针对性地全面系统而又科学回答了有关法治中国建设的一系列关键的实践问题,诸如,坚持中国特色社会主义民主法治道路,推进民主制度化、规范化、程序化,弘扬传统优秀法律文化,坚持党的领导与坚持人民民主、实行法治的关系,坚持党的领导与确保国家机关依法独立行使职权、履行职责的关系,认真对待人权和公民权利,正确处理权力与权利、管理与服务、维稳与维权的关系,正确认识和处理民主与专政、政策与法律、法律与道德、法治与德治的关系,正确认识和处理改革(改革决策)与法治(立法决策)、活力与秩序、监督与制约、文明(执法)与严格(执法)的关系,统筹国内与国际两个大局,等等。

二、法治中国建设的战略目标

全面推进依法治国,加快法治中国建设,首要的是进行顶层设计。顶层设计当中,最重要的是确定法治中国建设的战略目标。如何确定呢?党的十八大和十八届三中全会已经有原则性表述,即“依法治国基本方略全面落实,法治政府基本建成,司法公信力不断提高,人权得到切实尊重和保障”,[2]“推进法治中国建设”。[3]根据这一思想原则,立足当下、面向未来、放眼世界,可以采取“三重参照、三重定位”。

(一)以“两个一百年”奋斗目标为参照,定位法治中国建设目标

党的十八大报告中指出:只要我们胸怀理想、坚定信念,不动摇、不懈怠、不折腾,顽强奋斗、艰苦奋斗、不懈奋斗,就一定能在中国共产党成立一百年时全面建成小康社会,就一定能在新中国成立一百年时建成富强民主文明和谐的社会主义现代化国家。

以“两个一百年”为参照,可从法治国家和法治中国两个层面考虑“两个一百年”的法治建设战略目标:

到2021年中国共产党建党一百周年、我国全面建成小康社会时,基本建成法治国家,实现国家层面的法治,即法律体系更加完善,法治政府基本建成,司法公信基本确立,人权得到切实保障,以权利公平、规则公平、机会公平为主要内容的社会公平保障体系基

本形成。

到2049年中华人民共和国成立一百周年时,基本建成法治中国,即全面建成法治国家和法治社会,不仅建成法治国家,而且建成法治社会;全面实现执政党依法执政,人民政府依法行政,司法机关公正司法,全体人民自觉守法,宪法法律有效实施,法治的核心价值充分实现。

(二)以法治现代化为参照,定位法治中国建设目标

法治现代化的目标是加快推进我国法治的转型升级。法治转型升级的实践路径包括:从法治国家转型升级为法治中国,从法律之治转型升级为良法善治,从法律大国转型升级为法治强国。

第一,从法治国家转型升级为法治中国。从建设法治国家到建设法治中国,意味着我国法治建设的转型升级。“法治中国”既是中外法治文明的现代版,又是“法治国家”的升级版。党的十五大提出依法治国、建设社会主义法治国家。法治国家本质上属于政治范畴,建设法治国家的着力点是在政治层面实现国家治理法治化,特别是把国家各项权力(包括立法权力、行政权力、司法权力、监督权力等)纳入法治范围,在法治轨道上运行。党的十八大以后,习近平总书记提出“建设法治中国”,“不断把法治中国建设推向前进”。[4]“法治中国”的内涵比“法治国家”更加丰富、更加深刻、更具中国特色:建设法治中国,不仅要建设法治国家,还要建设法治社会、法治政府、法治政党;不仅要推进依法治国,还要推进依法执政、依法行政、依法治理、依法自治;不仅要搞好国家法治,还要搞好地方法治(区域法治)、行业法治,促进三者协调发展;不仅注重有形的法律制度硬实力建设,还要加强无形的法治文化软实力建设,弘扬法治精神,培育法治文化;不仅致力于国内法治建设,还要面向世界,推动国际关系和全球治理民主化、法治化,不断提升中国在国际法治和全球治理中的话语权和影响力。

第二,从法律之治转型升级为良法善治。“法治现代化”这一概念,既指从传统人治社会到现代法治社会的历史性变革,又指法治(法制)由传统型到现代型的历史性转换。世界范围内的法治现代化有各种各样的目标定位和发展道路,例如西方国家的自由主义、理性主义、民主社会主义,等等。就当代中国的法治现代化而言,我们走的是一条与改革开放同步的、与“五大建设”相适应、具有鲜明中国特色的社会主义法治发展道路,是与社会主义市场经济、民主政治、先进文化、和谐社会和生态文明协调的法治现代化道路,是与国家治理体系和治理能力现代化相适应的法治现代化。

中国古代的法治是工具主义法治,是君主专制独裁的严刑峻法;西方近代的法治基本上是形式主义(形式合法性或形式正义)的法治。它们既可以服务于“善”,也可能服务于“恶”。反思中国古代工具主义的法治文化及其在当代中国的影响和西方近代形式主义法治文化,总结改革开放以来我国法治建设的利弊得失,在社会转型的历史时期,我们应当严肃地思考一个问题:我们需要一个什么样的法治,也就是说,中国法治的核心价值和精神元素是什么,中国法治的目标模式(法治的中国模式)应该是什么。回答只有一个:中国法治作为现代法治,不仅应当是形式上的法律之治、规则之治,而更应当是良法之治。这种形态的法治同现代社会的制度文明和政治文明密不可分,它意味着对国家权力(尤其是对行政权力)的约束、对权力滥用的制约与制衡措施、对公民权利和自由的平等保护等;意味着立法、行政、司法以及其他国家活动必须服从法律的一些基本原则——人民主权原则、人权原则、正义原则、公平合理且迅捷的程序保障原则,等等;意味着法治要求国家维护和保障法律秩序,但国家必须首先服从法律的约束;意味着法治要求人民服从法律,但同时要求人民服从的法律必须建立在尊重和保障人权的基础之上。这种形态的法治就是内涵民主、自由、平等、人权、理性、文明、秩序、正义、效率与合法性等诸社会价值的良法善治。

第三,从法律大国转型升级为法治强国。“截至2012年底,中国已制定现行宪法和有效法律242部、行政法规721部、地方性法规9200部,涵盖社会关系各个方面的法律部门已经齐全,各个法律部门中基本的、主要的法律已经制定,相应的行政法规和地方性法规比较完备,法律体系内部总体做到科学和谐统一。”[5]由宪法统领,由法律、行政法规、地方性法规以及自治条例构成的法律体系已经相当丰富和庞大。中国人民用三十余年时间走完了西方发达国家几百年的立法行程。通过这些规范性法律文件,我国建立起适应市场经济、民主政治、人权保障、社会发展、环境保护要求和需要的法律制度。就成文法而言,我国已经成为一个“法律大国”,而且很可能是第一法律大国,但还远不是一个“法治强国”。基于这种判断,法学界、法律界人士提出要加快从“法律大国”转型为“法治强国”。法治强国是强国之梦的组成部分。为实现强国之梦,我们党自新中国成立以来,特别是改革开放以来提出了一系列“强国战略”,诸如,四个现代化、工业强国、科技强国、人才强国、教育强国、文化强国、海洋强国、网络强国……在推进法治中国建设的进程中,应当十分明确地提出“建设法治强国”,实施法治强国战略。只有实现了法治强国,中国才有可能成为名副其实的强国。正如胡建淼教授所言:“法治立国、法治稳国、法治救国、法治强国,是人类文明发展的经验总结”,[6]“法治是中国的强国途径,法治强国是中国的战略目标。”[7]

法治强国有多层含义:其一,法治是实现强国的手段,实行法治是强国之路,故,要建立完备的法律体系并保证其有效实施,以推进和保障国家强盛目标的实现。其二,法治是国家强盛的重要标志,正所谓“明法者强,慢法者弱”、[8]“奉法者强则国强,奉法者弱则国弱”。[9]认定国家强盛,法治是重要一项。在强国中,法治成为国家与社会的核心价值,成为国家治理和社会治理的根本方式,成为支撑国家兴旺发达的强大力量；全社会尊重法治、信仰法治、坚守法治；宪法具有极大权威，法律具有普遍的实效，任何个人和组织都必须在宪法和法律的范围内活动。其三，法治作为国家强盛的软实力。奉行法治，才能使我国在国际关系和全球治理中拥有与我国的历史文明、人口总量、经济实力和安理会常任理事国的地位相当的话语权、决策权和规则制定权。全面推进依法治国、加快建设法治中国，正是朝着实现“法治强国”的方向迈进。

（三）以全面深化改革为参照，定位法治中国建设目标

十八届三中全会《决定》指出：“全面深化改革的总目标是完善和发展中国特色社会主义制度，推进国家治理体系和治理能力现代化。”[10]“到2020年，在重要领域和关键环节改革上取得决定性成果，完成本决定提出的改革任务，形成系统完备、科学规范、运行有效的制度体系，使各方面制度更加成熟更加定型。”[11]

以此为参照，法治中国建设的目标也可分别确定为总目标和阶段性目标。

总目标：完善和发展中国特色社会主义法治体系，实现国家治理和社会治理的民主化、法治化。

到2020年的阶段性目标：在法治建设的重要领域和关键环节取得突破性进展，形成更加成熟更加定型的中国特色社会主义法治体系及其运行机制，更好发挥法治在国家治理和社会治理中的重要作用。宏观样态可以描述为：中国特色社会主义法律体系更加科学完善；宪法法律得到有效实施；依法执政水平明显提高；法治政府基本建成；司法公信力大幅提升；法治文化繁荣发展、法治社会建设卓有成效；权力在法治轨道上运行；改革开放、持续发展的国际法治环境进一步优化。

在这一目标设计中，“法治体系”是个关键词。法治体系是法学研究的新概念，也是法治建设的新思维。在中国特色社会主义

法律体系形成后,中国法治建设的中心任务应当升级为形成中国特色社会主义法治体系,这是中国法治建设进入新的历史阶段后必然提出的新任务。

法治体系由多个层面叠加构成。第一个层面是法律体系。法律体系指法律规范体系,是法治体系存在和运行的基础。第二个层面是法律运行体系,通常包括立法、执法、司法、守法、法律监督等环节。在法律体系形成之后,我们感受深刻的是有法不依、执法不严、司法不公等现象依然突出,法治运行各个环节之间的关系不够协调。所以,法治体系建设要注重法律运行各个环节的有序性、有效性以及每一环节彼此衔接、相互促进。第三个层面是法治国家、法治社会、法治政府、法治政党及其有机统一;国家法治、地方法治(区域法治)、行业法治协调发展;国内法治、国际法治、全球法治有效衔接。

法治体系的形成是一个国家的法治走向成熟强大的重要标志。从这种意义上说,法治中国建设的重要目标就是加快形成中国特色社会主义法治体系。

三、法治中国建设的重大任务

基于对法治中国建设总目标和阶段性目标的研究与定位,可将今后一个时期法治中国建设的重大任务概括为四项基本要务、八个工作重点。

四项基本要务,就是科学立法、严格执法、公正司法、全民守法。这是十八大做出全面推进依法治国战略部署的核心内容。

科学立法。之所以强调科学立法,是为了突出提高立法质量。正如习近平总书记在第十八届中央政治局第四次集体学习时的讲话中所指出的:人民群众对立法的期盼,已经不是有没有,而是好不好、管用不管用、能不能解决实际问题;不是什么法都能治国,不是什么法都能治好国;越是强调法治,越是要提高立法质量。提高立法质量,关键在于:一要尊重和体现经济、政治、文化、社会、生态文明建设和发展客观规律,使法律准确适应改革发展稳定需要,积极回应人民期待,更好协调利益关系;二要坚持问题导向,切实提高法律的针对性、及时性、系统性、协调性,发挥立法凝聚共识、统一意志、引领公众、推动发展的作用;三要注重增强法律的可执行性和可操作性,努力使每一项立法都符合宪法精神、反映人民意愿、得到人民拥护,使法律法规立得住、行得通、切实管用;四要坚持立改废释并举,全方位推进立法工作;五要坚持民主立法、科学立法,完善立法体制和程序,提高立法效率。

严格执法。党的十八大报告、十八届三中全会《决定》和习近平总书记的一系列讲话都特别强调严格执法。习近平总书记指出:"法律的生命力在于实施,法律的权威也在于实施。'法令行则国治,法令弛则国乱。'各级国家行政机关、审判机关、检察机关是法律实施的重要主体,必须担负法律实施的法定职责,坚决纠正有法不依、执法不严、违法不究现象,坚决整治以权谋私、以权压法、徇私枉法问题,严禁侵犯群众合法权益。"[12]习近平总书记还指出,现实生活中出现的很多问题,往往同执法失之于宽、失之于松有很大关系。有的政法干警执法随意性大,粗放执法、变通执法、越权执法比较突出,要么有案不立、有罪不究,要么违规立案、越权管辖;有的刑讯逼供、滥用强制措施;有的办关系案、人情案、金钱案,甚至徇私舞弊、贪赃枉法,等等。对违法行为必须严格尺度、依法处理、不能迁就。否则,就会产生"破窗效应"。

公正司法。党的十八大报告首次把司法从执法中分离出来,将公正司法单独作为全面推进依法治国的基本要务,体现出全党对司法的性质和重要性的认识的深化。司法是维护社会公平正义的最后一道防线。所以,司法必须公正。所谓公正司法,就是受到侵害的权利一定会得到保护和救济,违法犯罪活动一定要受到制裁和惩罚,人民群众在每一个司法案件中都能感受到公平正义。

如果人民群众通过司法程序不能保障自己的合法权利,司法就没有公信力,人民群众也不会相信司法。司法是定分止争的最后一道防线。所以,司法必须发挥法律本来应该具有的定分止争的功能和终结矛盾纠纷的作用。要做到定分止争,司法必须公正,如果司法不公、人心不服,不仅难以定分止争、化解矛盾,甚至可能激化和聚集矛盾。司法还是维护法律尊严和权威的最后一道防线。要发挥维护法律尊严和权威的作用,司法必须公正、公开、公平,司法机关必须有足够的尊严和权威、有极高的公信力。为此,应当深化司法改革,确保司法机关依法独立公正行使职权,确保司法公正高效廉洁,切实有效地提高司法公信力。

全民守法。全面推进依法治国,建设法治中国,必须坚持全民守法。全民守法,就是全国各族人民、一切国家机关和武装力量、各政党和各社会团体、各企业事业组织,都必须以宪法和法律为根本活动原则,并负有维护宪法和法律尊严、保证宪法和法律实施的职责。任何组织或者个人,都不得有超越宪法和法律的特权。一切违反宪法和法律的行为,都必须予以追究。任何公民、社会组织、国家机关、政党(包括执政党),都要依照宪法和法律行使权利或权力、履行义务或职责。在社会转型、矛盾凸显的当前形势下,要引导全体人民通过法律程序来表达诉求、维护权利、解决纷争,绝不能让“大闹大解决、小闹小解决、不闹不解决”的现象蔓延;要努力培育社会主义法治文化,在全社会形成学法尊法守法用法的良好氛围。

遵循这四项基本要务,应当着力于八个工作重点。

(一)推进党的领导方式和执政方式的法治化

在当代中国,中国共产党既是执政党,又是领导党,拥有对国家政权机关和整个社会的领导权。所以,建设法治中国,实现法治中国梦,关键在于党,在于党科学而又有效地依法执政。因此,依法执政是法治中国建设的核心内容，也是法治中国建设的根本保证。法治中国建设的首要任务是完善党依法执政的体制机制和法律法规，确保党在宪法和法律范围内活动，依照宪法、法律和党内法规制度行使执政权和领导权；确保党既严格守法又能科学有效地领导立法、保证执法和司法；提高各级党委及其领导干部运用法治思维和法治方式治国理政的能力和水平。尤其应强调的是，通过长期不懈的依法执政实践，把党建设成为善于运用法治思维和法治方式治国理政的执政党，坚持宪法至上、维护法律尊严和权威、在宪法法律范围内活动的执政党，尊重和保障人权、促进社会公平的执政党，领导、支持和监督国家机关依法行使国家权力的执政党，实现党的执政方式和执政活动法治化；在全社会全世界树立法治政党的伟大形象。

（二）加快完善和发展中国特色社会主义法律体系

完备有效的法律体系是法治中国的重要标志，也是全面推进依法治国的制度前提。虽然中国特色社会主义法律体系已经形成，但是，我们必须看到，实践是法律的基础，法律应随着实践发展而发展。全面深化改革，转变经济发展方式、扩大社会主义民主、推行行政体制改革、深化司法体制改革、保障和改善民生、创新社会治理、保护生态环境，都对立法提出了新的要求。因此，要继续完善法律体系。一方面要适时制定新的法律，另一方面要及时修改和完善法律。

要加快有关全面深化改革、推进发展、保障和改善民生、保护生态环境、创新社会治理、维护公共安全和国家安全等重点领域、重点问题立法，确保国家发展、重大改革于法有据，有效推进五位一体现代化建设。

要积极推进人民代表大会制度创新和立法体制创新，切实提高立法质量和立法效率，让每一部法律都成为精品之作；坚决克服立法过程中的地方保护和部门利益化倾向，防止地方和部门越权立法，避免重复立法、粗糙立法、腐败立法；促进法律体系的部门划分更为合理，法律法规的系统性、协调性、统一性进一步增强。

（三）维护宪法法律权威，保证宪法法律统一有效实施

确保宪法法律实施，是法治中国建设面临的突出问题，其中宪法实施保障问题尤为突出。宪法是国家的根本法，是治国安邦的总章程，具有最高的法律地位、法律权威、法律效力，具有根本性、全局性、稳定性、长期性。所以，要坚持宪法至上，保证宪法全面有效实施。为此，应进一步健全宪法实施监督机制和程序，把全面贯彻实施宪法提高到一个新水平。应加快健全全国人民代表大会及其常务委员会监督宪法实施的体制机制，加强和完善以全国人大常委会为中心的立法监督制度，维护法制统一。

要运用法治建设指标体系和考评标准的引领、保证作用。法治建设指标体系应涵盖依法执政、科学立法、严格执法、公正司法、全民守法、法律监督等各个领域。

（四）大力推进依法行政和严格执法，加快建设法治政府

大力推进依法行政、严格执法，加快建设法治政府是全面深化改革的关键，是法治中国建设的重要组成部分。党的十八大和十八届三中全会《决定》都明确提出，到 2020 年基本建成法治政府。时间紧迫，法治政府建设必须提速。推进法治政府建设，必须加快转变政府职能，构建职权法定、行为规范、程序正当、公平公开、高效便民、诚实守信的行政权力运行体系，增强政府公信力和执行力；必须优化政府公共服务，加快服务型政府建设；必须严格公正廉洁文明规范执法，保障法律法规统一正确实施。为切实保证严格公正廉洁文明规范执法，必须推进行政执法体制改革，建立健全程序规范、权责统一、公正高效的综合执法体制；加强食品药品、安

全生产、环境保护、劳动保障、海域海岛等重点领域综合执法；完善城管执法体制机制；建立健全以裁量权为基准，以程序规范为关键，以制约和监督为保障的行政裁量权运行机制。

（五）深化司法体制改革，加快建设公正高效权威的社会主义司法制度

建设公正高效权威的社会主义司法制度是深化政治体制改革、推进国家治理体系和治理能力现代化的重大举措，是全面推进依法治国、建设法治中国的重要内容。为此，必须进一步深化司法体制改革，确保权利救济、定分止争、制约公权等司法职能得到充分发挥，确保人民群众在每一个司法案件中都感受到公平正义。

从司法改革的目标来看，新一轮司法改革是以问题为导向的改革，聚焦三个突出问题：确保司法公正；增强司法能力；提升司法公信。从上述目标和问题出发，司法改革的重要任务包括：

第一，推进司法权力运行制度机制创新，确保人民法院、人民检察院依法独立公正地行使审判权、检察权，特别是人民法院的审判独立。对司法权独立行使造成严重干扰的因素主要有两个，一是司法地方化，二是司法行政化。所以，为了确保司法独立，就须推进以去地方化和行政化为重心的司法管理体制改革。

首先是去地方化。十八届三中全会《决定》把去地方化作为司法改革的首要任务，设计通过改革司法管理体制和司法案件管辖制度来破解司法地方化。具体举措包括“推动省以下地方法院、检察院人财物统一管理”，〔13〕“探索建立与行政区划适当分离的司法管辖制度”〔14〕等。

其次是去行政化。目前，法院的行政化倾向日趋严重。法官和法院工作人员按照行政机关“官本位”层级模式定级，法官群体因被划分为不同等级而存在上下级隶属关系，院长对副院长、副院长对庭长、庭长对法官是一种领导与被领导、支配与被支配的关

系。这就为法院各级领导影响和干预法官办案留下了制度空间，致使审判庭庭长、分管副院长、甚至院长直接插手合议庭和法官审理案件、干预合议庭和法官裁决的情况时有发生，在一些法院甚至常规化，人情案、关系案由此产生。由于法院领导行政式地干预办案，法官审判的责任心有所下降，审判质量不高。司法行政化不仅表现在一个法院内部，也表现在法院系统内部。上级法院过多地干预下级法院的审判工作，事前干预、审理过程干预、审判之后继续干预，也有扩大的趋势。超越法律规定的各种名堂的“内审”，不仅拖延了审判期限，而且滋生司法腐败。上级法院对下级法院行政化绩效考核中的改判率、发回重审率等指标，也迫使下级法院（法官）不得不经常“请示”上级法院（法官），以避免改判或发回重审。针对司法行政化的弊端和危害，十八届三中全会《决定》采取了多项司法去行政化措施。其中包括：“改革审判委员会制度，完善主审法官、合议庭办案责任制，让审理者裁判、由裁判者负责。明确各级法院职能定位，规范上下级法院审级监督关系。”[15]司法去行政化，是为了确保法官独立办案、独立负责地作出裁判，更好地提高法官的司法能力和水平。此外，中央还明确规定建立健全违反法定程序干预司法的登记备案通报制度和责任追究制度。改革涉法涉诉信访机制，建立健全涉法涉诉信访依法终结制度，凡是涉及法律的信访都应回归司法程序，避免行政化方式处理涉法涉诉信访所造成的社会问题。在重视发挥审判委员会、合议庭作为司法民主组织形式积极作用的同时，推进法院内部去行政化改革。在保证人民法院依法独立行使审判权的同时，确保主审法官、合议庭在案件审判中的主体地位和作用。完善主审法官、合议庭依法独立办案责任制。健全审判权运行机制，真正让主审法官、合议庭在法定程序内行使职权，让审理者裁判、由裁判者负责。

第二，推进司法职权配置科学化。自党的十七大提出优化司法职权配置的任务以来，有关司法改革的方案都涉及该问题。十八届三中全会《决定》从“健全司法权力运行机制”的新角度再次关注司法职权配置优化问题。《决定》指出:“优化司法职权配置,健全司法权力分工负责、互相配合、互相制约机制,加强和规范对司法活动的法律监督和社会监督。”[16]优化司法职权配置,要求形成在党的领导下,在宪法法律的制度框架内,司法机关(含具有部分司法职能的机关,如公安机关、司法行政机关)之间既互相制约监督又有效协同配合的法治局面。

优化司法职权配置,当以保证人民法院依法独立公正行使审判权为要义。在全部司法案件中,人民法院直接受理的民行诉讼案件约占90%;在刑事诉讼案件中,人民法院担负着最终定罪量刑、惩恶扬善的职责。所以,从司法权运行规律出发,必须确立以审判权为中心的科学理念,必须树立审判权应有的权威。司法改革不能以牺牲或弱化审判权为代价,不能不适当地压缩审判权的运行空间。新一轮司法体制改革强调“健全司法权力分工负责、互相配合、互相制约机制”,[17]强调“严格实行非法证据排除规则”,[18]强调“把涉法涉诉信访纳入法治轨道解决,建立涉法涉诉信访依法终结制度。”[19]

第三,推进人权司法保障法治化,切实维护人民权益。完善人权司法保障制度、推进司法人权保障法治化是新一轮司法改革的重中之重。党的十八届三中全会《决定》从尊重和保障人权的宪法原则和法治理念出发,把“完善人权司法保障制度”作为司法改革的重大任务,这在我国司法改革史上是前所未有的。在司法领域,严重侵犯人权的现象集中表现在对公民人身权利和自由的侵害,以及对公民财产权利的侵害两个方面。《决定》有的放矢地宣告“严禁刑讯逼供、体罚虐待”,[20]强调“健全错案防止、纠正、责任追究机制……严格实行非法证据排除规则”。[21]在一些刑事案件中,存在随意违法违规处置犯罪嫌疑人的财产、赃款赃物并且不随案移送的情形,因此当被告人被宣告无罪时,被查封、扣押的财产却渺无踪影。在一些民事案件中，也有超标的查封和扣押当事人财产，严重影响当事人正常经营和生活的情况。对此，《决定》要求“进一步规范查封、扣押、冻结、处理涉案财物的司法程序。”[22]因此，必须强化疑罪从无、无罪推定、程序正义的司法理念，强化非法证据排除规则的适用和监督，建立健全严禁刑讯逼供、体罚虐待的约束机制。完善错案防止纠正责任追究制度。针对这些年严重侵害人权的冤假错案接连发生，中央政法委发布了《关于切实防止冤假错案的规定》，就严格遵守法律程序、加强防止和纠正错案机制建设作了明确规定：一是健全防止错案机制，严格遵守证据裁判原则，严禁刑讯逼供、体罚虐待，严格执行非法证据排除规则，准确把握刑事案件证明标准。二是健全发现错案机制，着力保障犯罪嫌疑人、被告人、罪犯的申诉、控告权，充分发挥律师的辩护作用。三是健全纠正错案机制，明确错案的认定标准和纠错启动主体，完善错案纠正程序。四是建立错案责任追究机制。最高人民法院颁布了《关于建立健全防范刑事冤假错案工作机制的意见》，要求尊重被告人的诉讼主体地位，维护被告人的辩护权等诉讼权利，坚持依法独立行使审判权原则、程序公正原则、审判公开原则和证据裁判原则。2013 年，全国法院恪守罪刑法定、证据裁判、疑罪从无等原则，严格排除非法证据，依法宣告 825 名被告人无罪，[23]确保无罪的人不受刑事追究。同时，应完善以国家司法救助制度、诉讼费用担保制度、法律援助制度为基础的司法救济体系。优化刑事辩护权的配置，充分保障可能判处无期徒刑以上刑罚的犯罪嫌疑人、被告人获得诉讼全过程的法律援助。充分发挥律师在依法维护公民和法人合法权益方面的重要作用。

健全人权司法保障制度，还应加快完善诉讼制度，切实保障人民群众诉讼权利。继续推进刑事诉讼制度和民事诉讼制度的完善，加快行政诉讼法的修改，创新行政诉讼制度，依法保障人民群众诉权，确保人民群众高效便捷地通过司法途径、在法律范围内实现权利救济、正义伸张、矛盾化解,引导和保障人民群众以合法理性的方式表达诉愿。完善科学文明高效便民的诉讼机制。以一审明断是非定分止争、二审案结事了、再审依法纠错为龙头,完善司法为民的诉讼机制。建立健全网络、电话、邮件、信函,公民预约、社区巡回、上门服务特殊人群等受案、立案、申诉多渠道便民利民方式,规范司法救助,让老百姓打得起官司,让群众合理诉求及时就地解决。建立健全繁简分流和速裁机制、轻微违法犯罪案件快速处理机制,保障当事人的便利诉讼和权利救济。加快建立宽平台的法律咨询、法律服务、诉讼引导机制,引导群众形成内心信法、遇事找法、解决问题靠法的法治习惯。

第四,推进司法职业化,增强司法人员的能力。由于历史与现实的多种原因,我国司法职业化程度低于世界平均水平。为了提高司法职业化水平,加强司法职业保障,《决定》要求:"建立符合职业特点的司法人员管理制度,健全法官、检察官、人民警察统一招录、有序交流、逐级遴选机制,完善司法人员分类管理制度,健全法官、检察官、人民警察职业保障制度。"〔24〕同时,"完善律师执业权利保障机制和违法违规执业惩戒制度,加强职业道德建设"。〔25〕为此,应完善司法人员职业准入、职业培训、考核晋升、交流轮岗、福利待遇、终身职业保障等制度体系。建立与法官法、检察官法、人民警察法规定的法律职务等级挂钩的薪金福利保障、与公务员法衔接的单独的职务序列及工资制度。建立法官、检察官专业考评管理委员会、惩戒委员会等评价体系,承担司法人员职务晋升、职业禁止、违法惩戒等事务。推进法律职业共同体建设。探索建立法官、检察官、警官、律师、法律学者等法律职业良性流动机制。完善律师执业权利保障机制和违法违规执业惩戒制度。完善司法人员分类管理改革。围绕破解制约司法能力难题,加快推进司法职业化,建立以法官、检察官为主体,以司法助理官、书记官、司法警察、专业技术人员为辅助,以综合管理服务事务官为保障的三个序列适度分离的现代司法组织体系。

第五，推进司法保障体制机制常态化。最近几年，司法的物质保障有了较大改善，但仍存在较为突出的问题。部分法院在受理案件剧增、办案支出扩大而同时诉讼费用锐减的情况下办案经费紧张，特别是经济相对落后的省区法院，问题更为突出。为此，建议尽快研究建立人民法院经费保障长效机制，将人民法院人员经费、公用经费、办案经费全额纳入财政预算，与诉讼费收入彻底脱钩；加大中央和省级财政转移支付力度，有效保障高级法院、中级法院和落后地区的城区法院正常运转和法庭建设、信息化建设、基础设施建设、装备建设。

（六）推进依法治理、依法自治、全民守法，建设法治社会

从宏观样态上说，法治社会主要包括三个基本层面：第一，党和政府依法治理社会。各级党委和政府依据法定的职权、程序和规则，运用法治思维和法治方式调节利益关系，解决社会纠纷，维护社会稳定，促进经济社会发展。第二，公民依法自由结社，社会主体依法自治。社会组织、基层群众、行业协会、企事业单位等社会主体依据法律的规定自主处理本组织、本行业、本单位的内部事务。第三，人人自觉守法。公民、社会团体、政党等依据法律的规定自主行使法定权利，自觉履行法定义务，承担法律责任。

建设法治社会，必须推进和保障社会自治。一个平等、自由和协商的社会领域是法治国家的根基所在。社会自治为公民及社会组织通过自我协商、平等对话参与社会治理、依法解决社会问题留出了广阔空间。社会依法自治和国家依法治理相结合，构成了法治社会的多元共治体系。

（七）依法规范权力，实现权力运行制约和监督法治化

坚持用制度管权管事管人、依法规范权力、加强权力监督，是

法治中国建设的重要内容。对此，应建立健全边界清晰、运转高效、相互协调、监督有力的权力运行模式，确保党和国家机关及其工作人员按照法定权限和程序行使权力。建立严格的权力清单制度，把权力关进制度的笼子里。着力构建党的监督、人大监督、行政监督、司法监督和民主监督、社会监督有机结合、覆盖全面、运转高效、执行有力的全方位、立体化监督体系。依法保障社会公众的知情权和监督权。

（八）统筹国内法治和国际法治两个大局，加强国际法治交流与合作，为中华民族伟大复兴创造良好的国际法治环境

在当今全球化时代，我国要全面推进法治建设，必须确立统筹国内法治和国际法治两个大局的观念，正确处理国内法治与国际法治的关系。首先，应积极参加国际公共事务的商讨，参与全球治理对话，善于运用法治的话语表达中国的立场和观点，将中国对国际公共事务的关切明确表达出来，并鲜明地建立和维护国际法治的立场，促进在各个方面和领域形成国际法治的格局。其次，认真研讨并总结中国过去半个多世纪的经验与教训，对于国际法在中国的适用与实施提出总体性规则，并在恰当的时机使其进入宪法修正案。最后，依据国际社会共同认可和接受的法治精神、法治理念和法治原则不断推动中国法治的发展，使世界认识中国、了解中国、认同中国，树立法治中国的良好形象，并在促进国际法治的参与过程中维护我国的合法利益。

注　释

〔1〕“中共中央关于全面深化改革若干重大问题的决定”，载《人民日报》2013 年 11 月 16 日，第 1 版。

〔2〕胡锦涛：“坚定不移沿着中国特色社会主义道路前进　为全面建成小康社会而

奋斗——在中国共产党第十八次全国代表大会上的报告(2012 年 11 月 8 日)”,载《人民日报》2012 年 11 月 18 日,第 1 版。

〔3〕 “中共中央关于全面深化改革若干重大问题的决定”,载《人民日报》2013 年 11 月 16 日,第 1 版。

〔4〕 习近平:“在庆祝全国人民代表大会成立 60 周年大会上的讲话”,载《人民日报》2014 年 9 月 6 日,第 2 版。

〔5〕 中华人民共和国国务院新闻办公室:“2012 年中国人权事业的进展”,载《人民日报》2013 年 5 月 15 日,第 19 版。

〔6〕 胡建淼:“走向法治强国”,载《国家行政学院学报》2012 年第 1 期,第 54 页。

〔7〕 胡建淼:“走向法治强国”,载《国家行政学院学报》2012 年第 1 期,第 53 页。

〔8〕 《韩非子·饰邪》。

〔9〕 《韩非子·有度》。

〔10〕 “中共中央关于全面深化改革若干重大问题的决定”,载《人民日报》2013 年 11 月 16 日,第 1 版。

〔11〕 “中共中央关于全面深化改革若干重大问题的决定”,载《人民日报》2013 年 11 月 16 日,第 1 版。

〔12〕 习近平:“在庆祝全国人民代表大会成立 60 周年大会上的讲话”,载《人民日报》2014 年 9 月 6 日,第 2 版。

〔13〕 “中共中央关于全面深化改革若干重大问题的决定”,载《人民日报》2013 年 11 月 16 日,第 1 版。

〔14〕 “中共中央关于全面深化改革若干重大问题的决定”,载《人民日报》2013 年 11 月 16 日,第 1 版。

〔15〕 “中共中央关于全面深化改革若干重大问题的决定”,载《人民日报》2013 年 11 月 16 日,第 1 版。

〔16〕 “中共中央关于全面深化改革若干重大问题的决定”,载《人民日报》2013 年 11 月 16 日,第 1 版。

〔17〕 “中共中央关于全面深化改革若干重大问题的决定”,载《人民日报》2013 年 11 月 16 日,第 1 版。

〔18〕 “中共中央关于全面深化改革若干重大问题的决定”,载《人民日报》2013 年 11 月 16 日,第 1 版。

〔19〕 “中共中央关于全面深化改革若干重大问题的决定”,载《人民日报》2013 年 11 月 16 日,第 1 版。

〔20〕“中共中央关于全面深化改革若干重大问题的决定”，载《人民日报》2013 年 11 月 16 日，第 1 版。

〔21〕“中共中央关于全面深化改革若干重大问题的决定”，载《人民日报》2013 年 11 月 16 日，第 1 版。

〔22〕“中共中央关于全面深化改革若干重大问题的决定”，载《人民日报》2013 年 11 月 16 日，第 1 版。

〔23〕周强：“最高人民法院工作报告——2014 年 3 月 10 日在第十二届全国人民代表大会第二次会议上”，载《人民日报》2014 年 3 月 18 日，第 2 版。

〔24〕“中共中央关于全面深化改革若干重大问题的决定”，载《人民日报》2013 年 11 月 16 日，第 1 版。

〔25〕“中共中央关于全面深化改革若干重大问题的决定”，载《人民日报》2013 年 11 月 16 日，第 1 版。

法治与国家治理现代化*

二十二年前，中国改革开放的总设计师邓小平同志高瞻远瞩地提出，“恐怕再有三十年的时间，我们才会在各方面形成一整套更加成熟、更加定型的制度。”[1]2013 年，在邓小平同志这一战略思想的基础上，党的十八届三中全会将“完善和发展中国特色社会主义制度，推进国家治理体系和治理能力现代化”作为全面深化改革的总目标。[2]这一总目标的设计为法学研究和法治建设提出了新的时代性重大课题。

法治与国家治理息息相关。在现代国家，法治是国家治理的基本方式，是国家治理现代化的重要标志，国家治理法治化是国家治理现代化的必由之路。通过健全和完善国家治理法律规范、法律制度、法律程序和法律实施机制，形成科学完备、法治为基的国家治理体系，使中国特色社会主义制度更加成熟、更加定型、更加管用，并不断提高运用社会主义法治体系有效治理国家的能力和水平。

---

* 本文发表于《中国法学》2014 年第 4 期，并被《中国社会科学文摘》2015 年第 1 期、《高等学校文科学术文摘》2014 年第 5 期转载。

一、法治是国家治理现代化的基本表征

法治与人治代表着两种不同的国家治理模式。法治是现代国家治理的基本方式,实行法治是国家治理现代化的内在要求。现代法治的核心要义是良法善治。正是现代法治为国家治理注入了良法的基本价值,提供了善治的创新机制。国家治理现代化的实质与重心,是在治理体系和治理能力两方面充分体现良法善治的要求,实现国家治理现代化。

(一)现代法治为国家治理注入了良法的基本价值

就国家治理体系而言,“良法”就是良好的制度。国家治理是不是良法之治,关键看国家治理制度体系贯通什么样的价值观和价值标准。以国家治理现代化的世界元素和中国标准而言,秩序、公正、人权、效率、和谐等当属其基本价值。

1. 秩序价值

对于任何国家而言,国家治理第一位的、最直接的目的是建立和维护安定有序的社会秩序。秩序的存在是人类生存、生活、生产活动的必要前提和基础。没有秩序,人类的公共性活动就不可能正常进行。当代中国,内部秩序的基本形态包括公共生活秩序、市场经济秩序、民主政治秩序、意识形态秩序;外部秩序包括国际经济秩序和政治秩序。秩序的存在是人民安居乐业、国家长治久安最基础、最根本的条件,所以,国家治理首先要建立和维护秩序。当然,法治和国家治理要实现的秩序是“包容性秩序”。不是任何一种秩序都能够称得上是“包容性秩序”的。历史上,封建统治阶级及其代言人把封建等级制看作不可侵犯的秩序。韩非宣称:“臣事君,子事父,妻事夫,三者顺则天下治,三者逆则天下乱,此天下之常道也。”[3]董仲舒更是把“君为臣纲,父为子纲,夫为妻纲”[4]宣布为封建社会秩序的核心内容。这样的秩序是蔑视人性、维护特

权、禁止社会流动的秩序,与现代法治和国家治理所主张的安定有序南辕北辙。在社会主义核心价值体系引领下的秩序是百花齐放、百家争鸣、尊重差异、包容多样、"和而不同"的秩序,是一种使自由而平等的竞争和人道主义的生活成为可能的秩序,是摆脱了单纯偶然性、任意性、不可预测性的秩序,是各种社会分歧、矛盾和冲突能够在道德精神和法律理性的基础上得以和平解决或缓和的秩序,是社会组织健全,社会治理完善,社会安定团结,人民群众安居乐业的秩序。

"包容性秩序"是充满活力的秩序。充满活力,就是能够使一切有利于社会进步的创造愿望得到尊重,创造活动得到支持,创造才能得到发挥,创造成果得到肯定,全社会的创造能量充分释放,创新成果不断涌现,创业活动蓬勃开展。充满活力意味着人们享有广泛的自由,诸如:人身自由,不因性别、出身、血缘、籍贯、财产、受教育程度等因素而受到管制和歧视;思想自由,让想象力和兴趣热情奔放,生产出各种各样的精神产品和物质产品;言论自由,每一个人都有权利负责任地以语言、文字、图画、微博、微信、视频及其他方法自由地发表和传播自己的意见,并且拥有听取他人意见的平等权和相对于政府的知情权;创造自由,让聪明才智在理论创新、技术创新、生产创新、文化创新、制度创新等方面"物尽其用";契约自由,基于血缘、亲情、宗教、伦理、权力等而形成的"人对人的依赖关系"退居到次要地位或者被彻底粉碎,每个人都成为独立的个人和平等的权利主体,每个人都可以依据自己的切身利益和合理预判与他人自由地交往和交易。充满活力也意味着要尊重劳动、尊重知识、尊重人才、尊重作为劳动结晶的技术和资本,放手让一切劳动、知识、技术、管理、资本等生产要素的活力竞相迸发,让一切创造社会财富的源泉充分涌现。充满活力也意味着全社会的积极因素被充分调动起来,盲动因素得到正确引导,消极因素尽可能被化解。

2. 公正价值

公平正义是现代法治的核心价值追求，也是中国特色社会主义的内在要求。因而，国家治理的核心价值必然是体现党和国家执政为民的理念和社会公众的公平诉求，保障和促进社会公平，建设“公平中国”。

从古代到现代，人们不断地探讨个人、社会、国家为什么需要正义以及正义在社会中所扮演的角色；绞尽脑汁去解答什么是正义，怎样的人、怎样的行为、怎样的规则、怎样的制度、怎样的社会、怎样的国家才算是公正的；正义的标准或正义原则应当是什么样子，以及正义与其他社会价值的矛盾与调和。这些问题随着时代的变迁和社会矛盾的复杂化而不断改变形式。中共十八大报告、十八届三中全会《决定》和习近平总书记的系列讲话科学地回答了这些问题，并顺应时代潮流和人民意愿，提出了解决当代中国公平问题的基本方向和思路。党的十八大以解决人民最关心、最直接、最现实的利益问题为着力点，提出逐步建立以权利公平、机会公平、规则公平为主要内容的社会公平保障体系，努力营造公平的社会环境，保证人民平等参与、平等发展的权利。十八届三中全会《决定》进一步把“促进公平正义”、“增进人民福祉”作为全面深化改革的出发点和落脚点，强调“让发展成果更多更公平惠及全体人民”。[5] 习近平总书记深刻阐述了国家治理与保证社会公平正义的关系，指出：“全面深化改革必须着眼创造更加公平正义的社会环境，不断克服各种有违公平正义的现象，使改革发展成果更多更公平惠及全体人民。”“不论处在什么发展水平上，制度都是社会公平正义的重要保证。我们要通过创新制度安排，努力克服人为因素造成的有违公平正义的现象，保证人民平等参与、平等发展权利。要把促进社会公平正义、增进人民福祉作为一面镜子，审视我们各方面体制机制和政策规定，哪里有不符合促进社会公平正义的问题，哪里就需要改革；哪个领域哪个环节问题突出，哪个领域哪个环节就是改革的重点。对由于制度安排不健全造成的有违公平正义的问题要抓紧解决,使我们的制度安排更好体现社会主义公平正义原则,更加有利于实现好、维护好、发展好最广大人民根本利益。”[6]

在国家治理范畴内,社会公平主要包括权利公平、机会公平、规则公平、司法公正。

第一,权利公平。权利公平包括三重意义:一是权利主体平等,排除性别、身份、出身、地位、职业、财产、民族等各种附加条件的限制,公民皆为权利主体,谁都不能被排除在主体之外;国家对每个公民“不偏袒”、“非歧视”。二是享有的权利、特别是基本权利平等。在基本权利方面不允许不平等的存在,更不能允许任何组织或者个人有超越宪法和法律的特权。三是权利保护和权利救济平等,“无救济则无权利”。任何人的权利都有可能受到侵害或削弱,当权利受到侵害或者削弱的时候,应当获得平等的法律保护和救济。不能因为当事人保存证据的意识和取证能力不强、交不起诉讼费用、请不起律师等原因而导致打官司难、胜诉难、胜诉之后执行难。

第二,机会公平。机会公平也称作机会平等。机会公平是人类从身份社会进入契约社会的过程中提出来的反对封建等级制度和世袭制度的革命纲领。机会公平纲领要求摒弃先赋性特权、身份等级等不公正因素的影响,保证每个社会成员能够有一个平等竞争的条件,从而拓展个人自由创造的空间,最大限度地发挥每一个人的能力和潜能。在现代社会,机会公平堪称是最重要的正义原则,因为机会公平是起点平等,没有起点平等,后续的平等就是画饼充饥。机会公平意味着对发展进步权利的普遍尊重。它要求在公共领域公正地对待和确保每一个人的权利,各种职位对一切符合条件的人开放,允许并鼓励不同阶层、地域互相开放,允许社会成员自由流动。机会公平当中最重要的是教育公平。教育公平就是为人人提供同等的受教育的机会和均等的教育资源,为所有人创造自由而全面发展的均等条件,使人们在公平正义的阳光普照下,从同一起跑线上起跑,向着共同的幸福未来进发。

机会公平还应当包括代际平等。不仅要切实保证当代人的平等机会,而且应当关注和保证后代人机会平等。当前,我国有相当多的农民、农民工、普通工人和困难群众子女享受不到社会公认的公共教育资源,不能接受平等教育,这必将导致他们普遍缺乏在未来社会的生存能力和竞争能力,形成新的代际不公。

习近平总书记高度重视机会公平。他说:"生活在我们伟大祖国和伟大时代的中国人民,共同享有人生出彩的机会,共同享有梦想成真的机会,共同享有同祖国和时代一起成长与进步的机会。有梦想,有机会,有奋斗,一切美好的东西都能够创造出来。"[7]

在国家治理制度体系中,虽然机会公平并不能确保"结果平等",但它为每个成员的发展提供了公平参与和实现梦想的可能性。在社会各个领域,人们之间能力有高低,结果会不同,但机会公平了,心态也就会平和许多。最近几年频频曝光的"官二代"、"官三代"违规担任公职和领导干部的事件在媒体上被广泛议论,根源就在于它们破坏了机会公平、平等竞争的底线,泯灭了其他竞争者脱颖而出的梦想和预期,触动了广大平民百姓渴望机会公平的神经。

第三,规则公平。规则是一个统合概念,包括了所有的法律规则、政策规则、显规则、潜规则、硬规则、软规则等。这里讲的规则公平主要是政策和法律规则要公平。规则公平有三重含义:一是形式上公平,就是人们经常说的法律(政策)面前一律平等,即立法上的平等,全体公民,不分民族、种族、职业、宗教信仰、财产状况、受教育程度、居住年限与社会地位,在法律规则和标准面前人人平等。二是实体公平,就是权利义务对等,既不允许存在无权利的义务(奴役),也不允许存在无义务的权利(特权),每个人都既享有权利又承担义务,自由地行使权利,忠实地履行义务。三是在法律实施中"无例外",对任何公民的合法权益,都应当依法保护;对任何公民的违法犯罪行为,都平等地依法追究。既不容许不受保护的"例外",也不容许不受处罚的"例外"。总之,任何人,不论职位高低,不论贫富差异,法律上一视同仁。

第四,司法公正。司法是维护社会公平的最后一道防线,司法公正是社会公平的底线。客观地说,我国的司法基本上是公正的,但不公正的案件时有发生,造成了恶劣影响。影响司法公正的首要因素是法官、法庭、法院难以做到依法独立公正办案,遭遇到的干扰和干涉太多。2013 年 2 月 23 日,习近平总书记在中央政治局第四次集体学习会上尖锐地指出:群众反映,现在一个案件,无论是民事案件还是刑事案件,不托人情、找关系的是少数。尤其到了法院审判环节,请客送礼、打招呼、批条子的情况很严重。这说明依法独立公正司法的外部环境很差,司法独立和司法公正受到不应有的干扰。地方保护、部门保护的干扰和干涉,以权压法、权大于法、迫使司法机关滥用职权、违法办案的现象时有发生,导致司法不公、冤假错案,甚至引发大规模群体性事件,特别是在土地征用、房屋拆迁、社会保障、高速公路建设、新农村建设等领域尤为突出。越是往下,司法机关依法独立公正办案的压力越大。

司法公正是司法公信和国家公信的基础,如果这一基础被虚化,人民群众对公平正义的信心、对法律的信任、对法治的期待,就会一落千丈。正如英国哲学家培根所言:"一次不公正的司法判决其恶果甚于十次犯罪,因为犯罪只是弄脏了水流,而不公正的判决却是弄脏了水源。"[8]对于"弄脏了水源",我的理解就是破坏了司法和法律的公正,也摧毁了司法和法律的公信力。党的十八大之后,习近平总书记多次强调指出:全面推进依法治国,必须坚持公正司法。"要依法公正对待人民群众的诉求,努力让人民群众在每一个司法案件中都能感受到公平正义,绝不能让不公正的审判伤害人民群众感情、损害人民群众权益。”[9]在2014年1月召开的中央政法工作会议上，习近平总书记明确提出维护公平正义是司法与法治的核心价值。这表明党和人民对司法提出了更高的标准和更严格的要求。为了做到司法公正，所有司法机关都要紧紧围绕公正这个主题来改进工作，重点解决影响司法公正和制约司法能力的深层次问题，要优化司法职权配置，规范司法行为。同时，要坚持和改进党对司法的领导，加强和改进人大对司法工作的监督，进一步深化司法改革，确保人民法院、人民检察院依法独立公正地行使审判权和检察权，切实维护司法权威和公正；要大力培养理性的司法文化，尊重司法公正和司法权威，为司法机关创造公正司法的制度环境、文化环境和物质条件。

3. 人权价值

确认和保障权利是法治的真谛，尊重和保障人权是国家治理的精髓所在，也是国家现代性的根本体现。将法治精神融入国家治理，就是要确立和强化人权和公民权利神圣的观念和信念，确保在各种考量中，人权和公民权利具有优先性，这是使人活得自由且有尊严的内在要求。我国某些地方频频发生公民的人身自由、人格尊严、通信秘密、生命、财产等人权和公民权利受到侵害的事件，究其原因就是人权和公民权利还不够神圣，有些官员不把人权和公民权利当回事。在国家治理中，一定要懂得只有政府认真对待人权和公民权利，人民才会认真对待政府、法律和秩序，这样才会形成官民和谐型社会。十八届三中全会《决定》设立了政府权力清单制度和公民、法人、社会组织、市场主体权利负面清单制度，认定国家机关和公权力部门“法无授权不可为”，公民、法人、社会组织“法无禁止则自由”，这是国家治理中人权理念的升华和文明进步。

尊重和保障人权，最重要的是保障公民的基本权利。基本权利主要是指人权和宪法宣告的公民基本权利。通常划分为三类，第一类是公民政治权利和自由，诸如知情权、参与权、选举权与被选举权、监督权,以及言论、出版、集会、结社、游行、示威自由,宗教信仰自由,人身自由,人格尊严,通信自由,住宅不受侵犯,通信秘密受法律保护,等等。第二类是经济、社会、文化权利,主要包括财产权、受教育权、劳动权、休息权、健康权、契约自由,在年老、疾病或者丧失劳动能力的情况下有从国家和社会获得物质帮助的权利,退休养老的权利,医疗服务和保障的权利以及环境权等等。第三类是特殊人群、社会相对弱势群体的权利,主要是少数民族、妇女、儿童、老年人、残疾人等的权利。在这些权利当中,生存权是首要人权,发展权是根本权利。随着经济社会的发展,人们对"权利"的认知与诉求将从生存层面上升到发展层面,从直接的经济层面上升到政治、文化层面,权利关注将持续升温,新型权利将不断涌现。作为国家治理核心主体的执政党和国家权力机关要积极回应人民群众日益增长的多样化权利诉求,不断丰富宪法法律权利体系,健全人权和权利保障制度。

4. 效率价值

与秩序、公平正义和人权一样,效率也是一个社会的核心价值。一个治理良好的社会必然是有秩序的社会、公正的社会、人权有保障的社会,也应当是高效率的社会。国家治理的效率通过法治可以更好地实现。从理论和实践两个方面看,法治化的治理要比人治化的治理更富有效率,更能够保持可持续的发展。在人治化的治理中,在重大决策事项上,领导人个人说了算,看起来决策效率很高,但由于个人的见识、智慧和能力毕竟有限,这种决策方式很容易出错,甚至在根本性、全局性问题上出现颠覆性错误,而且往往难以自我纠正。十年"文革"就是沉痛的教训。现在一些地方少数领导人自以为是、独断专行,瞎指挥、瞎折腾,干了很多劳民伤财、得不偿失的蠢事,盲目决策、错误拍板上马的项目、工程,给土壤、水流、大气造成严重污染,并致使社会矛盾激发,群体性事件频发。而在法治化的治理中,决策者依照程序科学决策、民主决策，看起来比较费事费时，但决策失误的可能性大大减少，而决策失误是最严重的负效率。同时，由于建立了明晰的人权制度、物权制度、合同制度、侵权制度、诉讼制度等，为经济社会主体确立了制度信心，从而激发了社会活力，保障了自由竞争，实现了政治效率、经济效率和社会效率在法治的框架内持续增量。

5. 和谐价值

我们正处在改革的深水区和发展的关键期，同时也处于社会矛盾的凸显期。面对这一国情背景，构建社会主义和谐社会，努力促进人与人之间、公民与国家之间、群体与群体之间、阶层与阶层之间、区域与区域之间，乃至国家与国家之间和谐，实现各主体各得其所又和谐相处，毫无疑问应当是国家治理的核心价值。

“和谐”是一个非常古老而又经久不衰的概念。人们通常是在美学、哲学和社会科学三个方面理解“和谐”。在美学意义上，东西方思想家早就将和谐视为至美、最美。中国思想家欣赏音乐的和谐之美，把音乐中不同音符之间的合成与流动看作和谐。古希腊思想家认为“美是和谐的比例”，数是比例的表达，事物之间的和谐关系可以表现为某种恰当的数的比例关系。在哲学意义上，古希腊哲学家毕达哥拉斯把“和谐”作为哲学的根本范畴，并且认为和谐是以差别和对立的存在为前提的，是“对立的东西产生和谐，而不是相同的东西产生和谐”。“和谐”（“和”）也是中国哲学的根本范畴。春秋战国时期就有思想家作出了“和实生物，同则不继”的著名论断。孔子提出“君子和而不同，小人同而不和”，并且认为和谐不仅是客观规律，而且是做人、治国的原则，因而把“和”、“同”两个范畴引入社会道德领域和政治领域。在社会科学诸多学科中，和谐也是重要范畴或基本范畴，这一范畴通常与国家理想、国家治理和社会治理相联结。华夏先民主张的“小康社会”，洪秀全主张的“有田同耕，有饭同食，有衣同穿，有钱同使，无处不均匀，无人不饱暖”的“太平天国”，康有为提出“人人相亲、人人平等的大同社会”，孙中山追求的“天下为公”，柏拉图所设想的“理想国”，空想社会主义者傅立叶、欧文、魏特林等人设想的“乌托邦”，马克思和恩格斯梦想的共产主义社会，毛泽东等新中国缔造者提出建立“中华人民共和国”，都是以和谐为表征的国家或社会。上述意义是互通的，为我们理解和谐概念和作为国家和社会理念的和谐提供了丰富的思想资源。

党的十六大以来，有关和谐、社会和谐、促进社会和谐、构建社会主义和谐社会等的论述和实践，则为我们深刻把握和谐价值提供了更为直接的思想理论基础。党的十六大报告在阐述全面建设小康社会的宏伟目标时强调要努力形成全体人民各尽其能、各得其所而又和谐相处的局面，巩固和发展民主团结、生动活泼、安定和谐的政治局面。十六届六中全会通过了《中共中央关于构建社会主义和谐社会若干重大问题的决定》，进一步明确了构建社会主义和谐社会的指导思想、目标任务和原则，进一步部署了构建社会主义和谐社会的工作任务。党的十七大报告十分深刻地作出了“社会和谐是中国特色社会主义的本质属性”的论断，并指出：“构建社会主义和谐社会是贯穿中国特色社会主义事业全过程的长期历史任务，是在发展的基础上正确处理各种社会矛盾的历史过程和社会结果”，“要按照民主法治、公平正义、诚信友爱、充满活力、安定有序、人与自然和谐相处的总要求和共同建设、共同享有的原则，着力解决人民最关心、最直接、最现实的利益问题，努力形成全体人民各尽其能、各得其所而又和谐相处的局面，为发展提供良好社会环境。”〔10〕十八大报告也强调：“加强社会建设，是社会和谐稳定的重要保证。”〔11〕

在推动国家治理现代化中，以和谐作为法治和国家治理的核心价值，就是要把和谐价值融入法律规范体系和国家治理制度体系之中，致力于构建社会主义和谐社会。一要致力于引导和维护作为社会细胞的个体与个体的和谐，在诚信友善的基础上，促进人与人之间真诚相待、坦然相处、友爱互助，建立起良好和谐的人际关系，夯实和谐社会、和谐中国的根基。二要致力于引导和维护人与社会和谐，包括公民与国家的和谐，个体与集体的和谐，居民与社区的和谐，群体（阶层）与群体（阶层）的和谐等。三要引导和维护人与自然的和谐，人与自然的和谐与人与人、人与社会的和谐是相得益彰的。四要致力于引导和维护中国与世界的和谐，推进国际关系民主化、全球治理法治化，尊重文化多样性和发展模式多样化，尊重各国独立自主选择发展道路的权利，尊重各国平等参与国际事务的权利；坚持国与国之间和平、民主、平等的原则，强调以合作共赢为目标，以合作谋和平，以合作促发展。

和谐不仅是法治和国家治理的基本价值，在某种意义上也是法治和国家治理的终极价值、元价值。相对于其他价值，其“终极性”、“元地位”表现为：一是凝练国家和法的价值，即从社会生活、历史传统、社会未来发展、哲学和法理中凝练出现代国家和法的价值。二是规范国家和法的价值，即从根本上决定着其他价值的本质属性，秩序应当是和谐的秩序，自由应当是和谐的自由，正义应当是和谐的正义，人权应当是和谐的人权，效率应当是和谐的效率，等等。三是引领和协调国家和法的价值，使它们成为内在统一、互为补充、互相支撑的价值体系。四是反思和追问国家和法的价值，推动法治和国家治理的制度创新。进入21世纪以来，和谐越来越成为中国社会普遍关注的价值理念和标准，成为统摄一切价值的元价值。和谐精神的导入，必将使中国社会主义法治体系和国家治理体系超越中国传统“统治”和西方传统“治理”而走向善治。

（二）现代法治为国家治理提供了善治的创新机制

善治，是就国家治理能力而言的。国家治理是不是“善治”，关键看治理的目的、机制、方式、方法。“善治”（good governance），是个典型的外来语。国外学者对“善治”有多种解读和解释，其中法国学者玛丽—克劳斯·斯莫茨的解读具有一定的代表性，她认为：善治包括四大要素：第一，公民安全得到保障，法律得到尊重，特别是这一切都须通过法治来实现。第二，公共机构正确而公正地管理公共开支，亦即进行有效的行政管理。第三，政治领导人对其行为向人民负责，亦即实行责任制。第四，信息畅通，便于全体公民了解情况，亦即具有政治透明性。〔12〕“善治”一词的“‘正式’定义主要来自世界银行、国际货币基金组织、联合国（特别是联合国开发计划署）、经合组织以及其他捐赠组织。”〔13〕例如，联合国开发计划署（the United Nations Development Program）认为：“善治是政府、公民社会组织和私人部门在形成公共事务中相互作用，以及公民表达利益、协调分歧和行使政治、经济、社会权利的各种制度和过程。”〔14〕在中国语境中，“善治”远远超出了西方学者赋予“善治”的语义，其基本特质一是以人为本，二是依法治理，三是公共治理。

1. 以人为本

“以人为本”，就是一切从人出发、以人为中心；就是要把人作为观念、行为、制度的主体，把人的解放和自由、人的尊严、兴趣和全面发展，作为每个人、每个群体及至每届政府、每届领导人的终极关怀。同时，“以人为本”也意味着在党和政府的全面终极关怀之外，人也应当把自己看作人、提高自己的人性，在社会生活中应当有宽容、诚信、自主、自律的自觉意识和观念，既善待自己和他人，也要求他人善待自己。

以人为本是根植于当代中国特色社会主义实践并超越传统中华文明、符合中华民族和中国人民根本利益的法治和国家治理理论。它凝聚了中国社会的高度共识，体现了法治和国家治理理论的本土化、综合化、政策化和国际化多重元素，荷载了人类社会治理模式从人治到法治再到良法善治的理性诉求。

以人为本之所以是善治，在于其界定了法治和治理的“良善”

本性。以人为本的法学(律)表达就是尊重和保障人权,尤其是对弱势群体民生权利的关怀和保护。人权作为宪法基本原则在整个法律体系中的通贯,其对公民自主与福利的尊奉与守护,及其对公权力的训诫与规制,使得“法治”和“治理”不仅仅表征一种“术”和方法,更具有了道德上的正当性与合法性,以人为本的善治必然催生社会、国家、人民臻于至善。

以人为本理念在中国政治和法治系统中的贯彻,标识和引导着国家治理的现代化进程。以人为本的提出,就是要纠正经济发展和社会转型中出现的急功近利、拜金主义、纵欲骄奢、恃强凌弱、环境污染、生态破坏等漠视人的主体性、尊严福祉、自由平等的负面现象。而这些负面现象的矫治,必然落实为国家治理机制的创新,必然要求秉持以人为本的基本理念对公民自主、社会自治、国家治理的基本格局和内在逻辑予以重构。在党的十六大、十七大和十八大已取得成果的基础上,十八届三中全会更是在全面深化改革的总体部署中,对尊重人民主体地位、增进人民利益福祉、促进人的全面发展、保障和改善民生、确保改革成果的广泛公平分享等方面做出了顶层设计。经济体制改革、行政体制改革、社会治理体制创新、生态文明制度建设,以及教育医疗社会保障等社会事业创新的具体举措,必然汇聚为法治中国建设的系统工程,必然有力地推动法治和国家治理现代化进程。

2. 依法治理

依法治理之所以是善治,首先在于法治优于人治。人治的典型特征在于统治者个人或者极少数人说了算,这种治理方式除了出错率高之外,往往导致人亡政息、难以为继。有鉴于此,邓小平同志反复告诫党和人民,人治“危险得很”,人治“靠不住”。他曾在同几位中央负责同志的谈话中指出:“一个国家的命运建立在一两个人的声望上面,是很不健康的,是很危险的。不出事没问题,一出事就不可收拾。”“还是要靠法制,搞法制靠得住些。”[15]相对于人治,法治具有明显的多重优越性。其最大优越性在于,它能够保持执政党的执政理念、执政路线、执政方针的连续性、稳定性、权威性,不因领导人的改变而改变,不因领导人看法和注意力的改变而改变,真正做到"不动摇"、"不折腾"。第二个优越性在于,随着革命时代的过去,主要依靠革命家的个人权威和魅力治理中国这样一个有十四亿人口的大国和中国社会这样一个利益日益多元化复杂化的社会的可能性已经不复存在,唯有依靠法治,依靠宪法和法律制度体系才能在多样化中凝聚共识和力量,保证中国社会可持续的发展与稳定。第三个优越性在于,法治是公开透明的规则之治和程序之治,具有可预期性、可操作性、可救济性,因而能够使人民群众对自己的经济、政治、社会、文化规划和生产、生活有合理预期和安全感,确保了国家治理的公信力。第四个优越性在于,宪法和法律是由国家制定的,并依靠国家强制力作为终极力量保证实施的,它能够克服政策等治理制度体系的局限性,确保制度体系运行的效能。法治的这些优势是人治所不具有的。特别是进入新世纪以来,国家治理的社会历史条件和国内国际经纬都发生了重大变化,我国社会的利益格局发生深刻变动,形成了不同的利益阶层和群体。与此相应,以利益为实体的道德观念和道德标准急剧分化,各个阶层、各个群体普遍认同和接受的道德观念、道德标准甚至道德规范已缺乏坚实的经济和社会基础,加上人民群众的法治观念、权利意识、维权动力普遍增强,作为社会共识最大公约数的法律理所当然地在国家治理中扮演着主导角色。同时,由于政策固有的因地制宜、因时制宜、因人制宜等局限性,实行法治合乎规律地成为治国理政的第一选择,成为政治文明发展的时代潮流。这就要求党和政府在国家治理中必须遵循法治的规律和原则,善用法治思维和法治方式处理国家治理当中的深层次问题和矛盾。

3. 公共治理

公共治理,就是让公众以主体身份参与到国家治理当中,既管理国家事务、经济社会文化事务,又对自身事务实行高度自治。公共治理之所以是善治,在于治理优于管理。由于公共治理理念和机制的融入,“国家管理”概念被“国家治理”概念所替换,公众成为国家治理不可或缺的重要组成部分,有了知情权、表达权、参与权、决策权和监督权。治理与管理不是对立的模式,而是初级版与升级版的关系。治理是管理的升级版,它保留了管理的许多要素,同时超越了管理的局限,承载着比管理更多更复杂的职能,更能够有效应对国家治理中面对的新情况新问题,满足人民群众的新要求新期待。

公共治理的优势在于:一是它更加充分地将民主理念和民主机理融入国家治理当中,最大限度地吸收公众参与,扩大公民及其组织的话语权和决定权,体现了人民当家作主。二是它以对话、沟通、协商等方式,保证不同党派、不同阶层、不同群体、不同利益集团、不同社会界别平等自由地表达利益诉求和政策主张,在此基础上最大限度地凝聚共识,消解或缩小分歧,促进各个阶层、各个群体的人们相互之间的政治认同、思想认同、感情认同和彼此尊重;妥善协调利益关系,使不同阶层、不同群体在利益分化的格局中仍能各得其所又和谐相处。三是多元主体合作共治,公共治理与政府治理相辅相成。在国家治理中,国家权力机关、行政机关、司法机关、军事机关体现着“政府治理”的职能,人民政协、人民团体、经济社会组织和人民群众发挥着“社会治理”的作用。两类治理在党的领导下有效衔接、协同配合,创新了国家治理模式,增添了国家治理的正能量。四是它为社会自治开辟了广阔空间,把不应或不宜由执政党和国家机构管理的事务交由社会自我治理。良好的国家治理总是与社会自治紧密结合的,国家治理体系越完善、越文明,社会组织在国家治理中的地位越受重视,作用发挥得越好。社会自治的内容十分丰富、形式无限多样。十八届三中全会《决定》强调,要激发社会组织活力,要求正确处理政府和社会关系,加快实施政社分开,推进社会组织明确权责、依法自治、发挥作用;适合由社会组织提供的公共服务和解决的事项,交由社会组织承担;支持和发展志愿服务组织;限期实现行业协会、商会与行政机关真正脱钩。这些改革举措必将为社会自治建构更加宽阔的平台。

公共治理是国家治理现代化的重要标志。当下中国有多种民主形式,其中,基于公共治理制度平台的协商民主是我国社会主义民主政治的独特优势,是人民民主制度和党的群众路线在国家治理领域的重要体现。协商民主的独特优势在于它把理性引入公共生活,形成一种转化冲突寻求合作的政治机制,即把公共争议和利益冲突置于一个公开协商的行动过程,建构一个政府与公民的合作治理体系。十八届三中全会《决定》提出,要推进协商民主广泛多层制度化发展,构建程序合理、环节完整的协商民主体系,拓宽国家政权机关、政协组织、党派团体、基层组织、社会组织的协商渠道。深入开展立法协商、行政协商、民主协商、参政协商、社会协商。贯彻落实三中全会《决定》,必将使国家治理中的公共治理获得新发展、呈现新气象、取得新成效。

二、法治化是国家治理现代化的必由之路

(一)推进国家治理法治化的必然性与重要性

推进国家治理法治化,是国家治理现代化题中应有之义。改革开放以来,我国各项治理制度的创新发展始终与法律制度体系完善发展同步,与全面深入推进立法体制、执法体制和司法体制改革相适应。市场经济是法治经济,民主政治是法治政治,法治是治国基本方略,法治是党执政的基本方式,善于运用法治治国理政,更加重视发挥法治在国家治理和社会管理中的重要作用,这些科

学论断和实践充分表明，国家治理现代化的过程也就是国家治理法治化的过程，国家治理现代化必然要表现为国家治理法治化，并通过法治化引领和保障现代化。

推进国家治理法治化，是中国共产党执政理念的必然要求。党的十七大、十八大、十八届三中全会相继提出，要全面落实依法治国基本方略、全面推进依法治国和加快法治中国建设，实现国家各项工作的法治化。在实现国家各项工作法治化当中，最重要的当属实现国家治理法治化，使国家治理在法治轨道上运行。党的十八大以来，以习近平为总书记的党中央更加强调依法执政、依法治国、依法行政、依法治理社会，更加鲜明地提出法治是治国理政的基本方式，各级领导干部要提高运用法治思维和法治方式深化改革、推动发展、化解矛盾、维护稳定的能力，要将法治国家、法治政府、法治社会一体建设。党的执政理念和法治理论深刻揭示出了法治在国家治理中的决定性作用。法治的作用，已经从十五大提出依法治国基本方略时的“基础性作用”演进为今天治国理政当中的“决定性作用”。

推进国家治理法治化，也是人民群众的共识和关切。无论是党的执政活动、国家机关履职活动，还是人民行使民主权利参与国家治理的活动，都应当遵循法治的规则和程序。据统计，十二届全国人大第二次会议期间，以代表团名义和 30 人以上代表联名提出的议案有 468 件，其中绝大多数为法律议案。“最大特点是落实全面深化改革总目标和任务的要求，围绕完善和发展中国特色社会主义制度、推进国家治理体系和治理能力现代化，从法律的制定、修改、废止、解释的角度，提出意见和建议。”[16]

推进国家治理法治化也是国际社会的潮流。进入 21 世纪之后，法治成为民主、文明国家的基本共识。当今世界，国家之间、区域之间乃至世界范围内的很多问题越来越多地被纳入法治轨道。最近十多年，包括中国在内的许多国家和联合国等国际组织积极推动国际关系民主化法治化，取得了巨大进步。在和平共处五项原则发表60周年纪念大会上的讲话中，习近平总书记再次主张“共同推动国际关系法治化。推动各方在国际关系中遵守国际法和公认的国际关系基本原则，用统一适用的规则来明是非、促和平、谋发展”。[17]2005年《世界首脑会议成果文件》将法治作为一项普遍核心价值和原则，呼吁在国家和国际两级全面实行法治。联合国大会及其第六委员会和国际法委员会，致力于国际条约的制定和国际法的编纂，为“国际立法”做出了积极贡献。安全理事会积极预防和解决地区冲突，通过法治手段，维护国际和平与安全。国际法院通过司法手段解决国际争端，其判决和咨询意见进一步阐明了国际法的有关原则和规则，丰富和发展了国际法。从2006年开始，联合国大会第六委员会开始讨论国家和国际两级法治的问题。对于这个问题的研讨扩大了国家之间在加强法治方面的共识，体现出世界人民共同努力建设一个法治世界的愿望。在这样的国际时代背景下，加快推进国内法治，尤其是推进国家治理法治化，毫无疑问是顺应历史潮流的正确选择。

（二）国家治理法治化的基本面向

国家治理法治化包括治理体系法制化和治理能力法治化两个基本方面。

1. 国家治理体系法制化

国家治理体系本质上就是国家制度体系。中国特色社会主义国家治理体系由一整套制度构成，包括以中国共产党党章为统领的党内法规制度体系、以党的基本路线为统领的政策制度体系、以宪法为统领的法律制度体系。这套制度体系，从治理主体角度，包括有关执政党中国共产党、人民及其代表大会（代表人民统一行使权力的国家机关）、国家行政机关、国家司法机关、人民政协、社会组织等在国家治理中的主体地位的制度；从治理客体角度，包括经济治理制度、政治治理制度、文化治理制度、社会治理制度、生态治理制度等;[18]从治理事务角度,包括有关改革发展稳定、内政外交国防、治党治国治军等治理制度;从治理权能角度,包括有关各治理主体的资格和权力(职权)或权利的制度,以及科学界定和划分各种权力、权利的制度;从治理程序角度,包括有关行使治国理政权力和参与治国理政的各种程序制度;从治理评价角度,包括有关国家治理方式、过程和效能的评价制度。国家治理的各项制度总体上最终都要汇总于、表现为法律制度体系,即法制化的制度体系。

国家治理制度只有通过法制化,才能定型化、精细化,把国家治理制度的"分子结构"精细化为"原子结构",从而增强其执行力和运行力。国家治理制度法制化的路径一般是:党和政府先是以党内法规和政策形式宣示、确认其治国理念、治国道路、治国路线、治国经验等,待这些党内法规和政策在治国理政的实践中进一步成熟后,再通过立法程序将其上升为法律,由宪法或法律加以确认、完善和定型。这里,以现行宪法的修改为例。现行宪法 1982 年颁布实施以来,进行过四次修改,共审议通过 31 条宪法修正案。每一次修宪、每一条修正案都是对宪法本身的重大完善,更是对党和政府治国理政制度的法制化和定型化,都对我国经济建设、政治建设、文化建设、社会建设、生态文明建设和法治建设产生了积极的推动作用。

1982 年《宪法》是在我国启动改革开放的历史条件下制定的。其基本原则已经为改革开放提供了制度空间。但是,随着形势的发展,已有的空间已不能适应深化改革和扩大开放的需要,而要通过修宪来扩充改革开放的制度空间。当时,党和政府探索和实验推进私营经济开放和土地转让,并形成了党的政策。实践证明,放开私营经济不但不会影响公有制经济,反而会对公有制经济起着重要的补充作用,推动整个国民经济快速发展。土地使用权转让的开放同样重要。如果不允许土地使用权合法转让，中外合资与外国独资企业的开办及在本地生产经营都不可能顺利进行，经济体制改革和对外开放不但不可能进一步发展，甚至会出现倒退。所以，党中央建议修宪，在宪法中给私营经济以恰当的生存地位，并使土地使用权转让合法化。1988 年 4 月 12 日，七届人大一次会议通过宪法修正案，在《宪法》第 11 条增加："国家允许私营经济在法律规定的范围内存在和发展。私营经济是社会主义公有制经济的补充。国家保护私营经济的合法权利和利益，对私营经济实行引导、监督和管理。"把《宪法》第 14 条第 4 款修改为："任何组织和个人不得侵占、买卖或者以其他方式非法转让土地。土地的使用权可以依照法律的规定转让。"

1988 年《宪法修正案》公布实施以后，我国的经济体制改革迅速深化，与之相适应，政治体制改革逐渐推开。特别是 1992 年 10 月党的十四大提出建立社会主义市场经济体制，进一步完善人民代表大会制度。党在经济体制改革、政治体制改革和政治建设等方面形成了新的路线、方针、政策和主张，并在党章修正案中得到确认和规定。由此，中共中央再次建议修宪，八届人大一次会议在 1988 年修宪的基础上再次修宪，而且通过 9 条修正案。其主要内容包括：明确宣布我国正处于社会主义初级阶段；宣布国家的根本任务是集中力量进行社会主义现代化建设；宣布坚持改革开放，把以"一个中心、两个基本点"为核心内容的党的基本路线完整地体现在根本大法之中，把建设"高度文明、高度民主"的社会主义国家修改为建设"富强、民主、文明"的社会主义国家，突出了经济建设的重要性及其与民主政治发展的关系，把民主和文明前面的定语"高度"删掉，使之与社会主义初级阶段的实际与可能相适应；规定"中国共产党领导的多党合作和政治协商制度将长期存在"，把我国的政治制度体系表达得更为全面完整；将"国营经济"改为"国有经济"，一方面明确了所有制关系，另一方面表明国有经济的实现方式并非一定要由国家经营，体现了所有权与经营权分离的改革精神；肯定了“农村中家庭联产承包为主的责任制和生产、供销、信用、消费等各种形式的合作经济”的社会主义集体所有制的法律地位；确立了市场经济的合法地位，为社会主义市场经济的建立和发展提供了宪法保障；延长了县级人民代表大会的任期，使基层人民代表大会的运行更加规范有效，有利于保证县级政权的相对稳定，有利于县域政治稳定和经济发展。这些修改把党的执政理念和路线方针政策及时转化为国家治理的宪法制度，推进了国家治理制度的法制化。

六年之后，即 1999 年，九届人大二次会议对《宪法》进行了第三次修改。这次修宪的依据是党的十五大关于党和国家指导思想、经济体制改革、政治体制改革、依法治国等重大问题的决定和中共中央关于修宪的建议。这次修宪只有 6 条修正案，但内容十分重要。其主要内容包括：第一，把“我国正处于社会主义初级阶段”修改为“我国将长期处于社会主义初级阶段”。这一修改有利于统一全国人民对社会主义初级阶段长期性的认识，特别是有助于防止和克服各种超越历史阶段的“左”的、空想社会主义的错误认识、错误政策、错误做法。第二，把邓小平理论作为党和国家的指导思想写入《宪法》，从根本大法上明确了邓小平理论的指导地位和作用。这一修正案对于坚持中国特色社会主义道路、深入推进改革开放伟业，具有重大的现实意义和深远的历史意义。第三，明确规定“实行依法治国，建设社会主义法治国家”。把党的十五大提出的依法治国基本方略和建设社会主义法治国家的奋斗目标载入《宪法》，充分表明中国将坚定不移地沿着依法治国的道路前进，逐步把经济、政治和社会生活纳入法治轨道，实现政治民主自由、经济繁荣昌盛、社会稳定发展、人民安居乐业。第四，在原来关于社会主义经济制度的规定之后，增加“国家在社会主义初级阶段，坚持公有制为主体、多种所有制经济共同发展的基本经济制度，坚持按劳分配为主体、多种分配方式并存的分配制度”。这一修改有利于进一步保护、解放和发展生产力。第五,在继续肯定和保护家庭承包经营的同时,把“统分结合的双层经营体制”列入《宪法》的保护范围。它一方面明确了家庭联产承包经营的“基础”地位和作用,另一方面说明随着生产力的发展,农村合作经济、股份合作经济等集体经济的实现形式进一步多样化。第六,宣布并肯定个体经济和私营经济等非公有制经济是社会主义市场经济的重要组成部分。从过去的对计划经济的“补充”升格为现在的市场经济的“重要组成部分”,一方面说明了个体经济和私营经济有了快速发展,非公经济的规模和效益不容忽视;另一方面说明个体经济和私营经济具有社会主义市场经济的性质,在社会主义市场经济中占有相当重要的地位。第七,把镇压“反革命的活动”改为镇压“危害国家安全的犯罪活动”,使罪名更加规范,为国家机关依法镇压危害国家安全的犯罪活动提供了宪法依据。

2004 年进行了第四次修宪。这次修宪也是把党领导人民在治国理政中形成的新的理论、做法、经验、政策上升为宪法。其中包括:在指导思想系列中增加“三个代表重要思想”;把“政治文明”与物质文明和精神文明并列,提出“推动物质文明、政治文明和精神文明协调发展”;扩大对公民法人财产权的保护,增大了保护的范围和力度,宪法修正案规定:“国家保护个体经济、私营经济等非公有制经济的合法的权利和利益”;“公民的合法的私有财产不受侵犯”;“国家依照法律规定保护公民的私有财产权和继承权”;“国家为了公共利益的需要,可以依照法律规定对公民的私有财产实行征收或者征用并给予补偿”;“国家建立健全同经济发展水平相适应的社会保障制度”;特别是明确地把“国家尊重和保障人权”写入宪法,增强了人权的神圣性,也明确了政府保障人权的宪法责任。此外,就紧急状态、元首国事活动权、地方人民代表大会任期制、国歌等进行了明确规定。这些规定以根本大法和总章程的形式丰富、创新了国家治理体系。

国家治理体系是一个有机的制度系统,统领这个制度系统并使之协调运转的是宪法。所以,推进国家治理现代化,要倍加重视宪法的作用。宪法是国家治理体系的基石,也是国家治理体系的最高表现形式和制度载体,是国家治理的总章程。正是通过宪法,国家治理中带有根本性、全局性、长期性的制度获得了最高的法律效力、政治效力和社会效力,具有极大的权威性和神圣性。例如,宪法对改革开放伟大成果的确认和规范,对中国特色社会主义基本制度的宪法定型,有效地抑制了封闭僵化老路的回归,防止了改旗易帜邪路的出现,避免党、国家和人民在根本性问题上出现颠覆性错误,从而保证中国特色社会主义道路越走越坚实,越走越宽广。

通过宪法进而通过法律和行政法规而得以法制化定型化精细化的路线方针政策作为国家治理制度具有了普遍性、强制性、长效性、可诉性等特点,既便于民众遵守,也便于国家机关执行。

2. 国家治理能力法治化

国家治理能力,既指各主体对国家治理体系的执行力,又指国家治理体系的运行力,还包括国家治理的方式方法。习近平总书记指出:“必须适应国家现代化总进程,提高党科学执政、民主执政、依法执政水平,提高国家机构履职能力,提高人民群众依法管理国家事务、经济社会文化事务、自身事务的能力,实现党、国家、社会各项事务治理制度化、规范化、程序化,不断提高运用中国特色社会主义制度有效治理国家的能力。”[19]治理能力具体包括执政党科学执政、民主执政、依法执政的能力,人大及其常委会科学立法、民主立法的能力以及依法决定重大事项、保证宪法法律实施、对“一府两院”实行法律监督和工作监督的能力,人民政府科学行政、民主行政、依法行政、严格执法的能力,司法机关公正司法、定分止争、救济权利、制约公权、维护法制的能力,广大人民群众、人民团体和社会组织依法管理国家事务、经济社会文化事务、依法自治的能力，党和国家各级领导干部深化改革、推动发展、化解矛盾、维护稳定的能力。提高这些能力，最重要最关键的就是提高运用法治思维和法治方式的能力，解决法治缺位情况下治理动力不足和能力不够的问题。

善用法治思维和法治方式治国理政，就要把法治理念、法治精神、法治原则和法治方法贯穿到政治治理、经济治理、社会治理、文化治理、生态治理、治党治军等国家治理实践之中，逐步形成办事依法、遇事找法、解决问题用法、化解矛盾靠法的良好法治习惯。特别是在化解社会矛盾、维护社会稳定方面，不能简单依靠国家强制力甚至国家暴力去压制，不能用行政手段"摆平"，也不能套用"人民内部矛盾人民币解决"的老办法，而是要通过法治方式、回归法治途径，把社会矛盾的解决建立在法治基础上，把维稳建立在维权的基础之上。否则，就会陷入恶性循环的"维稳陷阱"。

善用法治思维和法治方式治国理政，应当正确处理改革与法治的关系，这也是国家治理法治化要解决的突出问题。要善于以法治凝聚改革共识，以法治引领改革方向，以法治规范改革程序，以法治确认、巩固和扩大改革成果。我们正处在全面深化改革的新纪元，许多改革举措涉及现行法律制度，致使改革与法治的关系十分敏感：是在法治轨道上有序推进改革，还是突破宪法法律制度乱改革，既是对改革的考验，也是对法治的挑战。习近平总书记和党中央明确要求改革不能以牺牲法制的尊严、统一和权威为代价，指出凡属重大改革要于法有据，确保在法治轨道上推进改革，需要修改法律的可以先修改法律，先立后破，有序进行；有的重要改革措施，需要得到法律授权的，要按法定程序进行，不得超前推进，防止违反宪法法律的"改革"对宪法法律秩序造成严重冲击，避免违法改革对法治的"破窗效应"。[20]"改革越深入，越要强调法治，通过立法来引领改革方向、推动改革进程、保障改革成果，让全体人民共享改革红利、法治红利。”[21]

提高依法执政、依法治国、依法行政、依法治理社会的能力是国家治理能力法治化的紧迫任务和时代课题。培养和提升这种能力要比建立一整套制度困难得多,因而,推进国家治理能力法治化要比推进国家治理体系法制化艰巨得多。

三、在国家治理现代化的进程中,加快推进法治现代化

完善和发展中国特色社会主义制度,推进国家治理体系和治理能力现代化,一方面需要法治的引领和推动,另一方面也是法治发展和法治现代化的强大动力。法治现代化必将使法治在国家治理中发挥更好更大的作用。

法治是国家治理的基本方式,所以,推进国家治理现代化内在地要求推进法治现代化,唯有现代化的法治才能匹配现代化的国家治理。围绕“完善和发展中国特色社会主义制度、推进国家治理体系和治理能力现代化”的总目标驱动法治现代化,使法治现代化的目标更加明确,路径更加清晰,重点更加突出,措施更加有力,并必将使我国法治建设彻底摆脱“西方法治中心主义”的负面影响,进一步坚定中国特色社会主义法治的道路自信、制度自信和理论自信。

目前,我国的法治水平和能力尚不能满足国家治理的现实需要,也不适应“形成系统完备、科学规范、运行有效的制度体系”和“加快形成科学有效的治理体制”这一国家治理现代化阶段性目标的要求。为此,我们要以时不我待的紧迫感和使命感,以改革创新的姿态和锐气,抓住有利时机,加快法治建设,在积极应对国家治理迫切需要的同时,紧紧跟进国家治理现代化的步伐,同步推进法治现代化。

（一）加快推进我国法治的转型升级

就国家治理体系和治理能力现代化而言，法治现代化的目标是加快推进我国法治的转型升级。

法治转型升级的实践路径包括：从法治国家转型升级为法治中国，从法律之治转型升级为良法善治，从法律大国转型升级为法治强国。

1. 从法治国家转型升级为法治中国

从建设法治国家到建设法治中国，意味着我国法治建设的转型升级。“法治中国”既是中外法治文明的现代版，又是“法治国家”的升级版。党的十五大提出依法治国、建设社会主义法治国家。法治国家本质上属于政治范畴，建设法治国家的着力点是在政治层面实现国家治理法治化，特别是把国家各项权力（包括立法权力、行政权力、司法权力、监督权力等）纳入法治范围，在法治轨道上运行。党的十八大以后，习近平总书记提出“建设法治中国”。“法治中国”的内涵比“法治国家”更加丰富、更加深刻、更具中国特色；建设法治中国，不仅要建设法治国家，还要建设法治社会、法治政党、法治政府；不仅要推进依法治国，还要推进依法执政、依法行政、依法自治；不仅要搞好国家法治，还要搞好地方法治、行业法治，促进国家法治、地方法治、行业法治协调发展；不仅包括有形的法律制度硬实力建设，还包括无形的法治文化软实力建设，弘扬法治精神，培育法治文化；不仅致力于国内法治建设，还要面向世界，推动国际关系和全球治理法治化，构建民主法治、公正合理、合作共赢的国际经济政治新秩序，提升中国在全球治理中的话语权和影响力。

2. 从法律之治转型升级为良法善治

这是法治现代化的实质所在，也是国家治理体系和治理能力现代化的必然要求。“法治现代化”这一概念，既指从传统人治社会到现代法治社会的历史性变革，又指法治（法制）由传统型到现代型的历史性转换。世界范围内的法治现代化肇始于欧洲资本主义的兴起，资本主义市场经济、民主政治和理性文化极大地推动了欧洲法治的现代化进程。中国社会的法治现代化发轫于清末民初，先后经历了清末法制改革、辛亥革命的法制实践、北洋军阀时期的法律发展、中华民国南京国民政府的法制活动、中国共产党领导的新民主主义法制建设和社会主义初期的法制建设等发展阶段。进入20世纪80年代后，在以市场为导向的经济体制改革、以民主为导向的政治体制改革、以先进文化为动力的文化变革、以和谐社会为目标的社会建设，以及全球化浪潮的推动下，中国法治再次发生了伟大的历史性变革。世界范围内的法治现代化有各种各样的目标定位和发展道路，例如西方国家的自由主义、理性主义、个人权利本位主义、民主社会主义等等。就当代中国的法治现代化而言，我们走的是一条与改革开放同步的、与“五大建设”[22]相适应、具有鲜明中国特色的社会主义法治发展道路，是与社会主义市场经济、民主政治、先进文化、和谐社会和生态文明协调的法治现代化道路，是与国家治理体系和治理能力现代化相适应的法治现代化。

在人类历史上，法治有各种形态。中国古代法家是最早提出“以法治国”理念的。春秋战国时代，一些政治家和思想家就提出了“以法治国”的主张，并将这种政治主张阐述为系统理论，还在一定程度上付诸实践。但他们所说的“法”无非是严刑峻法，且“夫生法者君也，守法者臣也，法于法者民也。”[23]皇帝和国家统治者奉行以君权神授、君临天下、专制独裁、权大于法为核心的法权观念，强调国家至上、君本位、官本位、义务本位，漠视个人权利及其保护；主张德主刑辅、法律道德化；信奉重刑主义，实行严刑峻法，诸法合一，以刑为本；依靠刑讯逼供，屈打成招，甚至迷信神明裁判。这种“法治”不过是封建专制独裁的工具而已。

近代西方以理论表述出来的法治形态，基本上是形式主义的法治。形式主义法治又分为两类：一是形式合法性的法治。英国法学家拉兹（Jeseph Raz，1939—　）被公认为是形式合法性法治理论的代表人物。拉兹认为，法治应当包括两个方面：人们应当受法律的统治并遵守它；法律也应当能够指引人们。[24]二是形式正义的法治。形式正义的法治理念把法治看作形式正义在法律制度方面的实现。罗尔斯（John B. Rawls，1921—2002）、菲尼斯（John Finnis，1940—　）、金斯伯格（Morris Ginsburg，1933—　）等主张形式正义的法治。例如，罗尔斯说："形式正义的概念，即有规律地、公平地实施公开的规则，在被适用于法律制度时就成为法治。"[25]这种形式正义的法治不涉及法律由谁制定（是由暴君制定？还是由民主的多数制定？还是用其他方法制定？）的问题，也不涉及基本权利、平等、正义。它包括下列律令："应当的行为意味着可做的行为"；"类似案件类似处理"；"法无明文规定不为罪"；还有那些阐释自然正义观点的律令，它们是指维护司法活动完整性的方针，包括：必须有合理的审判程序和证据规则；法官必须独立和公正；任何人不应审理与本人有利害关系的案件，审理必须公平和公开，但不受公众舆论所控制，等等。菲尼斯认为，法治是这样一种"良好的状态"：法律规则是面向未来的而非追溯的；可能服从的；公开的；清晰的；与其他规则是一致的；充分稳定的；裁决和命令的制作是由其公布的、清晰的、稳定的和相对一般的规则指导的；制定、执行和适用规则者有责任遵守与其活动相关的规则，并且实际上是前后一致的依法执法的。[26]再如，金斯伯格指出："正义观念的中心"是"消除任意性，特别是消除任意性权力。因此，合法性的发展就具有巨大的重要性，人是受法的统治而不是受人的统治的观念因此产生。……正义的历史的大部分由反对法的滞误、反对任意适用法律、反对法本身的不法的诸运动构成。"[27]这两种形态的法治模式本质上都是价值中立的，它既可以服务于"善"，也可能服务于“恶”。20世纪上半叶，德国、意大利、日本的法西斯政权都曾经制定大量法律，剥夺人民的人权和自由，镇压民主运动，欺凌其他种族和国家，给人类带来巨大的灾难。臭名昭著的南非白人种族政权、以色列复国主义者都是在法治的名义下放肆地侵犯人权。在我国，以刑为主、重刑主义、严刑峻法的法治文化根深蒂固。在一些人、包括政法机关的少数领导干部的心目中，加强法治就是加强政法，加强政法就是加强公安武警，加强公安武警就是加大整治、处罚、严打的力度。一些地方政府或政府部门在法治的名义下无所顾忌地干着违法甚至违宪的行为。

反思中国古代工具主义的法治文化及其在当代中国的影响和西方近代形式主义法治文化，总结改革开放以来我国法治建设的利弊得失，在社会转型的历史时期，我们应当严肃地思考一个问题：我们需要一个什么样的法治，也就是说，中国法治的核心价值和精神元素是什么，中国法治的目标模式（法治的中国模式）应该是什么。回答只有一个：中国法治作为现代法治，不仅应当是形式上的法律之治，而更应当是良法之治。这种形态的法治同现代社会的制度文明和政治文明密不可分，它意味着对国家权力（尤其是立法权力）的限制，对权力滥用的制约与制衡，对公民自由与权利的平等保护等；意味着立法、行政、司法以及其他国家活动必须服从法律的一些基本原则：人民主权原则、人权原则、正义的原则、公平合理且迅捷的程序保障原则等等；意味着法治要求国家维护和保障法律秩序，但国家必须首先服从法律的约束；法治要求人民服从法律，但同时要求人民服从的法律必须是建立在尊重和保障人权的基础之上。这一形态的法治就是内涵民主、自由、平等、人权、理性、文明、秩序、正义、效率与合法性等诸社会价值的良法之治。

3. 从法律大国转型升级为法治强国

“截至2012年底，中国已制定现行宪法和有效法律243部、行政法规721部、地方性法规9200部，涵盖社会关系各个方面的法律部门已经齐全,各个法律部门中基本的、主要的法律已经制定,相应的行政法规和地方性法规比较完备,法律体系内部总体做到科学和谐统一。"[28]由宪法统领,由法律、行政法规、地方性法规和自治条例构成的法律体系已经相当丰富和庞大。中国人民用三十余年时间走完了西方发达国家几百年的立法行程。通过这些规范性法律文件,我国建立起适应市场经济、民主政治、人权保障、社会发展、环境保护要求和需要的法律制度。我国已经成为一个法律大国,但还远不是一个法治强国。基于这种判断,法学界、法律界人士提出要加快从"法律大国"转型为"法治强国"。这个转型是法治发展战略的历史性转型,是中国法治转向科学发展的过程,需要为此付出艰巨的努力。法治强国是强国之梦的组成部分。为实现强国之梦,我们党自建国以来特别是改革开放以来提出了一系列"强国战略",诸如四个现代化、工业强国、科技强国、人才强国、教育强国、文化强国、海洋强国、网络强国……。在推进国家治理体系现代化和法治化的进程中,应当十分明确地提出"建设法治强国",实施法治强国战略。只有实现了法治强国,中国才有可能成为名副其实的强国。正如国家行政学院胡建淼教授所言:"法治立国、法治稳国、法治救国、法治强国,是人类文明发展的经验总结。""法治是中国的强国途径,法治强国是中国的战略目标。"[29]

法治强国有多层含义:第一,法治是实现强国的手段,实行法治是强国之路,故要建立完备的法律体系并保证其有效实施,推进和保障国家强盛目标的实现。第二,法治是国家强盛的重要标志,正所谓"明法者强,慢法者弱",[30]"奉法者强则国强,奉法者弱则国弱"。[31]认定国家强盛,法治要算重要一项。国家强盛,则法治成为国家与社会的核心价值,成为国家治理和社会治理的根本方式,成为支撑国家兴旺发达的强大力量;全社会尊重法治、信仰法治、坚守法治;宪法具有极大权威,法律具有普遍的实效,任何个人和组织都必须在宪法和法律的范围内活动。第三,法治是国家强盛的软实力。在国际关系和全球治理中，我国应力争真正拥有与作为有五千年历史的文明国家、世界第一人口大国、第二大经济体、安理会常任理事国的地位相当的话语权、决策权和规则制定权。全面推进依法治国、加快建设法治中国，正是朝着实现“法治强国”的方向迈进。

（二）加快构建中国特色社会主义法治体系

法治现代化的当务之急是构建中国特色社会主义法治体系。“中国特色社会主义法治体系”是法学的新概念，也是法治中国建设的新思维。在中国特色社会主义法律体系形成后，中国法治建设的中心任务应当升级为构建中国特色社会主义法治体系。构建中国特色社会主义法治体系，是推进国家治理现代化和法治现代化对法治建设必然提出的新任务。

中国特色社会主义法治体系可以从各个层面透视。第一个层面是法律体系，依法治国，前提是有法可“依”。所以，法律体系是法治体系存在和运行的基础。但是，法治体系与法律体系不同，法律体系是法律的规范体系，法治体系则是法律的运行体系，一个是静态，一个是动态。1997 年，党的十五大提出，到 2010 年形成中国特色社会主义法律体系。这一目标已经如期实现，但它只解决了基本上有法可依的问题。第二个层面是法律运行与操作过程，通常包括立法、执法、司法、守法、法律监督等环节。在法律体系形成之后，我们感受最深刻的是有法不依、执法不严、司法不公、监督不力等现象依然突出，法律运行与操作的各个环节之间的关系不够协调，甚至严重失调。所以，法治体系建设要注重法律的实施，强调法律运行各个环节的有序性、有效性以及相互之间彼此衔接、良性互动。第三个层面是实现依法执政、依法治国、依法行政、依法治理社会和社会依法自治共同推进，法治政党、法治国家、法治政府、法治社会一体建设；实现国家法治、地方法治、行业法治协调发展；推进国内法治、国际法治、全球法治有效衔接、相辅相成。第四个层面是党的领导、人民民主、依法治国的有机统一。这是中国特色社会主义法治体系最鲜明的本质特征。坚持中国共产党的领导是人民民主和依法治国的根本保证。人民民主是社会主义法治的本质要求，依法治国是党领导人民治理国家的基本方略，是坚持和完善党的领导、实现人民当家作主的基本途径和法治保证。

法治体系的形成与有效运行既是法治现代化的重要标志，也是国家治理现代化的重要标志。从这种意义上说，推进法治中国建设和国家治理现代化的重要目标就是加快形成中国特色社会主义法治体系。

为了加快构建中国特色社会主义法治体系，应当深入推进依法执政、全面提高执政方式和执政活动法治化水平；坚持科学立法、民主立法，加快立法速度，提高立法质量，完善和发展中国特色社会主义法律制度体系；坚决维护宪法法律权威、保障宪法法律统一有效实施；大力推进依法行政、严格执法，加快建设法治政府；进一步深化司法体制改革，加快建设公正权威文明的社会主义司法制度；党和政府依法治理社会、社会依法自治，全民自觉守法，加快建设法治社会；加强法治文化建设，树立法治理念，弘扬法治精神，增强法治中国的文化软实力；科学划分权力界限，依法规范权力运行，加强对权力的制约监督，实现权力运行制约监督体系化法治化；统筹国内法治和国际法治两个大局，积极参与全球法治建设，提升中国在国际社会的法治话语权，为中华民族伟大复兴创造良好的国际法治环境。

四、结语

完善和发展中国特色社会主义制度，推进国家治理体系和治理能力现代化，对于巩固党的执政地位，确保国家长治久安，保证经济持续发展，维护社会和谐稳定，实现中国特色社会主义善治，具有深远的历史意义；全面推进依法治国、加快建设法治中国，对于实现国家治理现代化具有重大的现实意义。推进国家治理现代化是全面深化改革和社会主义制度创新的总目标；推进国家治理法治化，推进依法执政、依法治国、依法行政、依法治理、公正司法，是这一总目标之内的主题、主线和要务。国家治理法治化构成国家治理现代化的核心指标和主要标志，国家治理现代化则引领和驱动法治现代化。在法治与国家治理、国家治理现代化与法治现代化的这些复合关系中，我们透视到了它们之间的逻辑联结。这种基于顶层设计的逻辑联结是实现富强中国、民主中国、文明中国、和谐中国、公平中国、美丽中国、法治中国等建国目标和强国之梦的强大动力。坚持中国特色社会主义法治和国家治理道路，推进国家治理体系和治理能力现代化，必将把改革开放、和平崛起的中国带进世界强国之列，使中华民族如期实现“两个一百年”的奋斗目标。一个有效治理、繁荣强盛的中国也必将使国际关系和世界秩序变得更加民主、更加公正、更加文明。

注　释

〔1〕《邓小平文选》(第3卷)，人民出版社1993年版，第372页。

〔2〕《中共中央关于全面深化改革若干重大问题的决定》，人民出版社2013年版，第3页。

〔3〕《韩非子·忠孝》。

〔4〕《礼纬含文嘉》。

〔5〕《中共中央关于全面深化改革若干重大问题的决定》，人民出版社2013年版，第4页。

〔6〕习近平：“切实把思想统一到党的十八届三中全会精神上来”，载《人民日报》2014年1月1日，第2版。

〔7〕习近平：“在第十二届全国人民代表大会第一次会议上的讲话”，载《人民日报》2013年3月18日，第1版。

〔8〕 W. Aldis Wright M. A. ,Bacon's Essays and Colours of Good and Evil with Notes and Glossarial Index,New York:the Macmillan Company,1899, p. 222.

〔9〕 习近平:"在首都各界纪念现行宪法公布施行30周年大会上的讲话",载《人民日报》2012年12月5日,第2版。

〔10〕 胡锦涛:"高举中国特色社会主义伟大旗帜 为夺取全面建设小康社会新胜利而奋斗——在中国共产党第十七次全国代表大会上的报告",载《人民日报》2007年10月25日,第1版。

〔11〕 胡锦涛:"坚定不移沿着中国特色社会主义道路前进 为全面建成小康社会而奋斗——在中国共产党第十八次全国代表大会上的报告",载《人民日报》2012年11月18日,第1版。

〔12〕 参见[法]玛丽—克劳德·斯莫茨:"治理在国际关系中的正确运用",肖孝毛译,载《国际社会科学杂志》(中文版)1999年第1期。

〔13〕 王正绪:"亚太六国国民对政府绩效的满意度",苏世军译,载《经济社会体制比较》2011年第1期,第99页。

〔14〕 [美]G.沙布尔·吉玛、丹尼斯·A.荣迪内利编:《分权化治理:新概念与新实践》,唐贤兴、张进军等译,格致出版社、上海人民出版社2013年版,第5页。

〔15〕 《邓小平文选》(第3卷),人民出版社1993年版,第311页。

〔16〕 "关于第十二届全国人民代表大会第二次会议代表提出议案处理意见的报告",载《中华人民共和国全国人民代表大会常务委员会公报》2004年第2期,第289页。

〔17〕 习近平:"弘扬和平共处五项原则 建设合作共赢美好世界——在和平共处五项原则60周年纪念大会上的讲话(2014年6月28日)",载《人民日报》2014年6月29日,第2版。

〔18〕 我国学者借鉴美国学者杰里米·里夫金提出的当今社会是由市场、政府和公民社会形成的三足鼎立的观点,将国家治理体系划分为政府治理、市场治理、社会治理。参见俞可平:"推进国家治理体系和治理能力现代化",载《前线》2014年第1期。

〔19〕 习近平:"完善和发展中国特色社会主义制度 推进国家治理体系和治理能力现代化",载《人民日报》2014年2月18日,第1版。

〔20〕 参见新华社有关习近平总书记在十八届三中全会第二次全体会议的讲话、在中央政法工作会议上的讲话、在中央全面深化改革领导小组第二次会议上的讲话、在山东考察时的讲话等系列重要讲话的报道。

〔21〕 李适时:“充分发挥立法在国家治理现代化中的引领和推动作用”,载《求是》2014 年第 6 期。

〔22〕 五大建设包括经济建设、政治建设、文化建设、社会建设、生态文明建设。

〔23〕 《管子·任法》。

〔24〕 See J. Raz, The Authority of Law: Essay's on Law and Morality (2nd Edition), Oxford University Press, 2009, pp. 214 - 218.

〔25〕 J. Rawls, A Theory of Justice (Revised Edition), Harvard University Press, 1999, p. 206.

〔26〕 See J. Finnis, Natural law and Natural Rights, Oxford University Press, 1980, p. 270.

〔27〕 Morris Ginsberg, The Concept of Justice, Philosophy, Vol. 38, No. 144 (Apr., 1963), p. 109.

〔28〕 中华人民共和国国务院新闻办公室:“2012 年中国人权事业的进展”,载《人民日报》2013 年 5 月 15 日,第 19 版。

〔29〕 胡建淼:“走向法治强国”,载《国家行政学院学报》2012 年第 1 期,第 51 页。

〔30〕 《韩非子·饰邪》。

〔31〕 《韩非子·有度》。

在法治轨道上推进国家治理现代化*

四中全会《决定》和习近平总书记关于《决定》的说明，都强调在法治的轨道上推进国家治理体系和治理能力现代化。如何理解这项决策的科学内涵及其意义？怎样在法治的轨道上推进国家治理体系和治理能力现代化？我个人认为：

一是沿着中国特色社会主义法治的道路、面向国家治理法治化的前进方向，推进国家治理现代化。国家治理现代化的核心标准是科学化、民主化、法治化，推进国家治理现代化的目标必然要求实现法治化，也就是说法治化是国家治理现代化的必由之路。我们所说的法治道路和法治化，是中国特色社会主义法治道路和法治化。根据四中全会《决定》和习近平总书记讲话，中国特色社会主义法治道路体现在三个核心要义、五个坚持。三个要义：坚持中国共产党的领导、坚持中国特色社会主义制度、贯彻中国特色社会主义法治理论；五个坚持（五项原则），坚持中国共产党的领导，坚持人民主体地位，坚持法律面前人人平等，坚持依法治国与以德治国相结合，坚持从中国实际出发（坚持从中国法治国情出发）。

---

* 本文是作者2014年12月14日在西南政法大学举办的政治学博士后论坛上的主题报告纲要，部分内容曾发表于《法治中国名家谈》（人民出版社2014年版）。

这三个核心要义和五项基本原则,既是推进社会主义法治和法治改革的根本遵循,也是推进国家治理现代化的根本遵循。是不可偏离的航线,不可偏离的轨道,也是不能逾越的红线。

二是坚持以现代法治的核心价值和价值体系为引领,推进作为国家治理现代化标志的良法善治。国家治理现代化的最高境界就是达到善治。善治必须以良法为前提。良法是体现形式法治与实质法治相统一的法治体系,包括法律原则、法律规范、法律技术,也包括法律的实施在内,都要体现形式法治与实质法治的统一。

纵观古今中外,法治可划分为形式法治与实质法治两种。形式法治的要素有两个,其一是完备的法律规则,有法可依、有章可循,依法行政、依法办事;其二是完美的程序,执法、司法、守法规范有序,特别是公法程序非常严谨。形式法治比人治当然好得多,但是形式法治既可以服务于善,也可能服务于恶(例如中国古代的严刑峻法、南非种族主义政权)。所以,我们在实行形式法治的同时,更要追求实质法治,推进形式法治与实质法治的完美结合。四中全会《决定》有两个重要命题:“法律是治国之重器,良法是善治之前提。”前一命题精辟地表达了形式法治(法律是治国理政的工具),后一命题深刻地表达了实质法治,把二者统一起来,才是全面推进依法治国的根本要义,才是我们要达到的社会主义法治理想状态。习近平总书记有两段讲话也可以看作是形式法治与实质法治的统一。在四中全会闭幕式上,他指出:形象地说,法律是准绳,用这个准绳引导、规范人们的行为,就是法治。在十八届中央政治局第四次集体学习时的讲话中,他指出:“人民群众对立法的期盼,已经不是有没有,而是好不好、管用不管用、能不能解决实际问题;不是什么法都能治国,不是什么法都能治好国。”前一句话是形式法治,后一句话主张的是实质法治,实质法治就是良法善治。从形式法治与实质法治相统一的实践角度,可以说:所谓良法,其一是法律要符合人文、自然、经济、社会、政治等的规律,法律应当是科学的法律。其二是法律体现社会良善价值,也就是说法律要尊重和保障人权,维护公平正义,促进社会和谐,保证经济发展,保护生态环境等。其三是法律制定得良好,可遵守、可执行、可适用,即具有可操作性、可行性。其四是法律实施的良好。以法律秩序为例,任何法律都要建立秩序,这是法律的基本价值与功能,但是良法善治所要实现的秩序是“包容性秩序”。不是任何一种秩序都能够称得上是“包容性秩序”。历史上,封建统治阶级及其代言人把封建等级制看作不可侵犯的秩序,奉行“君为臣纲,父为子纲,夫为妻纲”等。这样的秩序是蔑视人性、维护特权、禁止社会流动的秩序,与现代法治主张的安定有序南辕北辙。在社会主义核心价值体系引领下的秩序是百花齐放、百家争鸣、尊重差异、包容多样、“和而不同”的秩序,是一种使自由而平等的竞争和人道主义的生活成为可能的秩序,是摆脱了单纯偶然性、任意性、不可预测性的秩序,是各种社会分歧、矛盾和冲突能够在道德精神和法律理性的基础上得以和平解决或缓和的秩序,是社会组织健全,社会治理完善,社会安定团结,人民群众安居乐业的秩序,是全社会的积极因素被充分调动起来,盲动因素得到正确引导,消极因素尽可能被化解的秩序。以司法为例,一般的司法都要定分止争、惩恶扬善,但是良法所要求的司法,则不仅要定分止争、惩恶扬善,还要制约公权、保护人权、维护公正。

三是运用法治思维和法治方式推进国家治理现代化。推进国家治理现代化是由一系列改革举措构成的。改革要于法有据,国家治理现代化必须遵循法治的方针,以法治来规范和保证国家治理现代化。习近平总书记在十八届三中全会上指出:这次全会提出的许多改革举措涉及现行法律制度。凡属重大改革要于法有据,需要修改法律的可以先修改法律,先立后破,有序进行。有的重要改革举措,需要得到法律授权的,要按法律程序进行。习近平总书记在山东等地调研时进一步强调指出:要有序推进改革,该中央统一部署的不要抢跑,该尽早推进的不要拖宕,该试点的不要仓促推开,该深入研究后再推进的不要急于求成,该得到法律授权的不要超前推进。在中央全面深化改革领导小组第二次会议上,习近平总书记更加明确地强调,凡属重大改革都要于法有据。在整个改革过程中,都要高度重视运用法治思维和法治方式,发挥法治的引领和推动作用,加强对相关立法工作的协调,确保在法治轨道上推进改革。在全国综合配套改革试点工作座谈会上,李克强总理也强调指出,要善于运用法治思维和法治方式,规范改革程序,成熟的改革经验可按程序上升到法规和法律,用法制巩固改革成果。

上述思想都可以概括在"改革要于法有据"的命题之中。所以说,"改革要于法有据"是一个思想极为丰富的命题,是一个响亮的改革口号。改革于法有据,不是要把改革限制在现有法律之内,于法无据的不能改革,更不是以合法性为借口否定和阻碍改革,而是为了保证改革规范有序、积极稳妥,为了加快推进法治改革,推动法律的立改释废,确保法律能够引领、推动、保障改革,确认和发展改革成果。

"于法有据"至少包括这样一些层次的思想内涵:我国宪法和以宪法为统领的法律体系为全面深化改革提供了比较充分的制度空间,许多重大改革是可以在于法有据的前提下顺利进行的。

改革方案如果与现行法律条文相抵触,法律条文规则构成改革的制度障碍,就要抓紧修改或废止先行法律规则,绝不能在宪法法律有关条文尚未修改的情况下强行改革,这样的改革不仅损害宪法法律的尊严、权威和统一,造成法律实施上的"破窗效应",而且也因其违法而难以得到人民的支持。

一些重大改革即使没有与现行法律直接冲突,但要顺利推进并获得成功,必须等待法律的授权,或者等待制定新的法律。通过法律授权或立法,把改革方案上升为法律,以使改革更具有合法性和权威性。

要善于以法治凝聚改革共识。改革是对利益格局的调整，必然出现争论、分歧甚至对立，当意见分歧难以统一时，通过法治的方法把多数人的意见集中起来、上升为法律，成为具有国家意志的共识，避免因意见分歧导致无休止的争论而影响改革进程。用法治引领和推动改革。

总之，要正确认识和处理改革与法律的关系，在法治框架内推进改革，这样的改革也许要等待法律的授权和引领，但蹄疾步稳的改革能够避免波折或折腾，这样的改革充分体现维护法制尊严、统一和权威的法治理念和法治精神。

运用法治思维和法治方式治国理政*

中国共产党第十八次全国代表大会报告对法治问题进行了浓墨重彩的论述，阐述了一系列新思想、新论断、新理念，做出了全面推进依法治国的战略部署，把中国共产党的法治理论和法治纲领提升到了新的高度。中国共产党第十八次全国代表大会以来，中共中央总书记、国家主席、中央军委主席习近平就法治建设发表了一系列重要讲话，更加明确地提出了“法治中国”的科学命题和建设法治中国的重大任务。可以说，这是以习近平为总书记的新一届中央领导集体对新形势下中国法治建设指导思想和行动纲领的集中表达，正在成为全体中国人民的高度共识和行动宣言。法治中国与富强中国、民主中国、文明中国、和谐中国、美丽中国、平安中国相辅相成，共同编织出“中国梦”。中国梦是一副壮丽的画卷，在中国梦中加入法治中国篇章，具有极为重要的现实意义和深远的历史意义。建设法治中国，就是要在依法执政的总纲领和总布

---

* 本文发表于《社会科学家》2014 年第 1 期，并被《高等学校文科学术文摘》2014 年第 3 期全文转载。作者曾于 2013 年 6 月 29 日在无锡法治论坛上以“如何认识和运用法治思维和法治方式”为题作专题讲座，于 2013 年 10 月 23 日在河南省委党校以“运用法治思维和法治方式治国理政”为题作学术报告，于 2013 年 11 月 6 日在第三届“京津沪渝法治论坛”作题为“运用法治思维与法治方式治国理政”的主题报告，最终形成本文。

局中，全面推进科学立法、严格执法、公正司法、全民守法，坚持依法治国、依法执政、依法行政共同推进，坚持法治国家、法治政府、法治社会一体建设。

在全面推进法治中国建设的同时，十八大和习近平同志提出了"法治是治国理政的基本方式"的科学论断，为中国法治理念注入了新的要素。"法治是治国理政的基本方式"是一个崭新的科学判断，这一科学判断在人类法治文明和政治文明史上是首次提出的、具有原创性的理论。

把法治上升到治国理政基本方式的高度，与十年前中央提出依法执政是马克思主义政党执政的基本方式的理念互相契合。法治是党执政的基本方式，也必然是党和政府治国理政的基本方式。两个基本方式的提出和实践，反映出我们党对现代政党制度、政党政治和执政党执政规律的深刻认识，对自己从领导人民为夺取国家政权而奋斗的革命党到成为领导人民掌握全国政权并长期执政的执政党这一历史地位的根本性转变的深刻认识，对自己半个多世纪执政经验和教训的深刻反思和科学总结，对自己如何担当起执政党的使命、如何巩固执政地位、如何提高执政能力、如何执政兴国等根本性问题的深刻认识和理性自觉，反映出我们党对国家与政权建设基本规律和治国理政基本规律的深刻认识，是党执政和治国理政基本方式的根本转变。两个基本方式的确立是中央领导集体和全党政治智慧的结晶，标志着中国政治文明的又一巨大进步。

一、运用法治思维和法治方式治国理政是法治作为治国理政基本方式的内在的、必然的要求

"法治是治国理政的基本方式"这一科学论断是中国共产党在经历了较长时期曲折探索之后形成的。中华人民共和国成立以后相当长一段时间，中国共产党和中国政府治国理政的基本方式是

依靠人治、依靠政策、依靠道德、依靠群众运动。在当时的历史条件下，这些基本方式有其合理性，并且发挥了一定的积极作用，但是，实践证明，抛开法治，实行人治、德治、策治、群治，负面影响很大，甚至对党、国家和人民造成极大的危害。“文化大革命”的发生及其对中华民族造成的浩劫，就是人治和群众运动极大危害的典型例证。经过改革开放新时期三十年的曲折探索，中国共产党人深刻地认识到，只有法治才“靠得住”，并最终把法治确定为党和政府治国理政的基本方式。就治国理政而言，法治的最大优越性在于，它能够保持党的执政理念、执政路线、执政方针的连续性、稳定性、权威性，不因领导人的改变而改变，不因领导人看法和注意力的改变而改变，真正做到“不折腾”，不出现颠覆性错误。法治的第二个优越性在于，随着革命时代的过去，权威主义时代也一同过去，主要依靠革命家的个人权威和魅力治理中国这样一个大国和治理中国社会这么复杂社会的可能性已经不复存在，唯有依靠法治，依靠宪法和法律体系才能凝聚共识和力量，保证中国社会可持续的发展与稳定。法治的第三个优越性在于，宪法和法律是由国家制定的，并依靠国家强制力作为终极力量保证实施的，它能够克服政策、道德等社会规范体系的局限性。

这里，我们通过法治与人治、群治的比较以及法律与道德和政策的比较，来揭示法治作为治国理政基本方式的内在依据和客观必然性。

就人治而言，邓小平同志总结了建国以后特别是“文化大革命”的沉痛教训，总结其他社会主义国家破坏法治、侵犯人权的深刻教训，十分明确地指出人治危险得很，只有搞法治才靠得住。从20 世纪 80 年代到 90 年代初，一直到退休之前，他多次语重心长地提醒中国共产党中央领导集体和全党同志：一个国家的命运建立在一两个人的声望上面，是很不健康的，是很危险的，不出事没问题，一出事就不可收拾。国家和社会长治久安，只有靠法治。当年，毛泽东逝世的时候，中国人的普遍感受是天要塌下来了，对中国未来的前途命运充满忧虑。邓小平逝世的时候，也曾经出现片片乌云，人们担心“后邓小平时代”能否坚持“一个中心，两个基本点”的基本路线一百年不动摇。江泽民、胡锦涛先后退出党和国家领导岗位的时候，这样的忧虑和担心已不存在，不是说江泽民同志、胡锦涛同志没有毛泽东、邓小平那样重要，而是因为中国已经走上法治的道路，我们不仅有一部充分体现党的领导、人民民主和依法治国有机统一的伟大宪法，而且中国特色社会主义法律体系已经形成，中国的根本政治制度和基本政治制度、经济制度、社会文化制度在宪法和整个法律体系当中得以确认和巩固，中国的发展方向和目标已经成为宪法的根本原则并且成为全民共识，中国社会已经不大可能因为领导人的更替或领导人注意力的改变而发生大政方针的改变，中国也不可能重演“文化大革命”的闹剧和悲剧。这是法治给中国社会带来的伟大变革，是法治给中国人民造就的福祉。

就群众运动（群治）而言，在特定的历史时期和历史条件下，群众运动具有天然合理性。在中国新民主主义革命时期，中国共产党依靠工人罢工、农民起义等群众运动和人民战争，推翻了国民党反动政权；建国以后依靠群众运动进行土地革命、镇压反革命、“三反”、“五反”，也解决了一些社会问题。但是，在中国共产党由革命党成为执政党并长期执政的历史条件下，依然沿用依靠大规模群众运动的方式来治国理政，必然导致社会矛盾越来越大、社会问题越来越严重。群众运动最大的危害就是不讲程序，发动起来难以控制。“文化大革命”是建国以来最大规模的群众运动，毛泽东发动起来以后自己也控制不住，最后导致国家政治分裂、未遂政变、经济萧条、文化衰败、民不聊生，造成了对中华民族的浩劫。如果我们今天仍寄希望于依靠群众运动，特别是大规模群众运动来解决社会矛盾，煽动群众“造反”，那将必然导致江山自毁。当然，不能依靠群众运动治国理政，并不是说不要群众路线。群众路线与群众运动是两个不同的概念。群众路线是历史唯物主义根本原理在党的工作中的体现,强调人民群众是历史的创造者,要坚持以人为本,尊重人民主体地位,充分发挥人民群众的积极性、主动性、创造性。

就道德而言,道德,特别是社会公德,对于弘扬社会风气、保证政治清明,促进社会和谐非常重要。在中国,无论是古代社会,还是现代社会,主政者历来重视道德建设,重视发挥道德的积极作用。但是,就当下中国治国理政而言,道德的作用是有局限的。其次,改革开放以后,中国社会的利益格局发生深刻变动,形成了不同的利益群体和利益集团,与此相应,以利益为实体的道德观念和道德标准急剧分化,各个阶层、各个利益群体、利益集团普遍认同和接受的道德观念、道德标准、道德规范已经缺乏坚实的社会基础,所以,仍然寄希望道德、主要依靠道德来治国理政是行不通了,如果仍有这样的想法那就是把科学社会主义倒退到空想社会主义。而法律则是由国家制定,具有明确性、肯定性、普遍性、国家强制性等特点,是每个公民、法人、社团、政党都必须遵守而不得违反的行为规范,所以,法律不仅能够调整公民个人行为,把公民的个人行为纳入法律秩序范围,而且首先具有调整重大社会关系、组织与协调经济、政治、文化事务的功能,国家体制的建构,国家机构的组成,国家公共权力的运行,政治制度、经济制度、文化制度等的确立和完善,政治秩序、经济秩序、意识形态秩序的巩固与发展,国家主权的宣示与国家安全,公民基本权利的保障和基本义务的强制实现,对国家权力的制约与监督,等等,哪一方面、哪一时段,都离不开宪法和法律。因此,较之道德,法律必然起着主导作用,必然是治国理政的第一选择,必然是治国理政的基本方式。

就政策而言,在中国,共产党的政策和国家的法律是两种最重要的社会调整机制。政策和法律各有自己的优势,各有自己的调整方式和范围。一种社会关系,究竟是由政策来调整,还是由法律来调整,要以其性质和特点来决定。国家主要是以政策来治理,还是由法律来治理，要看国家所处的发展阶段和面临的历史任务。建国之初，中国主要依靠党的政策来治理国家。那时，中国面临着医治战争创伤，巩固新生的人民民主专政国家政权的紧迫任务，当时的形势不可能也不允许通过制定详尽而完备的法律体系来指导社会主义革命和建设。所以，建国之初，中国社会的治理主要依靠党的政策，党的政策实际发挥着法律的作用，并往往具有高于法律的地位。法律的数量不多，已经制定的法律也非常简略，法律在社会生活中的作用远远不能与政策相比。但是，随着人民民主专政国家政权的巩固，随着社会主要矛盾的改变，主要依靠政策治国就不再可取，而应当逐步加强立法，健全法制。1956 年，中国共产党第八次全国代表大会政治报告和关于政治报告的决议均阐述了这种观点。然而，此后不久，人治思想抬头，法制建设中断。20 世纪 50 年代后期到 70 年代末期，中国社会的治理不仅一直主要依靠政策，而且政策经常代替法律，甚至改变和废止法律，致使法律没有任何权威可言，以致宪法被任意弃之不用，造成了难以挽回的影响和损失。党的十一届三中全会以后，中国的经济体制逐步从计划经济转向社会主义市场经济，政治体制朝着社会主义民主政治方向改革。由于客观规律和现实需要决定市场经济必然是法治经济，民主政治必然是法治政治，法律在经济关系和政治关系中的调整作用越来越大，相应地，中国社会的治理也从主要依靠政策过渡到了既依靠政策又依靠法律，并进一步过渡到主要依靠法律。1997 年，党的第十五大提出依法治国的基本方略和建设社会主义法治国家的战略部署，党的十六大提出依法执政，党的十七大做出全面落实依法治国基本方略、加快建设法治国家的决定，这些标志着中国已经实现了从主要依靠政策治国理政到主要依靠法律治国理政的根本转变。

在当代中国，不能主要依靠政策治国理政的客观原因和内在理由在于政策的局限性。第一，政策，特别是具有规范作用的具体政策,往往因时制宜,根据一时的形势和需要而制定,缺乏连续性、稳定性。第二,政策往往因地制宜,一个地方一个样,缺乏普遍性、统一性。第三,政策的规定往往过于原则和笼统,缺乏确定性和可操作性。第四,政策缺乏国家强制力,政策也是不可诉的。违反政策没有合法的依据去制裁,政策侵权也没有规范的救济程序,由此造成很多社会矛盾纠纷难以及时有效地加以解决。现在引起规模性上访的各种类型的历史遗留问题,大部分是由于政策、土政策或者错误执行政策造成的。在当代中国,尽管已经过渡到依法治国,但是,由于历史的和现实的多种原因,无论在观念上,还是在实践中,混淆政策与法律的界限,重政策轻法律,甚至用"土政策"取代法律、冲击法律等现象依然存在,构成了实行依法执政、依法治国、依法行政、依法管理社会的障碍。因此,必须强调正确认识和处理政策与法律的关系,一方面,要注重用党的政策指引法律的制定和实施,必要时,及时通过法定程序将政策上升为法律;另一方面,党的政策不能违反宪法和法律,更不能冲击宪法和法律秩序,要切实维护宪法和法律的尊严和权威。

中国将法治作为治国理政的基本方式,并不排除政策、道德以及领导人智慧的作用。法律不是万能的,法律只是许多社会调整方法的一种,法律的作用范围不是无限的,也并非在任何问题上都是适当的。法对千姿百态、不断变化的社会关系和社会生活的涵概性和适应性不可避免地存在一定的限度。法律实施需要人财物等支撑条件,有些法律的实施成本很高。法律的这些局限性需要由道德、政策、乡规民约及其他社会调整机制给予辅助和补充。

二、法治思维和法治方式的基本要求

"法治是治国理政的基本方式"必然要求各级领导干部树立法治思维,掌握法治方法,形成办事依法、遇事找法、解决问题用法、化解矛盾靠法的良好法治习惯。现阶段尤其强调提高运用法治思维和方式去深化改革、推动发展、化解矛盾、维护稳定的能力。领导干部运用法治思维和法治方式的能力,直接决定着依法治国的进程,法治国家的建立,决定着我们党能否依法执政、政府能否依法行政、司法机关能否依法独立公正地行使职权。

我认为,法治思维和法治方式的基本要求有六项。

(一)坚持人民主权,科学民主决策

世界上没有无民主的法治,也没有无法治的民主。民主是法治的基础,法治是民主的保障。树立法治思维,首先要树立民主思维,确保人民当家作主;其次要发扬人民民主,科学民主决策;最后要尊重和保障人民的参与权。

我国是人民民主、人民主权的国家,所以,法治的主体是人民,法治的力量在民主。坚持法治的民主思维,首先是要坚定不移地坚持和完善人民代表大会制度,为广大人民参与治国理政提供稳定而可靠的途径,并通过推动人民代表大会制度和机制的不断完善与创新,使广大人民的意志在国家大政方针的制定中得到更充分的体现,在国家的政治生活中产生更大的影响;根据中国社会发展的实际情况,不断拓展人民群众依法参与国家事务、社会事务和经济、文化等各项事业管理的渠道,不断丰富民主选举、民主决策、民主管理以及民主监督的内容,不断提升人民群众民主权利的质量,不断改进人民群众行使民主权利的方式,为人民群众充分享受和行使民主权利提供尽可能的便利;坚决制裁和打击各种危害民主权利、妨碍人民群众行使民主权利的行为与活动,切实保障人民群众的民主权利不受侵害。

坚持法治的民主思维,其次要重建和发展协商民主。协商民主,体现了共和精神。我们的国号是“中华人民共和国”。人民共和是我们国家的表征,共和精神是我们的国魂。今天,在我们致力于发展社会主义政治文明、构建社会主义和谐社会的时候,很自然

地期待共和精神的回归。“共和”(republic)有两种意义,一是指政体,即与君主制相对应的政体。凡是政府及其首脑是定期选举产生的、政府职能是法定的、政府权力是有限的,这种政体就是共和政体。二是指强调政治平等、民主参与和公共精神的治理模式,这种治理模式的精髓是民主协商,它是保证不同阶层、不同群体、不同利益集团平等表达利益诉求和政策主张,并妥善协调各种利益关系的机制。在利益多元化的条件下,人们之间出现不同的甚至对立的利益诉求、价值标准、政策主张,这是正常的,并不可怕,可怕的是没有共和机制,即协商民主机制在保证人们平等自由地表达诉求和主张的基础上协商对话,达成共识。

以共和为价值理念的协商民主是当代世界民主发展的潮流,也是我国社会主义民主发展的主导方向。充分发挥代议民主和协商民主两种机制,是运用法治思维和法治方式治国理政的基本途径和模式。坚持和完善共产党领导的多党合作和政治协商,最广泛的爱国统一战线,人民政协的政治协商、民主监督、参政议政,重视和发挥工会、妇联、共青团、法学会、消费者协会等非政府组织的协商作用,等等。这些制度和机制对于公正合理地调整利益,纠正和防止利益格局失衡,是必不可少的。运用协商机制,建立正确、及时反映各方利益的法律机制,让不同社会利益、阶层、群体、利益集团都能有平等的机会和渠道充分表达自己的利益诉求。

坚持法治的民主思维,要善于把法治方式与群众路线结合起来,要支持人民群众依法实行自我管理、自我服务、自治自律。要引导人民群众规范、有序地参与国家和社会的治理,理性地表达自己的社会主张,恰当地运用法律赋予的民主权利,创造并维护社会主义民主的基本秩序。

坚持法治的民主思维,还要求党和政府切实尊重和保障人民群众对治国理政活动的知情权、参与权和监督权。要尊重和保障人民群众的知情权,推进权力运行公开化,完善党务公开、立法公开、政务公开、司法公开和各领域办事公开制度，增强治国理政活动活动的透明度。要尊重和保障人民群众对治国理政活动的参与权，凡是涉及人民群众切身利益的决策都要充分听取人民群众意见，拓展人民群众有序参与立法、行政、司法的途径。要尊重和保障人民群众治国理政活动的监督权，拓宽人民群众对权力运行的监督渠道，推进监督的法制化、规范化、程序化，防止权力失控、决策失误、行为失范。

（二）认真对待权利，切实保障人权

法律的真谛在于对人权和公民权利的确认和保障，法治的根本宗旨在于尊重和保障人权和公民权利。尊重和保障人权和公民权利是法治的精髓。纵观法治的历史，我们发现法治是为适应人权和权利的需要而产生出来的，并随着人权和权利需要的扩展而演进。世界上第一个成文宪法文本就是法国的《人权与公民权利宣言》，其后各国的宪法文本大多数也是以人权和公民权利为核心的。尊重和保障人权和公民权利是法治国家和法治社会的基本特征，也是建设法治中国的强大动力。2004 年我国现行宪法第四次修改时将尊重和保障人权写进宪法。除了这一宣告，《宪法》第二章“公民的权利和义务”集成式地规定了我国公民享有的基本权利，如选举权和被选举权，言论、出版、集会、结社、游行、示威的自由，宗教信仰自由，人身自由不受侵犯，人格尊严不受侵犯，住宅不受侵犯，通信自由和通信秘密受法律的保护，公民还有受教育权、劳动权、休息权、获得国家和社会物质帮助的权利等。这些权利得到宪法法律的确认，而且我国还加入了二十多项国际人权公约，为权利实现提供了有力保障。

各级领导干部的法治思维首先应体现为人权和权利思维。要深刻认识到人权是指人作为人应当享有的、不可剥夺、不可转让的权利，不仅包括法定的权利，也包括应有的权利；认识到公民权利在各项考量当中,具有优先性。以对"社会弱势群体"权利保护为例。在经济改革和社会转型过程中不可避免地出现社会弱势群体。社会弱势群体的利益本质上属于权利与人权范畴。当我们把弱势群体的利益上升到权利和人权的高度,就会倍加关注和重视他们的处境,增强改善他们处境的法律意识和宪法责任。在宪法面前,对弱势群体的人权关注和保护,不仅是我们应有的道德关怀和福利救济,更是我们各级党委、政府和社会组织肩负的宪法责任,是每一个领导干部应尽的法律责任、政治责任和社会责任。

确立人权和权利思维,一定要确立和强化人权和权利神圣的观念和信念,任何情况下,人权和权利具有优先性。在我国为什么频频发生公民的人身自由、人格尊严、通信秘密、生命、财产等人权和权利受到侵害的事件,究其原因就是人权和权利不够神圣,有些领导干部就是不把人权和公民权利当回事,这是很危险的。要懂得只有政府认真对待人权和公民权利,人民才会认真对待政府、法律和秩序,良性的官民关系与和谐社会才能够建立起来,建设法治中国的梦想才能实现。

(三)强化公正观念,保障社会公平

公平正义是法律的核心意蕴,无论是在西方还是在东方,从词语上、语境上,法律总是意味着某种公平。公平正义是法的内在要求,反映、保障和维护公平正义是法的核心功能,是法治的价值追求,有的法学家甚至认为法律是公平正义的艺术,法律家是公平正义的艺术家。因而,公平正义是法治思维和法治方式的轴心。讲法治,就要讲公平正义。

公平正义,是我们这个社会的全民诉求和党与国家的关怀。"公平中国"是习近平总书记编织的中国梦的核心要素。党的十八大以解决人民最关心最直接最现实的利益问题为着力点,提出逐步建立以权利公平、机会公平、规则公平为主要内容的社会公平保

障体系。通过构建以权利公平、机会公平、规则公平为主要内容的社会公平保障体系，切实保障人民在经济、政治、文化、社会等方面的权益。既提出了社会公平的基本问题，也提出了解决这一问题的方向和思路。构建以权利公平、机会公平、规则公平为主要内容的社会公平保障体系，是法治建设的当务之急。作为领导干部，学会运用法治思维和法治方式处理改革、发展、稳定问题，非常关键的一条就是牢固树立公平正义的法治理念，始终把公平正义作为协调各方面利益关系、处理各种矛盾和问题的根本尺度，就是在处理各种社会矛盾、利益关系、调整利益格局的时候，必须出于公心、坚守社会公平，有利于利益各方各得其所、利益均衡又能和谐相处。

这里，重点围绕十八大提出的权利公平、机会公平、规则公平以及司法公正，略作阐述。

1. 权利平等

包括三个基本方面：一是权利主体平等，不分性别、身份、出身、地位、职业、财产、民族等各种附加条件的限制，公民皆为权利主体，而不能被排除在主体之外；对每个公民“不偏袒”、“非歧视”。在一个相当长的时间内，我国公民的权利主体地位是很不平等的，例如虽说都是国家主人，都有当家作主的权利，可是在2011年修改选举法之前，城乡按不同的人口比例分配人大代表名额，农民的权利主体地位受到限制。2011年之后，城乡按相同人口比例选举人大代表，在法律上宣告了农民与市民主体公平。再如，户籍制度加剧了城市与农村的二元化结构，农民得不到与市民一样的教育和就业机会以及均等的公共服务，农民事实上仍然是不充分的权利主体；换言之，在很多权利面前，农民还不算是真正的或充分的主体。因此，在权利问题上，占全国人口二分之一以上的农民的权利问题仍然的是中国社会的根本问题和突出问题，需要在推进工业化、城镇化、农业现代化的过程中切实加以解决的社会公平问题。

二是享有的权利，特别是基本权利平等。在基本权利方面不允许不平等的存在，更不能允许任何组织或者个人有超越宪法和法律的特权。基本权利主要是指人权和公民基本权利。通常划分为三类，第一类是公民政治权利和自由，诸如知情权、参与权、选举权与被选举权、监督权，以及言论、出版、集会、结社、游行、示威自由、宗教信仰自由，人身自由，人格尊严，通信自由，住宅不受侵犯，秘密通信受法律保护，等等。第二类是经济、社会、文化权利，主要包括受教育权、劳动权、休息权、在年老、疾病或者丧失劳动能力的情况下有从国家和社会获得物质帮助的权利，退休养老的权利，医疗服务和保障的权利以及环境权等等。第三类是特殊人群、社会相对弱势群体的权利，主要是少数民族、妇女、儿童、老年人、残疾人等的权利。在这些权利当中，生存权是首要人权，发展权是根本权利。随着经济社会的发展，人们对“权利”的认知与诉求将从生存层面上升到发展层面，从直接的经济层面上升到政治、文化层面，权利关注将升温，新型权利将不断涌现。我国现行宪法详细规定了公民的基本权利，2004 年更是将国家尊重和保障人权写进宪法，加上其他法律的权利规定，基本上确立了符合中国国情和人民意愿的人权和公民权利体系。目前的问题是如何使全体人民共享这些权利。

三是权利保护和权利救济平等。无救济则无权利。任何人的权利都有可能受到侵害或削弱，当权利受到侵害或者削弱的时候，应当获得平等的法律保护和救济。不能因为保存证据的意识和取证能力不强、交不起诉讼费用、请不起律师等原因而导致打官司难、胜诉难、胜诉之后执行难。这些年尽管各级司法机关做了大量努力，但要实现权利救济公平特别是受到政府侵害的权利的救济公平，还是很艰难的。

2. 机会公平，也称作机会平等

机会公平是人类从身份社会进入契约社会的过程中提出来的

反对封建等级制度和世袭制度的革命纲领。机会公平纲领要求摒弃先赋性特权、身份等级等不公正因素的影响,保证每个社会成员能够有一个平等竞争的条件,从而拓展个人自由创造的空间,最大限度地发挥每一个人的能力和潜能。在现代社会,机会公平堪称是最重要的正义原则,因为机会公平是起点平等,如果没有起点平等,后续的平等就是画饼充饥。机会公平意味着对发展进步权利的普遍尊重。它要求在公共领域公正地对待和确保每一个人的权利,各种职位对一切符合条件的人开放,允许并鼓励不同阶层、地域互相开放,允许社会成员互相流动。

机会公平不仅要求在进入上平等,也要求在退出上平等。如果没有退出机制和流动机制,在职位有限的情况下优秀人才便无法脱颖而出,那也是一种机会不公平。所以,要坚决废除国家领导职务的终身制,反对领导职务的世袭制、接班制,实行领导职务任期制、退休制,为优秀人才施展才华创造良好的制度环境,让每个人都有出彩的机会,都有一个"升官发财富学"的梦,都有梦想成真的合理预期。

机会公平当中最重要的是教育公平,教育公平是最大的公平,教育公平就是为人人提供同等的受教育的机会和均等的教育资源,为所有人创造自由而全面发展的均等条件,使人们在公平正义的阳光普照下,从同一起跑线上起跑,向着共同的幸福未来进发。

机会平等还应当包括代际平等,不仅要切实保证当代人平等机会,而且应当关注和保证后代人机会平等。当前,我国有相当多的农民、农民工、普通工人和困难群众子女享受不到社会公认的公共教育资源,不能接受平等教育,这必将导致他们普遍缺乏在未来社会的生存能力和竞争能力,形成新的代际不公。

机会公平是近年来的社会热点话题。无论是原国家主席胡锦涛,还是原国务院总理温家宝都反复强调社会公平。在他们的话语当中,在党和国家的诸多文献中,机会公平往往和以下表述相关联：促进人人平等获得发展机会，推动包容性增长；营造平等竞争、共谋发展的法治环境、政策环境和市场环境，营造公平的社会环境，保证人民平等参与、平等发展权利；优先开发人力资源，加快完善社会保障体系，推进基本公共服务均等化，保证社会成员都能够接受教育，都能够进行劳动创造，都能够平等地参与市场竞争、参与社会生活，都能够依靠法律和制度来维护自己的正当权益；要使所有的人都能通过自己的努力获得应有的利益……说的都是机会公平。

习近平主席在十二届全国人大第一次会议闭幕式上的讲话，也可以说是他的就职演说，多次讲到机会公平。他说：生活在我们伟大祖国和伟大时代的中国人民，共同享有人生出彩的机会，共同享有梦想成真的机会，共同享有同祖国和时代一起成长与进步的机会。有梦想、有机会、有奋斗，一切美好的东西都能够创造出来。

机会公平也是国际性、世界性话语。联合国大会的《发展权利宣言》也申明：各国应采取一切必要措施确保“所有人在获得基本资源、教育、保健服务、粮食、住房、就业、收入公平分配等方面机会均等”。

机会公平并不保证“结果平等”，但它为每个成员的发展提供了公平参与和实现梦想的可能性。在社会各个领域，人们之间能力有高低，结果会不同，但机会公平了，心态也就平和许多。近期频频曝光的“官二代”、“官三代”违规担任公职和领导干部的事件在媒体上广泛议论，根源就在于它们破坏了机会公平、平等竞争的基本原则，泯灭了其他竞争者脱颖而出的梦想和预期，触动了广大平民百姓渴望机会公平的神经。

一百年前，恩格斯在谈到建立社会主义制度时说过：“这种制度将给所有的人提供健康而有益的工作，给所有的人提供充裕的物质生活和闲暇时间，给所有的人提供真正的充分的自由。”恩格斯设想的机会公平的未来远景，成为全世界工人阶级领导的人民大众为之奋斗的强大动力，如今我们已经获得一定程度的机会公平，但是距离真正的充分的机会公平，仍然有很长的路。实事求是地说，在我国现阶段，机会不公平主要是制度性、体制性的不公，是由各种落后的政治法律制度造成的，要有效地推进和实现机会公平，必须深化制度创新和体制改革。各级领导干部都要懂得，没有机会公平，就不会有公平竞争，就不可能有效地实现与时俱进和持续创新，因而必将导致社会缺乏活力、停滞不前，必将导致社会分化和分裂，甚至导致亡党亡国。

3. 规则公平

规则是一个统合概念，包括了所有的法律规则、政策规则，显规则、潜规则，硬规则、软规则等。这里讲的规则公平主要是政策和法律规则要公平，因为它们是当今中国最普遍的规则、最影响人的思想和行为、最具有权威性质的规则。

规则公平有三重含义：第一，形式上公平，就是人们经常说的法律（政策）面前一律平等，即立法上的平等，全体公民，不分民族、种族、职业、宗教信仰、财产状况、受教育程度、居住年限与社会地位，在法律规则和标准面前人人平等。第二，实体公平，就是权利义务对等，既不允许存在无权利的义务（奴役），也不允许存在无义务的权利（特权），每个人都既享有权利又承担义务，自由地行使权利，忠实地履行义务。第三，在法律（政策）实施中"无例外"，对任何公民的合法权益，都应当依法保护；对任何公民的违法犯罪行为，都平等地依法追究。既不容许不受保护的"例外"，也不容许不受处罚的"例外"。总之，不论职位高低，不论贫富差异，法律上一视同仁。

"规则公平"是"权利公平"和"机会公平"的制度设置和保障，也是实现权利平等和机会平等的有效途径，所以带有根本性和前提性。在我国社会发展的现阶段，法律和政策规则总体上是公平的。但是，不公平的规则仍然大量存在，且由于利益集团的牵制和其他社会原因而难以修改或废止。例如，同样是社会主义市场经济体系的组成部分，但由于行业垄断规则的存在，民营企业在行业准入、金融贷款、产品销售等方面却受到重重限制和阻碍，致使我国经济缺乏活力；由于数十年不变的户籍制度把公民人为地分成市民和农民，分成三六九等，致使城乡征地价格存在"剪刀差"，城乡居民"同命不同价"、"同命不同判"；因为身份的"双轨制"，有的是临时工，有的是正式工，结果是同一个单位、干同样的活，工资收入却相差好几倍，福利待遇更是悬殊。我们可以把这些规则叫作"坏法"、"恶法"。

要做到规则公平，最主要的是扩大民主，让人民群众平等地参与民主对话、民主协商、民主立法。让各个阶层、各个群体，特别是社会弱势群体在制定规则方面有发言权，有话语权。当前，面对利益格局深刻变动和利益主体多元分化，面对人民群众对规则平等的强烈要求，必须加快建立正确、及时反映各方利益的法律机制，让不同社会利益群体和社会阶层都能有平等的机会和渠道充分表达自己的利益诉求。就规则公平而言，弱势群体的利益表达已经成为一个无法回避的问题。现在弱势群体尽管人数很多，但没有发言权，没有属于自己的代言人，其自身利益受到强势阶层侵害时，往往束手无策。长此下去，在他们心中就会积淀"仇富"、"厌世"、"恨世"等消极思想，进而对执政党和政府产生离心倾向，少数激进分子可能会采取极端手段来寻求利益表达，形成社会动乱源。目前，"三农"、农民工、流动人口、城市拆迁户、大学生就业等社会问题之所以迟迟得不到有效解决，很大程度上与这些群体没有一个真正能为自己说话、争取自身利益的"代言人"，进而造成他们在公共政策和法律制定中缺失话语权有关。由于弱势群体的资源有限，合法渠道不通，不得不采取施压型群体行动（例如静坐、集体上访、非法举行集会游行、围堵和冲击党政机关）来宣泄利益诉求。这样的利益诉求方式必然导致社会的不稳定、不和谐。为此，我们主张以共产党领导的多党合作与政治协商制度为基本制度，建立健全各利益群体和社会阶层的利益表达和协商机制，诸如民意调查制度、信息公开制度、听证会制度、对话协商谈判制度、公民投票表决制度、工青妇、法学会、律师协会、消费者协会等非政府组织参与机制等，为所有人提供以理性、合法的形式表达利益诉求和政策博弈的制度性平台，使各种利益诉求能够通过公正、规范、有效的渠道输入公共决策过程中，供决策机关和立法机关整合和选择，从而制定出得到社会普遍认可的公共政策和法律。在利益表达和民主协商过程中，决策和立法机关要尽可能保持“程序中立”。

4. 司法公正

司法公正问题成为全社会关注的热点和焦点。这是因为：中国特色社会主义法律体系形成之后，我国法治建设的重心从立法转向了司法；随着我国依法治国进程加速，人民群众的维权意识和诉讼观念显著提升，越来越寄希望于通过司法程序解决矛盾纠纷，致使社会矛盾纠纷以司法案件的形式大量地涌入法院，持续呈现诉讼“井喷”、诉讼“爆炸”的态势，我国超乎预料地提前进入“诉讼社会”。司法公正问题成为中国全社会关注的热点和焦点。

公正是司法的本质，司法公正是社会公平的底线。客观公正地说，我国的司法基本上是公正的，但不公正的案件时有发生，造成了恶劣影响。影响司法公正的首要因素是法官、法庭、法院难以做到依法独立公正办案，遭遇的干扰和干涉太多。习近平总书记今年 2 月 23 日在中央政治局第四次集体学习尖锐地指出：群众反映，现在一个案件，无论是民事案件还是刑事案件，不托人情、找关系的是少数。尤其到了法院审判环节，请客送礼、打招呼、批条子的情况很严重。这说明依法独立公正司法的外部环境很差，司法独立和司法公正时常受到不应有的干扰。地方保护、部门保护的干扰和干涉，以权压法、权大于法、迫使司法机关滥用职权、违法办案的现象时有发生，导致司法不公、冤假错案，甚至引发大规模群体性事件，特别是在土地征用、房屋拆迁、社会保障、高速公路建设、新农村建设等领域尤为突出。越是往下，司法机关依法独立公正办案的压力越大。影响司法公正的另一个重要因素是法官、检察官的职业伦理、专业素养、办案能力、工作作风参差不齐，司法保障水平还比较低。

司法公正是社会公平的最后防线，如果这一防线被突破，人民群众对公平正义的信心、对法律的信任、对法治的期待，就会一落千丈。正如英国哲学家培根说过："一次不公正的司法判决其恶果甚至于十次犯罪，因为犯罪只是弄脏了水流，而不公正的判决却是弄脏了水源。""弄脏了水源"本质是破坏了司法和法律的公正，也摧毁了司法和法律的公信力。党的十八大之后，习近平总书记多次强调指出：全面推进依法治国，必须坚持公正司法。要依法公正对待人民群众的诉求，努力让人民群众在每一个司法案件中都能感受到公平正义，绝不能让不公正的审判伤害人民群众感情、损害人民群众权益。这表明党和人民对司法提出了更高的标准和更严格的要求。为了做到司法公正，所有司法机关都要紧紧围绕公正这个问题来改进工作，重点解决影响司法公正和制约司法能力的深层次问题。同时，要坚持和改进党的司法的领导，加强和改进人大对司法工作的监督，进一步深化司法改革，确保人民法院、人民检察院依法独立公正地行驶审判权和检察权，特别是确保人民法院依法独立公正地行使审判权；要进一步优化司法职权配置，严格规范司法行为，提升司法公信力；要大力培养理性的司法文化，尊重司法公正和司法权威，切实维护司法公正和司法权威，为司法机关创造公正司法的制度环境、文化环境和物质条件。司法公正是关乎依法治国、建设社会主义法治国家的突出问题，更是关乎公平正义、社会和谐的全局问题，而不仅仅是司法机关自身的问题。所以，在全面推进依法治国、加快建设社会主义法治国家、全面建成小康社会的新的历史起点上，要倍加重视司法。

(四)增强程序意识,严格遵循正当程序

法治思维和法治方法的一个重要方面,就是程序思维和程序方法,在某种意义上,法治就是程序之治,依法办事就是依照程序办事。领导干部确立法治思维和方式,就要遵循正当程序。鉴于我国传统社会长期缺乏程序观念和正当程序制度,现在尤其要重视程序问题,力求程序公正,遵循正当程序。在法治领域和公共管理领域,程序问题至关重要。程序给人一种信心,程序保证效率,程序减少失误。

程序包括时间和空间两种要素。无论是从时间上看,还是从空间上看,程序的设计都要符合科学、理性、民主、公正的原理和原则,换句话说,就是要设计出科学的程序、理性的程序、民主的程序、公正的程序。通过这样的程序来决策和管理。

在治国理政各项工作中,必须强调正当程序(程序公正)。尤其是涉及人民群众根本利益的事项、群众意见分歧的事项,涉及当事人利害关系的事务必须做到程序公正、程序公开、程序合理。

在现代社会,程序法(包括立法程序、行政程序、司法程序、选举程序等)是否完备并得到严格的遵守执行,是衡量一个国家法治文明、司法公正、诉讼民主、人权保障程度的重要标志。在程序问题上,必须破除很多误区,坚持实体正义与程序正义并重。我们不赞成“程序优先”和“程序正义优先”的提法,但是由于“重实体、轻程序”的惯性以及“程序虚无主义”的影响非常严重,有必要强调程序的重要性和前提性。程序不仅是实现实体公正的手段,更是防止、限制行政权和司法权被滥用,保障人民群众合法权利并提供救济途径的重要机制。重视程序的价值,维护程序正义是法治进步和社会文明的重要标志。要切实维护正当程序的严肃性,必须加强对违反程序规定的行为的监督、纠正、责任追究力度。走程序虽然需要时间,有时候也很麻烦,有时候还会遇到来自上级、社会、舆

论的压力,但是严格按照法定程序办案,可以较好地避免发生严重的决策错误,避免乱指挥、瞎折腾,避免发生错案、冤案。

(五)弘扬理性精神,平和文明执法

理性精神是法治精神的核心要素,法律是定分止争的实践理性。从古希腊、古罗马到当代,法学家们几乎都把理性作为法律精神,马克思·韦伯甚至马克思都把理性作为解释法律概念和法律观的关键词。法治更是一个内涵民主、自由、平等、人权、文明、秩序、正义、效益等理性要素的综合观念。胡锦涛同志指出:“法治是以和平理性的方式解决社会矛盾的最佳途径”。这些都说明法、法治与理性的内在关联,也充分说明法治思维必然是一种理性思维。理性是与非理性和超理性相对的,理性精神也就是实事求是、求真务实的科学精神。自古以来,人治依赖愚昧、愚忠、无知、迷信等非理性因素来支持,法治则需要理性精神的支持。以理性精神审视人性,必然提醒我们正视这样一些基本的事实:人性是脆弱的、有缺陷的,即使伟大的人物,因为他不是“神”,其性格结构也是两重的。他的情绪、他的注意力,以致他的好恶都可能不规则地改变或转移,他的认识和理解会出现偏差以致陷于成见,他的行为可能失却理智,而被情绪所左右。20 世纪 60 至 70 年代的中国之所以出现民主全面崩溃、法制荡然无存的局面,是与极少数不怀好意的人发动“造神运动”、鼓动对领袖人物的迷信、盲从和愚忠密不可分的。一旦我们以理性精神审视人性,就会否定至善无瑕的“先知”、“超人”、“圣杰”的存在,人治或贤人政治的主张就没有任何理论根据。邓小平以理性精神和科学态度深刻地分析了斯大林、毛泽东晚年破坏社会主义民主和法制的失误和错误,揭示了对个人迷信导致人亡政息、难以为继的规律,做出了如果一个党、一个国家把希望寄托在一两个人的威望上,是很危险的,不出事没问题,一出事就不可收拾。邓小平创造了理性精神支撑法治的范例。

理性的法治思维要求我们正确处理好法律与道德、情感、舆论的关系,不能用伦理代替法理、用舆论干扰以致冲击法律的执行和适用。

作为领导干部除了树立理性精神,坚定法治的信念之外,还要学会理性平和地运用法律机制处理各种问题和矛盾。理性文明执法不仅是法治所应有的重要品质,更是人民群众对于执法活动的强烈要求。在当前各类社会矛盾较为突出,同时人民群众对法律的了解和认知尚不充分的背景与条件下,理性文明执法既关系到执法的实际效果,也关系到法治的权威,还关系到中国共产党和中国政府的形象。

“理性”行使权力和执法,首先要从本质上注重法律的公理性,即法律当中所体现的正义、平等、自由、人权、尚善等基本价值属性,注重政府理性、公共理性和制度理性。从形式上,要合乎理性、合乎情理、客观适度地行使权力和执行法律。“平和”就是要求以平等谦和而不是居高临下的态度对待人民群众,要以公心、诚心和耐心解决人民群众的诉求,疏导和化解社会矛盾,最大限度地增加和谐因素,减少对抗因素;要改进方式方法,坚决纠正简单执法甚至粗暴执法的问题,不要动不动就用国家暴力、警力、国家强制力去来推行自己的决策或意志,即使是正确的决策、好的愿望也不行。特别是在土地征用、房屋拆迁、重大工程建设当中,滥用国家强制力和暴力强迫民众就范的现象仍然比较严重,引发了一系列恶性事件和群体性事件,教训极为深刻。行政执法机关和司法机关的领导干部尤其要学会用群众信服的方式执法办案,使人民群众不仅感受到法律的尊严和权威,而且能感受到执法、司法队伍的精良素质、感受到法律的温暖。法律本身是理性平和的,如果在执法和司法过程中能够进一步做到理性平和,那就更好。

领导干部用法治思维和法治方式来应对改革发展稳定等问题时,要善于与人民群众理性对话,善于与不同意见的当事者协商,做到合法合理,合真理、合情理。只要政府理性平和、真诚对话、协商执法,人民群众也会理性、合法地维护自己的权利,而不至于采取极端的行为。官民都理性平和,很多矛盾就不会升级,不会激化为恶性事件,不会爆发成大规模群体性事件。

(六)坚持宪法至上,维护法制尊严和权威

宪法至上是由宪法的性质和地位决定的。宪法是国家的政治宣言、根本大法,是治国理政、安邦福民的总章程,是保证国家统一、民族团结、经济发展、社会进步和长治久安的法律基础,是带领各族人民建设中国特色社会主义的法治保证。2012 年 12 月 4 日,在首都各界纪念现行宪法公布施行 30 周年大会上的讲话中,习近平总书记指出:“全面贯彻实施宪法,是建设社会主义法治国家的首要任务和基础性工作。宪法是国家的根本法,是治国安邦的总章程,具有最高的法律地位、法律权威、法律效力,具有根本性、全局性、稳定性、长期性。全国各族人民、一切国家机关和武装力量、各政党和各社会团体、各企业事业组织,都必须以宪法为根本的活动准则,并且负有维护宪法尊严、保证宪法实施的职责。任何组织或者个人,都不得有超越宪法和法律的特权。一切违反宪法和法律的行为,都必须予以追究。宪法的生命在于实施,宪法的权威也在于实施。我们要坚持不懈抓好宪法实施工作,把全面贯彻实施宪法提高到一个新水平。”他还强调指出:“依法治国,首先是依宪治国;依法执政,关键是依宪执政。”“宪法的生命在于实施,宪法的权威也在于实施。”这些深刻而鲜明的语言,深刻阐述了宪法的性质和实施宪法的重大意义,揭示了依宪治国、依宪执政的客观必然性和极端重要性,具有深刻的思想性、指导性和针对性。可是,有许多同志却不把宪法当回事,在他们那里宪法成了“闲法”。

宪法至上是建立在宪法神圣的理念之上的。什么是宪法,宪法就是写着人民权利的纸。人的权利与生俱来,人民权利神圣不

可侵犯,人权和公民权利的神圣性决定了宪法的神圣性。宪法是绝对的红线。

主张宪法至上与坚持党的领导和人民当家做主是一致的。有时候,我们听到这样一种荒谬的言论:如果宪法法律至上,那么,党的领导放在哪里? 这种把党的领导与宪法法律对立起来的观点是典型的形而上学。还有另外一种更为荒谬的言论:党的领导(党治)与依法治国(法治)是相悖的,言外之意,不放弃党的领导就谈不上宪法法律至上。其实,宪法是党的主张和人民意志相统一的体现,我国宪法是党领导制定的,宪法的历次修改,无论是大修、中修,还是小修,都是由党中央提出修宪建议、通过人大常委会成为修宪草案。同时,宪法原则、宪法规范和宪法的其他内容又是建立在人民利益、人民愿望、人民意志的基础上,所以说宪法是通过法定程序上升为国家意志、表现为法律原则和规则的党的主张和人民意志,是党的事业与人民利益的制度表达,是贯彻落实党的路线、方针、政策,实现最广大人民根本利益的重要保障。所以,主张宪法至上,实际上也就是主张党的事业至上、人民利益至上;同样,主张党的事业至上和人民利益至上,也必然要求宪法至上。

树立宪法至上、维护法制尊严的法治思维,必须解决权大于法还是权在法下的问题。这是一个老问题,也是一个新问题,对于领导干部来讲,更是一个随时可遇的问题。现在不讲依法治国、依法执政、依法行政、依法办事的领导干部几乎没有了,但是,当法律规定与领导干部个人意志、偏好、利益发生冲突时,是法律高于个人意志,还是个人意志凌驾于法律之上,是“人依法”还是“法依人”,就很难说了。有些人这个时候就会把法律甚至宪法放在一边,弃之不用。最近几年,一些省市先后出台征收房产税的地方政策、地方法规或规章,这些做法显然违反了宪法和立法法,在全国两会上人大代表和政协委员呼吁“给宪法留点面子”。有鉴于此,党的十八大报告、十八大之后习近平总书记“在首都各界纪念现行宪法公布施行30周年大会上的讲话”和“在中央政治局第四次集体学习时的讲话”都明确指出:“各级领导干部要带头依法办事,带头遵守法律,对宪法和法律保持敬畏之心,牢固确立法律红线不能触碰、法律底线不能逾越的观念,不要去行使依法不该由自己行使的权力,也不要去干预依法自己不能干预的事情,更不能以言代法、以权压法、徇私枉法,做到法律面前不为私心所扰、不为人情所困、不为关系所累、不为利益所惑。不懂得这个规矩,就不是合格的干部。”习近平总书记还强调要努力形成“不愿违法、不能违法、不敢违法的法治环境”。

法治的文化内涵

——法治中国的文化建构*

一、引言

完整意义的法治包括三个方面，即法律制度、法治体制、法治文化。

法律制度是法治的前提，由法律规范、法律体系、法制体系构成。法治体制，即法治的物质载体，包括立法机构、执法机构、司法机构、法治职业共同体等。法治文化是指历史进程中积累下来并不断创新的有关法治的群体性认知、评价、心态和行为模式的总汇，[1]包括法治概念、法治观念、法治思维、法治价值、法治理论、法治习惯等。全面推进依法治国、加快建设法治中国，要在制度完备、体制创新、文化建构三个方面共同推进、协调发展。

在人类历史上，法治有各种不同的文化内涵。

中国古代法家最早提出了“以法治国”的理念。自春秋战国时代，一些政治家和思想家就提出了“以法治国”的主张，并将这种政

---

* 本文发表于《吉林大学社会科学学报》2015 年第 4 期。作者曾于 2015 年 4 月 17 日在浙江大学第十四届法文化月开幕式上以“法治的文化内涵”为题作主题演讲。

治主张阐述为系统理论，并在一定程度上付诸实践。著名法学家刘海年先生把这一时期的法治主张和理论概括为四个方面的内容：(1)治理国家必须实行法治，反对人治，即"威不两错，政不二门，以法治国，则举措而已"(《管子·明法》)。"明王之治天下也，缘法而治"(《商君书·君臣》)。"国无常强，无常弱。奉法者强，则国强；奉法者弱，则国弱"(《韩非子·有度》)。(2)法制要适应历史发展，符合当时实际，反对因循守旧。如商鞅认为："是以圣人苟可以强国，不法其故；苟可以利民，不循其礼。""各当时而立法，因事而制礼。礼法以时而定，制令各顺其宜……治世不一道，便国不必法古"(《商君书·更法》)。韩非更为明确而深刻地指出："治民无常，唯治为法。法与时转则治，法与世宜则有功。……时移而治不易者乱"(《韩非子·心度》)。(3)法令是人们言行的标准，君上臣下均不得曲法任私。为此，法令必须"布之于百姓"(《韩非子·难三》)，使"万民皆知所避就"，"吏不敢以非法遇民，民不敢犯法以干法官"(《商君书·定分》)。他们还从历史的经验中得出"法之不行，自上犯之"(《史记·商君列传》)的精辟结论，提出要"壹刑"，而"所谓壹刑者，刑无等级，自卿相将军以至大夫庶人，有不从王令，犯国禁，乱上制者，罪死不赦"(《商君书·赏刑》)。"法不阿贵，绳不挠曲，法之所加，智者弗能辞，勇者弗敢争。刑过不避大臣，赏善不遗匹夫"(《韩非子·有度》)。(4)以法为本，法、势、术结合。管仲最早提出这种主张。韩非继承了这一思想并把它系统化，明确指出：治国要"以法为本"(《韩非子·饰邪》)。在此前提下也要"擅势"和"用术"。"势"即权力或权威，"术"即监督、考核、驾驭群臣的手段。[2]

与法家同时代的儒家主张法治与德治互补并用。汉代以后，德主刑辅成为封建社会的主流法治文化。其核心是：强调以人为本，以民为本，社会和合；善于通过人文精神对社会成员心理和观念世界的整合与引领，来维系和范导整个社会；注重礼法互补，主张德治与法治并存,强调明德慎刑;注重法律的教育功能,主张以法为教,强调法律的任务不仅是“禁暴惩奸”,而且要“弘风阐化”,仁义礼乐者,皆出于法;注重治国者、执法者的道德品质以及对国家的责任感和使命感,主张为官者、执法者要清正廉洁,光明正大,发挥以吏为师的榜样作用;注重法律的综合意义,主张对法律条文和典籍从天理、国法、人情的有机结合上予以解释和注释,法律的实施不能就事论事;注重变法促进,强调通过变法革新来解决社会深层次矛盾,保持社会稳定,推动社会发展。

当然,中国封建社会是诸法合一、以刑为主,故那时的思想家和政治家所说的“法”总体上是刑法,且“有生法,有守法,有法于法。夫生法者君也,守法者臣也,法于法者民也”(《管子·任法》)。皇帝和国家统治者奉行以君权神授、君临天下、专制独裁、权大于法为核心,强调国家至上、君本位、官本位、义务本位,漠视个人权利及其保护;依靠刑讯逼供,屈打成招,甚至迷信神明裁判。这种法治文化决定了中国封建社会的法治本质上属于主权者实施专制独裁的工具。正如邓小平同志所深刻指出的:“旧社会留给我们的专制的传统比较多,民主法制的传统比较少。”[3]

西方社会的法治文化经历了漫长的演进过程。早在古希腊古罗马时期就形成了西方法治文化传统。古希腊思想家亚里士多德提出了著名的法治定理,他说:“法治应包含两重意义:已成立的法律获得普遍的服从,而大家所服从的法律又应该本身是制定得良好的法律。”[4]其第一重意义是法治的形式方面的规定性,第二重意义是法治的内容方面的规定性,具有实质性。从亚里士多德的法治定理到文艺复兴时期的人权和物权理念,从资产阶级法治国的启蒙思想到数百年来的治国理政理论,演绎出以自然正义和自然权利原则为核心的法治精神,以自由主义、理性主义、民主主义等为其主要形态的法治理论体系。西方法治精神和法治理论铸就了近代法治文明,具有普遍而深远的意义。

把涵盖于法治观念、法治思维、法治理论、法治价值中的法治的核心概念、核心理念、核心方法、核心价值凝练出来，揭示的就是法治的文化内涵。我以为，当代中国社会主义法治的文化内涵可概括为十个方面（亦即十个核心要素），即规则文化、程序文化、民主文化、共和文化、人权文化、自由文化、正义文化、和谐文化、理性文化、普适文化。正是这些文化要素，决定了当代中国法治的现代性及其社会主义性质，决定了中国法治的发展方向。

以下，逐一分析这些要素。

二、规则文化

人们常说“法治就是规则之治”。然而，很多人并不知道规则为何物，且缺乏自觉遵守规则的素养。所以，法治的文化建构要从培育规则文化作为切入点和突破口。

规则文化依次包括四个层次，即规则知识、规则意识、规则需要、规则习惯。

规则知识是关于什么是规则的认知。诸如，规则就是要求人们做什么、禁止人们做什么的规定；规则就是规范人们的行为、调整社会关系、维护社会秩序的准则；规则是关于人们的权利、义务和责任的宣告。法律规则则是由国家制定或认可的、由国家强制力保证实施的规范。我国古代著名思想家和政治活动家管仲说：“法律政令者，吏民规矩绳墨也”（《管子·七臣七主》）。清末著名法学家沈家本说：“法者，天下之程式，万事之仪表。”[5]法律规则是法律体系的核心要素，从内容上法律规则分为义务性规则、授权性规则和权义复合性规则；从形式特征上可分为规范性规则和标准性规则；从功能上可分为调整性规则和构成性规则。作为指导人们行为的规范，规则必须明确、肯定、清晰、适度、公开、非溯及既往、具有可操作性和可预测性，规则之间协调一致，有明确的效力范围和制裁方式，等等。

规则意识,亦可称为规则观念,指的是发自内心的、以规则作为自己行动准绳的意识。如果说规则知识是关于规则存在的客观认知、对规则是什么的“外在陈述”,那么,规则意识(规则观念)则是关于规则的主观认可和“内在观念”。对于具有规则意识的公民来说,法律规则不仅规定了以权利义务为主要内容的行为模式,而且提供了依照规则而行为的动机,以及批评违反规则的行为的理由和标准;法律是国家制定的,但其实质是社会共识,是全体公民的公约,违背规则就是对公约的破坏,应当给予惩罚。

规则需要。对于任何一个社会和国家而言,法治的首要任务是构建法律秩序和社会秩序。秩序的存在是人们生存、生活、生产活动的必要前提和基础,是人民安居乐业、国家长治久安最基础最根本的条件。当然,现代法治要建立的秩序是“包容性秩序”。不是任何一种秩序都能够称得上是“包容性秩序”。历史上,封建统治阶级及其代言人把封建等级制看作不可侵犯的秩序。韩非宣称:“臣事君,子事父,妻事夫,三者顺则天下治,三者逆则天下乱,此天下之常道也”(《韩非子·忠孝》)。董仲舒更是把“君为臣纲,父为子纲,夫为妻纲”(《礼纬·含文嘉》)宣布为封建社会秩序的核心内容。这样的秩序是蔑视人性、维护特权、禁止社会流动的秩序,与现代法治所主张的安定有序南辕北辙。社会主义核心价值体系引领下的秩序是百花齐放、百家争鸣、尊重差异、包容多样、和而不同的秩序,是一种使自由而平等的竞争和人道主义的生活成为可能的秩序,是摆脱了单纯偶然性、任意性、不可预测性的秩序,是各种社会分歧、矛盾和冲突能够在道德精神和法律理性的基础上得以和平解决或缓和的秩序,是社会组织健全、社会治理完善、社会安定团结、人民群众安居乐业的秩序,是尊重人权、保障权利的秩序。没有这样的秩序,不仅人们的公共性活动不可能正常进行,连个人的人身权利、财产权利、政治权利、社会权利都得不到保护。秩序的建立和维护离不开法律规则。当人们真正认识到法律规则和法律秩序是自己生存、生活、工作生产的必需，于人于己都有利的时候，尊重法律权威、遵守法律规则，就会成为一种需要。

规则习惯。建立在规则知识、规则意识、规则需要基础上的规则习惯是这样一种状态：人们遵守规则成为一种习惯，习以为常，在一般情况下是无所谓是权利还是义务。在当今世界，德国民众和日本民众是最具规则习惯的民众。在德国，民众非常注重规则，凡是有明文规定的，都会自觉遵守；凡是明确禁止的，绝不碰触。日本民众也是近乎顽固地恪守规则。德国和日本的产品工艺精湛、质量一流，与民众的规则习惯是分不开的。相比之下，我国民众对待规则的态度却令人深感惭愧和羞辱。中国式过马路可以说是规则意识和习惯缺失的典型写照。

培育规则文化是我国法治建设的当务之急。虽然法律体系已经形成，但由于普遍缺乏规则文化，法律规则经常成为摆设，法律实施状况堪忧。无论在直观上，还是参照评估数据，我国法律被遵守的情况都低于世界的平均水平。不把宪法和法律当回事、不给宪法和法律“留面子”的实例比比皆是。党的十八大以来，习近平总书记多次就法律实施做出深刻论述和明确要求，指出：“法律的生命力在于实施，法律的权威也在于实施。‘天下之事，不难于立法，而难于法之必行。’如果有了法律而不实施、束之高阁，或者实施不力、做表面文章，那制定再多法律也无济于事。全面推进依法治国的重点应该是保证法律严格实施，做到‘法立，有犯而必施；令出，唯行而不返’。”[6]“要加强宪法和法律实施，维护社会主义法制的统一、尊严、权威，形成人们不愿违法、不能违法、不敢违法的法治环境，做到有法必依、执法必严、违法必究。”[7]

培育规则文化，要在全体人民之间深入持续地开展学法、懂法、尊法、守法、用法的教育和实践，推动全社会树立法治意识、权利义务观念；要加强社会诚信建设，健全公民和组织守法信用记录，完善守法诚信激励机制和违法失信行为惩戒机制，使尊法守法成为全体人民的共同追求和自觉行动。十八届四中全会通过的《中共中央关于全面推进依法治国若干重大问题的决定》(以下简称十八届四中全会《决定》)要求:“坚持把全民普法和守法作为依法治国的长期基础性工作,深入开展法治宣传教育,引导全民自觉守法、遇事找法、解决问题靠法。”“加强公民道德建设,弘扬中华优秀传统文化,增强法治的道德底蕴,强化规则意识,倡导契约精神,弘扬公序良俗。”〔8〕

在全体人民中间树立规则文化,领导干部是关键。四中全会《决定》强调指出:“坚持把领导干部带头学法、模范守法作为树立法治意识的关键。”〔9〕在我国一个相当长的时期内,规则虚无主义和规则机会主义盛行,权大于法、以权压法、以权废法,甚至法自言出、以言代法、以言废法习以为常;特权文化、潜规则文化大行其道,统治者和掌权者对规则毫无敬畏之心、毫无恪守之意,习惯了“刑不上大夫”的官僚阶层对制度采取傲慢态度。所以,要求领导干部要率先养成遵守规则、执行规则、维护规则的习惯,是很有针对性的。

规则文化的形成是一件任重道远的事情。制定规则、建构规则体系,并不困难。改革开放以来,我国用三十多年的时间制定了二百四十多部法律、七百多部行政法规、近万件地方性法规,还有数以万计的政府规章。但要让全体人民树立法治观念、养成规则意识、形成遵守规则的习惯,可能需要更长的时间。只有规则文化在全社会形成,法治才会焕发出勃勃生机。

三、程序文化

在某种意义上,法治就是程序之治,依法办事就是依照程序办事。美国著名大法官威廉姆斯·道格拉斯有一句堪称经典的名言:“正是程序决定了法治与恣意的人治之间的基本区别。”〔10〕基于程序之治的观念,奥地利法学家凯尔森试图把一切法律现象都还原为程序法。美国哲学家罗尔斯倾向于把法治归结于程序正义，指出：法治取决于一定形式的正当过程，正当过程又主要通过程序来体现。美国程序法学派提出“程序法治”概念。在他们看来，法治的精髓在于程序，由于司法是基于自然正义而客观地形成的一套民主、公正、理智的程序，同非理智的、专断的政治和行政决策形成鲜明的对照，是故司法更能代表法治。

程序法治实质上就是正当程序或程序正义。在法治国家，正当程序（程序正义）至关重要。

程序是制约权力、防止权力任性的伟大发明。把权力关进制度的笼子里，首先是把权力关进程序的笼子里，包括决策程序、执行程序、监督程序等，一方面使其具有职能上的法定性、正当性、有效性，避免权力过度膨胀和滥用；另一方面使其按照既定的权限和程序启动和运行，并且以民众看得见的方式行使，提高权力运行的公信力。

程序是人权保障的武器，尤其是刑事诉讼程序的发明，通过规定罪行法定、无罪推定、疑罪从无、罪责均衡、严禁刑讯逼供、排除非法证据、充分辩护、法律援助、司法救助等严格而又公正的程序，建立起了有效保障人权的司法制度。

程序最能确保效率。从理论和实践两个方面看，程序化决策要比人治化决策更富有效率，更能够保证可持续的发展。在人治化的治理中，在重大决策事项上，领导人个人说了算，看起来决策效率很高，但由于个人的见识、智慧和能力毕竟有限，这种决策方式很容易出错，甚至在根本性、全局性问题上出现颠覆性错误，而且往往难以自我纠正。十年“文革”就是沉痛的教训。现在一些地方少数领导人自以为是、独断专行，瞎指挥、瞎折腾，干了很多劳民伤财、得不偿失的蠢事，盲目决策、错误拍板上马的项目、工程，给土壤、水流、大气造成严重污染，并致使社会矛盾激化，群体性事件频发。而在法治化的治理中，决策者依照程序科学决策、民主决策,看起来比较费事费时,但决策失误的可能性大大减少,而决策失误是最严重的负效率。法治思维法治方法的一个重要方面,就是程序思维和程序方法,确立法治思维和方法,就要遵循正当程序。

程序促进公民行为理性化,引导公民有序参与,确保政治参与的民主化、法治化。

鉴于我国传统社会长期缺乏程序观念和正当程序制度,现在尤其要重视程序问题,努力培育程序文化。

程序文化的核心,一是力求程序公正合理,二是遵循正当程序。公正合理的程序包括时间、空间、过程等要素。无论是从时间、空间上看,还是从过程来看,程序的设计都要符合科学、理性、民主、公正的原理和原则。换句话说,就是要设计出科学的程序、理性的程序、民主的程序、公正的程序。尤其是涉及人民群众根本利益的事项、群众意见分歧的事项,涉及当事人利害关系的事务,必须做到程序公正、程序公开、程序合理、程序民主。

有了正当合理的程序,就要严格遵循。这是衡量一个国家法治文明、司法公正、诉讼民主、人权保障程度的重要标志。在程序问题上,必须破除很多思想误区。一是认为程序费事费时,影响效率。其实,正是由于科学决策、民主决策、依法决策的严密程序,才从根本上保证了效率的实现。走程序虽然需要时间,有时候也很麻烦,有时候还会遇到来自上级、社会、舆论的压力,但是严格按照法定程序办案,可以较好地避免发生严重的决策错误,避免乱指挥、瞎折腾,避免发生错案、冤案。二是认为程序仅仅是工具和手段,程序正义附属于实体正义。其实,程序不仅是实现实体公正的手段,程序本身也有其独立价值。正是正当程序的设计和运作,使民众之间的平等对话、意见交流、互相协商、凝聚共识成为可能,确立了民众对政治的信任和依赖。由于我国存在着“重实体、轻程序”的社会惯性以及“程序虚无主义”的历史传统,我们不仅要坚持实体正义与程序正义并重,还有必要强调程序的前提性、优先性和严肃性,加强对违反程序规定的行为的监督、纠正、责任追究力度。

相较于规则文化的缺失,程序文化更加缺失。中国长久以来是一个人治社会,统治者习惯于个人说了算,即习惯于“独裁”。独裁是不需要程序的,更不容忍程序的束缚。独裁传统影响至今。在一些地方和部门,党政一把手往往注重“决策结果”、“结果公正”,忽略“决策程序”、“程序公正”;重权力轻程序,视程序为累赘,把程序当摆设;擅长暗箱操作,不愿信息公开。一些群众也缺乏程序意识和程序思维,局限于简单化的对与错、是与非、理与法的两极思维方式,甚至缺乏程序知识。例如,不明白法律为什么要规定时效制度、证据制度,也不知道法律关于时效制度、证据制度的具体规定,当自己的合法权益得不到司法支持时,往往片面指责司法不公,而不能从权利救济超过时效或者无法用确凿证据证明自己主张等角度正确对待诉讼与裁判,而是走上无理上访、缠访、闹访的歧途。

四、民主文化

现代法治与民主存在内在连接,民主是法治的基础,法治是民主的保障,世界上“没有无民主的法治,也没有无法治的民主”,民主法治化和法治民主化属于同一历史进程。十八届四中全会《决定》精辟地阐述了法治的民主精神,指出:“坚持人民主体地位。人民是依法治国的主体和力量源泉,人民代表大会制度是保证人民当家做主的根本政治制度。必须坚持法治建设为了人民、依靠人民、造福人民、保护人民,以保障人民根本权益为出发点和落脚点,保证人民依法享有广泛的权利和自由、承担应尽的义务,维护社会公平正义,促进共同富裕。必须保证人民在党的领导下,依照法律规定,通过各种途径和形式管理国家事务,管理经济文化事业,管理社会事务。必须使人民认识到法律既是保障自身权利的有力武器,也是必须遵守的行为规范,增强全社会学法尊法守法用法意识,使法律为人民所掌握、所遵守、所运用。”“人民权益要靠法律保障,法律权威要靠人民维护。”[11]

中国特色社会主义法治的最鲜明的本质特征,也是最基本的经验和最根本的遵循,是党的领导、人民民主、依法治国有机统一。依法治国,建设法治国家,坚持党的领导是最根本的保证。只有在党的领导下依法治国、厉行法治,人民当家作主才能充分实现,国家和社会生活法治化才能有序推进。保证人民当家作主,既是法治的本质和动力,也是全面推进依法治国、建设法治中国的根本目标。依法治国是实现党的领导和人民当家作主的基本途径。“三统一”统一于人民代表大会制度,人民代表制度是实现党的领导、人民当家作主、依法治国有机统一的根本制度载体。

法治的人民主体性和人民代表大会制度作为“三统一”的根本制度载体,不仅深刻揭示了当代中国法治的民主精神,而且也指出了法治中国的民主文化建设路径。

首先,要强化人民是法治主体的意识,即法治为了人民、依靠人民、造福人民、保护人民。坚决破除那种“法治的主体是国家机关,人民群众是法治的对象,依法治国就是依法治民”的错误观点。与法治的主体是人民相对应,法治的客体是国家机器和国家权力。依法治国的“国”首先是国家机器意义上的“国”,其次才是国度意义上的“国”。根据马克思主义的观点,国家是代表统治阶级管理社会的公共权力。所以,依法治国首先是依法治权、治吏,这是不言而喻的。在古往今来的一切国家中,对法治的威胁和危害主要不是来自公民个人,而是来自公共权力和国家官员。有法不依、执法不严、司法不公、以权压法、以言代法,都是官员所为;至于权钱交易,矛盾的主导方面也是掌握国家权力的官吏,而不是腰缠万贯的老板。依法治权的重点是依法制约和治理国家行政权力,因为行政权力无孔不入。公民从摇篮到坟墓的一生时时处处都有行政权力的存在和影响；行政机构几乎垄断了公共资源，从税收、国库到财政预算、拨款，从城乡规划到项目审批、土地征用、房屋拆迁等；行政权力腐败是最严重的腐败；掌握规划建设、基础设施建设、资源开发、资金管理等行政审批权力的部门属于腐败高发区。

其次，要强化人民代表大会观念，不断完善和创新人民代表制度，深入拓展人民民主的实现途径和形式，实行民主立法、科学立法，在听取民意、汇聚民智、达成共识的基础上，制定出反映人民意志、体现人民利益、维护人民权益的法律，为善治提供良法之前提。

再次，要善于把法治方式与群众路线结合起来，要支持人民群众依法实行自我管理、自我服务、自治自律。要引导人民群众规范、有序地参与国家和社会治理，理性地表达自己的社会主张，恰当地运用法律赋予的民主权利，创造并维护社会主义民主的基本秩序。

最后，要充分尊重和保障人民群众的知情权、参与权和监督权，特别是要推进权力运行公开化，完善党务公开、立法公开、政务公开、司法公开和各领域办事公开制度，增强治国理政活动的透明度。要尊重和保障人民群众对治国理政活动的参与权，凡是涉及人民群众切身利益的决策都要充分听取人民群众意见，拓展人民群众有序参与立法、行政、司法的途径。要尊重和保障人民群众对治国理政活动的监督权，拓宽人民群众对权力运行的监督渠道，推进监督的法制化、规范化、程序化，防止权力失控、决策失误、行为失范。

五、共和文化

法治与共和密切关联。“共和”（republic）有两种含义。“共和”一是指政体，即与君主制相对应的政体。凡是政府及其首脑是定期选举产生的、政府职能是法定的、政府权力是有限的政体，就是共和政体。“共和”二是指强调政治平等、民主参与和公共精神的政治模式。这种政治模式的精髓是政治对话与协商，它是保证不同群体、阶层、集团平等表达利益诉求和政策法律主张，并妥善协调各种利益关系的机制。

晚清以来，无数进步思想家和革命志士为了实现共和理想、建设共和体制、反对帝制复辟而抛头颅、洒热血。辛亥革命以后，以中国共产党为主要代表的先进力量，致力于组建由人民当家作主的共和国，并在新民主主义革命取得胜利之时，与其他爱国党派和进步力量进行政治协商，宣布成立“中华人民共和国”。从此，我们的国号就是“中华人民共和国”，人民共和是我们国家的表征，共和精神成为我们的国魂。

新中国成立之初，中国人民政治协商会议比较充分地体现了共和精神。1954 年，在全国范围内建立人民代表大会制度之后，共和理念被融入人民代表大会制度之中。但是，人民代表大会制度就其起源和实际运行来看，更多的是体现民主理念，特别是代议民主理念。这种间接的代议民主制度符合中国国情。受地域辽阔、人口众多、利益复杂、国家治理需要专门知识和专门人才等因素所决定，我国 13 亿人民不可能每个人都直接地、日常地行使那些属于自己的权力，直接管理国家和社会公共事务，而只能实行间接代议民主制，即人民代表大会制度。所以，我国《宪法》第 2 条规定：“中华人民共和国的一切权力属于人民。人民行使国家权力的机关是全国人民代表大会和地方各级人民代表大会”。但是，如同任何形式的代议民主一样，人民代表大会制度在实际运行中也可能存在机制上的缺陷。例如，将民主政治局限于少数代表的事务，在某些地方，人民代表大会实际上成了“代表”的会议，而不是代表“人民”的会议。时常可以看到，人代会期间，一些代表表达的纯粹是个人意见和偏好，而不是选民的意见和主张，甚至利用人大代表的身份以权谋私、以权压法。再如，当代表们在重大事项的决定上无法取得一致意见时，可能采取简单多数的方式表决，客观上造成多数人无视少数人意见，甚至损害少数人利益的情形。克服间接代议民主局限的方式各种各样，最主要的是弘扬共和精神，发展协商民主，通过协商取得共识、达到和谐。

在一段相当长的时间内我们似乎淡忘了共和，当我们高唱中华人民共和国国歌的时候似乎也没有产生出共和的共鸣。今天，在我们致力于全面建成小康社会、全面深化改革、全面依法治国、全面从严治党，建设富强、民主、文明、和谐的社会主义现代化国家的时候，很自然地意识到共和的回归，因为只有人民共和，才能实现富强、民主、文明、和谐的建国和强国目标，实现中华民族伟大复兴的中国梦。十八届三中全会和四中全会两个决定有关推进社会主义协商民主的战略部署充分体现了共和精神的发扬光大。

发扬共和精神，塑造共和文化，对于建设法治国家和法治体系、推进国家治理现代化至关重要。在社会急剧转型的历史时期，在利益结构深刻变动、利益群体分化严重、价值观念和价值标准日渐多元的历史条件下，人们之间出现不同的甚至对立的价值标准、利益诉求、政策主张、立法要求，是正常的，并不可怕，可怕的是由于缺乏共和机制而使人们无法在平等自由地表达诉求和主张的基础上协商对话，达成共识，减少对立。

发扬共和精神，塑造共和文化，要大力推进以共和为公共精神的协商民主。协商民主是当代世界民主发展的主导方向。运用协商机制，建立正确、及时反映各方利益的法律机制，使不同社会利益群体、阶层都能有平等的机会和渠道充分表达自己的利益诉求。在利益表达方面，社会弱势群体的利益表达已经成为一个无法回避的问题。当前，社会弱势群体尽管人数很多，但没有多少发言权，没有固定的代言人，自身利益受到强势阶层侵害时，他们往往束手无策。长此下去，在他们心中就会沉淀“仇富”、“厌世”、“恨世”等消极思想，进而对执政党和政府产生离心倾向，少数激进分子可能会采取极端手段来寻求利益表达，以致形成社会动乱。目前，“三农”、农民工、流动人口、城市拆迁户等社会问题迟迟得不到解决,很大程度上和这些群体没有一个真正能为自己说话、争取自身利益的“代言人”,进而造成在公共政策决策中缺失话语权有关。弱势群体由于资源有限,合法渠道不通,不得不采取施压型群体行动(例如静坐、集体上访、非法集会游行、围堵和冲击党政机关)来宣泄利益诉求。这样的利益诉求方式必然导致社会不稳定、不和谐。所以,党和政府应当以共和精神、共和态度、共和方式为各个利益阶层群体提供以理性、合法的形式表达利益诉求的制度性平台,使多元社会的各种利益诉求能够通过公正、规范、有效的渠道输入公共决策和立法过程。要坚持和完善共产党领导的多党合作和政治协商制度,巩固并扩大最广泛的爱国统一战线,保障并改进人民政协政治协商、民主监督、参政议政的功能,重视和发挥工会、妇联、共青团、科协、法学会、消费者协会等非政府组织的协商作用。

发扬共和精神,塑造共和文化,要使政治和社会对话成为新常态。共和机制的常规形式是对话。“对话”的实质不仅仅是在意义层面上进行交流,而且是对话各方通过互动进行意义的重新建构。在这里,“意义”不是一个存在于单一个体身上的客观实在,而是在人与人之间的互动过程中产生和发展出来的社会性交往产物。一个意识无法自给自足,两个声音才是精神存在的最低条件。意义具有动态的特点,是行动者在互动过程中通过相互协商而达到的共识,具有不断形成的特质。在对话过程中,双方既不是简单地陈述自己的观点,希望对方理解自己;也不是一方试图理解另一方的观点,然后决定接受或者不接受,而是将交往各方个人的知识转换成为主体间性知识。对话还需要理解,没有理解便没有对话,理解是人类交往之主体间性特征的核心要素。根据言语轮换原则,对话不是一方的独白,也不是双方各说各的,而是通过相互之间的交流达到理解。理解的目标是导向知识共享、相互信任、相互依存。[12]理解并不等于同意对方、接受对方的观点,而是在于学会容纳对方，与不同意见和平相处。对话的本质就是交往双方可以相互补足，从不同的视角建构意义。对话不仅具有工具性功能，更重要的是具有交往性功能。对话不仅能建构信息，而且能培养情感和态度。这样一些观点深刻地表达了对话、协商、共和的本质和意义，足以构成现代法治的共和文化的要素。

发扬共和精神，塑造共和文化，要大力推进公共治理。公共治理的优势包括：第一，它更加充分地将民主理念和民主机理融入国家治理当中，最大限度地吸收公众参与，扩大公民及其组织的话语权和决定权，体现了人民当家作主。第二，它以对话、沟通、协商等方式，保证不同党派、不同阶层、不同群体、不同利益集团、不同社会界别在中国共产党的领导和支持下，平等自由地表达利益诉求和政策主张，在此基础上最大限度地凝聚共识，消解或缩小分歧，促进各个阶层、各个群体的人们相互之间的政治认同、思想认同、感情认同和彼此尊重；妥善协调利益关系，使不同阶层、不同群体在利益分化的格局中仍能各得其所又和谐相处。第三，它体现多元主体合作共治，公共治理与政府治理相辅相成。在国家治理中，国家权力机关、行政机关、司法机关、军事机关等体现着“政府”治理的职能，人民政协、人民团体、经济社会组织和人民群众发挥着“社会”治理的作用。两类治理在党的领导下有效衔接、协同配合，创新了国家治理和社会治理模式，增添了国家治理和社会治理的正能量。第四，它为社会自治开辟了广阔空间，把不应或不宜由执政党和国家机构管理的事务交由社会自我治理。良好的国家治理总是与社会自治紧密结合的，国家治理体系越完善、越文明，社会组织在国家治理中的地位越受重视，作用发挥得越好。社会自治的内容十分丰富、形式无限多样。十八届三中全会《决定》和四中全会《决定》都强调要激发社会组织活力，要求正确处理政府和社会关系，加快实施政社分开，推进社会组织明确权责、依法自治、发挥作用；适合由社会组织提供的公共服务和解决的事项，交由社会组织承担;支持和发展志愿服务组织;限期实现行业协会、商会与行政机关真正脱钩。这些改革举措必将为社会自治和公共治理建构更加宽阔的平台。

六、人权文化

尊重和保障人权是法治的精髓与真谛所在,也是法治现代性的根本体现。纵观法治的历史不难发现,近现代法治是适应人权和权利的需要而产生出来的,并随着人权和权利需要的扩展而演进。世界上第一个宪法文本就是法国的《人权与公民权利宣言》。其后,世界各国的宪法文本或独立宣言大多数也是以保护人权和公民权利为基点与核心的。如美国《独立宣言》宣布:“人人生而平等,造物者赋予他们若干不可剥夺的权利,其中包括生命权、自由权和追求幸福的权利。为了保障这些权利,人类才在他们之间建立政府,而政府之正当权力,是经被治理者的同意而产生的。当任何形式的政府对这些目标具破坏作用时,人民便有权力改变或废除它,以建立一个新的政府;其赖以奠基的原则,其组织权力的方式,务使人民认为唯有这样才最可能获得他们的安全和幸福。”其后制定的《美国宪法》及其修正案明确宣告公民的基本人权。1918年颁布的《俄罗斯苏维埃联邦社会主义共和国宪法(根本法)》把列宁起草的《被剥削劳动人民权利宣言》作为文本的第一篇,宣告宪法就是写着人权和权利的文本。我国建国前夕制定的《中国人民政治协商会议共同纲领》和 1954 年制定的新中国《宪法》,均把公民的基本权利和义务作为重要内容。1982 年《宪法》修改时,进一步把关于公民基本权利和义务的内容提升为第二章,置于关于国家机构的内容之前,突出强调了国家的权力属于人民,权力来源于权利、从属于权利、服务于权利。

马克思主义经典作家深刻地阐述了法治与人权的内在关系。马克思说:人权是权利最一般的表现形式,无产阶级的痛苦“不是特殊的不公正,而是一般的不公正,它不能再求助于历史的权利,而只能求助于人的权利”。[13]马克思在他起草的第一国际《协会临时章程》中更明确地指出:“一个人有责任不仅为自己本人,而且为每一个履行自己义务的人要求人权和公民权。”[14]马克思主义还主张运用法律和其他手段来确认和保障人的权利。马克思在他还是革命民主主义者的时候就强烈主张法典应是“人民自由的圣经”。[15]列宁也主张“宪法就是一张写着人民权利的纸。真正承认这些权利的保证在哪里呢?在于人民中那些意识到并且善于争取这些权利的各阶级的力量”。[16]马克思、列宁的这些人权思想和主张被后来的马克思主义者所继承和发扬,并付诸无产阶级人权斗争的实践。

尊重和保障人权是社会主义法治的根本价值和宗旨。我国宪法明确宣布“国家尊重和保障人权”。尊重和保障人权,最首要、最重要的是切实保障公民的基本权利。我国《宪法》第二章“公民的权利和义务”集成式地规定了我国公民享有的基本权利,如选举权和被选举权,言论、出版、集会、结社、游行、示威的自由,宗教信仰自由,人身自由不受侵犯,人格尊严不受侵犯,住宅不受侵犯,通信自由和通信秘密受法律的保护,公民还有受教育权、劳动权、休息权、获得国家和社会物质帮助的权利、财产权等。我国先后加入了20多项国际人权公约,充实了我国公民人权和权利体系。党的十八届四中全会《决定》强调指出:“依法保障公民权利,加快完善体现权利公平、机会公平、规则公平的法律制度,保障公民人身权、财产权、基本政治权利等各项权利不受侵犯,保障公民经济、文化、社会等各方面权利得到落实,实现公民权利保障法治化。增强全社会尊重和保障人我国权意识,健全公民权利救济渠道和方式。”[17]

然而,有关人权和公民权利的宪法宣言、国际公约和法律规定的实现情况尚不够理想,我国各地频频发生侵害公民人身自由、人格尊严、通信秘密、合法财产以至生命、健康等基本人权的事件。

尤其是在企业改制、土地征用、房屋拆迁、劳动用工、环境保护、网络信息等领域,侵犯人权的情况更加严重。在行政执法中,滥用公权力、野蛮执法、选择性执法的情况还比较突出。在刑事诉讼中,刑讯逼供、超期羁押、冤假错案时有发生。究其根源,在于在我国仍然缺乏坚实的人权法治文化,人权还不够神圣,有些官员和执法者就是不把人权和公民权利当回事。所以,在全面推进依法治国的历史进程中,要高度重视人权文化的培育,使之根深叶茂。

培育人权文化,首先要树立正确的人权观。人权是指人作为人应当享有的、不可剥夺、不可转让的权利。人权是那些直接关系到个人得以维护生存、从事社会活动所不可缺少的最基本权利,如生命安全、人身自由、人格尊严、基本的社会保障等。人权是权利和义务的统一,表现在:(1)任何权利都是或应当是与义务相互依存的,而且,权利的实现往往是以义务的履行为条件的。(2)每个主体的人权都是平等的,每个人在享有权利的时候,都必须尊重和维护别人的权利,而不能亵渎、侵犯或剥夺别人的人权。否则,他自己的人权也会被亵渎、遭到侵犯或剥夺。其结果是谁的人权都无法保障,从而也就没有一般人权可言。(3)人权同时具有法律性质和道德性质,人权既是法律权利,也是道德权利,因而人权不仅包括法定权利,也包括应有权利。

培育人权文化,要牢固树立在各项考量中人权具有优先性、绝对性、普遍性的观念。以对"社会弱势群体"权利的保护为例。在经济改革和社会转型过程中,不可避免地会出现社会弱势群体。社会弱势群体的利益本质上属于人权范畴。当我们把弱势群体的利益上升到人权的高度,就会倍加关注和重视他们的处境,增强改善他们处境的法律意识和宪法责任。在宪法和法律面前,对弱势群体的人权关注和保护,不仅是应有的道德关怀和福利救济,更是各级党委、政府和社会组织肩负的宪法责任,是每一个党政领导干部应尽的法律责任、政治责任和社会责任。

培育人权文化,一定要确立和强化人格尊严、人权神圣的观念和信念。在任何情况下,都不能拿人权做交易,不能以牺牲人权为代价而换取所谓的“经济增长”、“社会稳定”。政府官员一定要懂得,只有政府认真对待人权和公民权利,人民才会认真对待政府、法律和秩序,良性的官民关系与和谐社会才能够建立起来。

七、自由文化

“自由”,无论是作为哲学概念,还是作为政治(政治学)和法律(法学)概念,都源自西方文化。在古希腊、古罗马,一个男子达到一定年龄,便可从父权的束缚下解放出来,具有独立的人格,享有公民的权利,承担公民的义务,拥有妻室、财产和奴隶,成为自由民。儿子如被父亲出卖三次,亦可成为自由民。少数奴隶一旦从主人的统治下解放出来,也就获得了自由。所以,在拉丁语中,“自由”意味着从束缚中解放出来。“罗马法对自由权下的定义是:‘凡得以实现其意志之权力而不为法律所禁止者是为自由。’”[18]近代以来,法律时常由自由来界定。罗伯斯比尔说:法律是什么?“法律是人民意志的自由而庄严的表现。”[19]黑格尔也认为:“自由就构成法的实体和规定性。至于法的体系则是实现了的自由的王国。”“任何定在,只要是自由意志的定在,就叫做法。所以一般说来,法就是作为理念的自由。”[20]英国思想家洛克指出:“法律按其真正的含义而言,与其说是限制还不如说是指导一个自由而有智慧的人去追求他的正当利益……法律的目的不是废除或限制自由,而是保护和扩大自由。”[21]马克思主义经典作家也十分精辟地阐述过法律与自由的关系,认为“文化上的每一个进步,都是迈向自由的一步。”[22]宪法就是自由和人权的“圣经”。人类的历史就是不断呼唤自由和实现自由的过程。

作为法律概念和法治精神的自由,首先意味着意志自由与行动自由的统一。意志自由是自由的内在状态,是借助于对事物的认识来做出决定的那种能力。它主要表现在对规律的认识、偏好、行动目标、路线和方式的选择上。行动自由是自由的外在状态,是根据对客观规律的认识和目标选择而支配自己和外部世界的能力。它主要表现在对规律的控制、驾驭和利用上,表现在不受他人干涉和限制而作为的状态中。意志自由是行动自由的前提,行动自由是意志自由的现实化。因此,真正的自由是不断由意志自由转化为行动自由的一系列过程。

作为法律概念和法治精神的自由,其次意味着个人与社会的对立与统一。自由作为个人与社会的对立与统一,意味着自由的实质是个人利益与社会利益、个人的独立和自决与社会的统一和公决、个人的发展与社会的发展的关系,因而也是个人与社会之间双向的权利义务关系。社会一方面是一个统一的、完整的体系,另一方面是一个特别易变的、活跃的体系。其完整性是由存在于这个体系中的某些普遍的自然规律和生存条件所决定的,这些自然规律和生存条件同时又决定着体现这种普遍性的所有人类个体基本结构上的一致性和相互依赖性。同时社会又是由互不相同的个体所组成的,他们在一致性和相互依赖性以外还具有某种特殊性,而且与整体相对独立,并拥有一定的自由倾向。因此,在最基本的社会生活中,包含着内在矛盾——社会生活的完整性只能通过社会成员的自主和个体的相对独立性才能得到保证。既然如此,那么每个个体就应该享有相对的活动自由,社会就应当也必须为个人提供他所选择的自由。然而,由于个人归根结底只是社会整体的一部分,因此他的自由总是要受到社会规则的制约。不顾社会所固有的规则,个人就不能生活于社会之中,而不能生活于社会之中,也就等于丧失了自由。正如马克思所说:“只有在集体中,个人才能获得全面发展其才能的手段,也就是说,只有在集体中才可能有个人自由。”[23]于是产生了另一对矛盾——个人自由与社会统制的矛盾,产生了对这一矛盾进行合理调节的必要。法治是公正合理地调节个人自由与社会统制的最佳方式。它以承认和保护个人自由为前提,把自由置于社会的普遍利益之中,使社会成员平等地享有基本自由。英国思想家密尔把自由界定为“社会所能合法施于个人的权利”。我国资产阶级启蒙思想家严复把密尔的名著《自由论》译为《群己权界论》。他们的自由观深刻地揭示了自由的个体性与社会性、个人权利和义务与社会权利和义务的统一。

法治是自由的“保护伞”。实行法治,就是要保证人民享有广泛的自由,从而使社会充满活力。广泛的自由包括:人身自由,不因性别、出身、血缘、籍贯、财产、受教育程度等因素而受到管制和歧视;思想自由,让想象力和兴趣热情奔放,生产出各种各样的精神产品和物质产品;言论自由,每一个人都有权利负责任地以语言、文字、图画、微博、微信、视频及其他方法自由地发表和传播自己的意见,并且拥有听取他人意见的平等权和相对于政府的知情权;创造自由,让聪明才智在理论创新、技术创新、生产创新、文化创新、制度创新等方面“物尽其用”;契约自由,基于血缘、亲情、宗教、伦理、权力等而形成的“人对人的依赖关系”退居到次要地位或者被彻底粉碎,每个人都成为独立的个人和平等的权利主体,每个人都可以依据自己的切身利益和合理预判与他人自由地交往和交易。人民享有广泛的自由,一切劳动、知识、技术、管理、资本等生产要素的活力才会竞相迸发,社会财富才会泉水般地涌现出来。中共十八届三中全会通过的《中共中央关于全面深化改革若干重大问题的决定》(以下简称十八届三中全会《决定》)提出设立政府权力清单制度和公民、法人、社会组织、市场主体权利负面清单制度,认定国家机关和公权力部门“法无授权不可为”,公民、法人、社会组织、市场主体“法无禁止则自由”,这是国家治理中对自由的尊重和保障,必将极大地推动法治的自由文化的形成和发展。

培育自由的法治文化,首先要把自由法律化为权利,使之成为主体从事一切对别人没有害处的活动的权利。当主体的自由意志得到国家承认时,它就具有了合法性,从而表现为"普遍的权利"。以自由权利形式表现出来的意志,已经不再仅仅是主体的意志,同时也是国家的意志。因此,任何对它的侵犯,也是对国家利益的侵犯,要受到国家强制力的回击。法律在把自由确认为权利的同时,也就确定了自由权利的范围。如果自由权利意味着为所欲为,那么自由就不复存在了,因为这将是对自由的互相否定,所以,各种自由权利都必须有一个明确的边际。在这个边际所指明的范围之内,权利的主体可以从事他想干的一切事情,别人的干涉是违法的。如果他的行为超出这个范围,他的自由就失去了权利的法定性质,他的行为可能构成违法,因为这时候他可能对其他人的合法利益造成损害。

培育自由的法治文化,其次要使人们自觉地把自由与责任互为联结。社会生活中的自由与责任是对立统一的。一方面,责任是对自由的制约和限定;另一方面,责任又是自由的保护机制。法律责任的设定对于保障每个人的平等自由是绝对必要的,因为"没有责任,自由就会成为无政府状态,而人的权利就会成为无限制的任性"。〔24〕

八、正义文化

公平正义是法治的核心价值追求。无论是在西方还是在东方,从词语上、语境上,法律、法治总是意味着某种公平。西文中的jus,droit,recht,право等词语不仅有"法"的语义,而且都兼有权利、公平、正义等内涵。"正义只有通过良好的法律才能实现","法是善和正义的艺术"。这些古老的法学格言也表明法和正义是不可分的。我国清末启蒙思想家梁启超说过:"法者,天下之公器也。"〔25〕

公平正义是法的核心功能与价值,也是中国特色社会主义的内在要求。有鉴于此,中共十八届三中全会《决定》把"促进公平正义”、“增进人民福祉”作为全面深化改革的出发点和落脚点，强调“让发展成果更多更公平惠及全体人民”。[26]习近平总书记指出：“全面深化改革必须着眼创造更加公平正义的社会环境，不断克服各种有违公平正义的现象，使改革发展成果更多更公平惠及全体人民。”“不论处在什么发展水平上，制度都是社会公平正义的重要保证。我们要通过创新制度安排，努力克服人为因素造成的有违公平正义的现象，保证人民平等参与、平等发展权利。要把促进社会公平正义、增进人民福祉作为一面镜子，审视我们各方面体制机制和政策规定，哪里有不符合促进社会公平正义的问题，哪里就需要改革；哪个领域哪个环节问题突出，哪个领域哪个环节就是改革的重点。对由于制度安排不健全造成的有违公平正义的问题要抓紧解决，使我们的制度安排更好体现社会主义公平正义原则，更加有利于实现好、维护好、发展好最广大人民根本利益。”[27]

作为法治的生命线和社会主义的内在要求，公平正义自然构成中国社会主义法治的文化底蕴。公平正义的法治文化内涵主要包括权利公平、机会公平、规则公平、司法公正等理念。

权利公平。权利公平包括三重意义：一是权利主体平等，排除性别、身份、出身、地位、职业、财产、民族等各种附加条件的限制，公民皆为权利主体，谁都不能被排除在主体之外；国家对每个公民“不偏袒”、“非歧视”。二是享有的权利，特别是基本权利平等。在基本权利方面不允许不平等的存在，更不允许任何组织或者个人有超越宪法和法律的特权。三是权利保护和权利救济平等。“无救济则无权利”。任何人的权利都有可能受到侵害或削弱，当权利受到侵害或者削弱的时候，应当获得平等的法律保护和救济。不能因为当事人保存证据的意识和取证能力不强、交不起诉讼费用、请不起律师等原因而导致打官司难、胜诉难、胜诉之后执行难。

机会公平。机会公平也称作机会平等。机会公平是人类从身份社会进入契约社会的过程中提出来的反对封建等级制度和世袭制度的革命纲领。机会公平纲领要求摒弃先赋性特权、身份等级等不公正因素的影响,保证每个社会成员能够有一个平等竞争的条件,从而拓展个人自由创造的空间,最大限度地发挥每一个人的能力和潜能。在现代社会,机会公平堪称是最重要的正义原则,因为机会公平是起点平等,没有起点平等,后续的平等就是画饼充饥。机会公平意味着对发展进步权利的普遍尊重。它要求在公共领域公正地对待和确保每一个人的权利,各种职位对一切符合条件的人开放,允许并鼓励不同阶层、地域互相开放,允许社会成员自由流动。机会公平当中最重要的是教育公平。教育公平就是为人人提供同等的受教育的机会和均等的教育资源,为所有人创造自由而全面发展的均等条件,使人们在公平正义的阳光普照下,从同一起跑线上起跑,向着共同的幸福未来进发。

机会公平还包括代际公平。这不仅要切实保证当代人的机会公平,而且应当关注和保证后代人机会公平。当前,我国有相当多的农民、农民工、普通工人和困难群众子女享受不到公共教育资源,不能接受平等教育,这必将导致他们普遍缺乏在未来社会生存和竞争的能力,形成新的社会不公。习近平总书记高度重视机会公平。他说:“生活在我们伟大祖国和伟大时代的中国人民,共同享有人生出彩的机会,共同享有梦想成真的机会,共同享有同祖国和时代一起成长与进步的机会。有梦想,有机会,有奋斗,一切美好的东西都能够创造出来。”〔28〕

虽然机会公平并不能确保“结果平等”,但它为每个成员的发展提供了公平参与和实现梦想的可能性。在社会各个领域,人们之间能力有高低,结果会不同,但机会公平了,心态就会平和许多。最近几年频频曝光的“官二代”、“官三代”违规担任公职和领导干部的事件在媒体上被广泛议论,根源就在于它们破坏了机会公平、平等竞争的底线,泯灭了其他竞争者脱颖而出的梦想和预期,触动了广大平民百姓渴望机会公平的神经。

规则公平。规则是一个统合概念,包括了所有的法律规则、政策规则、显规则、潜规则、硬规则、软规则等。这里讲的规则公平主要是指政策和法律规则要公平。规则公平有三重含义:第一,形式上公平,就是人们经常说的法律(政策)面前一律平等,即立法上的平等,全体公民,不分民族、种族、职业、宗教信仰、财产状况、受教育程度、居住年限与社会地位,在法律规则和标准面前人人平等。第二,实体公平,就是权利义务对等,既不允许存在无权利的义务(奴役),也不允许存在无义务的权利(特权),每个人都既享有权利又承担义务,自由地行使权利,忠实地履行义务。第三,在法律实施中"无例外",对任何公民的合法权益,都应当依法保护;对任何公民的违法犯罪行为,都平等地依法追究。既不容许不受保护的"例外",也不容许不受处罚的"例外"。总之,任何人,不论职位高低,不论贫富差异,法律上一视同仁。

司法公正。司法是维护社会公平的最后一道防线,司法公正是社会公平的底线。客观地说,我国的司法基本上是公正的,但不公正的案件时有发生,造成了恶劣影响。影响司法公正的首要因素是法官、法庭、法院难以做到依法独立公正办案,遭遇到的干扰和干涉太多。2013 年 2 月 23 日,习近平总书记在中央政治局第四次集体学习会上尖锐地指出:"群众反映,现在一个案件,无论是民事案件还是刑事案件,不托人情、找关系的是少数。尤其是到了法院审判环节,请客送礼、打招呼、批条子的情况很严重"。这说明依法独立公正司法的外部环境很差,司法独立和司法公正受到不应有的干扰。地方保护、部门保护的干扰和干涉,以权压法、权大于法,迫使司法机关滥用职权、违法办案的现象时有发生,导致司法不公、冤假错案,甚至引发大规模群体性事件,特别是在土地征用、房屋拆迁、社会保障、高速公路建设、新农村建设等领域尤为突出。越是往下,司法机关依法独立公正办案的压力越大。

司法公正是司法公信和国家公信的基础,如果这一基础被虚化，人民群众对公平正义的信心、对法律的信任、对法治的期待，就会一落千丈。正如英国哲学家培根所言："一次不公正的司法判决其恶果甚至于十次犯罪，因为犯罪只是弄脏了水流，而不公正的判决却是弄脏了水源。"[29]所谓"弄脏了水源"，就是破坏了司法和法律的公正，摧毁了司法和法律的公信力。党的十八大之后，习近平总书记多次强调指出：全面推进依法治国，必须坚持公正司法。"要依法公正对待人民群众的诉求，努力让人民群众在每一个司法案件中都能感受到公平正义，决不能让不公正的审判伤害人民群众感情、损害人民群众权益。"[30]在2014年1月召开的中央政法工作会议上，习近平总书记明确提出，维护公平正义是司法与法治的核心价值。这表明，党和人民对司法提出了更高的标准和更严格的要求。为了做到司法公正，所有司法机关都要紧紧围绕公正这个主题来改进工作，重点解决影响司法公正和制约司法能力的深层次问题，要优化司法职权配置，规范司法行为。同时，要坚持和改进党对司法的领导，加强和改进人大对司法工作的监督，进一步深化司法改革，确保人民法院、人民检察院依法独立公正地行使审判权和检察权，切实维护司法权威和公正；要大力培养理性的司法文化，尊重司法公正和司法权威，为司法机关创造公正司法的制度环境、文化环境和物质条件。

九、和谐文化

"和谐"是一个非常古老而又经久不衰的概念。人们通常是在美学、哲学和社会科学三个方面理解"和谐"。在美学意义上，东西方思想家早就将和谐视为至美、最美。中国思想家欣赏音乐的和谐之美，把音乐中不同音符之间的合成与流动看作和谐。古希腊思想家认为"美是和谐的比例"，数是比例的表达，事物之间的和谐关系可以表现为某种恰当的数的比例关系。在哲学意义上，古希腊哲学家毕达哥拉斯把"和谐"作为哲学的根本范畴，并且认为和谐是以差别和对立的存在为前提的，是“对立的东西产生和谐，而不是相同的东西产生和谐”。“和谐”（“和”）也是中国哲学的根本范畴。春秋战国时期就有思想家做出了“和实生物，同则不继”（《国语·郑语》）的著名论断。孔子提出“君子和而不同，小人同而不和”（《论语·子路》），并且认为和谐不仅是客观规律，而且是做人、治国的原则，因而把“和”、“同”两个范畴引入社会道德领域和政治领域。在社会科学诸多学科中，和谐也是重要范畴或基本范畴，这一范畴通常与国家理想和国家治理、社会治理相联结。华夏先民主张的“小康社会”，孙中山追求的“天下为公”，柏拉图所设想的“理想国”，空想社会主义者傅立叶、欧文、魏特林等人设想的“乌托邦”，马克思和恩格斯梦想的共产主义社会，毛泽东等新中国缔造者提出建立的“中华人民共和国”，都是以和谐为表征的国家或社会。上述意义是互通的，为我们理解和谐概念和作为国家与社会理念的和谐提供了丰富的思想资源。

党的十六大以来，有关和谐、社会和谐、促进社会和谐、构建社会主义和谐社会等的论述和实践，则为我们深刻把握和谐价值提供了更为直接的思想理论基础。党的十六大报告在阐述全面建设小康社会的宏伟目标时强调，要努力形成全体人民各尽其能、各得其所而又和谐相处的局面，巩固和发展民主团结、生动活泼、安定和谐的政治局面。十六届六中全会通过的《中共中央关于构建社会主义和谐社会若干重大问题的决定》，进一步明确了构建社会主义和谐社会的指导思想、目标任务和原则，进一步部署了构建社会主义和谐社会的工作任务。党的十七大报告十分深刻地作出了“社会和谐是中国特色社会主义的本质属性”的论断，并指出：“构建社会主义和谐社会是贯穿中国特色社会主义事业全过程的长期历史任务，是在发展的基础上正确处理各种社会矛盾的历史过程和社会结果”，“要按照民主法治、公平正义、诚信友爱、充满活力、安定有序、人与自然和谐相处的总要求和共同建设、共同享有的原则,着力解决人民最关心、最直接、最现实的利益问题,努力形成全体人民各尽其能、各得其所而又和谐相处的局面,为发展提供良好社会环境”。[31]十八大报告也强调:“加强社会建设,是社会和谐稳定的重要保证”,“建设富强、民主、文明、和谐的社会主义现代化国家”。[32]十八大以后,党中央进一步将和谐确定为社会主义核心价值要素。

在法治领域,无论是古人所说的“定分止争”,还是今人所说的“良法善治”,维护和促进社会和谐,实现各主体各尽其能、各得其所又和谐相处,都是法治的精髓所在。在构建社会主义和谐社会的背景下,和谐文化更是大放异彩。

树立法治的和谐文化,就是要以和谐作为法治的核心价值,并把和谐价值融入法律规范体系和国家治理制度体系之中,推进和谐法治,实现和谐治理,构建社会主义和谐社会。为此,第一,要致力于引导和维护作为社会细胞的个体与个体的和谐,在诚信友善的基础上,促进人与人之间真诚相待、坦然相处、友爱互助,建立起良好和谐的人际关系,夯实和谐社会、和谐中国的根基。第二,要致力于引导和维护人与社会和谐,包括公民与国家的和谐,个体与集体的和谐,居民与社区的和谐,群体(阶层)与群体(阶层)的和谐等。第三,要引导和维护人与自然的和谐,人与自然的和谐与人与人、人与社会的和谐是相得益彰的。第四,要致力于引导和维护中国与世界的和谐,推进国际关系民主化、全球治理法治化,尊重文化多样性和发展模式多样化,尊重各国独立自主选择发展道路的权利,尊重各国平等参与国际事务的权利;坚持国与国之间和平、民主、平等的原则,强调以合作共赢为目标,以合作谋和平,以合作促发展。

和谐不仅是法治的基本价值,在某种意义上也是法治的终极价值、元价值。相对于其他价值,其“终极性”、“元地位”表现在:第一,和谐凝练法治的价值,即从社会生活、历史传统、社会未来发展、哲学和法理中凝练出现代法治的价值。第二,和谐规范法治的价值,即从根本上决定着其他价值的本质属性,例如,秩序应当是和谐的秩序,自由应当是和谐的自由,正义应当是和谐的正义,人权应当是和谐的人权,效率应当是和谐的效率,等等。第三,和谐引领和协调国家法治的价值,使它们成为内在统一、互为补充、互相支撑的价值体系。第四,和谐反思和追问法治的价值,推动法治和国家治理的制度创新。进入21世纪以来,和谐越来越成为中国社会普遍关注的价值理念和标准,成为统摄一切价值的元价值。导入和谐精神,建设和谐法治,必将使中国社会主义法治体系和国家治理体系超越中国传统“统治”和西方传统“治理”而走向善治。

培育法治的和谐文化,当以和谐作为当代中国法治的灵魂与核心理念,并根据构建社会主义和谐社会的要求进行法律的制定、修改或清理。应当树立以人为本和尊重人权的立法理念,克服以物为本、权力本位、忽视人权的立法弊端;对立法重点和利益协调方式进行相应的调整,实现立法与社会发展的和谐统一;应高度重视推进社会事业、健全社会保障、规范社会组织、加强社会管理、增强公共服务等方面的法律法规,以及环境保护、资源利用和生态维护方面的立法;高度重视关于人民群众关注的热点、难点问题的立法,特别应加强有关民生问题的立法,诸如保障公民受教育权、农民利益和农民工权利、促进就业、建立和谐稳定劳动关系的立法,规范动迁拆迁、土地征用、商品房建设和买卖的立法,约束权力运行、惩治腐败行为的立法,等等。要在法律规范体系和法律运行过程中实现权利与义务的和谐,权利与权力的和谐,实体法与程序法的和谐,不同法律部门之间、法律规范之间、法律机制之间的协调。

除了立法和谐,执法和司法也要充分体现和谐精神,实现和谐执法、和谐司法。要从有利于社会和谐出发,采取有利于社会和谐的方式进行执法活动,既要严格执法,又要文明执法,促进全社会和谐局面的形成、巩固和发展。要建立民主、科学、公正、高效的执法程序,保证行政机关依照法定程序行使执法权力;要健全行政执法责任追究制度,完善行政复议、行政申诉、行政赔偿制度,使行政机关切实做到有权必有责、用权受监督、违法要追究、侵权要赔偿。司法是化解社会矛盾和纠纷的国家法律活动,更应当把和谐的理念、进而把善治的理念融入社会主义司法体制和司法活动之中,并使之统领公正和效率,在和谐司法中促进社会和谐。

十、理性文化

理性是法治精神的核心要素,法律就是定分止争的实践理性。诚如我国宋代思想家朱熹所言:"法者,天下之理。"[33]西方法学家,从古代到当代,几乎都把理性作为法律精神,马克斯·韦伯甚至马克思都把理性作为解释法律概念和法律观的关键词。古罗马思想家西塞罗说:"运用于指令和禁令的真正且首要的法律就是至高无上的朱庇特的正确理性。"[34]胡锦涛同志曾指出:"法治是以和平理性的方式解决社会矛盾的最佳途径。"[35]这些都说明了法、法治与理性的内在关联,也充分说明法治文化必然是一种理性文化、理性精神。

当然,在现代法哲学的理论体系之中,"理性"并不仅仅意味着法治要合乎认知理性,更重要的是合乎道德理性、价值理性;法治不仅要合乎真理,还要合乎情理;不仅要合乎私理、私人理性,更要合乎公理、公共理性(法律中的正义、平等、自由、人权、道德价值等)。

理性作为人类构建世界的主体认知方式,是人类社会进步的动力和源泉,也是现代法治形成与发展的基础和先导。自古以来,人治依赖愚昧、愚忠、无知、迷信等非理性因素的支持,法治则是由理性精神支撑的。以理性精神审视人性,必然提醒我们正视这样一些基本的事实:人性是脆弱的、有缺陷的,即使伟大的人物,因为他不是"神",其性格结构也可能是双重的。他的情绪、他的注意力,以致他的好恶都可能不规则地改变或转移,他的认识和理解会出现偏差以致陷于成见，他的行为可能失却理智而被情绪所左右。特别是在领袖职位终身制的体制下，更容易出现各种负面的情况。20 世纪 60 至 70 年代的中国之所以出现民主全面崩溃、法制荡然无存的局面，是与极少数不怀好意的人发动“造神运动”、鼓动对领袖人物的迷信、盲从和愚忠密不可分的。一旦我们以理性精神审视人性，就会否定至善无瑕的“先知”、“超人”、“圣杰”的存在，人治或贤人政治的主张就没有任何理论根据。邓小平同志以理性精神和科学态度深刻地分析了斯大林、毛泽东晚年破坏社会主义民主和法制的失误和错误，揭示了对个人迷信导致人亡政息、难以为继的规律，深刻指出，如果一个党、一个国家把希望寄托在一两个人的威望上，是很危险的，不出事没问题，一出事就不可收拾。邓小平同志树立了以理性精神支撑法治的范例。以理性精神做指导，必然要选择法治、摒弃人治。

今天，在全面推进依法治国、建设社会主义法治体系和法治国家的历史进程中，必须在全民族培育法治的理性文化，使全体人民牢固树立“法律是定分止争的实践理性”、“法治是以和平理性的方式解决社会矛盾的最佳途径”、“法治是治国理政的基本方式”等先进理念。

各级领导干部尤其要树立理性的法治观，强化法律在维护群众权益、化解社会矛盾中的权威地位，引导和支持人们理性表达诉求、依法维护权益。要善于与人民群众理性对话，善于与不同意见的当事者协商，做到合法合理，合真理、合情理。只要党政工作人员理性平和、真诚对话、协商执法，人民群众也会理性、合法地维护自己的权利，而不至于采取极端的行为。官民都理性平和，很多矛盾就不会升级，不会激化为恶性事件，不会爆发成大规模群体性事件。

各类执法和司法人员要学会理性平和地运用法律机制处理各种问题和矛盾。理性平和就是要求以平等谦和而不是居高临下的态度对待人民群众，要以公心、诚心和耐心解决人民群众的诉求，疏导和化解社会矛盾,最大限度地增加和谐因素,减少对抗因素;要改进执法方式方法,不要动不动就对群众使用暴力、警力、国家强制力,即使在土地征用、房屋拆迁、重大工程建设等容易出现暴力抗法的场合,也要禁止滥用暴力强迫民众就范,避免"以暴制暴"而引发恶性事件和群体性事件。在当前各类社会矛盾较为突出,同时人民群众对法律的了解和认知尚不充分的背景与条件下,理性地处理涉法问题,不仅关系到执法的实际效果,也关系到法治的权威。法律本身是理性平和的,如果在执法和司法过程中能够进一步做到理性平和,那就更好。

培育理性的法治文化,还要求正确处理好法律与道德、感情、舆论的关系,不能用伦理代替法理、混淆法律与道德的界限;不能以情感对待法治,感情用事,办关系案、人情案;不能实行"舆论审判",用舆论干预和干扰法律的执行和适用。

十一、普适文化

普适文化,也可以说是共识文化、价值共识。法治的普适文化是指全球范围内在法治领域相对普遍认同的观念、规律和价值,诸如自由、平等、公正、人权、民主、文明、科学、和平、安全、包容、环保、信用等。在这些观念、规律和价值基础上形成了依法而治(法治国)、权力制约、人权至上、财产神圣、法律面前人人平等、契约自由、罪刑法定、正当程序、权利推定等法治原则,以及司法(职权)独立、法官中立、律师自由执业、疑罪从无、非法证据排除等司法原则。它们是现代法治的普遍标准,是超越不同国家、不同地区、不同社会之个别性差异的一般规律和共同价值,尽管人们对这些观念、规律、价值的具体解读存在差异,尽管这些观念、规律、价值在不同社会制度和文化传统的国家具体实现的形式、途径和程度有差异。例如,对权力的监督制约这一法治的普遍规律,美国有美国的具体体制和做法,法国有法国的具体体制和做法,中国有中国的具体体制和做法。

解读与实践的差异并不妨碍法治领域的价值共识。价值共识是各种价值观和价值标准的最大公约数,是不同价值观冲突中趋同的部分。《联合国宪章》、《世界人权宣言》、一系列国际人权公约、环境公约、发展宣言就是价值共识的标志。例如,《世界人权宣言》宣称:“人人生而自由,在尊严和权利上一律平等。他们赋有理性和良心,并应以兄弟关系的精神相对待”。主张“人人有权享有生命、自由和人身安全。”“不分种族、肤色、性别、语言、宗教、政治或其他见解、国籍或社会出身、财产、出生或其他身份等任何区别。并且不得因一人所属的国家或领土的政治的、行政的或者国际的地位之不同而有所区别。”“在法律面前人人平等,并有权享受法律的平等保护,不受任何歧视。”“每个人,作为社会的一员,有权享受社会保障,并有权享受他的个人尊严和人格的自由发展所必需的经济、社会和文化方面各种权利的实现。”这些恐怕是任何国家的政府、任何一派学者都不可能公然否定的价值共识。

培育法治的普适文化,增进法治价值共识,首先要消除在普适文化问题上的模糊认识和错误观念。有一种观点认为,普适文化就是西方文化。其实,普适文化是人类在交往中逐渐形成的共同价值取向,各国人民的价值观之间并不存在一条天然的鸿沟。无论如何,不能把普适文化等同于或归结于西方文化、西方价值,要知道东方文化(如儒家文化)对普适文化的形成有着深刻影响和积极贡献。《联合国宪章》、《世界人权宣言》等诸多宣示和规定都凝聚着我们中国人的智慧和价值观。即使是西方的文化和价值也不全是糟粕,马克思主义就是源于西方、在世界范围内发展的价值体系。价值可以普适,作为价值载体的政治制度是不可能普适的。

培育法治的普适文化,增进法治价值共识,必须深刻认识法治的普适意义。2014 年 12 月 23 日,习近平总书记在党的十八届四中全会第二次全体会议上指出:“坚持从我国实际出发,不等于关起门来搞法治。法治是人类文明的重要成果之一，法治的精髓和要旨对于各国国家治理和社会治理具有普遍意义，我们要学习借鉴世界上优秀的法治文明成果。但是，学习借鉴不等于是简单的拿来主义，必须坚持以我为主、为我所用，认真鉴别、合理吸收，不能搞‘全盘西化’，不能搞‘全面移植’，不能照抄照搬。”[36]国务院原总理温家宝在回答中外记者提问时指出：“科学、民主、法制、自由、人权，并非资本主义所独有，而是人类在漫长的历史进程中共同追求的价值观和共同创造的文明成果。”[37]

培育法治的普适文化，增进法治价值共识，还要深刻把握时代潮流。人类已经进入全球化时代。包括经济全球化、公共事务全球化、人权全球化、环境全球化、法律全球化等在内的全球化正在有力地改变着人类的生产方式、生活样式、文化形态，影响着人类社会的经济制度、政治制度、法律制度，深刻地影响着国际关系及其处理方式。全球化推动法治普适文化的传播。法治已经成为当今世界人类社会的基本共识和普遍价值，我国确立的社会主义核心价值观也包括法治的要素。与法治成为普适文化相适应，国际社会呈现出法治化的大趋势，人类正在进入法治时代，国家之间、区域之间乃至世界范围内的很多问题越来越多地纳入法治轨道。这些年来，联合国积极推动国际法治建设，取得了不少成绩。2005年《世界首脑会议成果文件》将法治作为一项价值观和基本原则，呼吁在国家和国际两级全面实行法治。联合国大会及其第六委员会和国际法委员会，致力于国际条约的制定和国际法的编纂，为“国际立法”做出了积极贡献。安全理事会积极预防和解决地区冲突，设立特设刑事法庭，把违反国际人道法和人权法的个人绳之以法，通过法治手段，维护国际和平与安全。国际法院通过司法手段解决国际争端，其判决和咨询意见阐明了国际法的有关原则和规则，丰富和发展了国际法。从2006年开始，联合国大会第六委员会开始讨论国家和国际两级法治的问题，肯定了我国政府代表提出的“法治是人类文明和进步的重要标志”的观点。党的十八大以来，中国国家元首和政府首脑奋力推进国际关系法治化和法治价值普遍化、普及化。在和平共处五项原则发表60周年纪念大会上，习近平主席指出：“我们应该共同推动国际关系法治化。推动各方在国际关系中遵守国际法和公认的国际关系基本原则，用统一适用的规则来明是非、促和平、谋发展。”〔38〕在亚非法协第五十四届年会开幕式上，李克强总理指出：“和平与发展仍然是时代主题，合作共赢更是大势所趋，推进国际法治是人心所向。……新形势下，亚非各国应继续发扬万隆精神，共同促进世界和平发展与公平正义。”〔39〕为此，他提出：一是推动国际政治秩序更加公正合理，二是促进世界经济更加开放有序，三是维护国际和地区和平稳定，四是共同应对全球非传统安全挑战，五是深化国际法治交流合作。中国和亚非国家要积极参与国际立法，切实维护国际法的权威性和有效性。中国坚定奉行和平共处五项原则，坚持依法办事。我们将在加快国内法治建设的同时，为推进国际法治进程做出更大贡献。

注 释

〔1〕 张文显：“法律文化的结构及功能分析”，载《法律科学》1992年第5期，第3页。

〔2〕 参见刘海年：“中国古代的法治与社会经济发展”，载《法学研究》1992年第1期。

〔3〕 《邓小平文选》（第2卷），人民出版社1994年版，第332页。

〔4〕 ［古希腊］亚里士多德：《政治学》，吴寿彭译，商务印书馆1965年版，第199页。

〔5〕 转引自张国华主编：《中国法律思想史》，法律出版社1982年版，第265页。

〔6〕 习近平：“关于《中共中央关于全面推进依法治国若干重大问题的决定》的说明”，载《人民日报》2014年10月29日，第2版。

〔7〕 “依法治国依法执政依法行政共同推进 法治国家法治政府法治社会一体建设”，载《人民日报》2013年2月25日，第1版。

〔8〕 “中共中央关于全面推进依法治国若干重大问题的决定”，载《人民日报》2014

年10月29日,第1版。

〔9〕“中共中央关于全面推进依法治国若干重大问题的决定”,载《人民日报》2014年10月29日,第1版。

〔10〕Opinion of Justice William O. Douglasin Joint Anti – Fascist Refugee Committee v. McGrath, United States Reports. Vol. 341, 1951, p. 179.

〔11〕“中共中央关于全面推进依法治国若干重大问题的决定”,载《人民日报》2014年10月29日,第1版。

〔12〕参见陈向明:“从范式的角度看社会科学研究的质量评价”,载《中国社会科学季刊》1997年11月总第21期。

〔13〕《马克思恩格斯选集》(第1卷),人民出版社1995年版,第15页。

〔14〕《马克思恩格斯全集》(第16卷),人民出版社1964年版,第16页。

〔15〕《马克思恩格斯全集》(第1卷),人民出版社1956年版,第71页。

〔16〕《列宁全集》(第12卷),人民出版社1987年版,第50页。

〔17〕“中共中央关于全面推进依法治国若干重大问题的决定”,载《人民日报》2014年10月29日,第1版。

〔18〕陈云生:《权利相对论:权利和义务价值模式的建构》,人民出版社1994年版,第99页。

〔19〕[法]罗伯斯比尔:《革命法制和审判》,赵涵舆译,商务印书馆1965年版,第138页。

〔20〕[德]黑格尔:《法哲学原理》,范扬、张企泰译,商务印书馆1961年版,第10、36页。

〔21〕[英]洛克:《政府论》(下篇),叶启芳、瞿菊农译,商务印书馆1964年版,第35—36页。

〔22〕《马克思恩格斯选集》(第3卷),人民出版社1995年版,第456页。

〔23〕《马克思恩格斯全集》(第3卷),人民出版社1960年版,第84页。

〔24〕[苏联]雅维茨:《法的一般理论——哲学与社会问题》,朱景文译,辽宁人民出版社1986年版,第197页。

〔25〕转引自张国华主编:《中国法律思想史》,法律出版社1982年版,第449页。

〔26〕《中共中央关于全面深化改革若干重大问题的决定》,人民出版社2013年版,第4页。

〔27〕习近平:“切实把思想统一到党的十八届三中全会精神上来”,载《人民日报》2014年1月1日,第2版。

〔28〕 习近平:“在第十二届全国人民代表大会第一次会议上的讲话”,载《人民日报》2013年3月18日,第1版。

〔29〕 W. Aldis Wright M. A., Bacon's Essays and Colours of Good and Evil with Notes and Glossarial Index, New York:the Macmillan Company, 1899, p. 222.

〔30〕 习近平:“在首都各界纪念现行宪法公布施行30周年大会上的讲话”,载《人民日报》2012年12月5日,第2版。

〔31〕 胡锦涛:“高举中国特色社会主义伟大旗帜　为夺取全面建设小康社会新胜利而奋斗——在中国共产党第十七次全国代表大会上的报告”,载《人民日报》2007年10月25日,第1版。

〔32〕 胡锦涛:“坚定不移沿着中国特色社会主义道路前进　为全面建成小康社会而奋斗——在中国共产党第十八次全国代表大会上的报告”,载《人民日报》2012年11月18日,第1版。

〔33〕 (宋)朱熹:“朱子大全·学校贡举私议”,载《朱子大全》(卷69),四部备要本。

〔34〕 [古罗马]西塞罗:《国家篇　法律篇》,沈叔平、苏力译,商务印书馆1999年版,第180页。

〔35〕 “胡锦涛会见出席第22届世界法律大会代表”,载《光明日报》2005年9月6日,第1版。

〔36〕 习近平:“加快建设社会主义法治国家”,载《求是》2015年第1期。

〔37〕 “胡锦涛会见出席第22届世界法律大会代表”,载《光明日报》2005年9月6日,第1版。

〔38〕 习近平:“弘扬和平共处五项原则　建设合作共赢美好世界——在和平共处五项原则发表60周年纪念大会上的讲话”,载《人民日报》2014年6月29日,第2版。

〔39〕 李克强:“加强亚非团结合作　促进世界和平公正——在亚非法协第五十四届年会开幕式上的主旨讲话”,载《人民日报》2015年4月14日,第2版。

变革时代区域法治发展的基本共识*

现在,我就这次学术研讨会谈一些感受和体会。这里,先从形式上对这次会议做一个程序上的总结。我认为,这次会议有如下特点,也是会议取得成功的评价标准:

第一,这次会议的主题具有鲜明的时代性、创新性,丰富的学术性和积极的参与性。社会变革、法治改革是一个非常前沿的问题,具有时代性。创新主要体现在会议主题的讨论,必将推动我国法学研究的学术创新、理论创新和法治建设的实践创新。说它具有丰富的学术性,就是因为这个主题具有强烈的问题意识和问题导向,主题的学术含量很深厚、很丰富,它的学术价值经过一段实践我们会看得更深。积极参与性表现在这个论题是参与性论题,它致力于参与区域法治发展,通过参与区域法治发展,推动法治中国建设,所以体现了理论探索的意义。

第二,这次会议的过程体现了鲜明的学术自由与学术民主。学术自由体现在这次会议,无论是撰稿人、论文的作者、会议的学术报告人,还是评论人以及自由发言人,都在独立思考的基础上,畅所欲言,没有调子,没有框子。学术民主体现在,虽然会议邀请

---

* 本文是作者2013年10月26日在南京举办的“变革时代的区域法治发展”学术研讨会上所作的学术总结,发表于《法制现代化》(2013年卷)。

的老师和应邀参加的同学人数并不多，但参会者来自全国各地，有经济发达地区的代表，有经济相对落后地区的代表，还有正在崛起地区的代表，大家带着不同地区的经验，带着不同地区的呼声与追求来参加会议，对于区域法治发展、地方法治建设问题比较有研究的学者几乎都到场了。有三十六位作者提交了三十篇论文，有的是双作者，十六位学者做了精彩的主题报告，二十多位学者参与了评论和自由讨论。同时学术民主还体现在充分的学术对话，对话的过程是平等的、对话的结果是多种思想的交流，从而深化了认识，产生了新的观点，对话的各方都受到了启发，都很有收获。

第三，这次会议的设计、策划具有鲜明的科学性与规范性。首先，会议只设计两个专题，一是区域法治发展的理论与历史，二是区域法治发展的实践探索。作为区域法治发展这一主题的首次全国性研讨会，这两个专题的设计为与会者围绕主题开展研究找到了逻辑起点，无论是从理论、历史还是从实践等角度切入，都给大家找到了一种思路和路径。其次，这两个专题都有很强的包容性、涵盖性，为与会者提供了广阔的思考空间与自由的话语空间。再次，每个单元安排一个主持人、四位报告人、两位评议人，以及若干自由发言人，时间 90 分钟。我推算了一下，这种设计非常合理，其合理性在于，一是与会议代表的规模相适应；二是与表达内容的含金量相适应，如果给大家 20 分钟，就得拖泥带水了，但如果只给大家 5 分钟，很多内容又难以表达清楚。

第四，学术活动程序性的设计既有计划的一面，体现了程序性，又体现了市场性，可以说是计划性与市场性相结合，原则性与灵活性相结合，这种设计既提高时间效率，又保证学术平等，同时也方便了学术对话与交流，特别是为年轻学者提供了自由讨论的机会。

作为首次区域法治发展的全国性研讨会，本次会议的实质性学术收获很多，最重要的收获，概而言之，就是与会同仁形成了变

革时代区域法治发展的基本共识,因这次会议在南京召开,亦可称之为"南京共识",共有八点:

一是"区域法治发展"的概念是成立的,可以证成的,也是经过证成的。大家在发言交流中使用"区域法治发展"这一概念都是经过理论证明的。"区域法治发展"的概念在理论与实践两个层面都是科学的,可以名正言顺地进入中国特色社会主义法治话语体系,也当然属于中国法学的概念体系。

二是区域法治发展理论是在全面推进法治中国建设、全面建成小康社会的历史条件下形成的。可以说,区域法治发展理论是中国法学与法律界在21世纪初期的原创性理论,这一理论将对区域法治发展发挥积极的指导作用和理论规范作用,将丰富中国特色社会主义法学理论体系和法治理论体系。

三是区域法治是国家法治在一定区域内的展开,是根据区域不同的自然环境、经济基础、历史传统、民族习惯等因素实施法治治理,形成具有区域特色的法治运行模式。也可以说,区域法治是治国理政的区域性模式,体现了国家法治统一性基础上的区域法治的多样性和国家法治整体性基础上的区域法治发展的个别性。

四是区域法治发展对于调整、保障、引导和服务区域内的五大建设,协调法治区域内的利益关系,促进区域内经济、社会可持续发展,提升法治区域内的核心竞争力,具有重大意义。把区域法治发展纳入中国特色社会主义法治建设的总体布局中,是十分必要的。

五是在当代中国,区域不仅意味着以地理因素为基础的空间结构,更重要的是以经济、政治、社会、文化、历史等因素作为基础的社会结构。区域是包括省域与跨省域、市域与跨市域、县域和跨县域以及经济特区、自由贸易区等在内的概念。区域法治发展是一种多重的法治发展经验,多样性的区域法治发展的丰富经验为依法治国、建设法治中国提供了丰富的法治实践资源和理论探索。

六是中国古代的地方自治和近代中国的区域治理，为当代中国的区域法治发展提供了丰富的历史经验，有待于深入总结，加以传承与借鉴。

七是开展法治评估，对于推进区域法治发展、建设法治中国具有重大的理论与实践意义。法治评估指标体系的设计，应立足中国国情和区域实际，同时积极借鉴世界法治评估指数，使其具有科学性、民主性和普适性。法治评估应以相对中立的第三方机构（如大学、专业评估机构等）为主进行，以保证评估的规范性、真实性与公信力。要积极探索区域法治发展评估指标体系，拟可选择若干一级指标对法治政府、司法文明等进行专项法治评估，以积累经验，待条件成熟时，开展区域法治发展的综合评估。

八是将理论模型与实证调研有机结合，开展区域法治发展的现实样本研究十分有必要。就省域、市域、县域以及跨域的法治发展进行实证性的个案研究，藉以形成区域法治发展的经验样本。

以上八点共识是这次会议的集体收获，也是集体成果。当然，在形成上述共识的同时，与会者在区域法治发展的理论、历史、实践甚至包括概念等问题上，还存在不同见解，可谓仁者见仁，智者见智。也许正是不同见解、不同观点、不同方法的和而不同，才有学术和谐。这次研讨会提出了很多新的问题、新的议题和深入开展研究工作的新的建议，有待于会后进行梳理与研究。

这就是我对这次会议的感受和评价，也算作是“会议总结”。请各位批评指正。

区域法治文化问题的棱镜*

学术研讨会所谓的总结，无非是对大家的发言做一个梳理。概言之，我想就是这样的，不像党政机关的工作会议。去年的南京会议，让我做总结，我就非常老老实实地听大家的发言，认认真真地看大家的文章，今年我想轻松一点，结果昨天告诉我，还让我做总结。所以，大家看到我一直在认认真真地听大家的发言，不断地翻阅大家的文章。尽管如此，作为一个学术总结，还是难免有挂一漏万之处，也肯定有许多地方不够精准。希望大家理解，也欢迎大家指正。

去年我们在南京参加"变革时代的区域法治发展"学术研讨会，在经过热烈讨论、充分探索后，大家形成了区域法治发展的八点共识，我们简称"南京共识"。最大的收获就是对区域法治、区域法治发展的概念在学术上的合理性和实践意义给予了充分肯定，确立了并充分肯定了区域法治是法学和法治理论体系中的一个基本概念，区域法治研究是法治研究的一个重要领域和新范式。在那次会议后，我们注意到在全国范围内对区域法治的研究有了深

---

* 本文是根据作者 2014 年 4 月 19 日在扬州大学举行的"区域法治发展的文化机理"学术研讨会上所作的学术总结录音形成的，发表于《法制现代化研究》（2014 年卷），部分内容发表于《扬州大学学报》（人文社会科学版）2014 年第 5 期。

入的推进。在这样的背景下,在扬州大学召开的“区域法治发展的文化机理”学术研讨会是区域法治发展研究不断推进的又一个新的标志,也是江苏区域法治发展协同创新中心获得江苏省人民政府批准后的第一次盛会。我们对一年来区域法治发展研究所取得的进展感到非常欣慰。因为在法治研究方面,我们开辟了一个新的天地。在区域法治这个新的学术范式的指引下,法治研究必将取得新的收获与发展。区域法治作为中国法治的重要组成部分,作为法治中国建设中一个不可忽视的领域,在未来的法治中国建设中必将凸显出其现实的重要性。我们期待着在理论研究的基础上,能够在中央文件中确立区域法治的概念,把区域法治发展纳入中央关于法治中国建设的总体战略部署和理论体系中。今天的会议,我注意到有几十篇高水平、有特色的研究论文。通过与会代表的交流,对推进区域法治发展的文化机理的研究以及区域法治发展中的文化建设必将起到非常好的作用。会议探索的问题十分重要,这个主题选择得特别好,特别有意义,将对我们开展法治中国的研究,以及法治中国建设中的文化建设及法治文化建设产生非常好的推动。

这次研讨会也达成了不少共识,但在达成共识的基础上,更多的是不同观点的一种碰撞与交流。这也是一种学术繁荣的现象。那么,为什么这次会议形成了众说纷纭的场面?我想这里既有认识论的问题,也有修辞学的问题。既源于文化,包括法治文化本身的复杂性,它确实本身就是一个复杂的、跨学科、跨社会的问题,也源于我们在概念适用上的因人而异。这样一种从认识上的分歧走向交流的局面,用一个什么词来概括呢?我刚才突然想起用“棱镜”来概括是比较恰当和贴切的。我们都知道,棱镜是多个平面形成的一个东西。从一个平面去看,得到的关于客体的印象,获得的认识,从另一个平面去看,就不一样。另外,棱镜本身也是透明的,通过每个人对论文的互相阅读,发言的互相听取,互相的对话与交流,也为了解对方、形成更深刻的新知与见识创造了很好的条件。国外有不少杂志,提到学术上的不同意见时,有叫争鸣的,也有叫棱镜的。所以,可以用"扬州棱镜"来概括。去年的"南京共识"讲了八点,今年也讲八点。

第一,我觉得对"区域法治发展的文化机理"学术研讨会的主题,在用语上,在概念上,大家有各种理解,形成了一个万花筒。这个万花筒就是由许许多多的棱镜组成的。我举一下大家使用的概念,就有区域法治文化、区域法治发展的文化意义、区域法治的文化机理、区域法治文化生发机理、区域法治发展的历史文化传统、扬州地方文化对区域法治发展的影响、区域人文资源与区域法治发展、区域法治与文化、区域法治的文化动力、区域守法的文化机理、区域法治文化的向度、区域法治文化的载体、区域法治发展的社会文化背景、法治文化主题广场、法治文化主题公园、主题街区、法治文化作品,等等。每一个用语都不尽一样。都反映了作者自己对这个主题、这个词语的把握。说明在区域法治文化或者区域法治与文化上,尚未形成共同的学术话语。因而在现阶段可能还缺乏有效的学术对话,以致对区域法治文化的存在及其价值还有质疑。所以我总结的题目,不是区域法治文化的棱镜,而是区域法治文化问题的棱镜。因为"区域法治文化问题"可以涵盖所有的问题。

第二,非常非常关键的是区域法治文化是否存在。换句话来讲,区域法治文化这个概念存在的合理性、合法性、科学性,是否得到了证成,或者说证立。对此形成了两种对立的观点:一种是肯定论,一种是否定论。肯定论是从文化机理揭示出区域发展的应然存在、现实需要与发展趋势。区域法治发展的成立条件,不仅有区域经济一体化、社会一体化等客观条件,也包括区域文化的一体化或者一定区域的文化的同质化,由此形成了区域法治发展的文化圈、文化带,等等。换句话来讲,文化因素,如民情、民风、习惯、传统,等等,都是区域法治成立的依据,或者说证立的依据。从区域文化推出了区域的法治文化,由此引申出“区域法治文化发生机理”、“增进区域法治发展的文化证立”、“区域法治发展的文化基础”等说法,也形成了“区域法治文化的当代发展”、“区域法治文化建设”等的命题。

而否定的观点也是非常尖锐的。否定的观点,总的来讲就是:区域文化是存在的,但有没有区域的法治文化?换句话说,区域文化是不是一定能推导出区域法治文化?特别是在大一统的政治体制下,在推广社会主义和谐价值体系的文化运动中,有关政治文化、法治文化,还有多大的差异,以致我们能区分出南京的法治文化、苏州的法治文化、扬州的法治文化、长三角的法治文化、珠三角的法治文化?在这样一个体制和文化运动中,能不能推导出区域法治文化呢?诸如此类。当然,话说回来,文化是可以作不同理解的。有学者从文化作为一种价值的角度,否定了区域法治文化的存在;有学者从区域文化存在并不必然导出区域法治文化存在,特别强调了大一统的体制和全民性的、主流意识形态推行的文化运动。

当然,以我的理解,文化既体现为价值文化,也体现为制度文化、行为文化。如果从价值文化的角度来讲,我们推进和谐价值体系的文化运动,可能对区域法治文化的产生是消极的。但如果从制度文化、行为文化和传统文化等的存在而言,还是能找到一定的法治文化的区域性。正像王立民教授说的大男人、小男人,不同的上海男人。后面我也要评论这个问题。

第三,我也注意到几篇文章,也注意到个别发言中提到,经济区域、文化区域在空间上的不对称的问题。我觉得这也是看待区域法治文化的一个棱镜。我注意到一些作者,较多的是从国家经济发展规划、区域经济的合作来划分区域。例如,长三角区域、珠三角区域、京津冀区域、环渤海经济区域、西部、东北老工业基地等,其实它们说的都是经济的共同体,当然都是分散的经济共同体,而非文化的共同体。所以我们在讲一个区域的法治文化时,你是以经济的共同体,还是以文化圈来划分,这很重要。可能不在一个经济区域里,但文化是更接近的。例如,我老家是河南南阳,但南阳的中原文化,更接近于荆楚文化。但如果从形成的经济带来说,我们属于中部崛起的经济带。由此可不可以说,虽然一些地方形成了区域经济,可能还没形成区域文化。因此,区域法治文化的基础何在?有时我们可能是一个经济圈,却不一定是法治圈,或者说,已经成为法治圈,但还没有发展为文化圈。这就是接下来我要讲的文化认同。有的作者非常灵敏地意识到了这个问题,讲到区域经济和法治发展中的文化冲突,也有篇文章写到区域文化差异与地方立法的出人。看来作者意识到了三个空间不一致,即经济圈、法治圈、文化圈不一样。这就给我们提出:我们下一步应当研究怎么来划定区域法治文化中的这个区域。

第四,区域文化认同的问题,这也是一个大问题。有多篇文章讲到"法治文化的认同"。我们也注意到,有些作者用的是"法治的文化认同"。两个认同,差异很大。法治文化的认同,是我们对先进文化的认同。法治相对于人治,是与德治、政治相对应的,这里的政治是指政策治理的政治。法治文化的核心是自由、平等、人权、公正、效率等这样一些先进的文化要素,也是法治的核心价值。"法治文化的认同"主要是对这样一种先进理念的认同。"法治的文化认同"就是说法治是个好东西。正如有学者所说,对于法治的文化认同,包括感情认同、价值认同、行为认同、理性认同。我觉得这也是个棱镜。不小心,不注意,是一个问题;一小心,一注意,发现是两个问题。无论在形式上,还是在实体上,都是不一样的问题。

第五,在会议的文章和发言中,也包括昨天的互动讨论当中,人们就法律文化与法治文化进行了一些讨论。有的同志讲法律文化有先进与落后之分,如传统法律文化、伊斯兰法律文化、中国古代的什么什么法律文化、当代中国的法律文化等。文化有时代性,因此存在着先进与落后、既往与当代的区别。文化也存在多样性,如美国的法律文化、欧洲的法律文化、东亚的法律文化,等等。但也有人讲法治文化作为一个价值判断,是唯一的。不能说美国有美国的法治文化,中国有中国的法治文化。因为讲到法治的时候都包含着,也必然包含着人民主权、人权至上、公平正义、安定有序、宪法权威,等等。一讲到法治的时候,这些东西都是固有的,换句话来讲,它是国家治理的良法善治,由这样一些要素构成这样的良法善治,才能被称为法治。这就回到了亚里士多德讲到,法治有两条:一是法律得到人们的遵守,二是人们遵守的法律本身是制定得良好的法律,形式上和实质上都制定得良好。所以法律文化与法治文化这两个概念不能随便地混着用。但在多篇文章中,我发现实际上是混用了法治文化与法律文化。有的人讲法治文化的基础,实际上他讲的却是法律文化的基础。

第六,区域司法和区域司法文化,这也是一个棱镜。有同志在发言中谈到法治文化是否包括司法文化?这好像不成问题,但区域法治文化是否也包含着区域司法文化?昨天有人发言时说,不能用“区域司法”,也不能用“地方司法”,只能用“基层司法”。对此,我倒是觉得,可以用“区域司法”,特别是在新一轮的司法改革中,我们要建立一些跨行政区域的司法机构,这就是区域司法。我们也完全可以用“地方司法”。最高人民法院以下的,都称为地方司法。有位专家讲到,司法权是中央事权。这个说法是不准确的。虽然中央领导同志讲过这个话,但他的本意是,因为司法权是中央事权,所以人财物理应归中央管,但现在我们管不了,所以委托省级来管。他是为了解决人财物管理的问题,于是用了“司法权是中央事权”这个命题。后来在中央政法工作会议上,习近平总书记又用了“司法权从根本上来讲是中央事权”。对这句话可以这样理解,司法事权是中央事权,司法权是全国统一的权力。比如扬州的法院的司法判决,可以到南京,可以到云南,甚至可以到海外或境外的司法协助机构来执行。它体现的是中华人民共和国统一的裁判权,这是没问题的。但是,不能把这个叫作中央事权。司法权与中央事权不同,一个是国家的裁判权,另一个是具体的管理权。另外,司法权运行的规律是自下而上,不告不立。没有一审,就没有二审,没有二审,就没有再审。而行政权是自上而下。这些在法理上都讲得很清楚。你说司法权是中央事权,好吧,你说中央指的是谁?党中央没有司法权。司法权是独立行使,只有司法机关,即人民法院、人民检察院才能行使。好啦,人大常委会有没有?没有。全国人民代表大会把司法权赋予了司法机关以后,它就没有司法权了,国务院也没有,都不能定罪量刑,只有人民法院。那你说司法权是谁的,是最高法院、最高检察院的权力?这是它的专属权力吗?那就更错了。我国宪法规定,四级法院都是独立行使审判权,每一级法院都在行使着国家统一的司法权。从这里出发,使用“区域司法”的概念、“地方司法”的概念都是成立的。所以,区域司法文化、地方司法文化还真存在。

有的地方,调解率达到百分之七八十,有的地方,调解率不过百分之四五十。我在吉林省当高级人民法院院长时,就在全省法院工作会议上说,吉林省全省法院不设立调解率。我说,调解可以做到案结事了,判决同样可以做到案结事了。而且有的案件,只有通过判决,才能做到案结事了。但有的省就要求尽可能做到百分之百的调解率,零判决。这不就是两种不同的司法文化吗?司法文化不一定是完全不一样,它只要有一定的差异,带有区域性,就能给它盖个印章:某某区域或地方的司法文化。

第七,关于区域发展法学。这不是学术研讨会上讨论的,而是昨天上午的专家咨询会议上讨论的。我们这个中心明确提出,经过四年左右的时间,创立一门新的法学分支学科,即区域发展法学。在专家咨询会上,大家对这个问题的认识也有差异。首先,对区域发展法学的对象与内容,认识上就不同。对这个分支学科,它是关于区域法治发展的法学,还是从法学的视角来研究区域发展、研究区域发展中的法律问题?这是不一样的。我们有发展经济学、发展法学。区域发展、区域法治发展,是叫区域法治法学,还是区域法治发展的法学?还是有差异。我认为,如果区域法治发展能进入法治中国建设的战略部署当中,那么区域法治之学,或者区域的法治发展法学,不管叫什么名吧,都应当有明确的研究对象。一个学科能否成立,主要是两条:一是有没有明确的研究对象。如果我们都认为区域法治发展是法治中国建设中非常重要的领域和问题,那就构成了研究对象。二是在研究过程中,逐步形成了一些独立的范畴、概念、话语,类似于行政法学,为什么说它是独立的分支学科呢?因为它有自己的研究对象,有自己的概念话语体系。所以,一个学科能不能成立,一看对象,二看研究过程中是否形成概念话语体系。我觉得是可以朝这个方向探索和前进。

第八,关于三个案例的讨论,我也发表一点意见。一是夏锦文教授论文中引用的关于中山市19名外嫁女成功讨回分红款,[1]这个事件可否作为法治文化的例子?二是两个男士为交通事故赔偿金打官司,[2]是不是法治文化的例子?三是讨论中涉及的上海三类男人处理家庭关系的潜意识与行为习惯,可不可以纳入法治文化的范畴?我从法理学的角度谈一些看法,与大家讨论。

其一,外嫁女是一个典型的法治文化的例子,非常典型。它从表面上讲是一种利益。但权利的背后就是利益。权利说的其中一说就是利益说。这是典型的维权文化、权利文化,是女权主义思潮在中国的发扬光大。所以它肯定是一种法文化,也是一种先进的法文化。如果我们每个人在自己权利受到蔑视的时候,受到侵害的时候,都能为权利而斗争,那么中国法治文化、中国的法治理念与法治精神必将在神州大地形成滂沱之势。

其二,两个男士为交通事故赔偿金打官司,也是典型的法文化的例子。这个例子使我想到了德沃金在《认真对待权利》这本书里所举的一个例子。1889年纽约上诉法院“里格斯诉帕尔默案”。这个帕尔默，他祖父指定他为财产继承人，但这小伙子有点不务正业，他怕不知道哪天祖父改变遗嘱，就把祖父毒死了。后来，他的姑姑，即他祖父的女儿里格斯到法院起诉，一审判决姑姑里格斯败诉。因为根据继承法，只要立遗嘱的人没有改变自己的想法，财产自然就是他的。按实证主义的法学观点就是这样。但是上诉法院在审理这个案件后，提出了普通法的基本原则，即不允许人们利用欺诈行为而得利，不允许人们利用本人的错误行为或不义行为而主张任何权利。所以，我想，那个通奸的男人，这是严重的错误行为，是不义行为，他没有权利再主张权利。这不是两个男人之间的斤斤计较，而是法律上的是与非、对与错，涉及能否因为欺诈或不义行为而得利的法律原则。

其三，上海三类男人，即土生土长的上海人、第二代移民、第三代移民。我想，这三类男人在处理家庭关系上是不同的。从普遍情况来讲，他们原来所处的传统文化、区域文化、家庭文化对他们的影响，必然影响到他们处理家庭关系。这种家庭关系不一定是非常严格的权利义务关系，但肯定有家庭的责任关系。我想，它实际受区域文化、传统文化的影响。所以它对家庭法律关系的处理上、伦理道德关系的处理上，必然有行为的倾向性，也就是我们讲的习惯。那么这种习惯会影响到家庭成员的利益、幸福指数。所以，在法治的角度来讲，它是一种法文化。但从严格的实证法角度来讲，未必每件事情都涉及权利义务。但它涉及尊重、家庭成员的尊严、使家庭成员获得更多的幸福与尊严，我觉得从这个角度来讲，这是一种法文化。

以上是我从八个方面所做的总结。我最后也想说一下无论是去年的“南京共识”，还是今年我们暂叫的“扬州棱镜”，其实在知识增长和理论进步上，它的意义是一样的。近代以来，知识的增长有两种模式：一是美国哲学家库恩概括的“范式论”。就是有人提出一个新的概念，大家说这个概念很好，一个新的理解系统、新的方法论出来，许多问题的研究迎刃而解，于是很快形成了很多共识，形成了一个学术共同体。例如公丕祥先生提出“区域法治发展”的概念，就确立了一种新的范式，引起了知识增长。二是英国科学家波普尔提出的问题意识，或者叫“批判与知识的增长”。他写过一本书，说人类知识的增长，就是不断提出问题，不断向对方追问，不断向对方提出质疑，迫使对方和自己深入研究，来纠正自己的错误，对自己的数据等各个方面进行证明，这就达到了知识的进步。我觉得扬州这次会议更多的能够体现批判与知识的增长。南京那次会议更多体现出范式论的知识增长。在这个意义上，两个会议的价值都是非常巨大的，都是值得我们祝贺的。

注　释

〔1〕　该案的案情是中山市石岐区张溪村经联社19名村民在外嫁后，股份分红和安居工程分配款都比同村村民要少。2011年5月，中山市石岐区某经联社出让了一块土地使用权，男性股东可以每人分得8万元，但外嫁女股东却只能每人分得4000元，这引起外嫁女股东的极大不满。在律师帮助下，其中有19名外嫁女申请了行政决定、行政复议、行政诉讼，最终成功讨回210余万元分红款。

〔2〕　该案的案情是有一个人出去做买卖，在此期间他老婆和别人勾搭成奸，怀孕生了个孩子，而这个男人不知道。养到七岁时，孩子出车祸死了。大货车司机同意赔偿30万元。当这30万元还没拿到手时，突然奸夫向本夫提出，这30万元你不能都拿了，这个孩子是我的。死亡赔偿金有一部分应当给我，并且告上法庭。原告（即奸夫）提出做亲子鉴定，证明孩子是自己的，但养孩子的父亲（即本夫）不同意，但有人告诉本夫，根据《婚姻法解释三》，如果你不同意，则视为孩子与奸夫有血缘关系。于是就做了亲子鉴定，鉴定下来果然有血缘关系。法院最后的判决是，虽然奸夫与孩子有血缘关系，但只生不养，死亡赔偿金只判决给奸夫10万元。

区域治理与法治发展研究的"十大获得"*

时下，我们中国的媒体上，无论是官方还是民间的媒体，有一个非常流行的词，叫"获得感"。"获得感"这个词源自于习近平主席最近几年反复讲到的，"要使全体人民在共建共享发展中有更多的获得感"。我想，评价一个国家的改革、开放、发展，最重要的标准就在这里。评价一个学术会议是否成功以及成功的程度，也主要是看与会者有没有"获得感"，或者说有多大的"获得感"。我想，这次参加会议的各位专家、学者和国内外朋友还是有"获得感"的。"获得感"表现在两个方面。从程序上讲，有近四十位来自国内外的专家在大会上进行交流、互动和评议。学术交流的机会本身就是一种"获得"，而且是在这样一个重要的国际会议上进行交流，更是一个值得记忆的"获得"。最重要的，从实体上讲，我们每个人都有"获得"。我们收获了来自国内外各个方面的知识、理论和经验，收获了专家学者们的学术风采，我们每个人有启发，有提升，思想也有进一步的开阔、深化和丰富。我本人也深深地感觉到，这次会议没有白来，在自己的书房里两周、两个月，甚至一年也难以获得如此丰富的、高水平、高质量的收获。下面我就以"获得"为关键

---

* 本文是作者 2016 年 4 月 23 日在南京"区域治理与法治发展"国际学术研讨会闭幕式上所作的学术总结，发表于《法制现代化研究》(2016 年卷)。

词,来概括一下这次会议的“十大获得”。过去我们讲过区域法治发展研究南京“八点共识”,我们今天讲讲区域法治发展研究的“十大获得”。

第一,深化了区域法治、区域治理和区域发展的理论共识。我们过去已经有一些这方面的共识,这次会议深化和扩大了这方面的共识。这个跟我们所处的大背景有关。因为中国的最高国家权力机关全国人大,前不久刚刚通过了《中华人民共和国国民经济和社会发展第十三个五年规划(纲要)》。《纲要》设立了专篇布局区域协调发展,把区域协调发展作为“十三五”期间的重大发展规划,提出了区域发展的总体规划。按照时间顺序来讲,除了以前已经有的西部开发、东北振兴、中部崛起、东部率先等一些区域总体发展战略,又进一步提出了以“一带一路”建设,京津冀协同发展、长江经济带发展为指引的新的区域发展战略。另外,最近几年,中国中央政府先后批准了五十多个区域性发展规划,批准了四个自由贸易区(试验区),包括上海、广东、福建、天津等。听说很多地方,包括重庆,都在争取今年进入这个行列。当区域发展成为国家战略,区域经济社会发展必然会提出与区域发展相关的制度建设、机制创新和法治建设,以及政策完备。现在,关于区域发展的政策问题、机制问题、制度问题都已经提出来了,而且上升到了党中央国务院的文件中,上升到了“十三五”规划中。但是,关于“区域法治建设”的提法还没见到,还差一步,还需要一定的法治觉醒与觉悟。在这次会议开幕式上,公丕祥教授围绕着区域法治发展、区域治理与法治发展进行了一系列的理论阐述,我认为他的主旨报告是这次会议深化和拓展理论共识的一个标本和集大成者。葛洪义教授、文正邦教授等学术名家也都在发言中进一步深化和拓展了理论共识。因为大家也都全程听了会议发言,我就不逐一去讲哪些方面达成具体共识了。

第二,延伸了区域法治发展新的重大理论共识。在区域发展进程中,在全面推进依法治国、全面建设法治中国的新的背景下,有关区域法治的理论有许多新的延伸。这个和我刚才说的区域法治本身的理论深化略有不同。我们都知道,中共十八大提出了全面依法治国“十六字方针”,就是“科学立法、严格执法、公正司法和全民守法”。中共十八届四中全会进一步部署了全面推进依法治国,会议《决定》实际上增加了两条,一个是中国共产党作为执政党“依法执政”,另一个就是人民群众作为全面依法治国的主体的人民民主扩大,也就是“民主治国”有所扩大。也就是中国共产党依法执政,广大人民群众民主治国。当然,也是依法有序的民主治国。大家已经注意到,中共十八届五中全会通过的“十三五”规划建议有了新提法,这个新提法是对三中全会提出的“推进法治中国建设”的进一步发展。“十三五”规划纲要做了很多方面的部署,其中第十八篇是专门谈“加强社会主义民主法治建设”的,其中第七十五章还专门谈了“全面推进法治中国建设”。从“全面依法治国”到“全面推进法治中国建设”,中央提法的发展丰富了法治发展的内涵。“全面推进法治中国建设”实际上强调了依法治国、依法执政、依法行政共同推进,法治国家、法治政府、法治社会一体建设,另外加上了国家法治、地方法治、社会法治协调发展。虽然文件里面没有直接这样说,但是从习近平主席的关于四中全会决定的《说明》和后来的一系列讲话中,我们是可以合乎逻辑地推导出来要国家法治、地方法治、社会法治协调发展的。这里的“地方法治”也可以理解成一个包含地区法治、区域法治的概念,所以这里的“地方”不是行政区划的严格意义上的省、市、县,而是一个“区域”。有行政区划的区域,也有跨行政区划的区域。这是中国法治进入“新常态”所必然包含的内容。也就是说,“十三五”规划使我们进一步看到了中国法治的“新常态”。还有非常重要的内容,就是中国法治的发展被列为“十三五”规划的重要目标和重要任务。关于中国法治怎么样发展,怎么样提升质量,怎么样使中国法治更有生命力,使其在经济社会发展、国家治理、社会治理当中发挥更大的作用，“十三五”规划也提出了根本的思路。这就是“创新、协调、绿色、开放、共享”发展，这“五大发展理念”对法治发展也是完全适用的。如果说，“五大发展理念”是关乎我国发展全局的深刻变革，那么它也必将引发法治领域的时代变革。我们要拥抱这个深刻变革，要以实际的理论探索、制度设计和实践行动来推进这样一个深刻变革。在这样一个法治变革过程当中，区域法治的发展也将迎来重大变革。

第三，进一步夯实了区域法治正当性的学理基础。本次会议上，南京市社会科学院的朱未易教授讨论了区域法治何以可能和何以正当的问题，并进行了很深入的论述。特别是西南政法大学的资深法学家文正邦先生所撰写的有关区域法治建设和研究的场域问题的论文，他在精华版的会议主题发言中，对这个问题说得很清楚、透彻。我想，“区域法治”这个概念经过这次会议的研讨交流，必将在中国法学界得到更为广泛的接受，也会逐步得到官方的肯定。对此，我还是有信心的。历史将会证明，“区域法治”这一变革性的概念，对中国的区域经济社会发展、中国特色社会主义法治体系建设，都将产生深远的、积极的意义。也许现在人们还有疑问，对这个概念的科学内涵可能还有一些不清楚，但随着我们的研究和传播，“区域法治”这个概念必将名正言顺地进入党和国家的文件，进入教科书。现在写这样的论文当然没问题，但教科书是要把成熟的、公认的观点写进去。我想，将来法理学界共同努力，争取把“区域法治”概念写进法理学教材。

第四，积极探讨了区域法治、区域立法的制度建构问题。在我们已经提出“区域法治”的概念和理论，而且区域执法、区域司法已经存在并不断发展的前提下，怎么样去推进区域立法，这是个问题。刚才董保城教授在发言中提到，中国东三省的人民政府已经草拟了“东北三省政府立法协作框架协议”，这是区域立法的一个大胆探索。我想，有政府法治这方面的协作框架，也必然会发展到地方人大立法当中的协作，进而会形成区域法治协作、区域法治一体化的格局。文正邦教授还提到了区域法治入宪问题、区域立法先行先试问题，甚至还对“区域法治”这个概念如何入宪提出了具体的条文建议。这样一种在理论论证基础上的制度设计，是很有意义的。有很多事情啊，咱们不要想着不可能。在 2004 年“国家尊重和保障人权”入宪之前，谁能想到人权能够入宪。大家也注意到，“十三五”规划里面讲到，“人权得到切实保障”，“产权得到有效保护”。在这之前，谁能想到，人权，物权或者叫产权作为现代法律体系的两大支柱，一个进入了宪法，一个进入了党的最高文献和最高国家权力机关的决定中。所以，我觉得很多事情都是可能的。只要是发展进步的事情，在中国都有可能成为现实。我们要坚持不懈的努力。

第五，对区域治理中的政府法治问题进行了深入的讨论。这里既有理论的思考，也有实践的反思，还有经验的总结。我注意到，像东南大学的李煜兴教授、广东外语外贸大学的朱最新教授，还有浙江大学的钱弘道教授，都谈到了这样的问题，也研究了区域行政法治问题，区域政府之间的府际合作治理问题等。我觉得，无论是国家治理还是社会治理，主体都是政府。因为我们国家和社会治理的格局是党委领导、政府负责、公众参与、法治保障，所以政府是治理的主体。区域社会治理、区域公共事务的治理，包括区域的经济治理、文化治理，政府都是主体。因此，政府是不是依法治理，是不是推进治理的法治化，还是说停留在治理的行政化层面，这是对法治政府的考量，也涉及对法治中国的评价。本次与会学者介绍了这方面的很多案例，也有很多专家就区域治理当中的法治政府建设提出了指标体系和考核标准，这也是非常大的收获。

第六，在区域治理与国家治理的关系上有了新的认识。这个新的认识来自俄罗斯学者、美国学者、英国学者、澳大利亚学者，他们给我们带来了域外的经验。国家治理和社会区域治理之间有一种紧张关系,但也可能成为一种和谐关系。在中国,原本中央和地方的关系就很复杂。这里的地方主要是指省、市、县这样一种行政区划。如果说中央和区域的关系,那就更加复杂了。在这方面我国还没有明确的法律规范,所以说处理区域治理和国家治理的关系,我们还需要进行制度探索。除了我们讲的立法权、行政权问题上的中央和地方关系问题,还有司法权上的问题,还有美国西北大学的本内特教授对美国区域治理的介绍,以及一些学者在刑事司法、民事纠纷解决方面,都提供了很多的区域性治理经验,都是很值得去思考的。区域治理与国家治理的关系在中国是个"老大难"的问题,在全世界范围内也是个不断完善的过程。本次会议在这个方面提出了问题,也有了一些初步的看法。

第七,关注到区域治理中的法律与科技问题。譬如说,来自澳大利亚的霍博恩教授就讲到了智慧城市问题,有的学者谈到了透明中国问题,还有杨力教授讲到互联网、物联网、云计算、大数据、卫星定位等问题。这些现代信息技术的运用,肯定会使区域治理更加科学化、精准化。但科技成果的运用是把"双刃剑"。它会使我们的隐私权、信息安全,甚至会使我们的生存感,都受到一种挑战,进而发生信息安全危机乃至人权危机。这就成为区域治理、国家治理、政府治理面临的新问题,并成为国家尊重和保障人权的新话题。所以,怎么处理好科技手段运用于社会治理、国家治理、区域治理时所不可避免地出现的负面问题,这是一个悖论。一方面要利用科技的手段,使治理科学化、精准化;另一方面又要把它限制在信息安全、人权保障的范围之内。我觉得,在人权问题上,技术永远应当处于第二位。不能让科技主宰人类,甚至突破人权底线。

第八,从中国近代租界法制研究引申出了区域法治的历史话题。区域法治不是在当代中国刚刚出现的,而是在中国法制现代化初期就有的。甚至可以说,中国法制现代化发端于租界。王立民教授的这一观点,对我们是一个很大的深刻启发。从这样一个历史话题引出了现代话题,使我们进一步思考中国曾经有过的法治特区的历史经验,以及打造完全主权条件下的法治特区有没有可能和必要。我们都知道,中国国务院在批准前海深港现代服务业合作区的时候,明确提出要把前海建设成为中国社会主义法治示范区。中国国家主席习近平非常支持社会主义法治示范区,他在视察深圳的时候还强调,你们要充分利用好社会主义法治示范区的政策,在一些改革开放问题上实行法律上的先行先试。中国江苏省委省政府提出,要把江苏建成为中国社会主义法治的先导区,还有其他一些地方也有类似的提法。特别是中央批准的四个自贸区,全国人大和国务院明确规定暂停或者变通某些法律法规在自贸区的实施,这就赋予了自贸区某种意义上的“法治特区”地位。所以说,法治特区是一种崭新的区域法治模式。这种区域法治模式之所以率先自上海产生,和近代租界法制肯定有必然的联系,这是一种历史的启示。所以我们也期待王立民教授对这个方面有更多的研究,把历史经验转化为对当代可以有所启发和借鉴的研究成果。

第九,区域发展和治理要有全球思维,要注重国家之间区域法治、区域治理的经验互鉴。我们处在全球化的时代,中国是一个主权国家,但相对于世界来讲,也是一个区域。我们国内的任何一个区域,也都是一个全球的空间。区域内的物流,知识产权保护,环境、气候等,都具有全球性,都跨越了区域和国界而成为全球问题的一部分。我们在思考区域发展的时候,不能关起门来。习近平主席强调,不能关起门来搞发展,搞法治,要学习和借鉴国外的好经验。美国、俄罗斯、英国、澳大利亚、德国的同行带来了他们国家区域治理与法治的好经验、好理念。台湾地区学者,特别是董教授从“垃圾大战”的案例讲述了台湾地区地方治理的经验,当然其中也伴随着困惑和混乱。我们将来在区域发展过程中,有没有可能在利益问题上也出现混乱？事实上，省市之间的“高铁大战”已经出现了。本来按照正常的、科学的标准，高铁只通过某一个县是最好的，但另一个县就组织成百上千名民众去游行示威，给政府施加压力，要求改变高铁线路。这样的事情已经发生了，区域发展中的问题已经出现了。怎么去解决？我想台湾地区学者讲述案例还是有启发的。还有澳门学者赵琳琳副教授，讲述了澳门治理中中西文化的冲突与融合，这也是区域治理中的问题。像我们现在讲的区域治理一体化，分成什么发达地区，落后地区。虽然相对来讲，西部都是欠发达的，但是西部的重庆与青海能是一个发展水平吗？应该用什么标准去推进西部开发？这都是我们的研究工作面临的问题。

最后，关于法治指数的科学化。张乐宁教授提到的法治指数的方法论问题，我认为这是个大问题。我们搞法治指数，搞法治的评估，主要是去引导法治建设，引导法治的健康可持续发展，而不是去奖惩。这就是一个真正的思路问题、理念问题。那么这里面，从概念、理论到经验，从思想、制度到实践，都存在评估指数、指标体系怎样变得科学、有效的问题。但是，我们不能陷入一种理想主义，还得管用。我觉得，怎样体现出问题意识、问题导向，这也是方法论上需要面对的问题。

建设德才兼备的法治工作队伍*

一、加强法治工作队伍建设的重大意义

习近平总书记在中国共产党第十八届中央委员会第四次全体会议（以下简称四中全会）上指出："全面推进依法治国，建设一支德才兼备的高素质法治队伍至关重要。"依照我的理解，其重要性体现为以下三个方面：

第一，加强法治工作队伍建设是社会主义法治急需的组织和人力保障。全面推进依法治国的总目标是建设社会主义法治体系，建设社会主义法治国家。社会主义法治体系包括完备的法律规范体系、高效的法治实施体系、严密的法治监督体系、有力的法治保障体系和完善的党内法规体系。其中，有力的法治保障体系包括政治保障、思想保障、组织保障和运行保障。坚持党的领导是社会主义法治的政治保障，保障社会主义法治的政治方向；贯彻中国特色社会主义法治理论是社会主义法治的思想保障，保障社会主义法治的科学发展；建立科学的法治建设指标体系和考核标准并有效实施是社会主义法治的运行保障，保障全面推进依法治国

---

* 本文曾以"大力加强法治工作队伍建设"为题发表于《人民法院报》2014 年 11 月 19 日第 5 版，并被《新华文摘》全文转载。

各项任务的细化和落实;建设宏大的法治工作队伍是社会主义法治的强有力的组织和人才保障,保障科学立法、严格执法、公正执法、监督守法、全民普法的实现。

第二,加强法治工作队伍建设是人才强法的根本举措。人才强法是人才强国的重要组成部分。从四中全会《中共中央关于全面推进依法治国若干重大问题的决定》(以下简称《决定》)的逻辑结构来看,第二部分至第六部分分别论述和部署了立法、执法、司法、守法、队伍建设,所以,全面推进依法治国从基本布局出发,就是要形成科学立法、严格执法、公正司法、全民守法、人才强法全面推进的良好局面。

第三,建设一支优秀的法治工作队伍,才能实现良法善治、法正民安。社会主义法治建设的主体是人民,人民是推进依法治国的根本动力和力量源泉。但同时也要看到,法治工作核心是依法治理国家和社会,处理公共事务,尊重和保障人权,维护社会公平正义,促进社会和谐稳定,保障经济长期持续发展,其基本内容是政治性、思想性、智慧性、专业性、技术性相当复杂的事务,需要高级专门人才。特别是进入新世纪之后,随着科学技术进步、社会转型和利益格局的巨变,新型案件、疑难案件、涉外案件、知识产权案件层出不穷,征地拆迁、土地承包纠纷、社会保险、教育医疗、消费者权益等涉及民生问题和群体性利益的案件逐年增加,与人格权、生存权、环境权、发展权等人权问题关联的诉讼也呈现攀升趋势。这就需要大批受过良好专业训练、具有明辨是非、定分止争实践理性和实践经验的法律专家。

二、法治工作队伍建设的主要任务

法治工作队伍,也就是法治队伍。过去,我们常说法律工作者、法律工作队伍,在全面推进依法治国、建设社会主义法治体系和法治国家的今天,我们要与时俱进地改称呼为法治工作者、法治队伍。法治队伍,涵盖的范围比较广泛,举凡在党政军机关、司法机关、人民团队、社会各领域专职从事涉法工作和法治工作的人员,都可称为法治工作者,都隶属法治队伍。四中全会《决定》着重论述和部署四支法治队伍建设,提出:“全面推进依法治国,必须大力提高法治工作队伍思想政治素质、业务工作能力、职业道德水准,着力建设一支忠于党、忠于国家、忠于人民、忠于法律的社会主义法治工作队伍,为加快建设社会主义法治国家提供强有力的组织和人才保障。”

第一支队伍,也可以说是最核心的一支队伍,是法治专门队伍。习近平总书记指出:“我国专门的法治队伍主要包括在人大和政府从事立法的工作人员、在行政机关从事执法的工作人员、在司法机关从事司法工作的人员。全面推进依法治国,首先要把这支队伍建设好。”立法、执法、司法这三支队伍既有共性又有个性,都十分重要。立法是为国家定规矩、为社会定方圆的神圣工作,立法人员必须具有很高的思想政治素质,具备遵循规律、发展民主、加强协调、凝聚共识的能力。执法是把纸面上的法律变为现实生活中的法律的关键环节,执法人员必须忠于法律、捍卫法律、严格执法、敢于担当。司法是社会公平正义的最后一道防线,司法人员必须信仰法律、坚守法治、端稳天平、握牢法槌,铁面无私、秉公司法。要按照政治过硬、业务过硬、责任过硬、作风过硬的要求,教育和引导立法、司法、司法工作着牢固树立社会主义法治理念,恪守职业道德,坚持党的事业、人民利益、宪法法律至上,忠于党、忠于国家、忠于人民、忠于法律。要畅通立法、执法、司法部门干部和人才相互之间以及与其他部门之间具备条件的干部和人才交流渠道。推动法治专门队伍正规化、专业化、职业化,提高职业素质和专业水平。建立法官、检察官逐级遴选制度。

第二支队伍,是法律服务队伍。其中主要是律师,但也包括公证员、基层法律服务工作者、人民调解员队伍,以及法律服务志愿者。律师队伍是依法治国的一支重要力量,要大力加强律师队伍思想政治建设,把拥护中国共产党领导、拥护社会主义法治作为律师从业的基本要求。这条要求不能放松,更不能放弃,绝不能在其中产生出以"法治"、"维权"作为招牌反对四项基本原则的异己力量。要构建社会律师、公职律师、公司律师等优势互补、结构合理的律师队伍。提高律师队伍业务素质,完善执业保障机制。加强律师行业党的建设,扩大党的工作覆盖面,切实发挥律师事务所党组织的政治核心作用。建立激励法律服务人才跨区域流动机制,逐步解决基层和欠发达地区法律服务资源不足和高端人才匮乏问题。

第三支队伍,是通晓国际法律规则、善于处理涉外法律事务的涉外法治人才。《决定》的第七部分专门设立一节部署加强涉外法律工作,指出:"适应对外开放不断深化,完善涉外法律法规体系,促进构建开放型经济新体制。积极参与国际规则制定,推动依法处理涉外经济、社会事务,增强我国在国际法律事务中的话语权和影响力,运用法律手段维护我国主权、安全、发展利益。强化涉外法律服务,维护我国公民、法人在海外及外国公民、法人在我国的正当权益,依法维护海外侨胞权益。深化司法领域国际合作,完善我国司法协助体制,扩大国际司法协助覆盖面。加强反腐败国际合作,加大海外追赃追逃、遣返引渡力度。积极参与执法安全国际合作,共同打击暴力恐怖势力、民族分裂势力、宗教极端势力和贩毒走私、跨国有组织犯罪。"必须有一支更高素质的涉外法治人才才能做好上述日益增多和复杂的涉外法律工作。必须承认,我们目前仍然缺乏,不是一般缺乏,而是十分缺乏这样的人才。

第四支队伍,是法学专家队伍。法学专家队伍对于探索和形成中国特色社会主义法学理论体系、法治理论体系和法治话语体系,用马克思主义法学思想占领法治意识形态阵地,至关重要。《决定》还强调指出:"中国特色社会主义道路、理论体系、制度是全面推进依法治国的根本遵循。必须从我国基本国情出发,同改革开放不断深化相适应,总结和运用党领导人民实行法治的成功经验,围绕社会主义法治建设重大理论和实践问题,推进法治理论创新,发展符合中国实际、具有中国特色、体现社会发展规律的社会主义法治理论,为依法治国提供理论指导和学理支撑。”这既指出了创新发展中国特色社会主义法治理论的极端重要性,也指出了建设马克思主义法学理论队伍的极端迫切性。为此,《决定》要求要重点打造一支政治立场坚定、理论功底深厚、熟悉中国国情的高水平法学家和专家团队,建设高素质学术带头人、骨干教师、专兼职教师队伍。

三、创新法治人才培养机制

改革开放以来,我国法治人才培养工作取得了巨大成就。包括国家首席大法官、首席大检察官在内的大约 80% 以上的法治工作骨干都是 1978 年以后毕业和成长起来的,他们成为中国特色社会主义法治的实践者、推动者、建设者、捍卫者。但是,与全面推进依法治国,建设法治体系、法治国家和法治中国而言,我们的法治人才培养机制还很不适应、很不符合。其中,最大的不足当属中国特色社会主义法治理论教育的薄弱。从客观上讲,我国社会主义法制建设起步较晚,我们的社会主义法治理论体系、法治话语体系也是最近逐步形成的,所以,西方法治理论一度在教材和教学中占据了主导地位;从主观上来讲,我们还没有牢固树立中国特色社会主义法治的道路自信和理论自觉,对西方法治模式和法治理论可能产生的负面影响和危害认识不足。现在中央强调,坚持用马克思主义法学思想和中国特色社会主义法治理论来教书育人,作为整个法学教育的指导思想,这是有的放矢,非常重要的。其他的问题还有:培养模式相对单一,学生实践能力不强,应用型、复合型法律职业人才培养不足,国家急需的具有国际意识、国际视野、国际法律实务技能的高端法律人才奇缺。为此,《决定》提出要着力“创新法治人才培养机制”,“培养造就熟悉和坚持中国特色社会主义法治体系的法治人才及后备力量”。主要措施包括:

第一,坚持立德树人、德育为先导向,坚持用马克思主义法学思想和中国特色社会主义法治理论全方位占领高校、科研机构法学教育和法学研究阵地,加强社会主义核心价值体系教育,完善中华优秀传统文化教育,形成培养社会主义法治人才的良好制度环境、理论环境、人文环境和舆论氛围。

第二,加强法学基础理论研究,形成完善的中国特色社会主义法学理论体系、学科体系、课程体系,从培养社会主义法治人才、治国理政、建设社会主义法治体系和法治国家的需要出发建构我们的法学理论体系、学科体系、课程体系。在此基础上,组织编写和全面采用国家统一的法律类专业核心教材(特别是马工程重点法学教材),并纳入司法考试必考范围,从制度上保证中国特色社会主义法治理论进教材进课堂进考场进头脑。

第三,深入实施卓越法治人才培养计划(该计划原名称是“卓越法律人才培养计划”)。社会主义法治建设不仅需要一大批法律人才,更需要卓越的法律人才。提高法律人才培养质量已成为我国高等法学教育改革发展最核心最紧迫的任务,教育部、中央政法委联合实施卓越法律人才教育培养计划正是出于这样一种考虑。因此,要把培养应用型、复合型法律职业人才作为实施卓越法律人才教育培养计划的重点,把培养涉外法律人才作为培养应用型、复合型法律职业人才的突破口,把培养西部基层法律人才作为培养应用型、复合型法律职业人才的基础工程。

第四,大力推进法学教育的国际交流与合作。我们是在全球化背景下推进法治中国建设,也必然是在全球化背景下推进中国法学教育改革。只有这样,才能培养出政治立场坚定、通晓国际法律规则、善于处理涉外法律事务的涉外法治人才队伍。要积极探索涉外法治人才培养多样化机制,包括完善与国外院校交流、双学位联合培养、国际组织实习等项目,加强对外交流合作,拓展法治人才国际化视野。

第五,深化高等法学教育体系和管理体制改革,充分发挥法学教育在法治建设中的基础性、先导性作用,为加快建设法治中国提供强有力的人才保证和智力支撑。实事求是地说,目前我国的法学教育管理体制很不适应培养高素质法律人才的需要,束缚着法学教育的改革发展。为此,要全面启动法学教育体系和管理体制改革,建立由中央政法委统一领导,由教育部、司法部、人事部、最高人民法院、最高人民检察院、中国法学会共同参与的法学教育改革领导小组,在调查研究的基础上,雷厉风行地出台法学教育改革的相关意见,报中央批准执行。

第六,切实抓好法学教师队伍建设。"教师是立教之本、兴教之源。"创新法治人才培养机制,培养大批德才兼备的法治人才,建设好教师队伍建设是关键。为此,我们要更加重视普通高等学校和职业培训机构教师队伍建设。首先,要按照比自然科学和其他人文学科更高的思想政治标准加强法学教师队伍的思想政治建设,要求法学教师必须忠于党、忠于国家、忠于人民、忠于宪法法律,必须以爱岗敬业、尽职尽责、尽善尽美的职业精神从事教书育人工作。其次,要健全政法部门和法学院校、法学研究机构人员双向交流机制,实施高校和法治工作部门人员互聘计划("双千"计划),重点打造一支高素质学术带头人、骨干教师、专兼职教师队伍,吸收更多有丰富实践经验和一定理论素养的专家型法官、检察官、律师上讲台、当导师。

法治中国时代的法学教育*

一、当代中国法学教育的现状、基本模式与特征

中国的法学教育历史悠久，源远流长，迄今已有近三千年的历史，可以分为三个时期：古代律学教育、近代法学教育和新中国法学教育。新中国的法学教育经历了引进初创（1949—1957）、遭受挫折（1958—1966）、恢复重建（1978—1991）的艰难历程，经过90年代以来的持续改革和发展，已经形成了具有一定规模、结构比较合理、整体质量稳步提高的教育体系，并在世界法学教育占有重要一席。根据2013年统计数据显示，中国开办法学专业的法学教育机构为637所。我国本科院校共有1112所，也就是有超过一半的本科院校招收法学专业学生，最近几年统计表明，每年在校的法学本科生数为46万人左右。2008年毕业的法学本科生为116100人，2009年毕业的法学本科生为117182人，2010年毕业的法学本科生为114588人。2011年毕业的法学本科生为113342人，占全部本科毕业生的4.43%。截至2011年年底，中国具有法学硕士学位一级学科授权点的高校与研究机构达155所，全国攻读法学硕士学位的在校生7万多人。法学一级学科博士授权点38所。法学博

---

* 本文发表于《中国法学教育年刊》（2014年卷　创刊号），法律出版社2014年版。

士研究生的招生人数、在校人数、毕业人数连年攀升。从毕业生人数来看,1982 年至 1992 年全国授予法学博士学位共计仅 178 人,而到 2000 年,当年全国授予法学博士学位人数就达到 322 人,这一数字到 2005 年达到 1191 人,到 2010 年达到 2414 人。

经过建国以来数十年的探索与实践,特别是经过改革开放新时期的继承、移植和创新,法学教育的"中国特色"已经形成,法学教育的中国模式与法学教育的美国模式、欧洲模式呈三足鼎立态势。法学教育的中国模式可以概括为:以法学本科教育为起点和基础,实行多元化研究生教育的高等法学教育体系;法学的基本教育、特色教育、拓展教育有机结合的人才培养模式;普通高校的法学专业教育与专门学校的法律职业教育相衔接;统一司法考试与法学专业良性互动。

(一)我国的法学教育是以本科教育为起点的,在本科教育的基础上发展多层次、多元化研究生教育

这与本科后法学教育的美国模式不同,美国的法学教育是一种研究生教育。我国是法学本科教育规模最大的国家,在校学生超过 40 万人。原来设有法学、经济法、国际法、国际经济法等专业,1998 年教育部颁布《普通高等学校本科专业目录》,取消原先的经济法、国际法、国际经济法等专业而只设置法学专业,以消除原先法学专业划分过细的弊端,强调培养宽口径、厚基础的法律人才,使法学专业的人才培养目标更加适应社会经济文化发展的需要。去年,教育部启动了新一轮本科专业目录修订工作,法学专业的修订工作立足国情、面向世界、着力创新,按照"以宽为主、宽窄并存"的原则,合理确定专业口径,既有满足综合性大学培养"宽专业、厚基础"人才的宽口径专业,也有面向行业需求、培养应用型人才的特色专业,以更好地适应我国法学教育多层次、多类型、多规格人才培养的新需要。经过充分论证,确定在法学学科门类仍然只设

法学一个专业，同时在特设专业中设立监狱学、知识产权两个特设专业。

研究生教育包括硕士研究生教育和博士研究生教育，在硕士研究生中又分为法学硕士和法律硕士，我国是从1995年开始培养法律硕士研究生的。在法律硕士当中又分为以非法学本科教育为起点和以法学本科教育为起点两类，其中后一类被法学界称之为“新法律硕士”。博士研究生教育一般是以培养学术性人才为目标，使博士生掌握本学科坚实宽广的基础理论、系统深入的专业知识、相应的技能和方法，具有独立从事本学科创造性科学研究工作和实际工作的能力。最近几年一些博士培养单位调整博士生培养目标，转向培养应用型法学博士，以使博士生教育更加适应社会的多样化需要。

（二）法学专业的基本教育与拓展教育相结合

我国的法学本科教育实行基本教育与拓展教育和特色教育相结合的法律教育模式。根据这个模式，当代中国的法学教育包括五个方面的基本教育：一是马克思主义法学理论教育，包括法理学（法哲学）理论和各个部门法学的基本理论教育，用科学的法学理论武装学生，引导学生树立正确的法律观、法律价值观，权利义务观等。二是社会主义法治理念、现代法治精神和法律职业伦理教育，帮助学生树立先进的、民主的、理性的法治观，养成信仰法治、践行法治、维护法治、为法治而斗争的法律职业精神，树立立法为公、执法为民的职业宗旨，追求真理、维护正义的崇高理想，崇尚法律、法律至上的坚定信念，认同职业伦理、恪守职业道德的自律精神；应当成为尊重和遵守旨在维护秩序、保障公正、促进效率、实现自由的法律规则的模范，成为抵制和监督一切违法行为、捍卫法律尊严和神圣的英雄。三是中国社会主义法律制度教育，使学生深刻理解我国法律制度的核心价值和时代精神，把握以宪法为核心构筑起来的法律体系及其各个主要法律部门的基本制度、基本原则、基本规范。四是法律程序和法律方法的教育和训练,培养学生树立程序意识、熟悉法律程序,掌握法律解释、法律推理、法律论证、法律明辨的基本方法和技能。五是比较法律教育和国际法律教育,即培养学生树立法律多元观和国际法治观,认识国际法在构建和谐世界、促进全球经济与社会发展中的重要作用,并运用国际法律维护中国融入全球化和实施和平发展战略中的各种权益。法学专业核心课程的设置就是为了适应上述五个方面的基本教育。法学专业原定核心课程十四门,即法理学、中国法制史、中国宪法、行政法与行政诉讼法、民法、商法、知识产权法、经济法、刑法、民事诉讼法、刑事诉讼法、国际法、国际私法、国际经济法。2007 年增加两门,即环境资源法、劳动与社会保障法。后增加的两门是为了适应建设"两型"社会的需要和构建和谐社会的需要。核心课程的设置保障了法学本科教育培养的基本规格。

除了上述基本教育之外,不同层次、不同类型、不同特色的法学院系可以实施法学教育的拓展计划,例如综合性大学的法学院系可以为学生开设中国法律思想史、西方法律思想史、法律社会学、法学方法论等更多基础性和前沿性的课程;农业院校的法学院系可以为学生开设更多与农、林、水密切相关的课程;财经类院校法学院系可以为学生开设税法、会计法、财政法、反垄断法等课程……以适应社会对法学专业人才的多样化需求。各个法学院系还可以根据自己的特色和优势,设置特色教育课程模块,例如知识产权法、国际法、社会法、环境与资源法等。

(三)法学本科教育以素质教育为基础,实行素质教育与专业教育并重

法学教育是整个高等教育体系的重要组成部分,属于人文社会科学范畴。根据我国《教育法》、《高等教育法》有关学制、学历、

学位的规定,根据《中共中央国务院关于深化教育改革、全面推进素质教育的决定》,参照我国法学教育改革的实践和法学教育进一步发展的目标,我们倾向于将现阶段我国法学本科教育定位于素质教育基础上的职业教育。

把法学教育定位于素质教育,强调在法学教育的全过程都要注重素质教育,是基于下面两个因素:

第一,素质教育是学习型社会的必然要求。就法学领域来说,随着社会主义物质文明、政治文明、精神文明和生态文明的发展,社会对法律的需要不断增加和变动。与此相适应,新的法律源源不断地制定出来,旧的法律则接连不断地被修改、废止或者清理,有关法律的知识总量日益增加,日益改变。这种情况使得学习成为每个法律人的终身活动,继续学习成为没有终结的过程。既然如此,培养学生学会学习,尤其是学会在工作过程中学习,就应当成为大学法学本科教学的重要目标。我们要树立和强化终身教育的观念,并用这种观念指导我们的教学活动。

第二,素质教育是法律专业教育的基础和核心。职业教育有十分明确的职业定位,诸如石油化工、汽车制造、导弹设计、地质勘探、金融货币、国际贸易等,法学教育则没有这样的明确定位。正如法律调整涉及社会生活的方方面面一样,从法学院毕业的学生可能进入社会政治、经济、文化、内政、外交各个领域,哪里有法律调整,哪里有法律程序,哪里应该依法办事,哪里就有法学毕业生。因此,法学教育不能归结为严格意义的、定向型的职业教育。根据有关院校对法科毕业生就业情况的调查统计,法科毕业生做法官、检察官、律师的,不到10%。因为司法考试每年的通过率去除少数民族考生、中西部基层法律工作者等照顾因素之外也不过12%,在通过司法考试的人员当中,大约有50%的人并没有去当法官、检察官、律师。我们现在每年招收法学专业本科生大约11万人,直接从事法律职业的只有五六千人,其他人从事各行各业的都有。中国的法学本科教育不可能成为严格意义的职业教育。实际上,法学教育的功能是多元的,我们需要更多的法律专业毕业生从政、经商、治学,走向各个行业,活跃在党政法工农商学兵等各条战线,这对于建设法治社会、实现法律对社会的引导和规范作用是极其重要的;与法律职业比较,培养各行各业的治国理政经商的栋梁之材更为重要。

但是,法学教育又确实有自己的专业领域,有特定的知识范畴,有人才培养的基本目标和规格,属于专业教育。作为一种特殊的素质教育和素质教育之上的法律专业教育,法学教育的根本任务归结起来,可以说有两项,一是把学生培养成为高素质的优秀公民,二是把学生培养成为高素质的法律职业工作者。法科学生从他(她)报考法学专业的那一天,就立志从事公共事务,无论是做法官、检察官、警官、公务员,还是当律师、法学教师,其职业选择本质上都属于公共事务(既包括政治国家的公共事务,也包括市民社会的公共事务)。从法科学生将来大多数要从事公共事务这个角度,必须注重对学生进行公民教育,提升他们的公民人格和公民能力,将他们培养成为优秀的、高素质的公民,公民中的优秀公民。在现代社会,公民人格和公民能力是由许多要素构成的,其中主体意识、权利意识、参与意识、平等意识、包容态度、法治理念、义务(责任)观念、理性精神、人本观念、全球意识等最为重要。这些集中体现法学的素质教育。为此,要研究法学教育中的素质教育的特殊性,采取积极有效的措施,实施素质教育。

在培养优秀公民的同时,培养出高素质的法律人。从法学院走向社会的毕业生,无论是做法官、检察官、公务员,还是当律师和从事其他法律工作,他所面对的都是社会,要处理的问题无不涉及经济、政治和文化,职业的特点要求法科学生比其他学科的学生具有更扎实的文化素质,更宽厚的人文学科知识和社会科学理论,更强的思维能力和表达能力,更高尚的社会公德和职业道德,更健康的心理和精神状态。所以,法学教育自始至终都要关注法律人的素质教育。就法律专业而言,核心是法治理念和法律思维能力。法治理念就是法治的理论和信念,既包括对法治的认知,更包括对法治的信仰和执着,诸如立法为公,执法为民的职业宗旨;追求真理,维护正义的崇高理想;崇尚法律,法律至上的坚定信念;认同职业伦理,恪守职业道德的自律精神。应当成为尊重和遵守旨在维护秩序、保障公正、促进效率、实现自由的法律规则的模范,成为抵制和监督一切违法行为、捍卫法律尊严和神圣的英雄。法学教育应该担当起培养这种法律人的历史责任。

在素质教育和职业教育当中,法律思维能力和法治思维能力的教育至关重要。法律思维能力包含以下几个方面的内容:第一,准确掌握法律概念的能力。法律概念是对各种法律事实进行概括,抽象出它们的共同特征而形成的权威性范畴。能否准确理解和解释法律概念,是法律思维的基础。第二,正确建立和把握法律命题的能力。命题是表达判断的语言形式,建立和把握法律命题的能力实际上就是形式推理的能力。第三,法律推理的能力。法律推理属于实践推理,是指法律人从解决法律实际问题出发,运用概念、命题,综合法律因素、道德因素、社会情势、当事人具体状况等多重因素进行的法律推理。法律中的实践推理最能体现法律人的综合素质。第四,对即将作出的法律裁决或法律意见进行论证的能力。特别是法律裁决文书对当事人的说服力和对社会的公信力,往往取决于法律人的论证能力。

在培养法律思维能力的基础上,要大力培养法治思维能力。党的十八大提出要提高各级领导干部运用法治思维和法治方式深化改革、推动发展、化解矛盾、维护稳定的能力,这为我国的法学教育提出了更高的标准和要求。法治思维与人治思维是根本对立的,并有别于行政思维、经济思维、政策思维、道德思维等。法治思维的核心是尊重和保障人权、促进社会公平正义、维护社会和谐稳定，坚持党的领导、人民民主、依法治国的有机统一，坚持宪法法律至上，把宪法作为治国理政的根本依据，树立宪法的极大权威。这显然是高于法律思维的科学思维和人文思维。

（四）普通高校的法学专业教育与专门学校的职业培训有机结合

由于学制的限定，普通高校的法学本科教育不可能承担法律职业教育的全部任务，这一任务是由其他教育机构完成的。为此，1997 年，国家法官学院成立，这是中国第一所培训高级法官的高等学府。1998 年，原中央检察官管理学院更名为国家检察官学院，这是培训高级检察官的高等学府。2002 年，建立了培养司法警官的专门学校——中央司法警官学院。这三所大学主要从事法官、检察官和司法警官的职业培训。

当前，社会上把大学生就业之后不能马上适应法律实务部门需要归结于法学教育，这是不公正的，也是不客观的。主要问题是他们在从事法官、检察官、律师、公证员和其他法律工作之前，缺少一个职前培训阶段。这个阶段靠给大学生增加实践教学是远远不够的。我们应当学习欧洲和日本的经验，进一步强化法律人的职前培训。

（五）法学教育与司法考试的有效衔接、良性互动

1986 年开始实施的律师资格考试是新中国最早的法律职业准入考试制度。2001 年 6 月 10 日，第九届全国人大常委会第二十二次会议修改了《法官法》和《检察官法》，规定初任法官、检察官采用严格考核的办法，按照德才兼备的标准，通过国家统一司法考试取得资格。12 月 29 日，第九届全国人大常委会第二十五次会议通过修改《律师法》的决定，规定取得律师资格应当经过国家统一司法考试，从而正式建立了中国的国家统一司法考试制度，所谓“统

一”,就是统一法官、检察官、律师以及公证员考试制度。统一国家司法考试制度的建立促进了法学教育与法律职业有效衔接,对法学教育目标调整和课程设置起到了一定的引导作用,致使高等法学教育机构更加重视培养学生的法律职业素质或法律实务技能。自2001年建立、2002年举办实施统一司法考试以来,司法部举办实施了十一次国家司法考试,累计报名达360万人(次),共有300万余人(次)参考,45.9万余人通过国家司法考试取得法律职业资格。通过率平均为16.4%,有效满足了法律职业的需求,并储备了大量的法律人才。

司法考试是链接法学教育和法律职业的中间环节。国家统一司法考试制度的确立,对于推进法学教育发展和改革,促进司法考试、法学教育与法律职业的互动关系具有重要意义。不仅有利于提高法官、检察官队伍素质,有利于促进中国法律职业共同体成员基本的共同法律语言、法律逻辑思维、法律精神的形成,而且有利于统一法律职业内部对法律的共同理解和适用,有利于保障和促进社会公正,在最大范围内选才。统一司法考试制度为有志于从事法律职业的公民设置了准入标准,为法学教育的发展起到了引导和促进作用,为所有符合报名条件和考试合格的公民进入法律职业提供了可能。司法考试制度有效地兼顾了法学教育的发展状况,在报考资格、考试内容等方面都体现了与法学教育的衔接。司法考试内容方面,司法考试组织部门“参照教育部法学专业16门主干课程的标准和要求,本着测试法学基本理论和法律事务相结合的原则确定了国家司法考试的具体科目”。司法考试侧重对考生的基本法律知识的理解和掌握,侧重考察理论分析运用能力、综合运用所学知识分析解决问题的能力。由于司法考试是担任法官、检察官、律师以及公证员的资格要件,也是其他国家机关和企业录用法务人员的参考基准,司法考试合格与否直接决定了法科毕业生能否进入法律职业,也在一定程度上成为法学教育水平的判断尺度，所以，统一司法考试制度的建立也极大地促进了法学教育的改革和发展。

统一司法考试在促进法学教育改革发展方面起到了积极作用，同时也产生了一些负面影响。主要是一些法学院系把应对司法考试作为教学的目标，把司法考试通过率作为衡量法学教育质量、检验法学教育成效的主要标准甚至是唯一标准。这就偏离了司法考试和法学教育的正确道路。为此，司法部、教育部、法学教指委和法学教育研究会多次召开会议、举办论坛，就司法考试与法学教育的关系进行研讨，并达成共识：司法考试是连接法学教育与法律职业的通道，对法学教育它是出口，对法律职业它是入口，为此司法考试在功能、效力、时间安排、考生资格等方面，要对法学专业毕业生有指导和引导作用，有更强吸引力，并且是方便高效的；司法考试必须适应法律职业需要，法学教育要充分考虑法律职业需要，这是司法考试与法学教育的共同前提，在这个前提下二者互相适应、互相促进，司法考试与法学教育之间不存在谁改造谁、谁指挥谁、谁向谁靠齐的问题，而是互相调整，互相适应。从法学教育的功能出发，不能用司法考试来限定法学院的课程设置、教学方法，更不能把法学教育变成应对司法考试的应试教育；把司法考试作为指挥棒，对法学教育将产生严重的危害。

二、在推进法治中国的建设中，法学教育应注重“三个体系”的培养教育

我们正处在一个迈向法治的世纪，国家和国际两级法治都呈现出加速度的发展态势。就国内层面来说，党的十五大提出依法治国、建设社会主义法治国家。党的十八大做出“法治是治国理政的基本方式”的科学判断和治国理念，同时做出了全面推进法治国家建设的战略部署。党的十八大之后不久，习近平总书记提出“建设法治中国”，十八届三中全会进一步提出“推进法治中国建设”。

"法治中国"既是中外法治文明的现代版,又是"法治国家"的升级版。法治国家本质上属于政治范畴,建设法治国家的着力点是在政治层面实现国家治理法治化,特别是把国家各项权力(包括立法权力、行政权力、司法权力、监督权力等)纳入法治范围,在法治轨道上运行。建设法治中国的内涵更加丰富、更加深刻、更具中国特色,不仅要建设法治国家,还要建设法治社会、法治政党、法治政府;不仅要推进依法治国,还要推进依法执政、依法行政、依法自治;不仅要搞好国家法治,还要搞好地方法治、行业法治,促进国家法治、地方法治、行业法治协调发展;不仅包括有形的法律制度硬实力建设,还包括无形的法治文化软实力建设,弘扬法治精神,培育法治文化;不仅致力于国内法治建设,还要面向世界,推动全球治理法治化,构建民主法治、公正合理的国际经济政治新秩序,提升中国在全球治理中的话语权和影响力。法治中国的实体是中国特色社会主义法治体系。

从国际层面来说,进入 21 世纪之后,法治化进程明显加快。2005 年《世界首脑会议成果文件》将法治作为一项价值观和基本原则,呼吁在国家和国际两级全面实行法治。从 2006 年开始,联合国大会第六委员会开始讨论国家和国际两级法治的问题。这些讨论扩大了各国在加强法治方面的共识,体现出世界各国共同努力建设一个法治世界的愿望。联合国大会及其第六委员会和国际法委员会,致力于国际条约的制定和国际法的编纂,为"国际立法"做出了积极贡献。安全理事会积极预防和解决地区冲突,设立特设刑事法庭,把违反国际人道法和人权法的个人绳之以法,通过法治手段,维护国际和平与安全。国际法院通过司法手段解决国际争端,其判决和咨询意见阐明了国际法的有关原则和规则,丰富和发展了国际法。在这样一个法治时代,我国的法学教育必须适应法治中国和法治世界的需要,培养一批又一批具有法治理念、法治精神和法治能力的人才。

经过十多年的探索和实践，我形成了这样一种思想：法学教育，无论是本科教育，还是研究生教育，都应当注重对学生进行“三个体系”的教育培养。

（一）掌握法律知识体系，提升中国特色社会主义法律制度的制度自信

掌握法律知识体系，核心是深刻把握中国特色社会主义法律知识体系。经过改革开放三十余年的科学立法、民主立法，到2011年中国特色社会主义法律体系已经形成。中国特色社会主义法律体系主要由七个法律部门和三个不同层级的法律规范构成。七个法律部门是：宪法及宪法相关法、民法商法、行政法、经济法、社会法、刑法、诉讼与非诉讼程序法。三个不同层级的法律规范是：法律，行政法规，地方性法规、自治条例和单行条例。截至2012年底，全国人民代表大会及其常务委员会已经制定了二百四十三部现行有效的法律，涵盖了全部七个法律部门；各法律部门中，对形成中国特色社会主义法律体系起支架作用的基本法律，以及改革、发展、稳定急需的法律，大多已经制定出来。中国人民用三十年时间走完了西方发达国家几百年的路。与法律相配套，国务院制定了六百八十多件现行有效的行政法规，地方人民代表大会及其常务委员会制定了九千多件现行有效的地方性法规，民族自治地方的人民代表大会制定了六百多件现行有效的自治条例和单行条例。全国人大常委会还通过了八十件法律解释和有关法律问题的决定。通过这些法律、行政法规、地方性法规、自治条例等规范性法律文件，我国建立起适应市场经济、民主政治、人权保障、社会发展、环境保护要求和需要的法律制度。

中国特色社会主义法律体系是由一系列法律制度构成的。而这些法律制度又分别是由一组或多或少的法律规范构成的。主要的法律制度包括：保障社会主义民主政治的法律制度；尊重

和保障人权的法律制度;引导和规范市场经济秩序的法律制度;资源节约和环境保护的法律制度;行政管理法律制度;司法法律制度等。

中国特色社会主义法律体系还包括许多国际法律规范。随着中国对外开放,特别是经济全球化的到来,中国加快了参加国际条约的步伐,迄今我国参加的多边条约达三百多项,对外缔结的双边条约和其他具有条约性质的文件近两万件,其中包括有关世界贸易、环境保护、人权保护、维和反恐等公约、协定。双边条约、多边条约和协定已经成为我国法律体系中越来越重要的法律形式和法律规范的渊源。我国政府先后与英国、葡萄牙政府通过外交谈判和法律机制解决了香港问题、澳门问题,为国际社会提供了一个通过法律和平解决国家历史遗留问题的范例。2005 年《世界首脑会议成果文件》将法治作为一项价值观和基本原则,呼吁在国家和国际两级全面实行法治以来,我国积极推进国际关系民主化和全球治理结构法治化,提倡坚持民主平等,实现协调合作;坚持和睦互信,实现共同安全;坚持公正互利,实现共同发展;坚持包容开放,实现文明对话。

我国不仅积极参与国际条约和协定的制定,而且郑重宣告和维护它们的法律效力。我国许多法律对国际条约和国际惯例的法律效力都作出了明确规定,如《民法通则》规定:“中华人民共和国缔结或者参加的国际条约同中华人民共和国的民事法律有不同规定的,适用国际条约的规定,但中华人民共和国声明保留的条款除外。中华人民共和国法律和中华人民共和国缔结或者参加的国际条约没有规定的,可以适用国际惯例。”《继承法》、《海关法》、《行政诉讼法》、《著作权法》、《专利法》、《海商法》、《商标法》、《民用航空法》、《民事诉讼法》等法律也均有类似规定。这些规定以及我们认真践约的实践树立了遵守国际条约和协定、尊重公认的国际惯例和行为准则的负责任的大国形象。

（二）掌握法学理论体系，提升中国特色社会主义法学理论体系的理论自信

第一，中国特色社会主义法学理论体系是中国特色社会主义理论体系的重要组成部分，因而中国特色社会主义法学理论体系的历史与逻辑起点是邓小平在创立中国特色社会主义理论、开辟中国特色社会主义道路过程中所阐述的法制思想；“三个代表”重要思想、科学发展观以及党中央接续提出的关于中国特色社会主义事业建设的重大战略思想是中国特色社会主义法学理论体系的理论平台与逻辑内容。改革开放以来，中国特色社会主义法学理论体系形成和发展的历史轨迹与中国特色社会主义道路、中国特色社会主义理论的形成和发展的历史轨迹相同步，经历了四个主要发展时段：1978 年至 1989 年，1989 年至 2002 年，2002 年至 2012 年，2012 年 10 月以来。在这一历史进程中，历届中央领导集体一脉相承地为中国特色社会主义法学理论体系的基本形成做出了巨大的历史性贡献。同时，中国法学界和法律界积极参与中国特色社会主义建设事业和法治实践，积极投身于中国特色社会主义法学的理论创新与法学理论体系的建构，为中国特色社会主义法学理论体系的基本形成发挥了重要的学术推动和科学论述作用。

第二，中国特色社会主义法学理论体系是中国特色社会主义法治建设和法治工作的指导思想。马克思恩格斯法律思想、列宁社会主义法制思想、毛泽东法律思想，为中国特色社会主义法学理论体系的基本形成奠定了思想原理，构成其思想理论基础；苏联社会主义法学理论构成其知识来源；中国传统法律思想构成其文化资源；西方法学理论构成其重要的学术渊源；中国特色社会主义法治建设是其根本的实践基础。由此，以中国特色社会主义理论体系作为法学理论体系的理论平台，以中国特色社会主义法治建设的丰富经验作为其实践基础，着力系统地总结与概括改革开放以来推进马克思主义法律思想中国化、中国特色社会主义法治建设

经验的科学化、建构中国特色社会主义法学理论体系的丰富成果。

中国特色社会主义法学理论体系可以划分为“中国特色社会主义法学原理和方法”、“中国特色社会主义法律理论”、“中国特色社会主义法治理论”三大板块。这种模式有效地集成了中国特色社会主义建设过程中以邓小平、江泽民、胡锦涛、习近平等为主要代表的中央领导集体关于法学、法律、法治的重要思想以及党和国家一系列重要理论和法律文献中所包含的中国特色社会主义法学、法律和法治的丰富理论观点。中国特色社会主义法学理论体系也可以划分为“法理学基本理论”和“部门法的核心理论”两大板块。“法理学基本理论”板块,集成了中国特色社会主义法学理论体系当中具有原理性、文化性、根本(基础)性、普遍性的重大理论,相对宏观;而“部门法的核心理论”板块包括了中国宪法、中国行政法、中国刑法、中国民法、中国商法、中国经济法、中国社会法、中国环境法、中国诉讼与非诉讼程序法、国际法等各个部门法及部门法学当中起支架性作用的核心理论,特别是属于中国原创或发展的重大理论。

(三)掌握法治话语体系,提升中国特色社会主义法治的道路自信

在现代社会科学中,话语体系这个概念是认识、分析与批判社会现实的一个重要工具,是反抗西方话语霸权的一个有力武器。借助于现代社会科学的既有研究成果,我们可以把法治话语体系界定为由诸多关于法治的理论、信念和实践经验等所组成的思想体系,它以民族语言的形式集中表达了一个民族和一个时代关于法治理念的理解,并担负着辩护真理与合法性的宏大理论抱负。其主要特征是:

第一,法治话语体系的形成是以成熟的法治理论体系为基础的,可以说是法治理论体系发展的高级阶段,在这个阶段关于理论

体系的思考已经进展到理论的自主性、理论建构的合法性等问题。

第二,法治话语体系代表了一种价值和信仰体系,而且话语体系的形成也有助于这种价值和信仰体系在社会中的建立,这是话语的观念功能和建构作用。正是因为价值和信仰体系的确立,法治话语体系的形成体现了一种成熟的、得到普遍接受的、获得内在认同的法治理论观点和理论体系。

第三,法治话语体系是以活的民族语言的形式体现出来的。在一定意义上我们可以说,语言构成了思想意识(包含话语在内)存在的根基,而不仅仅是存在形式的反映。这就决定了法治话语体系的建构既要立足于我们自身的法治现实生活的语言,又要植根于法治现实生活的充分要求。

第四,话语体系的关键在于支配与合法化,这是任何话语体系必然具有的功能。不建构本土的话语体系,就只能受外来话语体系的支配。提出建构中国法治话语体系的新要求表明中西之争到了一个高级的、成熟的阶段,即构建一个关于法治理解的多元性世界观,而不只是西方法治理论一家独大。建国之初我们几乎全盘接受了苏式法治理论,这一套话语体系支配了我们的法律思维与法律实践,也造成了灾难性的后果。苏式法治理论破产之后,我们几乎又不加反思地转而求助于西方的法治理论,尤其对学界的影响很大,而且这种影响似乎还在不断地强化。进入新世纪之后,我们强调建构中国自己的法治话语体系,并取得巨大的成功。可以说,具有中国特色、体现人类法治文明的社会主义法治话语体系已经形成。我们要对法科学生进行中国特色社会主义法治话语体系的教育,突破西方中心主义的理论藩篱。

在新的历史起点上推进法学理论创新引领中国法学思潮*

新年伊始,本刊站在了新的历史起点上。2012 年岁尾,本刊入围国家社科基金资助计划,成为获得国家社科基金重点资助的法学学术期刊。根据国家社科基金学术期刊资助管理办法,学术期刊获受资助的基本条件是:坚持正确办刊方向,遵循基本学术规范;具有较高学术水平和较大学术影响,推出了一批具有原创性的代表作,产生了重要的学术和社会影响;主编在学术界具有一定的影响力;拥有一支政治强、业务精、作风正的编辑队伍;主办单位具有较好的社科研究基础和较强的学术研究队伍;通过有重点、有针对性的资助,推动学术期刊加强自身建设,提高学术水平,扩大学术影响,推出更多优秀成果,更好地发挥哲学社会科学认识世界、传承文明、创新理论、资政育人、服务社会的重要功能。在数千种社会科学期刊当中,获得国家社科基金重点资助的仅有二百种。在百余种法学期刊当中,获得国家社科基金重点资助的仅有八种。这一方面表明本刊进入了学术期刊的国家队,另一方面意味着本刊步入了全新的发展阶段,站在了又一个历史起点。

* 本文是作者为《法制与社会发展》杂志入选国家社科基金重点资助期刊而撰写的新年致辞,发表于《法制与社会发展》2013 年第 1 期。

一、回顾与总结

回顾本刊1995年创办以来的历程，非常清晰地看到它由小到大、由薄到厚、由弱到强、从无名到知名的发展进步的足迹。本刊发展进步的主要标志还不在于此，而在于它日益显现的学术影响力。本刊创办不久，很快就以其融学术性、实践性、参与性为一体的学术理论刊物定位，以贯彻“双百”方针、支持法学界解放思想、刊发有新思想新观点新学说之作的气派，以奉行真理面前人人平等、坚持科学性和实践性的学术标准、对名家和新人一视同仁的学术原则，而受到法学界的关注和认可。进入新世纪以来，本刊持续推出了一批具有原创性的代表作，产生了重要的学术和社会影响，每年都有多篇论文被《新华文摘》、《中国社会科学文摘》、《高等学校文科学术文摘》、《中国人民大学报刊复印资料》等权威性刊物全文转载或摘要转载，也经常被各种学术著作、论文、评论引用，文摘率和引证率跃居我国法学类期刊前列。近年来，国外法学界对本刊的关注度也不断提升，本刊已被世界许多国家和地区的高等院校、科研机构的图书馆馆藏或交换，国内许多知名高校和科研机构将发表在本刊的论文作为学术评价的权威指标。

在过去十八年从幼年到成年的成长历程中，本刊不断探索创新、比较借鉴、调整聚焦，形成了自己的鲜明特色。本刊的特色可以用六个“致力于”来概括：

第一，致力于推进马克思主义法学的中国化、当代化、大众化，建构中国特色社会主义法学理论体系，建构中国特色社会主义法治话语体系。1995年本刊创刊号首篇论文就是“论建构有中国特色的马克思主义法学”，以后陆续发表了“东方社会主义的法律发展——从马克思到邓小平的理论探索”、“传承与发展：马克思主义法学在中国”、“中国刑法哲学的产生和发展”、“对中国民法学学术路向的初步思考——过分侧重制度性研究的缺陷及其克服”、“中国特色社会主义法学理论体系研究”、“中国特色社会主义法学理论体系的现实基础”、“中国特色社会主义司法理论体系论纲”等数十篇主题论文，有力地推进了中国特色社会主义法学理论体系的研究与建构。

第二，致力于推进法学理论创新，把推进法学理论创新、引领法学思潮作为本刊的第一要务。作为法学界的学术园地和批判精神的基地，本刊既刊发从新的视角和方法解读和研究经典问题的“旧题新解”之作，也刊发敏锐地发现、提出前人所忽视的问题的“新题新解”之作，为中国理论法学新范式、新思想、新理论、新方法的闪亮登场提供良好平台。本刊发表的“论当代中国法制的价值基础”、“关于市场经济的法哲学思考”、“法治、合理性及其代价”、“法律与道德：中国法治进程中的难解之题——对法律与道德关系的再追问和再思考”、“论法律的社会功能”、“论中国法律发展研究的两大范式”、“法治的多重视界”、“中国传统法文化的文化性状与文化追寻——情理法的发生、发展及其命运”、“论法的价值共识——对当代中国法治进程中一个悖论的解决尝试”、“现代化进程中的中国法治——方法论的检讨与重整”、“论正义和法律正义”、“法的有效性与有效的法——分析框架的建构和经验实证的描述”、“中国法律演进的历史时空环境”、“论中国特色社会主义法律体系的科学建构”、“新时代新阶段的中国理论法学”、“法经济学范式研究及其理论阐释”、“权利冲突论——一个法律实证主义的分析”、“面对中国的法学”、“‘以人为本’与社会主义法治——一种法哲学上的阐释”、“权利时代的理论景象”、“论法理学的构成及其资源性要素”、“新兴权利论纲”、“法治改革的方法论问题”、“法律的内在价值与法治”、“司法人道主义的历史进步——晚清司法改革的价值变向”等，既是法学理论创新的代表作，也是法学理论进一步创新的推进器。

第三，致力于推进法学理论与法律实践相结合，始终站在法学研究的学术前沿和法治建设的实践前沿。创刊以来,本刊秉承面向实践的办刊宗旨,重视刊发以社会主义法治建设实践中的新问题、新经验为研究对象的理论性文章,积极组织重大理论与实践问题的专题讨论,努力营造紧密围绕法治实践开展理论研究的学术氛围。本刊发表的"论我国自然资源法的几个问题"、"论国家权力与社会权力——从人民与人大的法权关系谈起"、"刑法存活关系中——关系刑法论纲"、"信息技术的发展与隐私权保护"、"法律趋同化:成因、内涵及在'公法'领域的表现"、"集体所有土地诸物权形态剖析"、"联合国《公民权利与政治权利国际公约》与中国刑事诉讼"、"犯罪构成的体系性思考"、"民事责任现代归责原则的确立"、"调解的重构——以法院调解的改革为重点"、"知识产权法哲学理论反思——以重构知识产权制度为视角"、"国际知识产权保护和我国面临的挑战"、"试论指导性案例的'指导性'"、"权利义务的发展与法治国家的建构"、"人民法院司法改革的基本理论与实践进程"、"国际社会的法制化:当代图景与基本趋势"、"中国宪政文化与制度建构的反思"、"'当判则判'与'调判结合'——基于实务和操作层面的分析"、"案例指导制度的法理考察"、"WTO 法律体系协同发展研究"、"社会管理创新:法院的职能定位与实践路径——兼析能动司法的范围和限度"等主题论文,聚焦中国法治实践,为法治建设提供了理论资源和智力支撑。

第四,致力于推进法学研究的国际化和全球化,引导法学理论界树立国际意识和全球意识,以具有全球性和国际竞争力的法学研究成果来应对全球化,以对原有法律理论进行深入的反思和检讨,建立反映全球化时代精神的法律理论体系,推动中国法学的国际化全球化转型。本刊"法律与全球化"栏目发表的"全球化与中国法制现代化"、"全球化背景下中国法治发展面临的挑战"、"全球化与法理学的变革和更新"、"WTO 视野中的我国行政法治"、"论国际恐怖主义的全球化趋势与国际法律控制"、"人权的全球化:概念与维度”、“法律全球化进程中的特征分析与路径选择”、“国际知识产权制度的发展潮流与中国知识产权制度的发展道路”、“全球化是去国家化吗？——兼论全球治理中的国际组织、非政府组织和国家”等主题论文，形成了中国法学研究的“全球化范式”，打破了西方法学界在法律与全球化研究领域的垄断局面。

第五，致力于法学研究及学术期刊的规范化，注重学风建设和评审机制的完善。本刊始终高度重视维护学术风气，严惩学术不端行为，严格遵守编辑出版规范，认真执行国家有关编校质量的规定。本刊自 2001 年起一直实行稿件双向匿名评审制度。稿件评审严格推行以专家匿名评审为中心，包括责任编辑初审、专家双向匿名评审、主编终审三个环节的三审程序制度：文稿通过责任编辑的初审后进入专家评审程序；专家评审实行符合国际学术期刊惯例的匿名审稿制度，按照双向匿名的方式进行；最后，由主编组织的编辑部会议决定已经通过专家匿名评审的稿件是否被刊用。

第六，致力于培养和扶植法学新人，为新人新作提供演练平台。本刊创刊伊始就提出真理和学术标准面前人人平等，对于作者不设年龄、资历、学派、国别等非理性非科学的界限，学术质量是决定来稿刊登与否的唯一标准。本刊在坚持以高水准的学术品位和编辑质量吸引名家名篇、加强本刊在刊发名家名篇上的竞争力的同时，注重刊发年轻学人的论文。有时候在同等水平的基础上优先刊发年轻学人的论文，一大批投稿当时还只是研究生或者助教、讲师的年轻学人，本刊首发他们的学术论文，给他们学术自信，也使他们较快地赢得了法学界的认可，逐渐成为成熟而有成就的学者。在严格编审程序、坚持学术平等的同时，本刊为青年学者提供了高水准的学术策划方案，为学术新人的茁壮成长营造广阔园地。

除此之外，本刊借鉴国外大学学报和优秀法学期刊的有益经验，在国内期刊界率先建立了博士研究生任职编辑的长效机制，每年都择优遴选若干名法学理论专业博士研究生担任兼职编辑,在编辑过程中培养博士研究生的学术评价水平和学术鉴赏能力,对博士生进行严格的学术规范训练,并通过他们普遍提高博士生的学术规范化水平。

二、宗旨与使命

国家社科基金的资助为进一步提高本刊质量、提升本刊的学术影响力增添了坚实的物质基础,同时也标志着本刊进入了新的历史发展阶段。

站在新的历史起点上,本刊编辑部在集思广益的基础上进一步聚焦了办刊宗旨和历史使命:以中国特色社会主义理论体系为指导,以中国特色社会主义法治实践为本源,推进法学理论创新,引领中国法学思潮。

2004 年,《法制与社会发展》改由教育部人文社会科学重点研究基地·吉林大学理论法学研究中心主办,成为我国理论法学的专业期刊,到目前仍然是我国唯一的理论法学专业学术期刊。作为理论法学的专业学术期刊,其标志主要不在于形式上刊发的都是理论法学的论文,而在于其使命是为了推进法学理论创新,引领中国法学思潮。

创新是科学研究的灵魂,是推动科学研究不断深化的不竭动力,是科学事业繁荣发展的根本保证。当前,全面推进依法治国、加快建设社会主义法治国家、全面建成小康社会的伟大实践迫切需要新的法学理论不断生成和广泛传播,建构和发展中国特色社会主义法学理论体系和学科体系迫切需要法学理论的拓展与深化,推动中国法学走向世界、推进国际关系民主化法治化、提升中国法学话语权迫切需要法学理论创新。由这些伟大实践和时代急需所决定,理论创新必然成为法学的重要品质、内在要求和第一要务。创新是理论法学繁荣发展的必由之路,创新也是理论法学发展繁荣的核心标志。在理论法学创新的过程中，新理论不断生成和广泛传播体现和实现着引领中国法学思潮。以法理学为主体的理论法学是法学的一般理论、基础理论、方法论和法学的意识形态，由此决定法学理论创新不仅推动理论法学的发展进步，而且必将引领中国法学思潮，助推法学体系的理论创新和繁荣发展。

推动法学理论创新，引领中国法学思潮，必须坚持以中国特色社会主义理论体系为指导。中国特色社会主义理论体系是包括邓小平理论、"三个代表"重要思想、科学发展观在内的科学理论体系，是对马克思列宁主义、毛泽东思想的坚持和发展。邓小平、江泽民、胡锦涛以及以他们为代表的中央领导集体是解放思想、实事求是、与时俱进、求真务实的典范，邓小平理论、"三个代表"重要思想、科学发展观是理论创新的伟大成果。它们构成我国法学研究的根本指导思想，也是法学理论创新最为重要的理论资源。坚定不移地高举中国特色社会主义伟大旗帜，以中国特色社会主义理论体系为指导，是坚持法学理论创新的正确方向的根本保证。本刊将始终坚持正确的政治方向，"既不走僵化封闭的老路，也不走改旗易帜的邪路"。

推动法学理论创新，引领中国法学思潮，必须推进法学界不断解放思想。解放思想是法学研究永恒的主题，是法学发展进步的强大动力。正如十八大报告指出的：实践发展永无止境，认识真理永无止境，理论创新永无止境。创新就是要不断解放思想。所谓解放思想，就是要把思想认识从那些不合时宜的观念、做法和体制的束缚中解放出来，从对马克思主义的错误的和教条的理解中解放出来，从主观主义和形而上学的桎梏中解放出来，从阻挠学术进步的旧的理论预设和研究范式中解放出来，从研究者故步自封的理论观点和学术成见中解放出来，不断超越自我。改革开放以来，我国法学理论的创新成果，无一不是解放思想、打破禁区、排除阻力而取得的。解放思想需有高尚的理论勇气。理论勇气来源于为社会主义现代化建设建言献策、提供智力支撑和服务的社会责任；来源于对学术进步、思想进步、社会进步的执著追求；来源于对真理的信仰和热爱。没有理论勇气，就不可能做到追求真理，追求和坚持真理难免有挫折，有风险，甚至要蒙受委屈，在极端情况下可能丢掉各种桂冠和“乌纱帽”。在追求真理的道路上要经受住各种挫折、风险和打击的考验。本刊一如既往地弘扬敢于触碰敏感问题的理论勇气和政治勇气，为法学理论创新和理论探索开锣鸣道、搭建舞台。

推动法学理论创新，引领中国法学思潮，就要有“当代中国问题”意识。近代以来，科学知识的增长和理论创新有两种比较流行的、最为有效的方式。一是通过科学范式的引领和转换，即通过提出一套全新的发现问题和解决问题的思维方式和理论框架推进知识更新和科学革命。二是通过批判，即通过证伪与纠错检验理论假设、纠正理论错误，推进知识增长。上述第二种方法就是“问题哲学”。根据这种哲学，“科学始于问题”，科学的进步和革命取决于“提出更加深刻的问题”。树立“问题意识”就是要使我们始终处于不断“发问”的状态，唤醒我们善于发现问题，敢于提出问题，勤于思考问题，努力解答问题。一个好的问题就是理论创新的前提，对一个问题能够做出正确的理论回答，那就是很好的理论创新。马克思说：“一个时代所提出的问题，和任何在内容上是正当的因而也是合理的问题，有着共同的命运：主要的困难不是答案，而是问题。”“问题就是公开的、无畏的、左右一切个人的时代声音。问题就是时代的口号，是它表现精神状态的最实际的呼声。”[1]党的十八大强调，依法治国是党领导人民治理国家的基本方略，法治是治国理政的基本方式，要更加注重发挥法治在国家治理和社会管理中的重要作用，全面推进依法治国，加快建设社会主义法治国家，发展社会主义政治文明。当代中国法学研究的时代性问题，就是全面推进依法治国、建设社会主义法治国家、发展社会主义政治文明的重大问题。我们只有站在国家战略发展高度,站在依法治国、建设社会主义法治国家、发展社会主义政治文明的实践前沿,才能紧扣时代脉搏、聚焦中国问题,才能有的放矢地提出新问题,总结实践中的新经验,才能形成新观点、凝练新概念、产生新理论。本刊倡导论文要有“问题意识”,并以研究当代中国法治建设前沿问题、对重大实践问题作出高质量关注与回应,作为评价和刊发论文的基本标准。

推动法学理论创新,引领中国法学思潮,必须准确把握中国法学研究的学术方向和趋势,始终站在法学研究以至哲学社会科学研究的理论前沿。在当代中国,最显著的理论前沿就是以中国特色社会主义理论体系为统领,提出和解答依法治国和全面建成小康社会中的重大理论问题以及法学理论体系、学科体系和研究范式等方面的学术前沿问题。同时,在全球化时代,世界范围内法治发展趋势和法学理论思潮,也构成中国法学的理论前沿。我们只有瞄准学术和理论发展的前沿,才能开阔认识视野、拓展思维空间,也才能既立足当代又继承传统,不断地催生出新观点、新思想、新理论、新学说。一般而言,从国家社科基金项目、教育部人文社科项目、中国法学会十大专项研究课题及其研究成果,可以大体把握我国法学界的理论关怀和学术前沿。所以,我们将注重发表国家级法学重大和重点项目的阶段性研究成果,展示中国法学理论的最新成果。当然。我们不能一味消极等待作者投稿,而也要高瞻远瞩地预判法学思潮,积极能动地策划重大专题研究,组织相关专题的学术讨论会、座谈会、笔会等,凝练主题、主线、焦点、热点,吸引法学界广泛参与,形成中国法学的新思潮。

推动法学理论创新,引领中国法学思潮,必须保障学术自由,弘扬学术民主。学术自由是就研究者个体而言,其要义是坚守学术独立,勇于批判反思,树立学术风格。学术民主是就研究群体而言,其要义是学术公正、学术交流、学术争鸣。通过学术自由和学术民主,涵养学术流派、促进理论研究多元化繁荣景象。本刊既要善待名家名作,又要扶持新人新作。名家名作体现学术研究的成熟程度和主流动向,是期刊引用率、转载率、学术和社会影响力的重要支撑。但期刊同时担负着发现和培育新人新秀的责任。学术新锐作为法学研究的后备军,是中国法学的未来和希望。本刊将继续支持百家争鸣,倡导学术自由,形成更加民主、平等、活跃的学术环境;提倡科学严谨的学风,鼓励不同学术观点的相互切磋,提倡批评与自我批评以及心平气和的对话,以推动学术进步,推动在马克思主义指导下的具有不同认知兴趣、学术思想、研究方法、理论风格的学派的形成和发展,本刊愿意成为独具特色的法学学说或法学流派发育成长的大本营。

三、策划与栏目

围绕着本刊的学术定位和推动法学理论创新、引领中国法学思潮的目标,我们策划了十二个特色栏目,即中国特色社会主义法学理论体系研究,法治前沿,理论纵横,权利研究,司法文明,法律与全球化,法律文化研究,西方法哲学,部门法哲学,交叉学科研究,生活中的法理,新人新作。

中国特色社会主义法学理论体系研究。作为中国特色社会主义理论体系的重要组成部分,中国特色社会主义法学理论体系的研究与建构是当下中国法学家所应担当的时代性和战略性课题,也是标志中国法学理论成熟程度、彰显中国法学家主体意识和自主话语、涵括丰富的理论创新点的重大命题。本刊率先设置了“中国特色社会主义法学理论体系研究”专栏,成为组织、推动该课题研究和展示该领域优秀研究成果的典范性平台。中共十八大后,中国特色社会主义伟大事业的加快发展和民主法治建设的全面深入推进必将引领中国特色社会主义法学理论体系研究跃入新的发展阶段。本刊将继续推助和跟进该领域的最新进展,为立足中国特色社会主义民主法治实践、体现马克思主义法律思想中国化和当代化根本要求、建构具有中国特色、中国风格和中国气派的法学理论体系提供适宜的平台。

法治前沿。中共十八大报告堪称全面推进依法治国的政治宣言、行动纲领和思想指南,习近平总书记在首都各界纪念现行宪法公布施行30周年大会上的讲话又深入阐述了新一届中央领导集体依宪执政、依宪治国等治国理政的核心理念。可以预见,十八大之后,党和国家将更加重视法治在国家治理和社会管理中的重要作用,我国社会主义法治国家建设将进一步加速,中国法学也将随之进入理论创新的活跃期、高发期和蓬勃增长期。基于此,本刊设置"法治前沿"这一栏目,站在中国社会主义法治建设的前沿阵地,瞄准法治创新发展和法治体系建构完善的前沿问题,找准服务法治建设大局的切入点和结合点,组织和引导法学界开展法治前沿问题研究,并促进法治理论研究成果的实践转化,推动法学理论研究与中国法治实践在更高位阶上的完美互动。

理论纵横。这个栏目是本刊的常规性栏目,栏目设置以来,择优采组了许多选题新颖、视角独到、体现对重要理论的反思和对重大现实问题的关注、在理论和方法上具有一定创新性的稿件。今后将侧重发表有关法学基本范畴、法学研究范式、法律本体论、法律价值论、法律运行论、法律与道德、法律与社会等方面的研究成果,推进法学基本理论问题的深入研究。

权利研究。伴随社会主义市场经济、民主法治、先进文化、和谐社会和生态文明的建设,中国社会正在进入权利新时代。在权利新时代,由转型期利益格局重整所激发的基本权利诉求,由信息技术、生物技术等新兴技术所催生的新兴权利诉求,由立法、执法和司法所产生的权利确认、权利保障、权利救济等制度和实践问题,都要求在权利理论上得到科学论证与积极回应。由此,权利理论研究必将进入密集的创新时代,权利研究亦将成为法学领域最耀眼的景象。为此,本刊将继续采组权利哲学、权利制度、新兴权利、权利形态、权利救济、弱势群体权利保护、尊重和保护人权等方面的研究成果,推动中国权利理论、权利制度和维权实践的发展。

司法文明。法治文明是政治文明和社会文明的重要组成部分,而司法文明则是法治文明的首要标志和核心要素。在当代中国政治文明和社会文明的进程中,如何推进以司法为核心的法治文明,如何建立公正高效权威和谐的社会主义司法制度;在当代世界的文明体系中,如何提升中国司法文明的国际认同度和国际话语权,是关乎国家长治久安、经济繁荣发展、人民幸福尊严、社会公平正义的国家战略问题,是法学的重大研究领域和重大研究任务。鉴于此,本刊将已有的“司法学”栏目改设为“司法文明”,侧重为中国的司法文明建设激发和荟萃崇论闳议。在我国全面推进依法治国的新时期,本栏目将积极配合司法文明协同创新中心组织的重大研究任务,推动法学共同体对科学的司法理论、先进的司法制度、公正的司法运作、卓越的司法精英、理性的司法文化进行学理探讨,为中国的司法文明建设搭建智识上的助推平台。

法律与全球化。在全球化浪潮的席卷下,“法律与全球化”已成为国际和国内法律论坛的热点议题之一。对于秩序结构的全球化和现代化转型及其所伴生的霸权主义问题和多元法律文化诉求的关切,在世界范围内引发了法哲学、社会哲学等众多知识领域的理论创新和范式转换。在某种程度上可以说,“全球化”问题意识或思维背景的导入,催生了当今世界哲学社会科学界最前沿、最卓著的理论成果和知识增量。从中国学者最早关注这一问题时起,“法律与全球化”就一直是本刊的特色栏目,发表了大量的代表性学术成果,推动了该研究领域的发展。在新的历史时期,本刊将继续办好这一栏目,催生更多的具有国际视野和全球思维并秉持主体姿态和本土话语权的理论学说。

法律文化研究。法律文化为特定社会的法律形态及其发展路向设定了基因编码,任何社会的法治建设都无法脱离特定的法律文化土壤,一个国家法治的独特性往往由其特定的法律文化所规定。中国正处在法制现代化的进程之中,中国特色社会主义法治的发展必然要求对我国传统法律文化和相关地方性知识进行批判性的甄别和扬弃,同时对外来法律文化和制度进行适宜性的鉴别和评估。对于法律文化的发掘、阐释、比较、创造性转变和反思性融合,是伴随法治建设始终的基础性理论工作。正如法律文化研究构成法学研究的经典性课题,"法律文化研究"也是本刊的经典性栏目。从中国法学界对法律文化问题开始有所关注时起,本刊就设立了这一栏目,吸引了一批高水平作者,并且陪伴了该学术领域及其中坚研究力量的成长与发展。本刊将继续倾力办好这一栏目,继续为具有中国特色、中国风格和中国气派的法学理论和法治实践输送优秀的本土文化资源。

西方法哲学。中国特色社会主义法治建设和法学理论体系构建离不开对西方先进法律思想、法律理论和法律方法的借鉴和吸收。改革开放以来,西方法哲学的译介和研究为中国引入了法治、宪政、人权、平等、自由等西方法律思想的优秀资源,推动了中国法律和法学的现代化。进入新世纪后,身处全球化背景和"关系性"世界结构中的中国需要法学界继续把目光投向地球坐标的另一方向,对西方法学在全球化、信息化和语言学转向过程中所取得的理论进展保持关注、甄选和引用。"西方法哲学"是本刊的一个特色栏目,为关于西方法学最新理论成就的研究和传播起到了推助作用。本刊将坚持办好这一栏目,在立足中国立场、中国问题和中国实践的前提下,为中国的法治实践和法学理论提供可资借用的学术资源。

部门法哲学。法学研究的理想状态应是法律理论、法律制度、法律方法和法律实践之间的浑然往复、无缝对接。"部门法哲学"这一范畴的提出,正是要打通法理学与部门法学之间由于学科分类而人为造成的知识壁垒，矫正法理学疏离法律学和法律实践，而部门法学无力对法律制度和法律实践进行哲学反思的弊端，进而恢复二者间的结合与合作。本刊特设的“部门法哲学”栏目是该领域研究成果展示与交流的平台。经过十年培植，“部门法哲学”栏目所倡导的法学研究理念和研究方法已经深入人心，法理学与部门法学两相隔膜的状况亦有实质性的改变。本刊将继续打造这一栏目，引导部门法哲学在法制改革以及法学领域经典的、重大的、前沿的、疑难的问题的研究中施展其用武之地。

交叉学科研究。法学本身固有多学科交叉的面相，在其与哲学、政治学、社会学、经济学、文学、伦理学、信息论、系统论、控制论，甚至脑神经科学等诸多学科之间存在共通的研究方法或者双边与多边的研究课题。法学发展的历史显示，其理论创新和知识增量多发生在其与相关学科的交叉地带，此种跨学科的研究为法学视界的开拓、问题意识的延展、方法的更新、资源的扩充及至整个理论体系的充实与发展做出了巨大的贡献。正是基于此，本刊将重力打造“交叉学科研究”这一栏目，引领和推动该领域的学术探索。

生活中的法理。法学是一门典型的实践学科。法学理论的生命力来源于其实践性质和生活根基，功能与魅力则在于其对法律实践和生活世界的批判与反思。事实上，我们经常发现，一些关乎民众日常或微观生活的制度难题需要借助法理学的智慧去解蔽其间蕴含的实践理性和可能的解决之道，而法理学也只有通过迈向生活实践才变得生动、鲜活、富有意趣。正是基于此，本刊特设“生活中的法理”栏目，倡导在具体的案例或事件中寻求法理学与生活实践的互为观照，目前，“生活中的法理”所倡导的理念与方法在学界同仁中已被广泛认可，本刊将继续建好这一栏目，推行“以法理透视生活，以生活揭示法理”的治学思路。

新人新作。这是本刊将重点打造的特色栏目。新人是法学研究的生力军和后备力量,往往具有更开阔的理论视野、更敏锐的感知能力、更前沿的知识储备和更锐利的创新勇气。新人新作虽然往往难免青涩稚嫩,但却可能内蕴着日后长成参天大树的可贵质素和非凡潜力。在通向名家名篇的途中,新人新作需要砥砺打磨的练兵沙场,而现在能提供这种平台的名刊还不多见。在以往的办刊过程中,本刊已经着意对年轻学人的适当倾斜。在此基础,本刊进一步决定设置“新人新作”栏目,专门采组35岁以下博士研究生或者在站博士后研究人员的优秀代表作品,为新人新作的成长提供可以依托的园地。

站在新的历史起点上,回首过去、展望未来、谋划发展,我们深切地感受到:本刊过去取得的成就属于我们,更属于国内外的广大作者和读者,今后的发展需要我们继续努力,更有赖于广大作者和读者的厚爱和支持。让我们始终不渝地团结合作,在中国特色社会主义理论体系的指导下,在以习近平同志为总书记的党中央光辉思想的引领下,为把本刊办成国内外法学大刊名刊,建设成为新思想新理论的发源地和集散地而努力奋斗!

注　释

〔1〕《马克思恩格斯全集》(第40卷),人民出版社1982年版,第289—290页。

访谈与演讲

法治中国：中国人的法治梦*

中共十八大之后，习近平总书记满怀豪情地提出了"中国梦"。在十二届全国人大一次会议闭幕式上，习近平主席对"中国梦"作出了激荡人心的解读。

中国梦，是宏大愿景，它是由一个个具体的理想信念和奋斗目标编织而成的，诸如富强中国、文明中国、民主中国、和谐中国、公正中国、平安中国、美丽中国、法治中国等。作为法律人，我们倍加关注法治中国。

"法治中国"是中国共产党在21世纪的伟大纲领，也是全国人民的梦寐以求。为建设法治国家，我们已经做了很多；为建设法治中国，我们需要做更多的努力！

一、"法治中国"概念的形成和法治中国梦的提出

"法治中国"是"法制国家"、"法治国家"概念的升华。关于法制建设目标，20世纪50年代董必武同志提出"有法可依、有法必依"。改革开放之后，小平同志加了两句话"执法必严、违法必究"，于是有了法制建设的"十六字方针"。1996年2月，江泽民同志提

---

* 本文是作者2013年7月16日在长沙"法治中国建设理论与实践学术研讨会"上的主题报告。

出“依法治国,建设社会主义法制国家”。同年 3 月,八届全国人大四次会议把“依法治国,建设社会主义法制国家”作为一条基本方针,写入《国民经济和社会发展“九五”计划和 2010 年远景目标纲要》。1997 年,中共十五大进一步明确提出“依法治国,建设社会主义法治国家”,用“法治国家”取代了此前提出的“法制国家”。1999 年 3 月,九届全国人大第一次会议对 1982 年宪法进行第三次修改,将“法治国家”入宪,明确规定:“中华人民共和国实行依法治国,建设社会主义法治国家。”2007 年,中共十七大提出“全面落实依法治国基本方略,加快建设社会主义法治国家”。2012 年,中共十八大在十五大、十六大、十七大提出的依法治国基本方略的基础上,就法治问题阐述了许多新思想、新论断,做出了全面推进依法治国的战略决策,开创了法治建设的新局面。十八大以来,习近平总书记就法治建设发表了一系列重要讲话,提出了许多新的科学的观点、命题和论断,特别是十分明确地提出了“法治中国”概念。这一概念的提出是习近平同志在地方工作期间先后提出的“法治福建”、“法治浙江”等命题的合乎逻辑的放大与拓展。在“中国梦”这一雄壮的交响乐中加入法治中国篇章,具有极为重要的现实意义和深远的历史意义。“法治中国”比“法治国家”内涵更加丰富、思想更加深刻、形式更加生动。其主要的升华在于:法治国家主要是国家层面的法治,而法治中国则不仅包括国家层面的法治,而且包括政党层面、政府层面的法治,也还包括了社会层面的法治。建设法治国家,核心是国家机器、国家权力(包括立法权力、行政权力、司法权力等在内的权力体系)运行的法治化和国家各项工作的法治化,而建设法治中国除了建设法治国家、法治政府之外,还要建设法治政党、法治社会等。

二、“法治中国”的愿景(理想图景)

法治中国是依法治国、依法执政、依法行政、依法管理社会和社会依法自治的有机统一，是法治国家、法治政党、法治政府、法治社会的有机统一。

（一）依法治国，建设法治国家

依法治国、法治国家的理念来源于法治的一般原理。现代法治同现代社会的政治文明密不可分，它意味着对国家权力的限制，对权力运行的制约与制衡，对公民自由和权利的平等保护等；意味着立法、行政、司法以及其他国家活动必须服从法治的一些基本原则：人民主权原则、人权原则、正义原则、公平合理且迅捷的程序原则等等；法治要求国家维护和保障法律秩序，但国家必须首先服从法律的约束和规制；法治同样也要求人民服从法律，但人民服从的法律必须是建立在尊重和保障人权的基础之上；法治要求政府具备政治理性，同时也要求民众富有公共理性。这一意义上的"法治"是一个内涵民主、自由、平等、人权、理性、文明、秩序、正义、合法性等诸种社会价值的综合观念，这种综合观念就是法学家们所称谓的"法治主义"。

依法治国是法治理念与国家制度的有机结合，其目标是建设法治国家，发展政治文明。

一个成熟的法治国家（法治主义的国家）通常包括四方面的内容：

1. "法律之治"（法律至上）

"法律的统治而非人的统治"，是一切法治国家的灵魂和原则。所谓"法律的统治"即意味：（1）社会行为和社会关系均要纳入法律的轨道，接受法律的调整；（2）凝聚公意的宪法和法律高于任何个人、政党和社会团体的意志，有至上的效力和权威；（3）政府的一切权力均源于宪法和法律，且要依照既定和公开的法律行使；（4）公民受法律平等保护，任何人都不得享有法外特权，任何人违法都要受法律的制裁。当这些前提成为现实的条件时，统治即是一般规则的实施，国家的政治统治就是"法律的统治"。当然，要注意不能把这里的“法律”泛化，把不具备法律性质、不是法律渊源的文件、指示、领导人的讲话当作法律，也不能把“土政策”叫作法律，把出于地方主义、本位主义、部门私利搞出来的规定叫作法律。

2.“人民主体”

法治国家是人民民主、人民主权的国家，所以，法治的主体是人民。在法治国家，一切权力属于人民，人民依照宪法和法律规定通过各种途径和形式行使权力，依法管理国家事务，管理经济文化事业，管理社会事务。与法治的主体是人民相对应，法治的客体是国家机器和国家权力。依法治国的“国”首先是国家机器和国家权力意义上的国。根据马克思主义的观点，国家是代表统治阶级或人民管理社会的公共权力。所以，依法治国首先是依法治权、治吏，这是不言而喻的。依法治权、治吏的重点又是依法制约和治理国家行政权力。法治国家以人民主体为原则，其理由还在于“一个切实可行并有效的法律制度必须以民众的广泛接受为基础”。[1]

3.“有限政府”

现代国家的主权，不在政府而在人民。作为一种以保障和发展人民权利为目的的公共设施，法治的原则要求国家的一切权力均应来自于宪法和法律的设置，来源于人民的授予，依法而治、为人民行使。同时，依法而治的国家必然只能是权力受到限制的国家。因此，宪法和法律必须对一切授予的权力以及这些权力的分配、取得和行使方式有明确的规定，并确保国家权力的行使是在服从宪法和法律的前提下进行的；国家的权力尽管强而有力，但必须限于公民权利范围之外；司法或专门机构必须有能力对行政行为的合法性进行审查，并依法审理“民告官”的诉讼案件。

4.“程序中立”

（1）国家的立法、行政、司法等权能应分属于互不隶属的不同机构，不能由一个机关既立法，又执法，还司法。（2）公民或其选举出来的代表应有参与公共事务讨论、选择政府组成人员的权利。

(3)行政、司法和立法制度的安排不应为公民的参与和对话设置实质性障碍,有关决策应建立在对话性共识基础上。(4)任何决策都应当在平等地听取各方意见的前提下做出,禁止任何政治势力和利益集团违背正当的法律程序,盗用国家机器实施压制性统治。(5)程序中立特别要求政府在利益冲突格局中保持中立立场,即在多元利益重叠结构中保持"政府中立"。"政府中立"意味着:第一,政府必须代表全体公众的利益,并且通过政治决策和公共政策使社会的利益格局达于均衡。第二,在各种利益的矛盾和冲突面前,依据公认的核心价值不偏不倚地处理矛盾和冲突。第三,认真听取社会各方面、各利益集团的意见和诉求,当某一利益群体没有代言人的时候为其指定代言人。当前,要特别警惕某些地方政府机关与富人阶层形成利益共同体,以牺牲弱势群体的利益为代价来维护强势群体的利益,使公共资源和社会财富继续不适当地向少数人一边聚集。

(二)依法执政,建设法治政党

中国共产党是执政党,又是领导党。建设法治中国,实现法治中国梦想,关键在党,在于党科学而又有效地依法执政,并把党建设成为法治政党。实现法治国家、法治政府、法治社会,必然要求法治政党。只有实现了法治政党,才能真正实现法治中国的伟大理想和各项重大目标。

进入新世纪之后,党的十六大首次正式提出"依法执政"。十六大报告指出:"改革和完善党的领导方式和执政方式。这对于推进社会主义民主政治建设,具有全局性作用。党的领导主要是政治、思想和组织领导,通过制定大政方针,提出立法建议,推荐重要干部,进行思想宣传,发挥党组织和党员的作用,坚持依法执政,实施党对国家和社会的领导",并指出:"必须增强法制观念,善于把坚持党的领导、人民当家作主和依法治国统一起来,不断提高依法执政的能力。”之后,2004 年 9 月 19 日,党的十六届四中全会通过了《中共中央关于加强党的执政能力建设的决定》。《决定》把加强依法执政的能力作为加强党的执政能力建设的总体目标之一,并就依法执政的内涵做出了科学规定。2006 年 6 月 29 日,中央政治局举行了以科学执政、民主执政、依法执政为内容的集体学习会。在会上,胡锦涛总书记强调,依法执政是新的历史条件下马克思主义政党执政的基本方式。依法执政,就是坚持依法治国、建设社会主义法治国家,领导立法,带头守法,保证执法,不断推进国家经济、政治、文化、社会生活的法制化、规范化,以法治的理念、法治的体制、法治的程序保证党领导人民有效治理国家。要加强党对立法工作的领导,推进科学立法、民主立法,从制度上、法律上保证党的路线方针政策的贯彻实施。各级党组织都要在宪法和法律范围内活动,全体党员都要模范遵守宪法和法律。要督促和支持国家机关依法行使职权,依法推动各项工作的开展,切实维护公民的合法权益。至此,依法执政的科学内涵和基本要求非常清晰地展现出来,标志着依法执政基本方式的确立。

形成“依法执政”理念,确立依法执政基本方式,是党的思想理论的一次重大飞跃。第一,反映了党对国家与政权规律的深刻认识,从专制到民主、从人治到法治,是国家政权发展的一般规律。第二,反映了党对现代政党制度、政党政治和执政党执政规律的深刻认识,政党政治是现代民主社会的政治表征,依法执政是当今世界政党执政的普遍规律和通行方式,也必然是中国共产党执政规律的客观要求。第三,反映了党对自己由革命党到执政党的历史发展的认识,对自己从领导人民为夺取国家政权而奋斗的党到成为领导人民掌握全国政权并长期执政的党这一历史地位的根本性转变的深刻认识,是中国共产党执政意识的确立。第四,反映了党对自己半个多世纪执政经验和教训的科学总结,对前苏联等社会主义国家共产党执政教训的科学分析,对美国、英国、法国等西方国家不大可能发生斯大林那样严重破坏法制,而社会主义国家却无一例外地发生大面积破坏法制、侵犯人权的政治现象的深刻分析和自我反思。第五,反映了党对自己如何担当起执政党的使命、如何巩固党的执政地位、如何提高党的执政能力、如何执政兴国等根本性问题的深刻认识和理性自觉。第六,反映了党对立党为公、执政为民根本宗旨与实现这一根本宗旨的方式和途径的规律的认识。执政为民就要把党的领导、依法治国与人民群众当家作主有机地结合起来。第七,反映了党对依法执政与依法治国关系的深刻认识。依法执政是依法治国的前提与核心,依法执政的提出,是对依法治国基本方略的完善和发展。同时,要真正做到依法治国,执政党首先必须做到依法执政。第八,反映了党对依法执政与执法和司法的关系的深刻认识。依法执政是严格执法和公正司法的政治基础和根本保证。

依法执政的基本要求是:第一,依照宪法和法律执掌国家政权。掌握国家政权,由执政党的精英或以执政党的精英代表为主体组成国家机关,包括国家权力机关、行政机关、司法机关、军事机关及其他国家机关。第二,依照宪法和法律领导国家政权。党对国家政权的领导包括对立法工作的领导,对政府工作的领导,对司法工作的领导,对国防和军事工作的领导,等等。第三,依照宪法和法律运用国家政权。实现党的执政宗旨、执政目标,必须依靠国家政权的力量。因而,除了推荐和选派党员进入国家政权机关、直接行使国家权力之外,党应当保留依法运用国家政权的权力,特别运用军事、国防、政法等国家力量的权力。在这个意义上,党的执政应当包括一定范围、一定程度的施政。第四,依法支持和督促国家机关依法行使国家权力、履行国家职能,以确保国家机关活动的民主性、合法性、公正性、权威性,保证国家稳定、社会和谐、民族振兴、人民幸福,中国特色社会主义事业可持续发展。同时,对国家机关内的党员工作人员,特别是担任重要公职的党员实施监督,以保证权为民所用、情为民所系、利为民所谋。第五，依法参与重大国务活动。诸如确定基本国策和阶段性方针政策，提出经济和社会发展远景规划和计划建议，审议重要立法，审议政府工作报告，制定国防外交基本方针，以及管理属于党和国家机关共同负责的事项，等等。

依法执政，必须处理好以下几个关系：一是党政关系。党政关系包括两个基本方面：一方面要处理好党与国家政权机关的关系。高度重视党政分工，不能像计划经济时期那样以党代政，由党包办一切，现在一些地方党委设置了很多与国家政权机关职能交叉和重叠的工作机构，把执政退化为代政，不是好现象。另一方面要处理好党的组织与党组织推荐、委派到国家机关任职的党员以及国家机关内部党组织的关系，党组织既然把他们推荐到国家机关任职，就要信任、支持并监督他们依照宪法和法律规定的国家政权的职能和运作方式开展执政活动。

二是政策与法律的关系。无论在观念上，还是在实践中，混淆政策与法律的界限，重政策轻法律，甚至用政策取代法律、冲击法律等现象依然存在，构成了实行依法执政的障碍，所以必须强调正确认识和处理政策与法律的关系，确立法律的崇高权威。现在社会上流传着一种说法：黑头不如红头，红头不如笔头，笔头不如口头，从调侃的角度说明法律的效力和权威受到政策（主要是地方政策、土政策）的严重冲击。

三是目的与程序的关系，要遵循法律程序执政。中国传统社会的政治结构和权力运行方式是君权至上、法随言出、以言代法，因此在传统政治法律文化中几乎没有程序的一席之地，加上我们党是从革命战争和阶级斗争中成长壮大起来的执政党。革命战争和阶级斗争是不讲程序的，讲程序就难免被讥讽为“温良恭俭让”、“请客吃饭”、“迂腐”。但是，那一套不讲程序的做法在和平时期、在共产党成为执政党的历史条件下迟早会危害党、危害国家、危害社会。崇拜领袖个人,领导人个人说了算,领导集体中一言堂、家长制,习惯于通过发动群众运动解决问题,都是不讲程序的结果,给人民造成了无法估量的侵害和损失,也严重地伤害了党的威信。

遵循法律程序执政包括两个方面的内容。其一是党对国家机关的领导一定要有科学的、民主的、法定的程序,必须以法律的形式规定党对国家机关的领导程序,使党对国家机关的领导程序法律化、制度化;党向立法机关提出宪法修改建议和其他立法建议,党委推荐、选派党员干部担任国家公职人员,党委领导政府和司法机关,都应当有明晰的程序。在某种意义上,规定领导程序比规定领导事项更为重要。正当程序是提升党的执政公信力的关键。没有程序,党的执政就会失去其合法性、正当性、公信力。其二是党要尊重和遵守宪法和法律规定的立法程序、行政程序、司法程序、公职人员任命程序、监督程序,以及其他重大事务的决定程序,不要绕过法律程序开展执政活动。我们党要善于通过法律程序来规范执政行为,约束党员领导干部。

在依法执政的过程中,逐渐把党建设成为法治政党。法治政党的基本要义是执政党领导工作和执政活动的法治化;执政党的决策与其他重大活动法治化、民主化;建设法治政党意味着把执政党——中国共产党——建设成为依法执政的政党,带头守法、在宪法法律范围内活动的政党;坚守宪法至上、维护法律尊严和权威的政党;坚守人权神圣、尊重和保障人权、促进社会公平的政党。

(三)依法行政,建设法治政府

在任何国家,法治的重心都是制约和控制行政权力,防止其滥用和异化。我国依法治国、依法治权的核心也是针对行政权力及其行使。1999 年国务院发布《关于全面推进依法行政的决定》,正式导入"依法行政原理";2004 年发布《全面推进依法行政实施纲要》,正式确立了"法治政府原理",并提出 2010 年基本建成法治政府。《纲要》将法治政府之下的依法行政内涵凝练为六项要求:合法行政、合理行政、程序正当、高效便民、诚实守信和权责统一。建成法治政府的纲要与目标在于:转变政府职能,深化行政管理体制改革;建立健全科学民主决策机制;提高制度建设质量;理顺行政执法体制,加快行政程序建设,规范行政执法行为;积极探索高效、便捷和成本低廉的防范、化解社会矛盾的机制;完善行政监督制度和机制,强化对行政行为的监督;不断提高行政机关工作人员依法行政的观念和能力;提高认识,明确责任,切实加强对推进依法行政工作的领导。

党的十八大报告调整了"法治政府时间表",提出到 2020 年"法治政府基本建成"。这不仅意味着法治政府建设目标更为切实,而且法治政府建设的重心将从规范执法行为转向严格执法、规范决策行为,这是一个历史性的转变。

(四)依法管理社会和社会依法自治,建设法治社会

法治国家与法治社会是互为依存、相辅相成的。我们既需要建设一个法治的国家,也需要建设一个法治的社会。法治社会的基本标志在于党和政府依法管理社会、社会依法自治。

创新社会管理是党中央全面把握国内外形势,从党和国家事业发展全局出发作出的重要决策。社会管理创新的基本标志和根本要求是依法管理社会,即把社会管理纳入法制轨道,依法调整社会关系,依法规范社会行为,依法化解社会矛盾,依法促进社会和谐。只有依法实施社会管理,实现社会管理的法制化,才有可能也才有充足理由地说社会管理实现了创新,或者说创新了社会管理。

社会管理与社会自治是相辅相成的,在很大程度上也是以社会自治为基础的。一个以民主和法制为基础的平等、自由和协商的社会领域的存在,始终是法治国家的根基所在。因为,普遍的法

律秩序只有在市民社会排除政治的任意性干预的前提下,才成其可能和必要。法治秩序在结构上就是这种市民社会同政治国家协调的产物——社会赢得的是自主的空间,得以自由地缔约和结社建构自身;国家和政府则作为社会公共领域在制度上的一种延伸,成为维护法律秩序的手段,本身不得侵入、压制或并吞社会的制度空间,否则,法治也就蜕变成赤裸裸的专制。因此,宪法必须肯定公民的基本权利和自由,排除国家的任意干预;法律应肯定公民的自由缔约和结社的权利,以授权的方式调整行为;法律应确认公共领域之言论、出版、集会等政治权利和自由,以使社会有能力抵制政府的非法干预;司法机关必须为公民的权利提供有效的救济手段,并为社会矛盾纠纷的化解提供合法理性有效的机制。

在计划经济和人治条件下,国家与社会一体化;在市场经济和民主政治条件下,国家与社会二元化,即呈现二元结构。对应这二元结构,需要同时提出建设法治国家和建设法治社会的双重任务。法治国家表征"公域"之治,法治社会表征"私域"之治。在法治国家范畴内,法治意味着民主法律化、制度化,意味着将公共权力纳入法治的轨道,实现共产党作为执政党依法执政,各民主党派作为参政党依法参政;全国人民代表大会和地方各级人民代表大会依宪立法、民主立法、科学立法,依法决定国家大事,依法实施对行政权、司法权和其他国家权力运行的监督,保障宪法和法律实施;各级人民政府切实尊重和保障人权,切实合法有效地行使公共管理权力,做到依法行政;司法机关为民司法、公正司法、高效司法、廉洁司法、和谐司法,维护社会公平正义,促进社会和谐稳定,保障经济社会科学发展。

在法治社会的范畴内,法治首先意味着法治精神、法律规则和法治方式融入社会生活领域,无论是自然人,还是法人,都必须尊重法律,维护法律的尊严和权威。其次意味着全体公民和法人学法懂法尊法用法守法护法,树立社会主义民主法治、自由平等、公平正义理念。再次意味着广泛的社会自治。社会自治为社会主体通过自我协商、平等对话解决社会自身的问题留有广阔空间。社会自治的内容十分丰富、形式无限多样。诸如,工会、共青团、妇联、法学会等人民团体依照法律和各自章程独立自主地开展工作,各种各样的非政府组织诸如城市的居民委员会、农村的村民委员会、受国家机关委托代行某种社会公共管理职能的中介组织(如消费者协会、律师协会、会计师协会等)日益扮演着公共治理的角色,各种各样的“民间法”、“软法”、社团规范、乡规民约、道德习俗、纪律政策等发挥着法律无法替代的作用。根据社会自治理论和社会管理创新的客观规律,凡是法律规定属于社会自治的事务、领域和地方,政府尽可能不去介入;已经介入的要尽可能及早退出来。实践证明,国家对社会的管理不要演变为社会管制,不能不加区别地干预社会自治,尤其是基层民主自治,把“由人民当家作主”演变为“替人民当家作主”,这并不利于党的执政和政府的行政,也不利于在全体人民中树立对党和政府的尊重和对法治的尊重。

总之,法治国家引领法治社会,法治社会为依法治国构筑坚实的社会法治基础。

注　释

〔1〕　[美]E. 博登海默:《法理学:法律哲学与法律方法》,邓正来译,中国政法大学出版社 1999 年版,第 358 页。

加快推进法治中国建设*

引言

加快推进法治中国建设，是全面深化改革的重大战略部署，是事关改革开放能否全面深入推进的根本保障，体现了当代中国法治建设的最鲜明主题和最紧迫要求，对夺取全面建成小康社会的决定性胜利、建成富强民主文明和谐的现代化国家，实现中华民族伟大复兴的中国梦，具有深远的历史意义和重大的现实意义。党中央审时度势，即将对全面推进依法治国、加快建设法治中国做出顶层设计和战略部署，法学界多年的期盼和愿望终将成为现实。在这种大好形势下，就依法治国、建设法治中国的重大理论和实践问题开展集成式、协同式深入研究，为法治中国建设建言献策，提供理论推动和支撑，是我们义不容辞的使命和责任。最近时期，我们正全力以赴、夜以继日地开展这方面的研究。现将法学界部分初步的研究成果和学术信息与同志们同学们交流分享。

---

* 本文是作者 2014 年 4 月 16 日在中南财经政法大学“湖北法治大讲坛”上的专题报告。

一、加快推进法治中国建设的时代背景

(一)政治文明的发展强力助推法治中国建设

“文明”这一概念指人类社会进步状态,通常与“野蛮”相对。现代文明则指社会发展到较高阶段的文明,是与市场经济、民主政治、理性文化、生态正义相适应的文明。现代文明的表现形态包括物质文明、政治文明、精神文明、生态文明等,而每一文明形态又有具体的内涵,例如政治文明就包括文明的政治理念、文明的政治制度、文明的政治体制、文明的政治规则、文明的政治程序、文明的政治活动、文明的政治效果等。

关于政治文明,2003 年,党的十六大报告首次明确提出了“社会主义政治文明”的概念,并把政治文明同物质文明、精神文明一并列入社会文明体系之中,把社会主义政治文明建设作为全面建设小康社会的重要目标。2004 年 3 月,《中华人民共和国宪法(修正案)》将“推动物质文明、政治文明和精神文明协调发展”作为一项国家根本任务写入宪法序言。之后,2007 年,党的十七大报告明确提出扩大社会主义民主,建设社会主义法治国家,发展社会主义政治文明,把政治文明建设作为党的纲领和国家战略。

法治是政治文明的核心内容和基本标志:文明的政治必然是法治的政治。法治使政治变得文明,法治也维护着政治文明。发展社会主义政治文明必须加快法治中国建设,法治中国建设必将推动中国政治文明发展到一个崭新的阶段。将法治中国与政治文明紧紧地连为一体,强调依靠法治促进政治文明建设,进一步深化了关于法治在政治文明建设中的功能与意义的认识,明确了政治文明建设的目标和重心,为发展社会主义政治文明提供了有力的保障。

法治中国建设将把古老的中国带进新时代法治强国之列,使

中华民族在法治中走向文明，走向富强、民主、和谐，在法治化的改革与发展进程中实现“两个一百年”的奋斗目标和伟大复兴的“中国梦”。

（二）实行法治是历史经验教训的昭示

中华人民共和国成立以后相当长一段时间，中国共产党和中国政府治国理政的基本方式是依靠人治、依靠政策、依靠道德、依靠群众运动。在当时的历史条件下，这些基本方式有其合理性，并且发挥了一定的积极作用，但是，实践证明，抛开法治，实行人治、德治、策治、群治，负面影响很大，甚至对党、国家和人民造成极大的危害。“文化大革命”的发生及其对中华民族造成的浩劫，就是人治和群众运动极大危害的典型例证。经过改革开放新时期三十年的曲折探索，中国共产党人深刻地认识到，只有法治才“靠得住”。就治国理政而言，相对于人治，法治具有明显的多重优越性。其第一个优越性在于，它能够保持执政党的执政理念、执政路线、执政方针的连续性、稳定性、权威性，不因领导人的改变而改变，不因领导人看法和注意力的改变而改变，真正做到“不折腾”。第二个优越性在于，随着革命时代的过去，主要依靠革命家的个人权威和魅力治理中国这样一个“超级大国”和中国这个日益多元化的复杂社会的可能性已经不复存在，唯有依靠法治，依靠宪法和法律制度体系才能在多样化中凝聚共识和力量，保证中国社会可持续的发展与稳定。第三个优越性在于，法治是公开透明的规则之治和程序之治，具有可预期性、可操作性、可救济性，因而能够使人民群众对自己的经济、政治、社会、文化规划和生产生活有合理预期和安全感，确保了国家治理的公信力。第四个优越性在于，宪法和法律是由国家制定的并依靠国家强制力作为终极力量保证实施的，它能够克服政策等治理制度体系的局限性，确保制度体系运行的效能。法治的这些优势是人治所不具有的，但对于巩固党的执政地位、维护国家长治久安、人民幸福生活却是绝对不可缺少的。

特别是进入新世纪以来，国家治理的社会历史条件和国内国际都发生了重大变化，我国社会的利益格局发生深刻变动，形成了不同的利益阶层和群体，与此相应，以利益为实体的道德观念和道德标准急剧分化，各个阶层、各个群体普遍认同和接受的一般道德观念、道德标准甚至道德规范已缺乏坚实的经济和社会基础，加上人民群众的法治观念、权利意识、维权动力普遍增强，作为社会共识最大公约数的法律理所当然地在国家治理中起着主导作用。同时，由于政策因地制宜、因时制宜、因人制宜、政策侵权、政策违约不可诉等局限性，实行法治合乎规律地成为治国理政的第一选择，成为政治文明发展的时代潮流。这就要求党和政府在国家治理中必须遵循法治的规律和原则，善用法治思维和法治方式处理国家治理当中的深层次问题和矛盾。

（三）实行法治是全球性时代潮流

在国际上，法治早已成为文明国家的基本共识和人类社会的普世价值，成为我们这个时代的主旋律。我们正在走入一个法治的时代，国际社会正在呈现出一种法治化的趋势。正如当前国内的很多问题已经纳入法治的轨道，国家之间、区域之间乃至世界范围内的很多问题也越来越多地纳入法治轨道。这些年，联合国积极推动建设国际法治，取得了不少成绩。2005 年《世界首脑会议成果文件》将法治作为一项价值观和基本原则，呼吁在国家和国际两级全面实行法治。联合国大会及其第六委员会和国际法委员会，致力于国际条约的制定和国际法的编纂，为“国际立法”做出了积极贡献。安全理事会积极预防和解决地区冲突，设立特设刑事法庭，把违反国际人道法和人权法的个人绳之以法，通过法治手段，维护国际和平与安全。国际法院通过司法手段解决国际争端，其判决和咨询意见阐明了国际法的有关原则和规则，丰富和发展了国际法。从2006年开始，联合国大会第六委员会开始讨论国家和国际两级法治的问题。对于这个问题的研讨不仅具有重要的现实意义，有利于扩大各国在加强法治方面的共识，而且体现出世界各国共同努力建设一个法治世界的愿望。在这样的国际时代背景下，加快法治中国建设，毫无疑问是顺应历史潮流的正确选择。

（四）改革开放以来持续进行的法治建设为加快推进法治中国奠定了良好的基础

1978年，中国实行改革开放，明确提出发展社会主义民主、健全社会主义法制，坚持“有法可依、有法必依、执法必严、违法必究”的法制建设基本方针，法制开始恢复重建，并呈现出民主法制建设的新局面。

1997年，党的十五大把依法治国确立为治国基本方略，把建设社会主义法治国家明确规定为国家发展目标，实现了从“法制”向“法治”的历史性转变，使社会主义法治国家建设进入一个新阶段。

2002年，党的十六大明确提出发展社会主义政治文明，并指出我国政治文明以坚持党的领导、人民当家作主和依法治国的有机统一为标志。

2007年，党的十七大提出全面落实依法治国基本方略，加快建设社会主义法治国家。

2012年，党的十八大提出全面推进依法治国，发展社会主义政治文明。

2013年，党的十八届三中全会提出：加快推进法治中国建设，并就法治改革和建设进行重要部署。

经过三十多年的建设，中国特色社会主义法律体系如期形成，法治文化繁荣发展，建设社会主义法治国家取得显著成绩，使我们有条件提出加快推进法治中国建设，有可能在更高起点上推动法治中国建设。

二、“加快推进法治中国建设”理论解读

关于“法治中国”的解读如下：法治中国是新时期法治建设的纲领性目标。关于法制（法治）建设目标，20 世纪 50 年代，中国共产党的创始人之一、杰出的马克思主义法学家、党和国家领导集体重要成员、我国政法战线的主要领导者董必武同志曾提出“有法可依、有法必依”。改革开放之后，邓小平同志在此基础上加了两句话“执法必严、违法必究”，于是有了法制建设的“十六字方针”。党的十一届三中全会强调社会主义民主的法律化、制度化，法制民主化、民主法制化。之后，关于法制建设的表述几乎没有大的变化，直到 1996 年 2 月，江泽民同志提出“依法治国，建设社会主义法制国家”。同年 3 月，八届全国人大四次会议把“依法治国，建设社会主义法制国家”写入《国民经济和社会发展“九五”计划和 2010 年远景目标纲要》。1997 年，党的十五大进一步明确提出“依法治国，建设社会主义法治国家”，用“法治国家”取代了此前提出的“法制国家”。至此，我国法治建设有了纲领性目标。1999 年 3 月，九届全国人大第一次会议对 1982 年《宪法》进行了第三次修改，明确规定：“中华人民共和国实行依法治国，建设社会主义法治国家。”党所提出的依法治国、建设社会主义法治国家的纲领进一步上升为国家的宪法原则和全国人民的奋斗目标。十五大以来，围绕依法治国、建设社会主义法治国家，党中央阐述了一系列重要、重大理论观点，使法治建设的目标和指导思想不断丰富和发展。

中共十八大做出了全面推进依法治国的战略决策，开创了中国法治建设的新局面。十八大以来，习近平总书记就法治建设发表了一系列重要讲话，提出了许多新的观点、命题和论断，特别是

十分明确地提出了建设“法治中国”。十八届三中全会《决定》进一步把“法治中国”作为法治建设的目标。法治中国与富强中国、民主中国、文明中国、和谐中国、美丽中国、平安中国等要素相辅相成,共同编织出“中国梦”。法治中国是法治国家的升级版,是以“坚持依法治国、依法执政、依法行政共同推进,坚持法治国家、法治政府、法治社会一体建设”作为主要内容的法治中国建设的战略部署。

关于“加快推进”的解读如下:进一步增强建设法治中国的紧迫感和使命感,确立“加快思维”。党的十七大首次提出要“全面落实依法治国基本方略,加快建设社会主义法治国家”。十八大再次提出要“加快建设社会主义法治国家,发展社会主义政治文明”,“全面推进依法治国”,“加快推进社会主义民主政治制度化、规范化、程序化,从各层次各领域扩大公民有序政治参与,实现国家各项工作法治化”。十八届三中全会《决定》同样以时不我待的紧迫感对待法治中国建设,提出“加快推进社会主义民主政治制度化、规范化、程序化,建设社会主义法治国家”;“推进法治中国建设”;[1]“加快建设公正高效权威的社会主义司法制度”;[2]“推进国家治理体系和治理能力现代化”;“推进社会领域制度创新”;“推动人民代表大会制度与时俱进”,“推进人民代表大会制度理论和实践创新”;“推进协商民主广泛多层制度化发展”,“推进政治协商、民主监督、参政议政制度化、规范化、程序化”;“推进基层协商制度化”;“全面推进平安中国建设,维护国家安全,确保人民安居乐业、社会安定有序”;[3]等等。之所以要“加快”乃是因为我国的法治建设还不够快,需要进一步提速;之所以要“推进”、“推动”、“全面推进”,乃是因为前进道路上还存在着阻力和障碍,必须以变法的意志和改革精神从事法治建设和法治改革。

加快提速是法治建设的时代要求。面对全面深化改革对法制改革的迫切需要,面对广大人民群众对公平正义的急切渴望,必须进一步增强建设法治中国的紧迫感和使命感,抓住有利时机积极推出法治领域重大改革,加快实施法治建设重要部署,确保法治建设始终与改革开放同步,始终为改革开放护航。改革创新是法治发展的不竭动力。全面推进依法治国,加快建设法治中国,必须把改革创新精神贯彻到法治建设各方面和全过程,坚决破除一切妨碍依法执政、依法治国、依法办事的思想观念和体制机制弊端,深入推动法学理论、法治实践、法律制度、法治文化创新,在古老的中华大地掀起新一轮伟大的法治改革。

三、加快推进法治中国建设的战略目标

(一)时间(时代)定位:两个“一百年”

十八大报告提出:只要我们胸怀理想、坚定信念,不动摇、不懈怠、不折腾,顽强奋斗、艰苦奋斗、不懈奋斗,就一定能在中国共产党成立一百年时全面建成小康社会,就一定能在新中国成立一百年时建成富强民主文明和谐的社会主义现代化国家。全党要坚定这样的道路自信、理论自信、制度自信!

中国社会科学院法学所的专家提出:全面推进依法治国,努力建设法治中国,不断深化法制改革,从法律体系走向法治体系,从法律大国走向法治强国,应当确立建设法治中国“两步走”的战略目标。

第一,到 2020 年全面建成小康社会时,初步建成法治中国。战略目标是:科学立法、严格执法、公正司法、全民守法的基本要求得到全面贯彻,依法治国、依法执政、依法行政共同推进的国家治理体系得以建立运行,法治国家、法治政府、法治社会一体建设的主要指标全面达到,依法治国基本方略得到全面落实,中国特色法律体系更加完善,法治政府基本建成,司法更加具有公信力,人权得到切实尊重和保障,国家各项工作实现法治化,初步建成法治中国。

第二，到2049年中华人民共和国成立一百周年时，整体建成法治中国。战略目标是：科学立法、严格执法、公正司法、全民守法的各项要求得到全面实现，依法治国、依法执政、依法行政共同推进的现代化国家治理体系全面建成，国家治理能力显著提高，法治国家、法治政府、法治社会一体建设的各项指标全面达到，依法治国基本方略得到全面落实，法治权威、法治秩序的各项要求全面满足，法治文化、法治精神、法治价值深入人心，自由平等、民主人权、公平正义、和谐文明、安全有序、尊严幸福的法治中国整体建成。

中国政法大学的学者也认为法治中国建设分为两个阶段。

第一阶段，从现在到建党一百年，建设目标是：以确保“全面建成小康社会”、作为世界经济大国初步崛起为背景，以市场经济法律制度建设和法治政府建设为重点，继续完善中国特色社会主义法律体系；进一步推进依法行政；初步形成公正、文明、权威的司法制度；健全多元纠纷解决机制和权利救济渠道；继续推进基层民主政治的制度化、规范化建设。

第二阶段，从现在到建国一百年，建设目标是：以确保“建成富强民主文明和谐的社会主义现代化国家”、作为世界经济大国继续崛起和作为世界文明大国崛起为背景，以依法执政和民主政治建设为重点，促进政治和行政权力依法有效运行并受到有效的民主监督；进一步理顺党与人大、党与司法的关系，形成完善的中国特色社会主义民主政治制度、完善的司法制度，实现“使这种制度和法律不因领导人的改变而改变，不因领导人看法和注意力的改变而改变”的政治体制改革的设计目标。

我个人倾向于这样定位：到2021年中国共产党建党一百周年、我国全面建成小康社会时，基本建成法治国家，实现政治层面、国家层面的法治化；到2049年中华人民共和国成立一百周年时，基本建成法治中国，实现全面协调可持续的法治。

（二）改革定位

十八届三中全会《决定》提出，全面深化改革的总目标是完善和发展中国特色社会主义制度，推进国家治理体系和治理能力现代化。到2020年，在重要领域和关键环节改革上取得决定性成果，完成本决定提出的改革任务，形成系统完备、科学规范、运行有效的制度体系，使各方面制度更加成熟更加定型。

全面推进依法治国、加快建设法治中国的总目标是，完善和发展中国特色社会主义法治体系，实现国家治理和社会治理的法治化、现代化。

到2020年，在法治建设重要领域和关键环节上取得突破性进展，形成更加成熟更加定型的中国特色社会主义法治制度及其运行机制，更好发挥法治在国家治理和社会治理中的重要作用。

——中国特色社会主义法律体系更加完善。立法制度创新取得实质性成果，重点领域立法任务基本完成，立法民主化、科学化水平进一步提高，立法质量显著提升，法律体系的部门划分更为合理，法律法规的系统性、协调性、统一性进一步增强。

——宪法法律权威得到有效维护。宪法实施监督机制和程序进一步健全，立法监督制度更加完善，全社会忠于、遵守、维护、运用宪法法律的制度更加完备，宪法法律得到全面贯彻实施。

——依法执政水平明显提高。全党执政的宪法意识、程序意识牢固树立。依法执政的党内法规制度体系基本形成，党委（党组）依法科学民主决策制度更加健全，党委职能部门依法履职能力不断增强。党员领导干部运用法治思维和法治方式治国理政的能力显著提高。

——法治政府基本建成。依法行政意识和能力明显增强，行政执法体制更加完善，严格规范公正文明执法水平稳步提升，政务公开力度进一步加大，行政监督和问责更为严格，政府的执行力和公信力持续增强。

——司法公信力大幅提升。公正高效权威的社会主义司法制度基本形成,依法独立公正行使审判权、检察权的体制机制保障有力,诉讼法律制度进一步完善,人民群众的诉讼权利得到切实保障,司法职权配置更为优化,司法活动更加公开、透明,司法职业化程度和司法管理水平显著提升。

——法治社会建设迈上新台阶。新型社会治理体制基本形成,依法治理意识和能力增强,人民群众利益诉求表达渠道畅通,有效预防社会矛盾的制度更加健全,多元化纠纷解决机制进一步完善,全民自觉守法,社会和谐稳定。

——权力在法治轨道上运行。决策权、执行权、监督权配置更为合理,决策科学、执行坚决、监督有力的权力运行体系基本形成,权力运行制约和监督体系更加健全,各种监督形式走向法制化,反腐倡廉法律法规更加完善,权力行使得到有效监督。

——社会主义法治文化繁荣发展。社会主义法治理念和法治精神深入人心,领导干部法治思维基本养成,公民法律意识明显增强,全社会形成学法尊法守法用法的良好氛围,法学教育体制机制更为完善,法学研究呈现繁荣局面,中国特色社会主义法治话语体系形成。

——改革开放持续发展的国际法治环境进一步优化。不断推进国际法治合作与交流,参与制定国际法规则、构建国际政治经济新秩序的实力和能力逐步增强,国际司法合作范围持续拓展,国际法治话语权的影响力显著提升。

(三)模式定位

从法治国家转型为法治中国;从依法治国基本方略发展为法治中国根本方略;从法治作为治国理政的基本方式提升到法治作为治国理政的根本方式;从法治的基本作用提升为根本作用;从法

律之治变革为良法善治。

在法治领域曾有两次重大变革。第一次，从人治到法治（以法而治，rule by law；或依法而治，rule of law）。第二次，从以法而治（依法而治）到良法善治（governance of good law）。从人治到法治，是公共治理模式的形式革命，从“国王就是法律”演变为“法律就是国王”，实现了法律至上、权利平等和形式正义。而从工具主义的以法而治和依法而治到良法善治则是公共治理模式的实质革命，以法律的“人性化”、“人文化”、“人权化”而消解了“法律暴政”，实现了形式正义与实质正义的统一。在人类历史上，法治有各种形态。中国古代法家是最早提出“以法治国”理念的。自春秋战国时代，一些政治家和思想家就提出了“以法治国”的主张，并将这种政治主张阐述为系统理论，并在一定程度上付诸实践。但他们所说的“法”主要是严刑峻法，且“夫生法者君也，守法者臣也，法于法者民也。”[4]皇帝和国家统治者奉行以君权神授、君临天下、专制独裁、权大于法为核心的政治统治，强调国家至上、君本位、官本位、义务本位，漠视个人权利及其保护；主张德主刑辅、法律道德化；信奉重刑主义，实行严刑峻法，诸法合一，以刑为本；依靠刑讯逼供，屈打成招，甚至迷信神明裁判。这种法治不过是封建专制的工具而已。

近代西方的“法治国”，则有两种形态，一是形式合法性的法治理念。英国法学家拉兹（Jseoph Raz，1939—　）被公认为是形式合法性法治理论的代表人物。拉兹认为，法治应当包括两个方面：（1）人们应当受法律的统治并遵守它；（2）法律也应当能够指引人们。[5]二是形式正义的法治理念。形式正义的法治理念把法治看作形式正义在法律制度方面的实现。如罗尔斯说：“形式正义的概念，即有规则地和无偏见地实施公开的规则，在适用于法律时就成为法治。”这种形式正义的法治不涉及法律由谁制定的问题，是由暴君制定？还是由民主的多数制定？还是用其他方法制定？它也不涉及基本权利、平等、正义。这两种形态的法治都是价值中立的,既可以服务于“善”,也可能服务于“恶”。德意日法西斯政权都曾经制定大量法律,剥夺人民的人权和自由、镇压民主运动、欺凌其他种族和国家,给人类带来巨大的灾难。

以社会主义核心价值作为法治的精神元素,必将彻底抛弃严刑峻法的法律暴政,并推动形式合法性和形式正义的法治转型,即转向良法善治。除了坚持宪法法律至上、法律面前人人平等、司法机关依法独立行使职权等法治的形式要件外,更加注重法治的实体要件。善治就是让法律止于至善,让社会臻于至善。实现良法善治,就要彻底否定以阶级斗争为纲的法律观,否定工具主义的法治观,既重视法律的政治性(法律的政治要素、政治基础、政治功能等),更注重法律的公理性(法律中的正义、平等、自由、人权、道德价值等);既要认真对待和遵守法律规则,更要善待公民,善待社会,善待自然。

四、加快推进法治中国建设的重大任务

(一)总任务:推进国家治理法治化,推进法治现代化

推进国家治理法治化:法治与国家治理息息相关。在现代国家,法治是国家治理的基本方式,是国家治理现代化的重要标志,国家治理法治化是国家治理现代化的必由之路。

国家治理体系本体上就是制度体系,中国特色社会主义国家治理体系由一整套制度构成,包括以中国共产党党章为统领的党内法规制度体系、以党的基本路线为统领的政策制度体系、以宪法为统领的法律制度体系。这套制度体系,从治理客体角度,分为经济治理制度、政治治理制度、文化治理制度、社会治理制度、生态治理制度等;从治理事务角度,分为有关改革发展稳定、内政外交国防、治党治国治军等治理制度;从治理活动角度,包括治理主体制

度,即有关人民及其代表大会(代表人民统一行使权力的国家机关)、执政党、国家行政机关、国家司法机关、人民政协、社会组织等在国家治理中的主体地位的制度;治理权能制度,即有关各治理主体的资格和权力(职权)或权利的制度,以及科学界定和划分各种权力、权利的制度;治理程序制度,即有关行使治国理政权力和参与治国理政的正式程序;治理评价制度,即有关国家治理方式、过程和效能的评价制度。国家治理的各项制度会在不同程度上汇总于、表现为法律制度体系,即法律化的制度体系。国家治理制度只有通过法律化,才能定型化、精细化,才能增强执行力和运行力。

提高国家治理能力,就是善用法治思维和法治方式治国理政,就要把法治理念、法治精神、法治原则和法治方法贯穿到政治治理、经济治理、社会治理、文化治理、生态治理、治党治军等治理实践之中,逐步形成办事依法、遇事找法、解决问题用法、化解矛盾靠法的良好法治习惯。特别是在化解社会矛盾、维护社会稳定方面,不能简单依靠国家强制力甚至国家暴力去压制,不能用行政手段"摆平",也不能套用"人民内部矛盾人民币解决"的老办法,而是要通过法治方式、回归法治途径,把社会矛盾的解决建立在法治基础上,把维稳建立在维权的基础之上。否则,就会陷入恶性循环的"维稳陷阱"。

推进法治现代化:完善和发展中国特色社会主义制度,推进国家治理体系和治理能力现代化,一方面需要法治的引领和推动,另一方面也是法治发展和法治现代化的强大动力。法治现代化必将使法治在国家治理中发挥更好、更大、更根本的作用。

"法治现代化"这一概念既指从传统人治社会到现代法治社会的历史性变革,又指法治(法制)由传统型到现代型的历史性转换;法治现代化是包括法律制度、法律价值、法律文化、法律实践在内的意义深远的变革过程。世界范围内的法治现代化肇始于欧洲资本主义的兴起,资本主义市场经济、民主政治和理性文化极大地推动了欧洲法治的现代化进程。中国社会的法治现代化发轫于清末民初，先后经历了清末法制改革、辛亥革命的法制实践、北洋军阀时期的法律发展、中华民国南京国民政府的法制活动以及中国共产党领导的新民主主义法制建设等发展阶段，进入20世纪80年代后，在经济体制改革、政治体制改革、社会文化变革以及全球化浪潮的推动下，最终发生了伟大的历史性变革。世界范围内的法治现代化有各种各样的目标定位和发展道路，例如西方国家的自由主义、理性主义、个人权利本位主义、民主社会主义等等，就当代中国的法治现代化而言，我们走的是一条与改革开放同步的、具有鲜明中国特色的社会主义法治发展道路，是与社会主义市场经济、民主政治、理性文化、和谐社会和生态文明相适应的法治现代化道路；是与国家治理体系和治理能力现代化相适应的法治现代化。

法治现代化的根本标志就是实现良法善治。现代法治不仅应当是形式上的法律之治，更应当是实质上的良法之治。法治是不是良法之治，关键是看法律体系贯彻什么样的价值观和价值标准，是不是充分体现尊重和保障人权、社会公平正义、人民民主和人民共和、维护法制统一、尊严和权威的法治理念和法治精神，能不能够建立和维护国家长治久安、人民安居乐业、安定有序充满活力的良好秩序；能不能够稳定人心、激发活力，实现效率在法治环境中持续增量；法律法规是不是符合客观规律。

（二）基本任务

第一，依法执政，建设法治政党，实现领导方式和执政方式的法治化。

第二，坚持科学立法、民主立法，完善和发展中国特色社会主义法律体系。

第三，坚决维护宪法法律权威，切实保障宪法法律统一实施。

第四，大力推进依法行政，严格执法，加快建设法治政府。

第五,全面深化司法体制改革,加快建设公正高效权威的社会主义司法制度。

第六,推进依法治理、依法自治、全民守法,建设法治社会。

第七,依法规范权力,实现权力运行制约和监督法治化。

第八,加强法治文化建设,为建设法治中国夯实思想基础。

第九,统筹国内法治和国际法治两个大局,为中华民族伟大复兴创造良好的国际法治环境。

五、加快推进法治中国建设的实践路径

法治改革是加快推进法治中国建设的强大动力和必由之路。注重变法图存、变法促进、变法维新,强调通过变法新政来解决社会深层次矛盾,保持社会稳定,推动社会发展,是我国宝贵的政治遗产、政治传统。战国时期的商鞅变法、汉初文、景二帝领导的法制改革,唐初李世民对法制的改革,宋代王安石变法等,都富有历史意义地推动了封建法律制度的发展,适应了当时的社会状况和需要,在极大的程度上和广泛的范围内保证了当时的社会稳定和发展。今天我们要推进法制现代化,同样需要“变法”。

要推进法治现代化,因循守旧、犹豫不决、按部就班地进行法治建设是不够的,必须把改革创新精神贯彻到法治建设各方面和全过程,大刀阔斧地推进法制改革,坚决破除一切妨碍依法执政、依法治国、依法行政、依法办事的思想观念和体制机制弊端,深入推动法学理论、法治实践、法律制度、法治文化创新。

之所以强调推进法治改革,首先是因为中国的发展进入新阶段、改革进入攻坚期和深水区的情况下推进法治建设和法治现代化,每一部法律的制定或修改,都可能要“突破利益固化的藩篱”。多年来固化的利益通过某些途径以改革成果的形式在法律上得到确认,取得了合法性;某些固化利益的受益者为了维护自身的既得利益已经沦为继续改革、深化改革的阻力。要打破盘根错节的利

益格局,需要进行相应的制度创新和突破,这就难免与现行法律相冲突,在冲突情况下只有变法才能前进,只有改革法制才能发展。其次,我国国家治理制度、体制、机制等方面的许多弊端是因为一些法律滞后和僵化造成的,我国不少法律是在计划经济向市场经济过渡阶段,在原有的经济体制、政治体制、文化体制、社会体制之下制定的,多年没有进行过修改或没有做出应有的重大修改,已成为国家治理创新的制度障碍。革除这些障碍,剔除这些弊端,唯有启动法治改革,推进法律制度体系与时俱进,为国家治理现代化扫清道路。

法治改革的内容非常广泛,最主要的是法治运行体制机制改革,包括立法体制机制改革、行政执法体制机制改革、司法体制机制改革等,其中首要的是推进立法体制改革,用立法改革引领和推进执法改革和司法改革。

(一)依法执政,实现领导方式和执政方式的法治化

依法执政是法治中国建设的核心内容,也是法治中国建设的根本保证。依法执政是中国共产党执政方式的历史性变革,这一变革的意义在于实现了党既严格守法又领导立法、保证执法和支持司法的有机统一,进而推进了党的领导、人民当家作主、依法治国的有机统一。

中国共产党既是执政党,又是领导党。全面推进依法治国,建设法治中国,首先在于党科学而又有效地依法执政。通过长期不懈的依法执政实践,把党建设成为善于运用法治思维和法治方式治国理政的执政党,坚持宪法至上、维护法律尊严和权威、在宪法法律范围内活动的执政党,尊重和保障人权、促进社会公平的执政党,领导、支持和监督国家机关依法行使国家权力的执政党,实现党的执政方式和执政活动法治化。

第一,善于运用法治思维和法治方式治国理政,全面提高各级

党委运用法治思维和法治方式深化改革、推动发展、化解矛盾、维护稳定的能力和水平。

法治是治国理政的基本方式必然要求各级领导干部树立法治思维，掌握法治方法，形成办事依法、遇事找法、解决问题用法、化解矛盾靠法的良好法治习惯。对领导干部而言，法治思维和法治方式的基本要求包括：坚持人民主权，科学民主决策；认真对待权利，切实保障人权；强化公正观念，保障社会公平；增强程序意识，严格遵循法律程序；弘扬理性精神，平和文明执法；坚持宪法至上，维护法制尊严和权威。

第二，进一步加强和规范党对立法工作的领导和参与，完善党委领导和参与法律、行政法规、地方性法规制定与修改的领导体制、工作机制和程序。

依法执政，从根本上说就是通过法律执政。党领导立法和直接参与重要法律的制定与修改，意义重大。要在国家法律与党内法规两个方面规范党领导国家立法和直接参与重要法律制定的制度和程序，使党的意志和主张更好地通过法定程序成为国家意志，上升为宪法原则和法律规则，从宪法法律上保证执政党的路线、方针、政策、主张的贯彻实施。

依法执政的核心是依宪执政。党要高度重视宪法的修改完善，适时提出修改宪法的建议案，使宪法与时俱进，不断适应全面深化改革和全面建成小康社会的迫切需要，并为其他法律的修改与完善开辟宪法道路，提供宪法依据。同时，党要严格遵循宪法的规定行使领导权和执政权，在宪法的框架下实施治国理政活动，做贯彻实施宪法的表率。

第三，依法领导、监督和支持人大及其常委会、各级政府和司法机关依法行使职权、履行职责，确保宪法法律正确实施，保证国家的行政、司法机关积极主动地、独立负责地、协调一致地工作。

坚持和完善人民代表大会制度，支持和保证人大及其常委会依法履行立法、监督、重大问题决定、人事任免等宪法职责，充分发挥国家权力机关特别是最高国家权力机关的作用。支持、监督和保证国家行政机关依法行政、严格执法，在法治轨道上推动各项工作的开展；支持、监督和保证司法机关依法独立公正地行使审判权、检察权，履行救济权利、定分止争、制约公权的司法职能。

依法执政的基本保证是党要遵循程序实行对国家机关的领导和监督。必须以法律和党内法规的双重形式规定党对国家机关的领导程序，使党对国家机关的领导法律化、制度化、程序化，重点是完善并公开党向立法机关提出宪法修改建议和其他立法建议的程序，党委推荐、选派党员干部担任国家公职人员的程序，党委领导和监督政府和司法机关执法和司法的程序，增强党委领导的合法性、权威性和公信力。各级党委也要严格遵守宪法和法律规定的立法程序、行政程序、司法程序、公职人员任命程序、监督程序以及其他重大事务的决定程序，禁止绕过法律程序干预国家机关工作。党要善于通过党内程序制度和法律程序制度规范执政行为，约束党员领导干部，追究因违反程序造成严重后果的纪律和法律责任。

进一步在法律上和党内法规上理顺党组与国家机构的关系，既发挥党组在国家机构中的领导核心作用，保证党的路线方针政策和决策部署得到落实，又支持人大、政府、司法机关依照宪法法律独立负责、协调一致地开展工作，确保宪法、法律、法规的正确有效实施。

司法权是党的执政权的重要组成部分，要进一步加强和改善党对司法工作的领导，适时出台党委政法委工作条例，完善党领导司法工作的体制机制，提高政法委领导、管理和协调司法工作的科学化、法治化水平。

第四，维护宪法法律权威，在宪法法律的范围内活动。

在宪法和法律范围内活动，既是宪法原则，也是党章规定。贯彻这一宪法原则和党章规定，最重要的是党的执政活动要依据宪法和法律，而不应超越宪法和法律，更不能凌驾于宪法和法律之上；不能绕开宪法和法律的明确规定而自行其是、违法乱政。同时，党要在法律调整范围内执政。法律的调整范围既划定了国家权力运行的制度空间，也构成了党执政活动的实践空间。国家机关组成人员及其工作人员的绝大多数是执政党党员，党员是否具有法律知识、法律意识、法治观念和法治思维，是否依法执掌国家政权、依法行使国家权力，直接决定着党是否依法执政、是否依法治国理政，能否做到良法善治，影响到依法治国基本方略的贯彻落实，影响到能否形成崇尚法治、遵守法律、依法办事的良好氛围。要进一步完善党在国家机关的组织和党员领导干部带头学法尊法守法用法的制度规定，确保党组织和党员领导干部在宪法法律范围内活动。

第五，正确处理党民关系、政策与法律的关系、改革与法治的关系，确保党的领导、人民当家作主、依法治国的有机统一、协调发展。

首先，要处理好党民关系。人民是国家的主人，国家的一切权力属于人民，人民当家作主，是社会主义制度的本质特征；党是人民的先锋队，是人民利益的代表者、维护者和发展者，立党为公、执政为民是党的根本宗旨。依法执政，最重要的是领导和支持人民当家作主。要坚定不移地坚持和完善人民代表大会制度，为广大人民当家作主、参与治国理政提供稳定而可靠的途径，并通过推动人民代表大会制度和机制的不断完善与创新，使广大人民的意志在国家大政方针和法律中得到更充分的体现，在国家的政治生活中产生更大的影响。要切实尊重和保障人民群众对治国理政活动的知情权、参与权和监督权。通过推进权力运行公开化，完善党务公开、立法公开、政务公开、司法公开和各领域办事公开制度，增强治国理政活动的透明度，增强知情权。尊重和保障人民群众对治国理政活动的参与权，凡是涉及人民群众切身利益的决策都要充分听取人民群众意见，拓展人民群众有序参与立法、行政、司法的途径。尊重和保障人民群众治国理政活动的监督权，拓宽人民群众对权力运行的监督渠道，推进监督的法制化、规范化、程序化，防止权力失控、决策失误、行为失范。

要大力发展协商民主，完善社会主义协商民主制度，健全协商民主工作机制，推进协商民主广泛、多层、制度化发展。善于通过各种协商途径，保证不同党派、不同阶层、不同群体、不同利益集团、不同界别平等自由地表达利益诉求和政策主张，在此基础上民主对话、达成共识、妥善协调利益关系。要善于把法治方式与群众路线结合起来，支持人民群众依法实行自我管理、自我服务、自治自律。引导人民群众规范、有序地参与国家和社会的治理。

要正确认识和处理政策与法律的关系。党不仅要坚持通过政策（包括路线、方针、重大决定等）执政的政治优势和宝贵经验，也要学会善于通过法律，即通过立法、执法、司法、法律监督等来实现党的意志和主张，实现立党为公、执政为民的宗旨。党的政策和国家法律是两种最重要的社会调整机制。政策和法律各有自己的优势，各有自己的调整方式和范围，二者是相辅相成的。改革开放以来，我们经历了从主要依靠政策治国理政，到既依靠政策又依靠法律，再到主要依靠法律治国理政、法治成为治国理政的基本方式的历史性转变。

但在实践中，混淆政策与法律的界限，重政策轻法律，甚至用“土政策”取代法律、冲击法律等现象依然存在，构成了实行依法执政、依法治国、依法行政、依法治理社会的障碍。因此，必须强调正确认识和处理政策与法律的关系，一方面，要注重用党的政策指引法律的制定和实施，必要时，及时通过法定程序将政策上升为法律；政策上升为法律之后，执行法律也就是执行政策。另一方面，党的政策不能违反宪法和法律，当政策与法律出现矛盾时，要及时调整政策或者修改法律，同时要科学分析矛盾问题，努力做到法律与政策统一正确实施。

要正确处理改革与法治的关系。在全面深化改革的过程中，许多改革举措涉及现行法律制度。凡属重大改革，要于法有据。需要修改法律的，可以先修改法律，先立后破，有序进行。有的重要改革举措，需要得到法律授权的，要按法律程序进行。要有序推进改革。该得到法律授权的，不要超前推进。防止违反宪法法律的“改革”对宪法法律秩序造成严重冲击，避免因“违法改革”而产生出“破窗效应”，坚决维护宪法法律的统一性、严肃性和权威性。

第六，完善党内法规体系，实现党内法规体系与国家法律体系的有效衔接，实现党和国家工作法治化。

依法执政，不仅要有完善的国家法律体系，而且必须有健全的党内法规体系，特别是中央一级党内法规体系。要根据全面推进依法治国、建设法治中国的总体部署，以“宪法为上、党章为本”为基本原则，全面建成内容科学、程序严密、配套完备、运行有效的党内法规制度体系。党内法规体系应准确体现宪法和法律的精神和要求，保证与国家法律体系内在统一、相辅相成，共同保证和规范党依法执政。

完善反腐败工作体制，规范反腐败有关部门的职能定位，建立和完善执纪与执法的有效衔接机制和证据转换机制。执纪中发现的构成犯罪的案件依照程序一律移交司法机关查处，减少重复取证和侦查，同时对纪检监察机关办案中依照纪律和法律程序调取的证据进行“形式转换”，赋予其法律效力，以提高办案效率，更加有效地惩治腐败、渎职等违法犯罪行为。参照刑事侦查中的强制措施规定，改革执纪中的“双规”措施，更加严格地保障被“双规”人员的合法权利，进一步加强纪检监察机关与司法机关的密切配合和必要的制约。

（二）加强宪法法律实施

由于历史与现实的多重原因，在我国，有法不依的现象普遍存在,这导致我国法制缺乏应有的尊严,并缺乏必要的权威性和实效性。无论在直观上,还是在统计数据上,我国法律被遵守的情况低于世界的平均水平。不把宪法和法律当回事、不给宪法和法律留面子的实例比比皆是。巨大的反差使我们不得不把维护法律体系的尊严和权威,确保宪法法律有效实施作为当前和今后相当长时期法治中国建设的重中之重。

宪法和法律时常丢面子。我国宪法和立法法都明确规定,涉及个人财产之征收,只能通过制定法律或全国人大常委会授权国务院制定行政法规来实施,但是一些省市 2009 年以后纷纷试图出台房产税法。对这种显然违宪和违法的行为,却没有机构来审查和制止。直到全国政协委员和全国人大代表大声疾呼"给宪法留点面子",房产税热才降下来。十八届三中全会《决定》明确强调"落实税收法定原则",挽回了宪法的"面子",维护了社会主义法制的尊严。

违法强拆、暴力强迁事件持续不断发生,《物权法》形同虚设。新闻报道中常有这样的镜头:政府官员手持《城市房屋拆迁管理条例》作为强拆依据,被拆迁人则拿着《物权法》据理力争。然而,《物权法》并非可以当然担负起拆迁纠纷终结者的角色,因为早在《物权法》之前,《宪法》就已经确认了国家保护公民合法私有财产的责任,既然《宪法》的尊严已经扫地,《物权法》又能有什么面子呢? 执法部门违法是家常便饭。重庆市民顾建清在九龙坡区劳动和社会保障局当门卫 11 年,单位一直没有给他买社会保险。他每月工资仅有 350 元,远远低于法定最低工资标准。而且自 2001 年以来,单位再没跟他签订劳动合同。[6] 如此违反《劳动法》和《劳动合同法》的事情,居然发生在主管劳动和社会保障事务的执法部门,可谓法律莫大的尴尬与悲哀。

严格执法成为例外,成为美谈。山西省浑源县交警毛丽因拒绝为"特权车"开"绿灯"被称为"恒山脚下最美女交警"。[7] 本是正常的执法行为为何能得到人们的盛赞？因为不对领导开罚单似乎成为交警的潜规则，人们见惯了权大于法，见惯了有法不依、执法不严、违法不究，严格执法便显得难能可贵。

针对这种情况，在继续完善和发展中国特色社会主义法律体系的同时，须更加重视宪法法律的实施，保证有法必依、执法必严、违法必究，加快形成不敢违法、不能违法、不愿违法的良好法治文化环境。为此，十八届三中全会《决定》强调，“维护宪法法律权威。……要进一步健全宪法实施监督机制和程序，把全面贯彻实施宪法提高到一个新水平。建立健全全社会忠于、遵守、维护、运用宪法法律的制度。坚持法律面前人人平等，任何组织或者个人都不得有超越宪法法律的特权，一切违反宪法法律的行为都必须予以追究”。

第一，健全宪法实施监督机制和程序。人民代表大会制度是我国的根本政治制度，全国人民代表大会是国家最高权力机关，负有监督宪法实施的神圣权力。要加快健全全国人民大表大会及其常务委员会监督宪法实施的职权，建议在全国人民代表大会设立专门的宪法监督委员会（或宪法委员会），对全国人民代表大会负责，在全国人民代表大会闭会期间，对全国人民代表大会常务委员会负责，对法律、行政法规、地方性法规等规范性文件（和行为）以及对重大问题所作决定是否违宪提出审查意见，报送全国人大，在全国人大闭会期间报送全国人大常委会。建议加快制定《宪法监督程序法》。

第二，建立健全全社会忠于、遵守、维护、运用宪法法律的制度。建议设立宪法日，设立中华人民共和国主席就职宪法宣誓制度，各级政府主要领导就职法律宣誓制度。进一步搞好普法教育，利用各种传播手段，提高普法教育的水平和实效。加强和改善学校的法制教育，从小养成遵纪守法的良好习惯。

第三，建立法律顾问制度。设立宪法顾问制度，提高和保证决策的法制化水平。在各级党委、政府设立法律顾问,就党和政府的决策是否符合宪法、法律进行审查,未经法律审查程序,新的决策不得出台。

第四,加强立法监督,保证宪法、法律的权威和法制的统一。全国人民代表大会充分行使立法监督的职权,加强全国人民代表大会对全国人大常委会在全国人大闭会期间部分补充和修改基本法律的监督,建立、健全全国人大的批准程序。进一步明确全国人大制定基本法律与全国人大常委会制定其他法律的权限。

加强和完善以全国人大常委会为中心的立法监督制度,加强全国人大常委会对行政法规、地方性法规的监督,行使宪法所赋予的撤销同宪法、法律相抵触的行政法规、决定和命令,撤销同宪法、法律和行政法规相抵触的地方性法规和决议的职权,使撤销机制真正发挥作用,保证宪法至上,宪法法律在全国的统一实施,保证规范性文件的合法性。

发挥协商民主在立法监督中的作用,使协商机制规范化、程序化,防止协商的主观性、随意性,注意监督的协商机制与撤销机制的有机结合。

完善备案审查制度,认真做好全国人大常委会和国务院依法对行政法规、地方法规、自治条例、单行条例和特别行政区立法的备案工作,加强备案审查机制,注意审查机制与撤销机制、协商机制的衔接。

第五,加强和完善法律解释。改革开放以来社会关系的频繁变动是我国社会的一个重要特点。另外,实现法治,保证法律的长期性、稳定性和极大的权威,增强人民对法律的信仰,又是改革的一项重要目标。宪法、法律需要随着社会形势的发展而变化,需要加强法律的立改废。但是过于频繁的立改废会削弱人们长期、稳定的预期,削弱法律的权威性和稳定性。加强法律解释是正确处理法律稳定性和社会关系变动性之间关系的科学手段。

健全宪法赋予全国人民代表大会及其常委会的解释宪法的职权，建议制定《宪法解释程序法》，明确宪法解释的具体条件和程序，统一考虑宪法修改和宪法解释。

加强立法解释。立法解释既要符合法律的原意，又要适应社会关系的复杂性和变动性。学会使用法律解释的手段，处理新出现的社会问题。注意立法解释与法律废改立的衔接。

规范司法解释。发挥司法解释在法律适用中的作用，加强全国人大常委会对“两高”司法解释的监督，完善对司法解释的备案审查工作。规范司法解释的权限，注意司法解释与立法的衔接，及时将司法解释中成熟的经验上升为法律、法规。

第六，建立法治建设指标体系和考评标准。法治建设评估应作为考核各级党委、政府工作的重要方面。法治建设指标体系应涵盖依法执政、科学立法、权力监督、严格执法、公正司法、全民守法等各个领域、各个方面，评估这些领域、方面的法律化、制度化程度，执行状况，公开性和可监督性，把执行和监督作为评估的重点。考评标准要考虑可操作性，把是否合法、人民群众是否满意作为重要的标准。

注　释

〔1〕《中共中央关于全面深化改革若干重大问题的决定》，人民出版社 2013 年版，第 38 页。

〔2〕《中共中央关于全面深化改革若干重大问题的决定》，人民出版社 2013 年版，第 38—39 页。

〔3〕《中共中央关于全面深化改革若干重大问题的决定》，人民出版社 2013 年版，第 60 页。

〔4〕《管子 · 任法》。

〔5〕 See J. Raz, The Authority of Law: Essays on Law and Morality (2nd Edition),

Oxford University Press, 2009, pp. 214 – 218.

〔6〕“重庆一男子在社保局当门卫 11 年无社保”，载 http://news.163.com/11/0406/02/70U1L79H00014AED.html。

〔7〕“‘恒山脚下最美女交警’半年给领导公车开出 138 张罚单”，载《重庆晚报》2011 年 4 月 19 日，第 22 版。

深刻认识中国共产党作为执政党和领导党的双重性质和地位*

十八届四中全会《决定》指出:“必须坚持党领导立法、保证执法、支持司法、带头守法,把依法治国基本方略同依法执政基本方式统一起来,把党总揽全局、协调各方同人大、政府、政协、审判机关、检察机关依法依章程履行职能、开展工作统一起来,把党领导人民制定和实施宪法法律同党坚持在宪法法律范围内活动统一起来。”这“三个统一”归结起来,就是党政关系、党民关系、党法关系。正确处理这些关系,必须深刻认识中国共产党既是执政党,又是领导党的性质和地位,全面把握中国共产党的执政权和领导权,深入探索中国共产党的执政规律和领导规律。

一、关于执政党、执政权、执政规律

中国共产党在全国范围的执政始于中华人民共和国成立。从此,我们党就是一个长期执政的党,而且是唯一的执政党,其他政党则是作为参政党。

---

* 本文是作者 2015 年 10 月为中央领导机关撰写的研究报告,并在中央办公厅调研座谈会上发言。

在西方,实行总统制的国家(如美国),一个政党赢得大选就成为执政党,其执政的客体是政府,至于能否支配议会,则要看它在议会中的席位有多少。实行议会制的国家,一个政党(或政党联盟)获得议会的多数席位,即赢得大选,由它(它们)组成政府,其执政的客体是议会和政府。无论是总统制还是议会制国家,法院都不是执政党执政的客体。而中国共产党作为执政党,其执政的客体包括了全部国家政权,即包括国家权力机关、行政机关、司法机关、军事机关,无论是立法权、行政权,还是司法权、武装力量指挥权均属于中国共产党执政权的对象。所以,多党轮流执政体制下的"执政"概念不能反映当代中国的执政现实,不能照搬西方学者的"执政"概念来解读、界定中国共产党的执政现实,否则,就会得出"党政分开"、"司法独立"、"军队国家化"等错误结论。

作为唯一执政和长期执政的政党,中国共产党的执政内涵包括:第一,执掌国家政权。这是"执政"这一概念的核心意义,或者说是执政的质的规定性。原初意义的"执政"就是针对国家政权而言的。掌握国家政权,首先是由执政党的精英或以执政党的精英代表为主体组成国家机关,包括国家权力机关、行政机关、司法机关、军事机关及其他国家机关。第二,运用国家政权。实现党的执政宗旨、执政目标,必须依靠国家政权的力量。因而,除了推荐和选派党员进入国家政权机关、直接行使国家权力之外,党应当保留依法运用国家政权的权力,特别是运用军事、国防、司法、舆论等国家力量的权力。在这个意义上,党的执政应当包括一定范围、一定程度的施政。第三,尊重、支持、督促国家机关依法行使国家权力、履行国家职能,以确保国家机关活动的民主性、合法性、公正性、权威性,保证国家稳定、社会和谐、民族振兴、人民幸福,中国特色社会主义事业可持续发展。同时,对国家机关内的党员工作人员特别是担任重要公职的党员实施监督,以保证国家权力正确行使。第四,直接参与重大国务活动。在中国特色社会主义政治体制下,中国共产党是历史形成和人民选择的唯一执政党,与西方议会民主下的间接政党制度构成明显区别,中国共产党除了推荐优秀人选担任国家政权机关领导职务,代表党和人民行使国家权力之外,还直接参与重大国务活动,诸如确定基本国策和阶段性方针政策,提出经济和社会发展远景规划和计划建议,审议重要立法,审议政府工作报告,制定国防外交基本方针,以及管理属于党和国家机关共同负责的事项,等等。必要时,中国共产党的领导人还可以被授权代表国家从事外交活动。

作为执政党,要遵循执政规律,提高科学执政、民主执政、依法执政的水平和能力。

二、关于领导党、领导权和领导规律

中国共产党是中国工人阶级的先锋队,同时是中国人民和中华民族的先锋队,是中国特色社会主义事业的领导核心,代表中国先进生产力的发展要求,代表中国先进文化的前进方向,代表中国最广大人民的根本利益。它不是某个或某些经济利益集团、某种政治力量、宗教势力或其他社会势力的代表,立党为公、执政为民是中国共产党执政的宗旨,除了最广大人民的根本利益,中国共产党没有自己的特殊利益。这是与西方国家任何资产阶级政党的根本区别所在。中国共产党是以马克思列宁主义、毛泽东思想、中国特色社会主义理论为行动指南的政党,这种既与时俱进又一脉相承的理论体系构成了它执政兴国的指导思想和其政治纲领的理论基础。中国共产党不会像西方政党那样为了迎合选民的需要或迫于选票压力而奉行指导思想和政治纲领的机会主义。这两条决定了中国共产党在国家和社会生活中的领导地位和领导作用。

所以,中国共产党在我国不仅是执政党,更是国家政权和整个社会的领导党,具有对国家和社会的领导权,而且这种领导权是其执政权的政治基础。这是与绝大多数西方国家执政党仅仅对应于议会或政府的政治地位的显著不同之处。例如,在美国,当前执政的是民主党,但很难说民主党是美国的领导党,它对共和党、对社会就没有领导权,对国家武装力量也没有领导权。而在我国,党对一切国家机关都拥有领导权,而且军队、政法机关是在党的绝对领导之下。这是巩固国家政权、维护人民当家作主地位、保卫国土完整的政治保障和制度保障。

作为领导党,中国共产党对国家政权的领导主要包括政治领导、思想领导和组织领导。政治领导,主要表现在总揽全局、协调各方,在充分发扬民主的基础上,提出大政方针,并以建议的形式向国家权力机关提出,或者以指导意见的方式交由政府执行;思想领导,主要表现为以与时俱进的、中国化的马克思主义指导中国特色社会主义事业和国家工作;组织领导,主要表现为向国家机关推荐重要干部,并对进入国家机关的党员以及国家机关内部的党组织实施直接领导,以保障党的路线、方针、政策和策略的贯彻,保证国家宪法和法律的贯彻执行。

应当指出,中国共产党对国家政权的领导是其执政的政治基础和前提,也是我国宪法明确规定的核心政治原则。如果说人民代表大会是我国的根本政治制度、中国共产党领导的多党合作和政治协商是我国的基本政治制度,那么,中国共产党的领导则是我国的核心政治制度。习近平总书记在全国人民代表大会成立60周年大会上提出:“要不断加强和改善党的领导,善于使党的主张通过法定程序成为国家意志,善于使党组织推荐的人选通过法定程序成为国家政权机关的领导人员,善于通过国家政权机关实施党对国家和社会的领导,善于运用民主集中制原则维护党和国家权威、维护全党全国团结统一。”这“四个善于”,既全面阐述了中国共产党作为领导党的领导内容和领导方式,中国共产党作为执政党治国理政的基本途径,又深刻揭示了党的执政规律和领导规律。

三、关于依法执政(领导)

就党与法的关系而言,我们党提出要在宪法和法律范围内活动,要依法执政(领导)。依法执政(领导)的基本内涵包括:

第一,通过法律的执政(领导)。这是中国共产党依法执政(领导)的重要体现。一方面,党要善于把人民群众的利益和意志整合和表达为执政党的意志和主张,并进一步通过立法程序转化为国家意志,即转化为法律,以便从法律上保证执政党的路线、方针、政策、主张的贯彻实施。另一方面,党要严格按照宪法、选举法、国家机关组织法等法律规定,去组织和执掌国家政权,推荐担任国家政权组织领导职务的党员干部要通过法定的选举或任命程序进入国家机关,而不能由党直接任命,或者是先任命后选举。

第二,遵循法律程序的执政。遵循法律程序执政(领导)包括两个方面的内容:一是党对国家机关的领导一定要有科学的、民主的、法定的程序,必须以法律的形式规定党对国家机关的领导程序,使党对国家机关的领导程序法律化、制度化;党向立法机关提出宪法修改建议和其他立法建议,党委推荐、选派党员干部担任国家公职人员,党委领导政府和司法机关,都应当有明晰的程序。在某种意义上,规定领导程序比规定领导事项更为重要,在程序问题上应当实行一票否决。没有程序,党的执政就会失去其合法性、正当性、公信力。二是党要尊重和遵守宪法和法律规定的立法程序、行政程序、司法程序、公职人员任命程序、监督程序,以及其他重大事务的决定程序,不能绕过法律程序开展执政活动。我们党要善于通过法律程序来规范执政行为,约束党员领导干部。

第三,在法治的轨道上推进改革。在全面深化改革、全面推进依法治国的新时期,改革与法治的关系显得十分突出。对改革与法治的关系的科学认识和正确态度可用“改革要于法有据”来概括。“改革要于法有据”是一个思想极为丰富的命题,是一个响亮的改革口号。改革于法有据,不是要把改革限制在现有法律之内,于法无据的不能改革,而是要加快推进法制改革,推动法律的立改释废,确保法律能够引领、推动、保障改革,确认改革成果。在改革面前,不加分析、不加区别地要求党在法律范围内执政(领导)、在宪法法律范围内活动,几乎是一句废话。

“于法有据”至少包括这样思想内涵:其一,我国宪法和以宪法为统领的法律体系为全面深化改革提供了比较充分的制度空间,许多重大改革是可以在于法有据的前提下顺利进行的。其二,改革方案如果与现行法律条文相抵触,法律条文构成改革的制度障碍,就要抓紧修改或废止现行法律,绝不能在宪法法律有关条文尚未修改的情况下强行改革,这样的改革不仅损害宪法法律的尊严、权威和统一,造成法律实施上的“破窗效应”,而且也因其违法而难以得到人民的支持。其三,一些重大改革即使没有与现行法律直接冲突,但要顺利推进并获得成功,必须等待法律的授权,或者等待制定新的法律。通过法律授权或立法,把改革方案上升为法律,以使改革更具有合法性和权威性。其四,要善于以法治凝聚改革共识、以法治引领改革进程、以法治规范改革行为、以法治化解改革风险、以法治确认、巩固和扩大改革成果。

第四,党依法执政(领导)与社会自治的关系。法治国家和法治社会的基本特征是党和政府依法治理、人民群众依法自治、全体人民自觉守法。因此,一方面党要善于运用法治思维和法治方式治理社会;另一方面要尊重和保障社会自治,为社会主体通过自我协商、平等对话解决自身的问题留有广阔空间。诸如,依法支持政协发挥政治协商、民主监督、参政议政的作用,支持工会、共青团、妇联等人民团体依照法律和各自章程独立自主地开展工作,依法支持和保障村民自治、城市居民自治、公司自治、各种社团组织的自治,等等。实践证明,党对社会管制过多过死,不加区别地干预社会自治,尤其是基层民主自治的事情太多,把“由人民当家作主”演变为“替人民当家作主”,这并不利于党的执政,不利于在全体人民中树立对党的尊重,也不利于法治社会建设。

法治中国在砥砺中前行*

问:如何理解法治与法治国家?

答:法治首先是一种治国方略,就是依据体现了公共意志的,或者说体现了广大人民群众意志的法律规则来治理社会;其次,它体现了一种依法办事,就是大家都按照规则来行事,有法可依,有法必依,执法必严,违法必究。在封建社会里也有规则,但是那个时候的规则,是由君主来制定,大臣来遵守,老百姓是服从规则。现在,是法律面前一律平等,规则制定者首先就是规则的执行者。制定体现了公众意志,所以说也是一种人民主体。

我个人把法治国家归结为这样一些基本特征:第一,法律之治,通过法律来治理。第二,通过法律来进行社会整合,把人们的思想、行为统一到法律上。第三,法律经由人民群众,体现人民群众意志的国家机关来制定的。第四,法律尊重和保障人权。第五,法律具有极大的权威性,法律至上。第六,法律具有连续性。第七,法律具有稳定性,不能朝令夕改。第八,法律着眼于维护社会的公平正义,促进社会和谐。第九,法律能够制约国家权力,防止

---

* 本文发表于《南京社会科学》2013 年第 3 期,并被《新华文摘》2013 年第 11 期全文转载。作者于 2013 年 1 月受中共中央宣传部委托接受了江苏省委宣传部、江苏省电视台“时代问答”专访,节目主题为“法治中国　砥砺前行”。

国家权力异变。最后,在全球化的时代,这个法律和国际的规则要能够衔接一致,共同促进国际社会的公平和正义。

就国外的评论来讲,一个国家有没有宪政,关键是不是实行三权分立,是不是实行了议会制、两院制,它是用西方的宪政标准来衡量的,我们可以不管,因为任何一个国家的宪政都是立足于本国国情,都是本国人民选择的结果。

宪政就是宪法实施所形成的治国理政的局面,没有有效、全面地实施,你这样一个宪政就不是完整的,这样一个宪政就不会得到大家普遍的认可,所以习近平总书记讲,“宪法的生命在于实施,宪法的权威也在于实施”。

我自己把中国特色社会主义法治概括为五个方面:第一,就是依法治国与依法执政的有机统一。第二,法治国家与法治社会的有机统一,我们既需要一个法治的国家,实现公共领域的法治化,我们也需要一个法治的社会,实现我们经济、社会生活方方面面有法可依。第三,依法治国与以德治国的有机结合。第四,党的领导、人民当家作主和依法治国的有机统一,这也是我们国家政治文明的鲜明特色。第五,继承我们中华文化的优秀成果与借鉴人类法治文明优秀成果的统一,我们中华法律文化博大精深、源远流长。

问:如何理解“法治是治国理政的基本方式”?

答:这是一个非常精辟的、非常科学的命题,深化了党对于法治规律、社会建设规律、党的执政规律的认识。1958 年中央政治局扩大会议上,毛泽东讲,法律这个东西没有也不行,但是,我们有我们的一套,我们一年开几个会,每个会议就是法律,我们每年发一些文件,文件就是法律。刘少奇讲,究竟是人治还是法治,我看还是依靠人,法律只能作为办事的参考。在 1958 年这次会议之后,刚刚起步的法治建设就一落千丈了。所以小平同志在总结这一段深刻的教训时，得出一个结论："搞人治危险得很，搞法制才靠得住。"既要更加重视法治在国家治理和社会管理中的作用，也要培养一批又一批卓越的治国理政的法律人才，还要对各级领导干部进行法律知识的普及，法治理念的教育和法治思维方式的训练。

问：法治中国取得的成就有哪些？

答：改革开放以来，中国法治走了一条快速发展的道路，我们走过了西方发达国家几百年的法治建设的历程，所以 2011 年我们宣布中国特色社会主义法律体系已经形成，基本实现有法可依，这是了不起的结果。群众的法律意识，群众的法治思维，已经有了很大的进步，我觉得也是巨大的，现在人民群众，普通的老百姓都习惯于用权利的眼光来审视法律，我的权利在法律当中得到体现没有？法律规定我的权利，政府是不是给了有效保障？我受到侵害的权利能不能够去起诉？能不能够得到救济？这样一种思维方式，已经可以说是深入人心了。

中国的法治建设取得了巨大的成就，得到了世界的广泛认可。第一，中国特色社会主义宪政事业取得巨大的进步。第二，中国特色社会主义法律体系已经形成。第三，依法行政、建设法治政府取得了突破性的进展。第四，深化司法改革，公正、高效、权威的社会主义司法制度已经出现在我们的面前。第五，全社会更加重视法治，全社会更加自觉的遵守宪法和法律。

问：我国在依法治国过程中还存在哪些问题？

答：当然，在取得巨大成就的同时，我们也要看到我们还存在很多问题。比如说我们还有很多重要的领域里边，还没有基本的法律，甚至连行政法规和规章也没有，我们制定了很多法律，但是法律实施的效果不够理想，特别是受到各种各样的干扰，法律在实施过程当中打折扣的现象还是相当普遍的，我想这些都是亟待解决的。

问:如何解释和处理我们法律中目前存在的一些“死法”、“笨法”和“恶法”?

答:“死法”就是说长期不用,比方说刑法原来的一些死罪,从来就没有使用过,所以在刑法第八次修改的时候,去掉了13个死罪罪名。“笨法”就是说有这样一些规定,但是它没有有效地调整社会关系,这个法律规定得很粗糙,规定得缺乏有的放矢,过于笼统、笨拙,解决不了问题,所以把它称之为“笨法”。“恶法”也是一个法学上一个专用的术语,这个“恶”不一定是“邪恶”的“恶”,我们讲“恶法”一般是指这个法律规定不公正,或者这个法律可能导致对人权的侵害,比如我们在有关交通事故当中对伤亡人员的赔偿,城市居民的赔偿额要大大地高于农村农民的赔偿额,我们也有类似的司法解释,导致了“同命不同判”,后来这个规章和司法解释也都做了修改。所以我们是在不断地废除、不断地清理、不断地修改这些“死法”、“笨法”和“恶法”,使得我们的法律更加科学、更加民主、更加有效。

再如孙志刚事件发生之后法学界和社会上许多有识之士向中央提出了废止收容遣送办法,这样一个容易导致人权受到伤害和践踏的行政法规。中央和国务院有关部门高度重视法学界的呼唤和网络的舆情,启动了这样一个修改的程序,废止了收容遣送办法,而制定了救助管理办法,这是中国由群众、民众推动法治进步的一个典型事例。这也说明法治的进步不仅仅是政府的推动,更主要的是群众的推动,人民的推动,人民是推动法治进步的主体。

二十年前,像我们媒体上很少有法治的话语。我们过去做过一个调研,我们把80年代、90年代的媒体报道的一些核心问题,涉及社会上的一些热点问题,那个时候基本上是道德的话语、政策的话语,很少有法治的话语。进入新世纪以后看看,法学的、法治的话语，已经成为我们媒体当中举足轻重的话语体系，这也可以看出来，整个中国法治的进步。

问：如何理解立法滞后与有法不依的现象？

答：在我们这个社会，法律的滞后是一种普遍的现象。因为社会生活总是日新月异的，而法律不能朝令夕改，法律不可能做到天衣无缝，这样就需要在执法和司法过程中适当的自由裁量，通过行政解释，通过司法解释来弥补法律的不足。但社会存在的有法不依，这是一个顽症，我们现在应该说法律体系形成之后，基本实现了有法可依，但是要做到有法必依，还有很长的路。

一方面，现在社会上还有很多人不把法律当回事，法律的权威还没有在全社会树立起来。另一方面，我们的执法机关在执法问题上还没有做到严格执法。当然了，有一些执法是需要成本的，你比如说什么有毒馒头了，劣质的食品药品了，那得有多少执法机关每天挨门挨户地去检查，不可能啊。所以说还是要把老百姓，我们的经营者自身的依法办事和执法必严有机结合起来。仅靠政府来执法要解决这些问题，任何一个国家都做不到。

问：我国目前的立法以及推进依法治国的重点和难点有哪些？

答：重点领域的立法我个人的理解主要是三个方面：一是市场经济体制完善过程当中我们遇到的一些法律问题。二是社会管理方面的法律，因为以前我们社会管理当中对法治的问题强调不够，所以在十八大报告中，在原来的党委领导、政府负责、公众参与、社会协同之后，又加了一句话，法治保障。三是我们保障公民行使公民权利的一些法律还不够完善，比如说我们现在还没有一个完整的新闻法、出版法、社团法，我们现在只有规章或者法规，怎样把规章上升为行政法规，把行政法规上升为法律，我想这也是加快法治建设所提出的问题。

依法治国的重点和难点还是十八大报告提出的四个方面：一是科学立法，我们制定了很多法律，但是有的法律质量不高，还有一些法律它没有与时俱进。二是严格执法，我们现在存在执法不严的问题，所以这一次明确提出政府要严格执法。三是公正司法，习近平同志在首都各界纪念现行宪法公布实施30周年的大会讲话中非常明确地指出，要让人民群众在每一个司法案件中都能够感受到公平正义，绝不允许不公正的审判伤害群众感情，损害群众利益。这就把司法公正的问题提到了前所未有的重视程度，现在司法的权威、司法的公信力来源于司法的公正。四是全民守法，首先是领导干部要学会运用法治的思维和法治方式去处理问题，其次，全体公民既要学法、懂法、尊法、守法，还要保护法律，这四个方面我认为是重点，也是难点所在。

问：如何解释行政诉讼案件的激增和约束公权力？

答：第一，在我们这个社会中，公共权力对私人权利的侵害仍然是相当普遍的。第二，最高人民法院和各级人民法院进一步敞开了行政诉讼的渠道，有意识地引导群众通过司法程序来化解官民之间的矛盾，促进官民之间的和谐，来依法监督行政机关依法行政，不至于把一些官民矛盾拒斥在法律程序之外。第三，这些年来群众对行政诉讼的信任度有了进一步的提高，大家感觉到，到法院还是能够解决在行政领域权利受到侵害的问题。

国家的权力体系里边，行政权力覆盖到了整个社会的方方面面。我们每一个人从摇篮到坟墓，整个过程都是在行政权力的管理和控制之下。所以，侵害群众利益的事情，侵害公民权利的事情，也主要是来自行政机关，所以才有行政诉讼，才有建设法治政府这方面的强烈的社会要求，也才有了从中央到地方加大依法行政这样一种监督力度。

公权力不受约束，它的危害性是非常之大的，对公权力没有约束就没有边界，它会突破它应有的行政权的范围，而扩大到我们老百姓很多的私人的生活空间。如前几年西安的一个警察到老百姓家里搜黄碟的事情，人家夫妻俩在家里看黄碟，警察到家里，把人家行政拘留，这是明显的公权力没有制约，对私人生活空间的极大侵害。

问：如何建设法治政府？

答：法治国家首先是一个法治政府，用法律来制约和监督权力，就是要制约和监督行政权力，对城建、工商、税务、交通等执法部门，如果对这样一些强大的行政权力没有有效的法律制约的话，对公民权利的侵害那就可想而知了。

一方面就是用人民群众的权利来制约和监督公权力；另一方面是把公共权力分解为决策权、执行权、监督权，实现公共权力之间内部的有效监督和制约。进一步理顺不同执法部门之间的权力边界，然后进一步规范执法的行为，另外还要有一些跨不同部门的这样一些综合的执法机构，现在有很多省市建立了综合的执法机构，比如执法大队，就是解决这些谁也不管的事，或者说都想管而管不好的事。

问：如何理解国家赔偿法律？

答：国家违法也是非常常见的事情。这里讲的国家包括各类的国家机关，特别是国家的执法机关、司法机关在内，他们在执法和司法的过程当中，由于事实的问题，法律适用的问题，有意地、无意地、或轻或重地，侵害了公民的财产，甚至公民的人身权利，这就构成了国家赔偿的条件，公民就可以依据法定的条件，提起国家赔偿的诉求。《国家赔偿法》就是针对这样一种侵害出台的赔偿法律，而且确定了人民法院要设立专门的国家赔偿的审理机构来受理这些国家赔偿的诉求。

问:司法为何越来越受重视?

答:十八大报告给予司法这么大的关注,这在历次党的代表大会的报告里还是第一次。我想,第一,随着法律体系的形成,我国法治建设的重心从立法转向了法律的执行和使用,也就是说转向了司法。第二,随着社会矛盾凸显期的到来,大量的社会矛盾以司法个案的形式涌进了人民法院,出现了"诉讼爆炸"、"诉讼井喷",中国超乎人们预想地提前进入了诉讼社会,司法,特别是人民法院成为各种利益的竞技场,成为各种矛盾的集散地,它承载的化解社会矛盾、维护公平正义的责任越来越艰巨,越来越重大。第三,人民法院司法供给的能力,司法保障的能力,或者说化解矛盾纠纷、定分止争的能力还相对薄弱,在一些地方司法不公、不廉,司法效率不高,也成为群众最不满意的问题之一。我想由于这样一些问题就使得司法问题成为全面推进依法治国进程中的一个重大问题,越来越突出的问题。1984 年我在美国留学的时候写过一篇文章,就是美国是一个诉讼社会,这个诉讼社会它的标志就是人人都在告状,到处都有官司。

那个时候是不可能想象到中国也会进入诉讼社会,因为当时我们全年的诉讼案件还是非常少,但是,三十年后诉讼案件大量地涌现,每年都以 10% 的数量在增加。比如说 2007 年,全国人民法院受理的案件是 800 万件,去年就突破了 1200 万件,按照每个案件直接或者间接涉及的当事人 6 个来算的话,我国就有超过 7000 万人涉入诉讼程序当中,或者是当事人,或者是利益的关联人,或者是证人,或者是被告,或者是犯罪的嫌疑人。本来诉讼社会是一个后现代社会的现象,当我们处于现代化过程当中,已经有了后现代社会的景象。

问：从哪些方面推进司法公开？

答：首先是立案公开，什么样的案件能够受理，什么样的案件暂时不能受理，什么样的案件是要通过司法程序来解决，什么样的案件通过行政的或者其他渠道来受理更合适一些。另外，诉讼费的收费标准，绿色通道的一些基本条件等等。其次是庭审公开，除了那些涉及国家机密、涉及隐私或者是未成年人的案件之外都要公开，不仅一审要公开，二审和再审也要公开。再次是裁判文书的公开，出了判决以后，不仅要及时地送达给当事人，还要在网络上公开，接受社会的监督。还有其他一些公开事项，比如说人民法院的各项内部的院务公开，法院内部的政务公开，甚至有的法院警务公开，公开的事项和范围越来越扩大，真正地把司法权和法院各项权力的运行置于社会的监督之下，这样的话就不得不提高审判的质量和效率，不得不加强审判工作的规范。特别是现在各级人民法院非常重视，向媒体的公开，我有一个观点，比方说我们审判案件，越是对媒体公开，越是毫无保留地公开，媒体报道得越客观越公正，也能够更加增进社会对法院的信任和信心。

问：如何确保司法独立？

答：从十五大、十六大、十七大都讲到了要保障人民法院、人民检察院依法独立公正地行使审判权和检察权，这一次用的"确保"，就是说中央要下大决心来解决司法独立的问题。因为没有独立就没有公正，特别是现代社会民告官的情况下，司法机关更加需要独立，如果你站在政府的一边，导致很多民告官的案件之所以不能胜诉，就是官官相护，或者说人家感觉到你官官相护，如果你司法机关再受制于行政机关的压力的话，那就更成问题了。还有一个是司法机关行使审判权它有一个特点，叫不告不理，法院不能主动去干预社会生活，不能去动员人家来打官司，所以它处于一种受动的状态，不告不理也是保证司法独立的，司法独立包含的内容非常丰富。

问：什么样的思维和方式是法治思维和法治方式？

答：我理解的法治思维是不是有这样几个方面，第一应当是尊重和保障权利，权利优先。群众的权利是不是得到了尊重和保障，该给他们补偿的，是不是补偿到位了，我想这个就是一个权利优先的理论。第二就是公平正义，因为法治的核心价值就是保障公平正义，法治、法律这样一些概念，在西方它同时就包含着公平的意思，在我们中国的语言当中，也有“法者，平之如水”的说法，比如说教育、就业、社会保障等方面，是不是兼顾到了不同的利益群体，不同阶层的人们，特别是，是不是考虑到了社会弱势群体，社会弱者。第三是理性平和，不要动不动就用国家暴力，动不动就用警力和国家强制力来推行经济社会发展中的一些政策措施。

比如我们以房屋拆迁为例，第一，你这样的房屋拆迁是不是为了一种公共利益，你不能为了另一个人的利益来行使国家权力，它必须是出于公共利益。比如我们要建高速公路、我们要进行棚户区的改造。第二，在程序上，你是不是严格地审查了被拆迁人的合法权利。第三，你是不是尊重了被拆迁人的意愿，征得他的同意。第四，在非常需要的情况下，要进行强迁，你要善用司法程序，由人民法院进行司法审查，因为在拆迁和被拆迁之间有一个中立者——人民法院来审查，你这个强迁的申请是不是合法，是不是合理，必要的审查程序是不是完备，安置的措施是不是到位，在这种情况下法院才能作出准予强迁，或者不准强迁的裁决。这样的一些过程，这样的一些措施，实际上都是一种法治思维和法治方式。

问：如何理解维稳的前提必须是维权？

答：有一些事件是由于群众的利益，群众的权利受到侵害而激发起来的；有一些可能是小题大做，被炒作起来，被少数的人操纵起来的。有相当一部分的群体性事件的发生都是因为维权的问题没有到位，无非是土地征用，房屋拆迁，另外道路建设，企业改制；

还有,比如说像破产案件,集资案件的处理,没有真正地维护群众利益,甚至损害群众利益,才会引发群体性的事件。我想,这就向我们提出一个问题,如何做好维稳,前提必须是维权,权利得不到维护,维稳的工作不可能做得好。所以我有一个基本的观点:先维权,然后去维稳。而维稳也必须着眼于维权和有利于权利的维护和保障。

问:如何理解法治精神与理性精神?

答:法治精神里非常重要的一条就是理性精神。群众、被拆迁人、土地被征用的人也要理性地合法地来维护自己的权利,而不要采取极端的行为。所以不仅政府要理性平和,要依法办事,群众也要理性平和,也要依法维权。

第一个层面,在全社会实现有法可依、有法必依、执法必严、违法必究。实现科学民主立法、严格执法、公正司法和全民守法。第二个层面,也是更深刻的层面来讲,那就是人权得到保障,公平得到保障,和谐得到保障,社会的稳定和发展得到保障,国家长治久安,国泰民安。第三个层面,中国的法治在国际社会的话语权显著提升,中国参与国际法治的深度不断地加强,在全球治理结构中发挥大国的作用。

法治改变着中国,推动着社会的进步,公平正义在以一种看得见、摸得着的方式,走近群众,温暖你我。但是路漫漫其修远兮,在新的征程上,中国法治面临的问题呼唤更深层次的思考。我们相信,法治中国的铿锵步伐将会更加坚定!伴随着我国立法的完备、依法行政大力推进、司法更加公正,执法更加公开透明,法治正在用制度的力量改变着人们的生活,也改变了中国社会的面貌,一个高扬公平正义旗帜的法治中国正在到来。我们期待着,也共同向这个美好的前景努力着。

法治与政治文明*

“文明”这一概念指人类社会进步状态,通常与野蛮相对。现代文明则指社会发展到较高阶段的文明,是与市场经济、民主政治、理性文化、生态正义相适应的文明。现代文明的表现形态包括物质文明、政治文明、精神文明、生态文明等,而每一文明形态又有具体的内涵,例如政治文明就包括文明的政治理念、文明的政治制度、文明的政治体制、文明的政治规则、文明的政治程序、文明的政治活动、文明的政治效果等,精神文明就包括先进的思想理论、社会主义核心价值、社会公德、职业道德、家庭美德、科技创新、教育公平等。

马克思主义经典作家是较早论述政治文明的思想家。1844年,马克思在《关于现代国家的著作的计划草稿》中就明确使用了“政治文明”概念。恩格斯在《共产主义原理》中也提出了类似的概念“文明国家”,并在《家庭、私有制和国家的起源》中对文明问题进行了全面系统的探索,并作出了“国家是文明社会的概括”的论断。

改革开放以后,特别是20世纪90年代以后,我国党和国家领导人高度重视政治文明问题,注意借鉴人类政治文明有益成果,持续推进社会主义政治文明建设。2003年,党的十六大报告明确提

* 本文是作者2012年12月22日在第四届中国法治论坛上的讲演。

出了“社会主义政治文明”的概念，并把政治文明同物质文明、精神文明一并列入社会文明体系之中，把社会主义政治文明建设作为全面建设小康社会的重要目标。2004 年 3 月，《中华人民共和国宪法（修正案）》将“推动物质文明、政治文明和精神文明协调发展”作为一项国家根本任务写入宪法序言。之后，2007 年，党的十七大报告明确提出扩大社会主义民主，建设社会主义法治国家，发展社会主义政治文明，把政治文明建设作为党的纲领和国家战略。今年，党的十八大再次强调扩大社会主义民主，加快建设社会主义法治国家，发展社会主义政治文明，把民主、法治与政治文明联结，深化了对政治文明的认识，明确了政治文明的核心与政治文明建设的目标和重心。

在这样的背景下，法治与政治文明的关系成为法学界高度关注的热点领域和重点研究课题。这一课题内容十分丰富。这里，我围绕三个基本论题谈一些认识与大家交流，一是以法治为标志的政治文明，二是作为政治文明的法治，三是作为政治文明和法治文明的司法文明。

一、以法治为标志的政治文明

法治是政治文明的内在构成和基本标志。伟大的无产阶级革命家、马克思主义法学家董必武 1957 年在军事检察院检察长、军事法院院长会议上深刻指出：“人类从进入文明社会以后，说到文明，法制要算一项。简单地说，国家没有法制，就不能成为一个国家。”[1] 董老这里所说的“文明”，指的就是政治文明。这段话深刻阐述了法制与政治文明的关系。文明的政治必然是法治的政治，法治使政治变得文明，法治也维护着政治文明。

人类社会从蒙昧、野蛮到文明的基本标志就是法律与法律机关的出现。法律的存在和实行，使人类社会有了普遍规则，可以有规则地生产、分配、交换，尤其是减少交换过程中的偶然性和任意性,增强经济交易的安全性和确定性,减少交易风险,降低交易成本,从而促进社会资源的合理配置和有效利用。正如马克思所说:"在社会发展到某个很早的阶段,产生了这样一种需要:把每天重复着的产品生产、分配和交换用一个共同规则约束起来,借以使个人服从生产和交换的共同条件。这个规则首先表现为习惯,不久便成了法律。"[2]

法律的核心是关于权利和义务的规定,所以法律的存在和实行,使人们比较明确地知道自己的权利和义务,从而达到规范相互之间关系、定分止争的效果。我们常说法律是定分止争的实践理性,就是这个道理。

法律的存在和实行在一定程度上使政治权力配置与运行规范化、制度化、程序化,使公共权力或多或少地受到制约或控制。

法律的存在和实行,使权利救济纳入法律程序范畴,并通过专门的司法机关来实现。在人类能够通过国家公共权力的力量来维系社会秩序,使人类社会能够在一种秩序框架内生存下去,这是人类政治文明发端的一个重要标志。司法作为一种文明解决社会矛盾的公力救济方式,其出现反映了人类社会对私力救济的厌恶和唾弃,也反映了对公力救济的一种理性认识和根本渴求,体现了人类社会的文明和进步,是人类社会实现政治文明的一个重要标志。

由于现代法治的最高形态是宪治,故可以说宪治是现代政治文明的首要标志。在现代世界,举凡称得上政治文明的国家无不是实行宪治的国家,而这些都是通过宪法表征出来,并依赖宪治得以保障和发展。

依靠宪法治国理政,就是宪治。民主是宪治的前提,是宪治的基石,不言而喻。宪法就是有了民主的事实之后才有可能,也可以说宪法就是民主的法律化制度化。宪治与宪法不是一个概念,有宪法未必有宪治,但宪治的前提是宪法的存在和实行。宪法是有关国家国体、政体、公民基本权利和义务的原则和规范体系,是写在纸上的文本。只有宪法得到全社会的普遍尊重、重视和实施，唯有人民的权利和自由得到切实的保障，唯有政府的权力受到实际的制约和监控，唯有全社会在宪法的作用下整体上实现了自由、平等、公正、效率、稳定和发展，才能说到宪治。所以说宪治是宪法原则和规范与宪法实施的结合，是实行和实现宪法的结果，宪治是依宪治国所达到的理想状态。

这里，着重谈谈共和。近代中国走向共和的过程就是为宪治而斗争的过程。“共和”(republic)有两种意义，一是指政体，即与君主制相对应的政体。凡是政府及其首脑是定期选举产生的、政府职能是法定的、政府权力是有限的，这种政体就是共和政体。二是指强调政治平等、民主参与和公共精神的政治模式，这种政治模式的精髓是政治协商和政治和谐，它是保证不同群体、阶层、集团平等表达利益诉求和政策主张，并妥善协调各种利益关系的机制。在利益多元化的条件下，人们之间出现不同的甚至对立的利益诉求、政策主张、价值标准，这是正常的，并不可怕，可怕的是没有共和机制在保障大家平等自由地表达诉求和主张的基础上协商对话，达成共识。美国众议院代表民主，参议院代表共和。新中国成立之初，中国人民政治协商会议充分体现了共和精神。1954 年，在全国范围内建立人民代表大会制度之后，共和理念被融入人民代表大会制度之中。但是，人民代表大会制度就其起源和实际运行来看，更多地是体现民主理念，特别是代议民主理念。这种间接的代议民主制度完全符合中国国情。由于我们国家地域辽阔、人口众多、管理公共政治事务需要专门知识和专门才能等原因，13 亿人民群众不可能直接地、经常地行使那些属于自己的权利，直接管理国家和社会公共事务，而只能实行间接代议民主制，即人民代表大会制度。所以，我国《宪法》第 2 条规定：“中华人民共和国的一切权力属于人民。人民行使国家权力的机关是全国人民代表大会和地方各级人民代表大会。”但是，如同任何形式的代议民主一样，人民代表大会制度在实际运行中也可能存在机制上的缺陷。例如，将民主政治局限于少数代表的事务，在某些地方的人民代表大会实际上成了“代表”的会议，而不是代表“人民”的会议，我们看到会议期间个别代表发表的纯粹是个人意见和偏好，而不是选民的意见和主张，甚至利用人大代表的身份以权谋私。再如，当代表们在重大事项的决定上无法取得一致意见时，可能采取简单多数的方式表决，客观上造成多数人无视少数人意见，甚至损害少数人利益的情形。克服间接代议民主局限的方式各种各样，最主要的是弘扬共和精神，发展协商民主，通过协商取得共识、达到协和。

以共和为价值理念的协商民主是当代世界民主发展的主导方向，党的十八大特别强调了协商民主的价值以及协商民主机制的完善。完善代议民主和协商民主两种机制，并促进二者有机统一，是新时期政治体制改革应当关注的问题之一，也是推进社会主义政治文明的两个着力点。要积极探索政治生活中的协商机制，例如坚持和完善共产党领导的多党合作和政治协商，最广泛的爱国统一战线，人民政协的政治协商、民主监督、参政议政，重视和发挥工会、妇联、共青团、法学会、消费者协会等非政府组织的协商作用，等等。这些制度和机制对于公正合理地调整利益关系，纠正和防止利益格局失衡，是必不可少的。运用协商机制，建立正确、及时反映各方利益的法律机制，让不同社会利益群体、阶层都能有平等的机会和渠道充分表达自己的利益诉求。在利益表达方面，社会弱势群体的利益表达已经成为一个无法回避的问题。现在弱势群体尽管人数很多，但没有多少发言权，没有固定的代言人，自身利益受到强势阶层侵害时，他们往往束手无策。长此下去，在他们心中就会沉淀“仇富”、“厌世”、“恨世”等消极思想，进而对执政党和政府产生离心倾向，少数激进的分子可能会采取极端手段来寻求利益表达，形成社会动乱源。目前，“三农”、农民工、流动人口、城市拆迁户等社会问题迟迟得不到有效解决，很大程度上和这些群体没有一个真正能为自己说话、争取自身利益的“代言人”,进而造成在公共政策决策中缺失话语权有关。弱势群体由于资源有限,如果合法渠道不通,就不得不采取施压型群体行动(例如静坐、集体上访、非法举行集会游行、围堵和冲击党政机关)来宣泄利益诉求。这样的利益诉求方式必然导致社会不稳定、不和谐。所以,党和政府应当为各个利益阶层、利益群体提供以理性、合法的形式表达利益诉求的制度性平台,使多元社会的各种利益诉求能够通过公正、规范、有效的渠道输入公共决策和立法过程。

二、作为政治文明的法治

在人类历史上,法治有各种形态。中国古代法家是最早提出“以法治国”理念的。自春秋战国时代,一些政治家和思想家就提出了“以法治国”的主张,并将这种政治主张阐述为系统理论,并在一定程度上付诸实践。但他们所说的“法”主要是严刑峻法,且“夫生法者君也,守法者臣也,法于法者民也”。[3]皇帝和国家统治者奉行君权神授、君临天下、专制独裁、权大于法的政治理念,强调国家至上、君本位、官本位、义务本位,漠视个人权利及其保护;主张德主刑辅、法律道德化;信奉重刑主义,实行严刑峻法,诸法合一,以刑为本;依靠刑讯逼供,屈打成招,甚至迷信神明裁判。这种法治不过是封建专制的工具而已,可称之为“工具主义法治”。近代西方的“法治国”,则有两种形态,一是形式合法性的法治理念。英国法学家拉兹(Jeseph Raz,1939—　)被公认为是形式合法性法治理论的代表人物。拉兹认为,法治应当包括两个方面:人们应当受法律的统治并遵守它;法律也应当能够指引人们。[4]二是形式正义的法治理念。形式正义的法治理念把法治看作形式正义在法律制度方面的实现。罗尔斯(John B. Rawls,1921—2002)、菲尼斯(John Finnis,1940—　)、金斯伯格(Tom Ginsburg,1933—　)主张形式正义的法治。例如,罗尔斯说:“形式正义的概念,即有规则地和无偏见地实施公开的规则，在适用于法律时就成为法治。”[5]这种形式正义的法治不涉及法律由谁制定的问题，是由暴君制定？还是由民主的多数制定？还是用其他方法制定？它也不涉及基本权利、平等、正义。它包括下列律令：(1)“应当的行为意味着可做的行为”；(2)“类似案件类似处理”；(3)“法无明文规定不为罪”。还有那些阐释自然正义观点的律令，它们是指维护司法活动完整性的方针。其中包括必须有合理的审判程序和证据规则；法官必须独立和公正；任何人不应审理与本人有利害关系的案件，审理必须公平和公开，但不受公众舆论所控制，等等。菲尼斯认为：法治是这样一种“良好的状态”：法律规则是关于未来的；是可能服从的；公开的；清晰的；与其他规则是一致的；充分稳定的；裁决和命令的制作是由其公布的、清晰的、稳定的和相对一般的规则指导的；制定、执行和适用规则者有责任遵守与其活动相关的规则，并且实际上是前后一致地依法执法的。[6]再如金斯伯格指出：“公正观念的中心”是“消除任意性，特别是消除任意权。因此合法性的发展就具有巨大的重要性，因此人是受法律的统治而不是受人的统治的观念就涌现出来。法律的统治慢慢就看出具有一定的含义，这就是：(1)没有人能够成为自己案件的裁判；(2)为当事人双方提供不用武力解决争端的方法；(3)法律所必须具有的强制力不是漫无限制的，立法者自己要服从法律，并且有阻止立法者滥用权力的方法。公正的历史大部分是反对法律的迟误，反对任意适用法律，反对法律本身的不法的这些运动。”[7]这两种形态的法治都是价值中立的，既可以服务于“善”，也可能服务于“恶”。德意日法西斯政权都曾经制定大量法律，剥夺人民的人权和自由、镇压民主运动、欺凌其他种族和国家，给人类带来巨大的灾难。

作为政治文明的法治，必须是良法善治，它彻底抛弃严刑峻法的法律暴政，并推动形式合法性和形式正义的法治转型，即转向良法善治。奉行良法善治，除了坚持宪法法律至上、法律面前人人平等、司法机关依法独立行使职权等法治的形式要件外,更加注重法治的实体要件。善治就是让法律止于至善,让社会臻于至善。在当代中国,良法善治的基本途径是彻底否定以阶级斗争为纲的法律观,否定工具主义的法治观,既重视法律的政治性(法律的政治要素、政治基础、政治功能等),更注重法律的公理性(法律中的正义、平等、自由、人权、道德价值等)。具体而言,就是法律至少要做到"三个善待",即善待个人,善待社会,善待自然,以此实现人与人的和谐,人与社会的和谐,人与自然的和谐。

作为政治文明的法治至少应符合这样一些基本标准:尊重和保障人权,是尊重和保障人权的法治;维护公平正义,是维护公平正义的法治;促进社会和谐,是促进社会和谐的法治;服务民生,是以人民利益至上的法治。另外,作为政治文明的法治必须是科学的法治、民主的法治。由此可见,法治、政治文明、宪治核心范畴缺一个都不行。

三、作为政治文明和法治文明的司法文明

司法文明是政治文明的基本标志,是法治文明的核心要素。政治文明、法治文明、司法文明之间有着梯次包含、不可缺少的相互关系。政治文明的核心内容是民主法治建设,法治确立了政治文明的基本内容并使之制度化、规范化和强效化。法治文明是政治文明的重要组成部分,只有法治才是政治文明的治理之道、管理之策。人类社会越是文明化,法治文明在政治文明中的地位和作用愈加突出。而司法是社会正义的最后一道防线,司法权及其司法活动的出现是法治文明的显著标志和重要成果。以法治文明为核心的政治文明离不开理性的利益诉求和救济机制,司法作为一种文明解决矛盾纠纷的公力救济方式,也能有效地排解政治冲突、化解政治风险、维持政治平衡、修复政治秩序、达到政治和谐。

在当代中国政治文明和社会文明的进程中,如何推进以司法

为核心的法治文明,如何建立公正高效权威和谐的社会主义司法制度;在当代世界的文明体系中,如何提升中国司法文明的国际认同度和国际话语权,是关乎国家长治久安、经济繁荣发展、人民幸福尊严、社会公平正义的国家战略问题。司法文明有五个支点:即科学的司法理论、先进的司法制度、公正的司法运作、卓越的司法精英、理性的司法文化。通过对五个支点的强化,必将达到司法文明化,司法的公信力必将显著提升。

注　释

〔1〕《董必武法学文集》,法律出版社2001年版,第381页。

〔2〕《马克思恩格斯选集》(第3卷),人民出版社1995年版,第211页。

〔3〕《管子·任法》。

〔4〕See J. Raz, The Authority of Law: Essays on Law and Morality (2nd Edition), Oxford University Press, 2009, pp. 214–218.

〔5〕See J. Rawls, A Theory of Justice, Harvard University Press, 1971, p. 235.

〔6〕J. Finnis, Natural and Natural Rights, Oxford University Press, 1980, p. 270.

〔7〕[英]金斯伯格:《公正的概念》,耀辉译,载《现代外国哲学社会科学文摘》1964年第4期,第14页。

中国特色社会主义法治理论体系的重大发展*

记者：从中国特色社会主义法治理论体系的发展来看，此次四中全会精神体现了什么样的接续与突破？

张文显：全会提出了一系列重大的、创新性法治理论观点和法治命题。重要的法治理论观点有："党的领导和社会主义法治是一致的"，"法治是国家治理体系和治理能力的重要依托"，"法律是治国之重器，良法是善治之前提"，"人民权益要靠法律保障，法律权威要靠人民维护"，"法律的生命力在于实施"，"公正是法治的生命线"等。重要的法治命题有："中国特色社会主义法治体系"，其中包括完备的法律规范体系、高效的法治实施体系、严密的法治监督体系、有力的法治保障体系、完善的党内法规体系，"公民权利保障法治化"，"总体国家安全观"，"立法和改革决策相衔接"，"消除权力设租寻租空间"，"行政裁量权基准制度"，等等。这些理论观点和理论命题科学回答了什么是法治、什么是法治体系、如何建设中国特色社会主义法治体系、建设一个什么样的法治国家、如何建设

* 本文是作者接受《光明日报》记者王斯敏、王珊专访的文稿，发表于《光明日报》2014 年 11 月 10 日第 11 版。

社会主义法治国家等重大理论和实践问题，标志着中国特色社会主义法治理论体系的形成。

中国特色社会主义法治理论体系的思想渊源是马克思主义法学基本原理，学术资源包括西方某些反映法治一般规律的学说、前苏联等社会主义国家在探索法治建设进程中所形成的一些思想，历史文化资源主要是中国数千年来法律制度发展和法律文化演进过程中所积淀的法治思想。最重要、最核心的是对中国特色社会主义法治实践的理论表达。我们党从新中国成立之初，就在探索怎样建设新民主主义的和社会主义的法治。改革开放后，从党的十一届三中全会提出健全社会主义民主和加强社会主义法制的目标，到党的十五大确立"依法治国"基本方略，十六大提出发展社会主义民主政治最根本的是要把坚持党的领导、人民当家作主和依法治国有机统一起来，十七大作出加快建设社会主义法治国家新的战略部署，十八大明确提出法治是治国理政的基本方式，这些理论观点相当丰富，一方面指导实践，另一方面也是实践的总结和概括。但在此次全会之前，这些观点还不够学理化，缺乏体系化，十八届四中全会对全面推进依法治国重大理论和实践的论述和部署则使得理论本身更加体系化、整体化、科学化，极大地丰富和发展了中国特色社会主义法治理论体系。

记者：从战略角度看依法治国，绝不仅是法律问题。依法治国将在怎样的层面与格局上改变中国？

张文显："依法治国"有两个关键词："法"和"治"。有法而无治，不用法律去进行国家和社会治理，这个法就只能是停留在文本上的、法典上、书本上的法，甚至是作秀的、是花架子；如果只是治而不依据于法，那么这个治就可能是人治、德治、政策之治，甚至是依靠群众运动来治理；只有依法而治，依照法律治国理政，才能称之为法治。这就是你们所说的依法治国不仅仅是法律问题，它最主要的是依靠法律、遵循法制去治理,运用法治思维和法治方式治国理政。

全面推进依法治国是一场深刻的革命,它彻底改变了人治的传统。以四中全会为标志,我们彻底告别了几千年的人治传统,这是第一个改变。第二个改变是,我们真正从主要依靠政策治理国家转向主要依靠法律治理国家。第三个改变是,我们找到了国家治理体系、治理能力现代化的一个实践路径,这就是要推进国家治理体系和治理能力的法治化,换句话来讲,现代化的国家治理一定是法治化的,法治化是推进国家治理现代化的必由之路。

记者:四中全会精神中有几对关系成为各界关注的焦点。例如依法治国与改革开放的关系,党的领导与法律权威的关系,依法治国与以德治国的关系等。请您谈谈自己的理解。

张文显:这几对关系是全面推进依法治国过程中的重大的认识论和辩证法问题。

依法治国与改革开放的关系是辩证的。一方面,全面推进依法治国,本身就是全面深化改革的有机组成部分,四中全会《决定》确立的全面推进依法治国的一百八十多项任务,也是全面深化改革的任务;同时,法治又是改革的牵引力、推动力和保障力。法治和改革是双向互动的关系。改革要于法有据,许多重大改革都涉及现行法律,在法律当中没有规定,就要抓紧制定法律;一些合理的改革如果与现行法律有明显冲突,法律应适应改革需要,抓紧“立改废释”。总之,要用法治来引领、规范、推进、保障改革,在法治的轨道上推进改革,运用法治思维和法治方法深化改革。

关于党的领导与法律权威的关系,应注意以下几点。第一,只有坚持党的领导,才能真正树立法律权威。法治建设是依靠党的领导,依靠党强大的组织力量、动员力量和思想力量来推进的。党的领导能够强有力地支持严格执法、公正执法,监督执法和司法,有助于树立法律权威。第二,宪法法律是党和人民共同意志的体现,维护宪法法律权威就是维护党和人民共同意志的权威。我们党作为执政党和领导党能不能尊重宪法和法律,能不能带头执行宪法和法律,直接关系到法律权威的存在与否。

依法治国与以德治国的关系是一个古老的话题。我国历史上,法家主张以法治国,儒家主张以德治国。到了汉代,董仲舒提出“德主刑辅”,这成为此后中国封建社会的正统法治思想。过去很长一段时期内,我国学术界对法治与德治的关系没有形成共识。党的十六大以后,比较具有代表性的观点是:依法治国和以德治国并非彼此对立,而是相互补充相互促进,依法治国属于政治文明范畴,是国家治理的主要方式,以德治国属于精神文明范畴,是思想道德建设的主要方式。今天,我们对此有了更加深刻、全面的认识。从国家治理的角度讲,整个国家机器科学有效地运转,主要依靠法治;建立自由、平等、公平竞争的市场秩序,也主要依靠法治。另外,我们除了政治生活、经济生活之外,还有广泛的社会生活,比如家庭生活、社区生活、文化生活等,依靠强制力实施的法律在这些领域不太适合,道德则显现出了更多优势。所以,国家治理既要靠法律,又要靠道德。道德领域的一些突出问题,也要靠法律来解决。比如违约失信问题、侵权损害问题、侵害社会弱势群体利益问题等。同样,法律要想得到有效实施,也要依靠道德的支持,例如,社会舆论的力量、善与恶的评价等保障着法律的实施。从法哲学角度讲,一方面,道德使法律更善,增加了法律的“德性”;另一方面,法律使人们对待社会道德问题更加客观,增加了道德的“理性”。可见,依法治国和以德治国应该“相辅相成、相得益彰”。

记者:法治教育和法治人才培养是依法治国的重要一环。您怎样看待这个问题的重要性与具体实施?

张文显:法治队伍建设的基础是法治人才培养。在法治人才培养中,非常重要的就是“坚持用马克思主义法学思想和中国特色社会主义法治理论全方位占领高校、科研机构法学教育和法学研究阵地,加强法学基础理论研究,形成完善的中国特色社会主义法学理论体系、学科体系、课程体系,推动中国特色社会主义法治理论进教材进课堂进头脑”。实现了这个目标,才能为培养社会主义法治人才创造良好的制度环境、理论环境、人文环境和舆论氛围,才能真正贯彻社会主义法治理论。

改革开放以来,我国的法学教育、法治人才培养取得了很大成就,但也存在诸多不足。最大的不足当属中国特色社会主义法治理论教育的薄弱。从客观上讲,我国社会主义法制建设起步较晚,我们的社会主义法治理论体系、法治话语体系也是最近逐步形成的,所以,西方法治理论一度在教材和教学中占据了主导地位;从主观上讲,我们还没有牢固树立中国特色社会主义法治的道路自信和理论自觉,对西方法治模式和法治理论可能产生的负面影响和危害认识不足。现在中央强调,坚持用马克思主义法学思想和中国特色社会主义法治理论来教书育人,作为整个法学教育的指导思想,这是有的放矢、非常重要的。中央还提出采取四大举措:一是加快形成完善的中国特色社会主义法学理论体系、学科体系、课程体系,从培养社会主义法治人才、治国理政、建设社会主义法治体系和法治国家的需要出发建构我们的法学理论体系、学科体系、课程体系。二是“推动中国特色社会主义法治理论进教材进课堂进头脑”。其中一个重要举措,就是编写马克思主义理论研究和建设工程重点教材。法学的全部16门课程教材都已纳入了工程范畴,每本教材都汇聚了该法学领域的优秀学者,并在中央宣传部统一指导下悉心编写。三是“全面采用国家统一的法学类专业课程教材”,不但编写,还要“全面采用”,真正发挥教材应有的效果。四是“纳入司法考试必考范围”。这四大举措,将有力推动中国特色社会主义法治理论体系全覆盖,切实保障法治人才培养的质量与方向。

记者:您领衔主编的工程教材《法理学》出版后得到广泛好评,在编写教材时,有哪些创新与探索?

张文显:《法理学》教材从立项到出版用了五年时间,可以说是我参与编写的教材中耗时最长、付出精力最多、修改交流最充分的一本。编写教材时我们最注意两项原则:坚持马克思主义的指导,贯穿马克思主义基本观点;从中国国情和实际出发。

在马克思主义基本观点方面,我们着重突出了当代中国的马克思主义,强调的是我们党改革开放以来探索形成的中国特色社会主义法治理论。其中,我们特别注意把散见于党的文献、领导人讲话、批示当中的法治思想观点进行梳理和学术转化。这些思想观点一般是分散的,较少见诸于专门论著,需要我们做大量搜集、梳理、加工的工作。我们建立了一个马克思主义法学研究数据库,专门整理此类资料。梳理完成后,再把口语化表达转换成理论表述,概括归纳,纳入到概念体系里。这个工作庞杂艰难,但非常有意义,使得中国特色社会主义法治理论更加成型、完善。

从中国国情出发,主要做到三点:一是从中国五千年文明出发,挖掘和继承我国传统法治文化的精华。二是充分考虑我国是发展中社会主义大国的实际情况,不能照抄照搬西方发达国家的法治理论和法治模式。三是统筹国内法治、国际法治两个大局,借鉴人类法治文明、吸取世界各国法律文化精华部分。基于这些考虑,我们在教材中专设一章,讲中国传统法律文化的发展演变,也有专门章节讲世界法系、资本主义国家法制演化。

我们编教材时还特别注意了法学的意识形态问题。法学是一门政治意识形态和法治意识形态性非常强的学科。我们要建设什么样的法治国家,走什么样的法治道路?就是法学意识形态的集中体现。所以我们加入了专门的章节,使这本教材具有了法学意识形态的正确导向。

记者:全会强调"建设社会主义法治文化",马工程能为此做哪些工作?全面推进依法治国又将对中国特色社会主义理论体系发展起到什么样的作用?

张文显:提升中国法治的影响力、话语权,既要提高硬实力,也要提高软实力。法治文化建设是全面推进依法治国题中应有之义。法治文化的形成比法制体系建设更为艰难。从 1978 年开始,我们用三十多年的时间制定了二百四十三部法律,七百多部行政法规,九千七百多部地方法规,体系虽不完备,但已经形成了中国特色社会主义法律体系,走完了西方资本主义法治国家三百年的历程。但是,全社会树立法治观念、法治信仰,养成法治思维、法治习惯,形成办事依法、遇事找法、解决问题用法、化解矛盾靠法的良好习惯,不是三十年能做到的,一定需要更长的时间。

社会主义法治文化的形成绝不能只靠自然演化,而是要靠主动培育和建设。法学教育在这方面可以大有作为。所以《决定》提出,把法学教育纳入国民教育体系,全民普法,以此加快社会主义法治文化形成。社会主义法治文化的核心,还是中国特色社会主义法治理论。我们希望,工程教材能在建设社会主义法治文化当中起到引领作用。最近我们正在编写《法治中国读本》,是工程教材内容的大众化读本。我想,我们下一步可以多编写一些依托工程教材的大众化读本,在更大范围内推进法治文化建设。

实践是理论之源。全面推进依法治国是中国历史上规模空前的法治实践与建设,其中必然有很多新鲜的实践经验。例如,全会《决定》提出最高人民法院设立巡回法庭、设立跨行政区域的法院,建设知识产权等专门法院等等,都涉及我国司法体制的巨大变革,司法理论也要相应地进行创新升级。所以说依法治国的伟大实践将为我们带来很多新的研究课题、新的发展机遇,也为法学界带来了空前的“红利”。我们法学界也要抓住机遇积极作为,为建设法治中国作出应有贡献。

董必武法治思想的历史地位及其当代意义*

习近平总书记在十八届四中全会上指出："我们党在废除旧法统的同时，积极运用新民主主义革命时期根据地法制建设的成功经验，抓紧建设社会主义法治，初步奠定了社会主义法治的基础。"[1]这是党的总书记首次对新中国建国初期法治建设情况的正式评价和概括。我认为习近平总书记的这一评价和概括是实事求是的、是科学精准的。董必武同志正是这个时期我国法治建设的杰出领导人，是社会主义法治基础的主要奠基人。在全面推进依法治国、建设法治中国的伟大进程中，在董必武同志诞辰130周年的纪念活动中，缅怀董必武同志的丰功伟绩，深入学习董必武法治思想，弘扬董必武法治精神，具有重大的现实意义。这里，我以"董必武法治思想的历史地位和当代意义"为题，谈谈学习和弘扬董必武法治思想的若干新认识。

---

* 本文是作者2016年3月20日在"弘扬董必武法治精神、全面推进依法治国学术研讨会"上的主旨报告。

一、董必武法治思想形成的历史背景决定了其伟大的历史地位

董必武的法治思想形成于20世纪40—50年代，那是一个波澜壮阔的大革命时期，是彻底摧毁三座大山、人民获得自由和解放的时期，是打碎国民党反动政权、废除国民党伪法统，建立新中国、新法制的历史时期。这一特殊的历史时期铸就了董必武法治思想的革命性、人民性、先进性，确定了其作为毛泽东思想重要组成部分和中国特色社会主义法学理论体系思想渊源的历史地位。具体而言，那十年：

是中国共产党从革命党向执政党的转型期，致力于摧毁国民党反动政权、废除国民党伪法统，到致力于建立人民民主专政的新国家，建设新民主主义法制和社会主义法制，也就是从破到立，破字当头，立在其中。1949年2月，中共中央发出了《关于废除国民党的六法全书与确定解放区的司法原则的指示》。1949年4月1日，华北人民政府根据党中央的指示，由董必武主席签署发布了《废除国民党的六法全书及其一切反动法律的训令》。该训令指出："旧的必须彻底粉碎，新的才能顺利成长。各级人民政府，特别是司法工作者，要和对国民党的阶级统治的痛恨一样，而以蔑视和批判态度对待国民党六法全书及欧美、日本等资本主义国家一切反人民的法律，用革命精神来学习马列主义、毛泽东思想的国家观、法律观，学习新民主主义的政策、纲领、法律、命令、条例、决议，来搜集与研究人民自己的统治经验，制作出新的较完备的法律来。"[2]在打碎旧政权法制的同时，必须建立人民的法制。这一训令引导了后来大规模立法活动和全国性司法改革运动的开展，促进了社会主义法制的建立。

是中国共产党从局部地区执政向全国范围内执政的转变期。中国共产党遵循"枪杆子里面出政权"和"农村包围城市"的中国革

命规律和战略,先后建立了许多革命根据地,形成了数以百计的解放区,在革命根据地和解放区,我们党是执政党,党领导人民建立了革命政权(人民政权),制定了各种法律法令,组建了政府、法院,并以公正有效的执法和司法活动保障根据地和解放区人民的权利,建设和维护革命新秩序。革命根据地和解放区的法制建设为新中国全国范围内的法制建设进行了积极探索,积累了丰富经验。董必武同志在中央苏区、陕甘宁边区,特别是华北人民政府的立法、司法和政府依法治理活动,为全国范围内的法制建设和治国理政积累了宝贵的经验,探索出新政权新法制的制度模型。

是我们党领导的法制建设从新民主主义形态向社会主义形态的过渡期。在根据地和解放区,我们的法制包括建国前夕制定的《中国人民政治协商会议共同纲领》在内,其性质和形态总体上属于新民主主义法制,以 1954 年《中华人民共和国宪法》的制定为标志,我国的法制进入社会主义形态,属于社会主义性质和社会主义类型。董必武同志是引领和推动新民主主义法制到社会主义法制过渡和转型的主要代表人物,他既参与了《共同纲领》及一大批新民主主义法律、法规、政纲的制定和实施工作,又参与了《宪法》和一系列社会主义法律法令的制定和实施工作。

是中国司法制度经历革命性改革到法治型建设的变革期。上世纪中华人民共和国成立之初,为了适应新民主主义革命、社会主义革命和社会主义建设的需要,适应巩固新生的人民民主专政国家政权和建立新民主主义革命、社会主义法律秩序和社会秩序的需要,适应土地改革、恢复国民经济的需要,在废除国民党旧法统和六法全书的同时,党领导了革命性司法改革。董必武同志具体领导了那场革命性的司法改革,建立了新民主主义的、社会主义的司法制度,确立了在党的领导下人民法院依法独立审判、公开审判、人民陪审、司法调解、刑事辩护、审判监督,人民检察机关依法行使法律监督权等社会主义司法原则,确保人民在法律面前人人平等。1954 年全国人民代表大会制定的《中华人民共和国宪法》以及《中华人民共和国人民法院组织法》、《中华人民共和国人民检察院组织法》等确认了这一改革成果，顺利实现了从《中国人民政治协商会议共同纲领》框架下的新民主主义司法制度向《中华人民共和国宪法》框架下的社会主义司法制度的变革，并为社会主义法治型司法体制机制的完善和发展创造和积累了有益的经验。

二、特殊的法学教育背景和法治工作经历，使董必武同志比同时期其他党和国家领导人对法治有更直接的感受，对法治一般规律和中国法治发展规律有更专业的思考和更深刻的理解

董必武从青年时代起就积极投身于反对封建专制主义的民主主义革命斗争。辛亥革命中成立的南京临时政府颁布了一系列体现民主主义精神的法令。受辛亥革命和这些法令的感染，他对法律学科产生了浓厚的兴趣，毅然决然地选择了法律学科，作为自己变法报国的起点。1914 年 1 月，董必武与同乡革命党人张国恩一起东渡日本，考入东京都日本大学法律科。1915 年 6 月，董必武奉孙中山之命回国进行反袁斗争。两次被捕入狱。之后，董必武于 1917 年再次东渡日本，继续在日本大学法律科学习，1917 年在日本完成学业。回国后，董必武与张国恩一起在武昌抚院街（现民主路）合作开设律师事务所。他们一方面利用律师职业作掩护，进行革命活动；另一方面又用律师事务所的收入补贴革命活动经费。大革命时期，董必武在国民党湖北省党部和湖北省政府（武汉政府）主政期间，他强调法律在革命斗争中的作用，亲自主持制定、审议数十件法律性文件，涉及政纲、组织、军事、经济、劳动、行政、教育、刑事、民事、诉讼等，并熟练地运用这些法律武器与土豪劣绅和反革命势力作斗争，保护劳工的利益。

1932 年 6 月，董必武同志到中央苏区工作，先后担任了中共中

央监察委员会书记、临时最高法庭主席和最高法院院长、中央工农检察委员会代理主任。在这段时间里，他结合革命根据地的具体情况，参与制定、审议了一系列重要的法律和规章制度，为党在法制建设方面做了大量的开创性工作。他坚持严肃法制，认真对待革命的法制，要求办案要履行规定的程序，防止办案不公。他不仅亲自审理了不少重大案件，同时不断教育党员、干部遵守革命的纪律、法律。

在陕甘宁边区工作，特别是担任陕甘宁边区主席期间，他十分重视民主政治建设，重视用法律保障人权、规范政府权力，明确提出非以法律由合法机关依照合法手续不能任意逮捕人，人民私有财产受法律保护。当时根据党中央决定，由中央党务委员会书记董必武等五人组成五人委员会，开展对陕北地区肃反案件的审查工作，在他主持下平反了许多冤案，解放了许多好同志。

在解放战争节节胜利、全国解放指日可待之时，党中央委派董必武筹备华北人民政府。中央交给他的主要任务是：摸索、积累政权建设和经济建设的经验，为全国解放后人民共和国的建立做准备。1948 年 8 月，华北临时人民代表大会在石家庄开幕，在随后的华北人民政府委员会第一次会议上董必武当选为华北人民政府主席。华北人民政府建立后，董必武主席极其重视法制建设。在华北人民政府存续的一年多的时间里，董必武同志领导和主持制定、发布了二百多项法令法规文本，其内容几乎包罗了政治、经济、文化领域的各个方面，不仅使各项工作逐步走上法治的轨道，更可贵的是为中央人民政府的各项工作从一建立就有规可循、有序运作打下了非常良好的基础。正是有华北人民政府建设和运行的探索和经验，中央决定由董必武同志主持工作小组拟定中央人民政府组建方案。1949 年 9 月 27 日，中国人民政治协商会议第一届全体会议通过了由董必武同志主持起草的《中华人民共和国中央人民政府组织法》。根据《中华人民共和国中央人民政府组织法》（实际是政权组织法），产生了“中央人民政府委员会”、“政务院”、“中央人民革命军事委员会”、“最高人民法院及最高人民检察署”，实现了中央人民政府的组建和运行于法有据，使人民民主专政的国家政权组建初始就取得了合法性和正当性。

中华人民共和国成立之后，董必武同志担任中央人民政府委员会委员、政务院副总理、政务院政法委员会主任，并受中共中央主席、中央人民政府委员会主席毛泽东的委托联系最高人民法院和最高人民警察署。董必武同志成为当时我国法治建设和法治工作方面的主要领导人。他直接领导和主持了《土地改革法》、《婚姻法》、《惩治反革命条例》、《惩治贪污条例》、《民族区域自治实施纲要》等重要法律法规的制定和实施。随后又直接参与了《中华人民共和国宪法》和《中华人民共和国全国人民代表大会和地方各级人民代表大会选举法》的制定和实施，为全国人民代表大会的成立和第一届全国人民代表大会的顺利召开，为新中国宪治事业和社会主义基本制度的确立作出了重大贡献。

在 1954 年 9 月第一届全国人民代表大会上，董必武同志当选为最高人民法院院长，成为新中国首位依据宪法和法律选举产生的最高人民法院院长。同时除继续分管政法工作外，1955 年又担任了中共中央监察委员会书记。

在上述法治实践中，董必武深入研究了法治的理论和法律制度，推进了马克思主义法学原理中国化，创造性地发展了马克思主义法学理论，为形成中国特色社会主义法治理论进行了先驱性、前瞻性的探索。

三、董必武法治思想是科学的先进的法治理论

董必武法治思想是底蕴深厚、内容丰富、观点鲜明的理论体系，是马克思列宁主义法学原理中国化的伟大成果，是毛泽东思想的重要组成部分，是中国新民主主义和社会主义法制建设的重要

指导思想。

董必武同志学贯中西，是有深厚理论素养的马克思主义法学家，同时对中国古典文化有精深造诣。他1915年至1917年在日本留学期间系统学习和研究了西方现代法律制度和法学理论。在十月革命前后开始接触和接受马克思列宁主义，特别是1928年至1931年受党的派遣在苏联学习期间，系统地学习马克思列宁主义基本理论和国家与法的学说，并注意联系中国的国情和革命实践经验加以中国化。他以解放区代表的身份参加了国民政府代表团赴美，参与《联合国宪章》文本的制定，并在《联合国宪章》上署名。他通晓英语、日语、俄语等多门外语，对马克思主义经典原著和西学经典有广泛了解。可以说，董必武同志学贯中西，通晓古今中外法学。特别是他善于把马克思列宁主义基本原理和国家与法的学说与中国新民主主义革命时期根据地、解放区政权建设、法制建设和社会主义初期阶段(1949—1956)法治建设实践相结合，进行科学总结和理论概括，提出了许多具有独创性的科学见解，形成了董必武法治思想。董必武法治思想和法学理论有一系列文本载体，如“中华人民共和国中央人民政府组织法的草拟过程及其基本内容”、“要重视司法工作”、“关于人民政协共同纲领的讲演”、“论加强人民代表会议的工作”、“关于整顿和改造司法部门的意见”、“进一步加强经济建设时期的政法工作”、“关于党在政治法律方面的思想工作”、“在军事检察院检察长、军事法院院长会议上的讲话”等，而1956年董必武同志在中国共产党第八次代表大会上的发言“进一步加强人民民主法制，保障社会主义建设事业”是其法治思想最具代表性的论述。

四、董必武同志的革命经历和德高望重的地位使他敢于坚持真理、严格依法办事、坚守法治话语

董必武同志曾在日本留学期间加入了孙中山先生组织的中华

革命党，并参加孙中山先生组织的讨袁活动。他是中国共产党一大代表，负责起草了中国共产党党纲，亲自参与了中国共产党的创建。在国共第一次合作时期，他作为国民党中央候补执行委员，组建了国民党湖北省党部，主政湖北省国民政府，组织了轰轰烈烈的大革命运动。大革命失败后根据中共中央的决定赴苏联学习。从苏联回国后到中央苏区工作，担任中央党校校长、中央监察委员会代理主任、最高法院院长等重要职务。他参加了中央红军的两万五千里长征。董必武同志是党的六届中央委员会委员，七届、八届、九届中共中央委员、中央政治局委员，十届中央政治局常委，从1945年党的七大到1975年去世，连任中央政治局委员30年，担任中央监察委员会书记15年，在国家机构中曾担任政务院副总理、政务院政治法律委员会主任、全国政协副主席、最高人民法院院长、国家副主席、代主席、全国人大常委会副委员长等重要职务。董必武同志在党和国家领导机构中的崇高地位和德高望重的革命家风范，使他能够在许多重要会议和重大场合观点鲜明地阐述法治建设问题。例如，在党的八大，董必武同志在大会上作题为“进一步加强人民民主法制，保障社会主义建设事业”的大会发言，阐述了加强人民民主法制的重大意义，总结了我们党领导的人民民主法制工作的基本经验，分析了法制工作中存在的问题及其根源，提出了加强法制的中心环节和相关措施，阐明了加强党对法制工作领导的意义及任务，在发言中还直言不讳地严肃批评一些领导干部不尊重法律、不带头守法的错误行为。在1958年中央政治局北戴河扩大会议形成“要人治不要法治”的主流意识的情况下，董必武同志1959年在全国公安、检察、司法先进工作者大会上仍然批评了法律虚无主义和形式主义，强调“按程序办事”、切忌“我用我法”。这些都使董必武法治思想具有立场坚定、观点鲜明、直面现实的风格。

五、董必武法治思想的当代意义

董必武法治思想和董必武法学理论是中国特色社会主义法治理论体系和法学理论体系的重要思想渊源。二者之间存在内在的必然联系。

董必武法治思想对民主建国、法制立国、治国理政规律的论述,因其科学性和先进性而具有超越时间局限的普遍意义。例如,董必武同志关于法的本质的历史唯物主义观的认识,关于国体和政体的宪法思想,关于党的领导与依法办事的关系的论述,关于国家与法制互为依存、国家没有法制就不能成为国家的论述,关于法制是社会文明的标志和内容的论述,关于社会主义法制对于巩固人民民主专政、保护人民民主权利和合法权利、保障国家经济建设顺利进行具有决定意义的论述,都是对社会发展规律和国家治理规律的深刻的科学把握。董必武同志关于加强法制的中心环节是依法办事,依法办事一是要有法可依,二是要有法必依的论述;要加强法制宣传,培养人民的法律意识,使人民信法、懂法、守法的论述;关于党员和干部首先要模范地遵守法制的论述;关于人民司法工作者要站稳人民立场,为人民服务,尽可能便利人民的论述;关于司法必须依法、公正、公开、及时的论述;关于公检法机关要“分工负责、互相制约”的论述;关于司法审判要依法独立而不受行政干预的论述;关于建设法律人才培养教育体系、加强法学研究的论述;关于建立国际法律工作者统一战线的论述;对于新中国的法制建设和法治理念教育,都是具有开创性的理论。这些思想对于今天我们全面依法治国、建设中国特色社会主义法治体系、建设社会主义法治国家仍然具有重要的指导意义。

注 释

〔1〕“在中共十八届四中全会第二次全体会议上的讲话”(2014 年 10 月 23 日),载《习近平全面依法治国论述摘编》,中央文献出版社 2015 年版,第 8 页。

〔2〕《董必武法学文集》,法律出版社 2001 年版,第 15 页。

部门法哲学的时代意义*

自本世纪初开始有组织、有协调地开展部门法哲学研究以来，部门法哲学研究和教学活动在我国高校和研究机构日渐活跃，已经成为法学领域的亮点之一。定期召开的全国部门法哲学研讨会有力地推进了部门法哲学研究。部门法哲学已经成为现代法哲学体系的重要组成部分，部门法学领域对重大的、前沿性问题的研究正在成为推动法学理论创新发展的巨大动力。关于开展部门法哲学研究的意义，法学家们已经谈得很多，我也发表过专题论文。这里，我就深入推进部门法哲学研究的重大意义，讲几点宏观的见解，供大家参考。

第一，深入推进部门法哲学研究是建构中国特色社会主义法学理论体系的迫切需要。中国特色社会主义法学理论体系是中国特色社会主义理论体系的重要组成部分。中国特色社会主义法学理论体系由两个层面的理论构成，一个层面是作为法学基础理论、法的一般理论、法学方法论的法学原理和法理学基本理论；另一个层面是各个部门法和部门法学领域核心理论，即起支架性作用的理论。两个层面理论内在的有机统一构成法学理论体系。实事求是地说，两个层面的理论探索和概括都不够。例如，在一些部门法

* 本文是作者 2014 年 7 月 5 日在第六届部门法哲学研讨会上的致辞节选。

学中,究竟其理论体系由哪些理论构成,其中哪些是中国原创、哪些是引进基础上结合中国经验的再创新,并不十分清楚。再如,法学原理和法理学基本理论与部门法哲学理论如何衔接,浑然一体,而不是两张皮,有待继续深入探索。

中国特色社会主义法学理论体系关乎中国特色社会主义法治话语体系。我们的理论体系没有按照严谨的逻辑构建起来,因而在国际上的影响力和话语权仍有限。

第二,深入推进部门法哲学研究是加快形成中国特色社会主义法治体系的迫切需要。"中国特色社会主义法治体系"是法学的新概念,也是法治中国建设的新思维。法治体系可以从三个层面透视:第一个层面是法律体系,依法治国,前提是有法可"依"。所以,法律体系是法治体系存在和运行的基础。但是,法治体系与法律体系不同,法律体系是法律的规范体系,法治体系则是法律的运行体系,一个是静态,一个是动态。1997 年,党的十五大提出到 2010 年形成中国特色社会主义法律体系,这一目标已经如期实现,但它只解决了基本上有法可依的问题。第二个层面是法律运行与操作过程,通常包括立法、执法、司法、守法、法律监督等环节。在法律体系形成之后,我们感受最深刻的是有法不依、执法不严、司法不公、监督不力等现象依然突出,是法律运行与操作的各个环节之间的关系不够协调,甚至严重脱节、严重失调。所以,法治体系建设要注重法律运行各个环节的有序性、有效性以及各个环节彼此衔接、相互促进。第三个层面是实现依法执政、依法治国、依法行政、依法治理社会和社会依法自治共同推进,法治政党、法治国家、法治政府、法治社会一体建设;实现国家法治、地方法治、行业法治协调发展;推进国内法治、国际法治、全球法治有效衔接、相辅相成。法治体系的形成与有效运行既是法治现代化的重要标志,也是国家治理现代化的重要标志。其中所提出的许多重大的理论、制度、实践问题,都不是法理学或任何一个部门法学能够完全回答的;更不是作为解释学的部门法学能够说清楚的。只有运用法哲学以及部门法哲学的理论和方法才能解释清楚。

第三,深入推进部门法哲学研究是引领和保障全面深化改革的迫切需要。党的十八大对全面深化改革提出了纲领性战略意见,十八届三中全会对全面深化改革的一系列重大问题做出了明确的规定。全面深化改革的总目标是完善和发展中国特色社会主义制度,推进国家治理体系和治理能力现代化。到2020年,在重要领域和关键环节改革上取得决定性成果,形成系统完备、科学规范、运行有效的制度体系,使各方面制度更加成熟更加定型。法治与国家治理息息相关。在现代国家,法治是国家治理的基本方式,是国家治理现代化的重要标志,国家治理法治化是国家治理现代化的必由之路。遵循这一逻辑联结,应以国家治理现代化为主题,以推进国家治理法治化为主线,全面推进依法治国、加快法治中国建设。通过建立和健全国家治理法律规范、法律制度、法律程序和法律实施的机制,形成科学完备的国家治理法治体系,使中国特色社会主义制度更加成熟、更加定型、更加管用,并不断提高运用社会主义法治体系有效治理国家的能力。国家治理体系和治理能力现代化的许多问题最终都归结于法治,都需要从理论上进行科学阐述。无论是政府治理体系,或是市场治理体系、社会治理体系,都以法治体系为载体。深化改革中的许多具体问题,更是需要从法理学和部门法哲学上给以科学回答。例如,政府权力清单和公民法人权利负面清单的理论基础;“发展环保市场,推行节能量、碳排放权、排污权、水权交易制度”;“建立公平开放透明的市场规则”;“按照统一税制、公平税负、促进公平竞争的原则,加强对税收优惠特别是区域税收优惠政策的规范管理”;“建立农村产权流转交易市场,推动农村产权流转交易公开、公正、规范运行”;改革要于法有据的问题;自由贸易区规则与国际贸易规则的接轨;等等。这些问题的科学回答和解决急需法学各个部门加强理论研究,用理论创新引领改革的实践创新和制度创新。

弘扬宪法精神　建设宪法文化*

今天是我国首个国家宪法日。我们怀着激动的心情参加在景山学校举行的专题教育活动。以现行宪法的生日(1982 年 12 月 4 日)作为国家宪法日,是党中央的英明决策和全国人大常委会的重要决定,也是法学界和社会各界多年来的愿望和呼吁。设立国家宪法日,建立学习、宣传、实践宪法的常态化、长效化、社会化机制,对于弘扬宪法精神、建设宪法文化、树立宪法权威、更好地发挥宪法的作用,具有重大而深远的意义。

宪法日的设立有利于弘扬宪法精神。那么,什么是宪法精神?从哪些方面去弘扬宪法精神呢?我认为,宪法精神是宪法的灵魂,支配着宪法原则和宪法性制度设计与建构。应着重从以下五个方面弘扬宪法精神:

第一,弘扬宪法的人权精神。尊重和保障人权是宪法的真谛和精髓。马克思讲法典是人民自由的圣经,列宁说:宪法是一张写着人民权利的纸。我国宪法也以尊重和保障人权为核心特征,宪法在总则之后用单独一章全面系统地确认和规定了公民七大类基本权利和义务,主要有:平等权(任何公民享有宪法和法律规定的

---

* 本文是作者 2014 年 12 月 4 日在北京景山学校国家宪法日专题教育活动仪式上的发言。

权利,同时必须履行宪法和法律规定的义务),政治权利和自由(选举权和被选举权、言论自由、集会结社、游行示威自由、监督权),精神文化权利和自由(宗教信仰自由、文化活动自由、通信自由和秘密权),人身自由和人格尊严(任何公民的人身自由不受侵犯,非经人民检察院批准或者决定或者人民法院决定,并由公安机关执行,不受逮捕;禁止非法拘禁和以其他方法非法剥夺或者限制公民的人身自由,禁止非法搜查公民的身体,人格尊严不受侵犯,禁止用任何方法对公民进行侮辱、诽谤和诬告陷害),社会经济权利(财产权、劳动权、休息权、生存权、受教育权等),获得权利救济的权利(提起申诉、控告的权利,获得国家赔偿及补偿的请求权利)。概括而言,弘扬宪法的人权精神,就是要认真对待人权,坚持人权神圣,切实尊重和保障人权,尤其是注重保护社会弱者和弱势群体的人权。

第二,弘扬宪法的民主精神。民主是宪法的前提,是宪法的基础,也是宪法的核心价值。正如毛泽东所精辟指出的:“世界上历来的宪政,不论是英国、法国、美国或者是苏联,都是在革命成功有了民主事实之后,颁布一个根本大法,去承认它,这就是宪法。”[1]我国宪法的民主精神首先体现为人民主权原则。宪法规定:“中华人民共和国的一切权力属于人民。人民行使国家权力的机关是全国人民代表大会和地方各级人民代表大会。”“全国人民代表大会和地方各级人民代表大会都由民主选举产生,对人民负责,受人民监督。国家行政机关、审判机关、检察机关都由人民代表大会产生,对它负责,受它监督。”我国宪法的民主精神其次体现为人民主体精神,即宪法属于人民(宪法是人民共同意志的集中体现),宪法为了人民、造福人民、保护人民,一切以保障和发展人民的根本利益为出发点和落脚点;宪法的制定、修改和完善、宪法的实施均依靠人民,宪法为人民所拥护、所掌握、所遵守、所运用,正如习近平总书记指出:“宪法的根基在于人民发自内心的拥护,宪法的伟力在于人民出自真诚的信仰。”[2]弘扬宪法的民主精神，就要坚定不移地坚持人民代表大会制度，以人民代表大会为根本制度载体，实现党的领导、人民当家作主、依法治国有机统一；在此基础上不断丰富民主形式，拓展民主渠道，尤其是要大力推进多层级多领域更广泛的协商民主，通过协商民主这种公共治理平台，促进最大限度地凝聚中国梦共识、凝聚实现中国梦的磅礴力量。

第三，宪法的约权精神。宪法在保障人权的同时，还要依宪授权并制约和控制国家公共权力的运行，也就是习近平总书记所说的“把权力关进制度的笼子里”，对权力“约法三章”。宪法是国家的“总章程”说的就是这个意思。现代民主政治的基本原理是国家的一切权力属于人民，人民当家作主。但是，在我们这样的大国，由于地域辽阔、人口众多、社会分工以及公共政治事务需要专门知识和专业技能等原因，人民不可能直接地行使那些属于自己的国家权力，而通常只能实行间接民主制，即人民代表大会制度。人民群众通过定期选举产生人民代表大会，再由人民代表大会组建行政机关和司法机关，与其一道去行使国家权力。这就是代议民主制。这种体制意味着在政治权力的持有与政治权力的行使之间存在某种程度的分离（“两权分离”）。这种分离可能引起政治异化，以权谋私、贪污腐化、权钱交易、权权交易、弄权渎职等政治腐败行为都是权力异化的典型现象。为了防止政治权力异化，就要有一部宪法、一部国家总章程，庄严地宣布一切权力属于人民；严格地规定国家立法机关、行政机关、司法机关以及其他国家机关的职权范围和行使职权的程序，同时建立有效的监督制约机制。在这个意义上，宪法有点像是人民发给政府的“营业执照”。没有这个执照，政府不能营业；不按这个执照规定的权力界限和运行程序活动，就是滥用权力，就是违宪，就应当追究其违宪、违法责任。为此，我国宪法规定了各种监督制度，人民代表大会受人民监督、人民代表大会对国家行政机关、审判机关、检察机关实行监督，一切国家机关工作人员都要接受人民的监督,等等。在这个意义上,弘扬宪法的约权精神,就是要对权力保持合理怀疑与警惕,加强对权力的监督制约,确保权力属于人民、为了人民、服从人民;就是要以规范和约束公权力为重点,加大监督力度,确保国家权力在宪法法律的轨道上行使,做到有权必有责、用权受监督、违法必追究。

第四,宪法的法治精神。宪法是法治文明的最高成就,宪法是国家法律体系的统帅,是国家法治体系的基石,依宪治国、依宪执政是现代化国家治理体系的支柱。我国宪法规定:“中华人民共和国实行依法治国,建设社会主义法治国家。国家维护社会主义法制的统一和尊严。一切法律、行政法规和地方性法规都不得同宪法相抵触。一切国家机关和武装力量、各政党和各社会团体、各企业事业组织都必须遵守宪法和法律。一切违反宪法和法律的行为,必须予以追究。”宪法还规定:“中华人民共和国公民在法律面前一律平等。”“任何组织或者个人都不得有超越宪法和法律的特权。”这些规定充分体现了现代法治的根本要求。弘扬宪法的法治精神,就是要坚持有法可依、有法必依、执法必严、违法必究,坚持科学立法、严格执法、公正司法、自觉守法;就是要坚持依法决策、依法行政、依法办事,特别是坚持依宪执政、依宪治国;就是要保持法治定力,学会运用法治思维和法治方式深化改革、推动发展、化解矛盾、维护稳定。

第五,宪法的社会主义精神。在制定新中国第一部宪法的时候,毛泽东主席就强调:我们的宪法,一要坚持人民民主的原则,二要坚持社会主义的原则。所谓社会主义,就是以社会为本位,既善待社会,也促进社会止于至善;社会主义的核心是主张社会公正,消灭剥削,实现共同富裕(共同致富)。我国现行宪法规定:“国家在社会主义初级阶段,坚持公有制为主体、多种所有制经济共同发展的基本经济制度,坚持按劳分配为主体、多种分配方式并存的分配制度。”“国家合理安排积累和消费,兼顾国家、集体和个人的利益,在发展生产的基础上,逐步改善人民的物质生活和文化生活。国家建立健全同经济发展水平相适应的社会保障制度。”“国家发展社会主义的教育事业,提高全国人民的科学文化水平。”“国家通过各种途径,创造劳动就业条件,加强劳动保护,改善劳动条件,并在发展生产的基础上,提高劳动报酬和福利待遇。”“公民在年老、疾病或者丧失劳动能力的情况下,有从国家和社会获得物质帮助的权利。国家发展为公民享受这些权利所需要的社会保险、社会救济和医疗卫生事业。”这些规定既体现了社会主义原则,又为实现全民富裕、社会公正规定了根本性制度保证。今天,我们弘扬宪法的社会主义精神,就要坚持走中国特色社会主义道路,把“促进公平正义”、“增进人民福祉”作为全面深化改革、全面推进依法治国、全面建成小康社会的出发点和落脚点,让发展成果更多更公平惠及全体人民;要公正合理地调整利益关系,让各个阶层、各个集团各尽其能、各得其所又和谐相处;要逐步建立以权利公平、机会公平、规则公平为主要内容的社会公平保障体系;要推进社会领域制度创新,推进基本公共服务均等化。

注　释

〔1〕 毛泽东:“新民主主义的宪政”(1940 年 2 月 20 日),载《毛泽东选集》(第 2 卷),人民出版社 2007 年版,第 735 页。

〔2〕 习近平:“在首都各界纪念现行宪法公布施行 30 周年大会上的讲话”,载《人民日报》2012 年 12 月 5 日,第 2 版。

制定一部21世纪的中国民法典*

制定民法典是党的十八届四中全会做出的重大决策，也是法学界和社会各界的多年期盼。制定民法典既是中国特色社会主义法律体系完善发展的重大任务，也是全面深化改革、全面建成小康社会的战略举措。为什么要制定民法典、制定一部什么样的民法典、如何破解民法典制定过程中遇到的各种学理问题、制度问题、方法问题等，是法学界必须认真思考和科学回答的基本问题。制定民法典的工作主体是民法学家，但要真正制定出一部符合中国国情、中国经济社会发展规律、体现时代精神、人民意愿和法治规律的社会主义民法典，就必须动员全国法学界的力量，必须凝聚各相关学科的知识和理论成果。

鉴于《物权法》等法律制定过程中的经验和教训，有必要在制定民法典之初就强调在若干重大问题上统一思想、达成共识、化解内耗。

一是民法与宪法的关系，虽然在法律发展史上民法先于宪法而存在、民事权利体系是现代法律权利体系的原型，但正是因为民法不能有效保护私权而产生了宪法，并由宪法构成了民事权利体

---

* 本文是作者为《法制与社会发展》撰写的“法学时评”，发表于《法制与社会发展》2015 年第 4 期。

系和整个权利体系的人权和物权基石。所以,制定民法典必须旗帜鲜明地"根据宪法"。

二是民法学基本范畴与法学基本范畴的关系,特别是在法律主体、法律行为、法律权利、法律义务、法律责任等法学体系和法律体系的核心概念上应当科学、精准,具有内在的一致性和外在的统一性,避免同一概念在民法与法理学和其他部门法学之间互相冲突。

三是民法思维与法治思维的关系,法治思维是民法思维的前置、法治逻辑是民法逻辑的起点,所以要将民法思维嵌入法治思维之内,把制定民法典作为全面推进依法治国、推进国家治理体系、治理模式和治理能力现代化的制度依托,作为实现保障人权、维护公平、促进和谐、推进发展、引领风尚等法治核心价值的内在要求。

四是民法典与民诉法的关系,20 世纪 80 年代我国制定《民法通则》的时候还没有民事诉讼法,因此在《民法通则》中包括大量属于民事诉讼的条文。当下,我国《民事诉讼法》日益完善,且有详细的司法解释,因而制定民法典应尽量避免民事实体法与民事程序法的重复,为《民事诉讼法》实现其程序价值留有足够的空间。

五是民法与社会生活的关系,民法来源于社会生活,回应社会生活需要,并引领社会生活方向。制定民法典要充分发挥其在解决道德领域突出问题中的作用,引导人们正确行使权利、自觉履行义务、切实担当社会责任和家庭责任。此外,在社会自治和国家公治、法的时代精神和民族精神、借鉴和创新、法理学说和民法学说、民法总则和分则等问题上也要推进共识。

《民法总则》(草案征求意见稿)的问题与分析*

上午研讨会的总结发言

《民法总则》(征求意见稿)引起法学界的广泛关注。这里,我从法理学的角度谈以下几点见解。

第一,我们要讲民法总则体现时代精神,时代精神最核心的就是社会主义核心价值观。中央已经决定要把社会主义核心价值观引入法治建设。民法总则的制定怎么样能够体现社会主义核心价值观,我觉得值得我们思考。比如说构建和谐社会,要不要作为基本原则。刚才守文教授讲,开篇第一条除了经济社会发展,还有构建和谐社会或者说是构建文明和谐的社会主义社会等等。其他像自由、平等、公正、人权等等。刚才守文教授讲到正确调整民事关系,有没有一个公正的调整民事关系?这是我提的第一个问题,希望专家们继续就这个问题研究一下。

第二,大家普遍感觉到民法总则征求意见稿关于民事权利的

---

* 本文是作者2016年3月2日在中国法学会举办的《民法总则》立法咨询会上的总结讲话,这次立法咨询会分为上午、下午两场独立的研讨会。

规定过于简单，好象在权利面前法律过于敏感，好象一提权利就怎么样。其实，以我的理解，民法总则实际上就是一个公民法人权利的一般规定，它保障的当然不仅是狭义的民事权利，而是通过民法的方法来保障公民的权益。现在的规定过于简单，过于谨慎，局限于保证民事主体的传统民事权利，这会影响通过民法的方法保障民事主体的权利，因为有很多权利既是民事的权利，也可能是环境方面的权利、经济方面的权利，甚至可能是公法方面的权利。这里面讲到民事责任、行政责任、刑事责任等，相应来讲这样一个权利必然是跨领域的。

中国经济社会发展产生出了很多新兴权利。我承担过一个教育部的重大课题，后来因为我有别的事情忙，由别的教授负责完成。他们出了一本书《新兴权利研究》，大概五六十万字。我觉得制定民法总则确实应当关注不断涌现的新兴权利，不要局限于目前这样。民法总则现在规定的这些权利，与三十年前的权利规定没有太大差别。三十年之后的中国已经进入一个现代化转型非常明显的中国，到底公民有哪些应该通过民法的方法来保障的权利，是要好好研究。比如说人格权，回避人格权是不对的，至于说要不要人格权独立成篇成章，那是另外一个事情。

第三，我最欣慰的是民法总则把“民事行为”去掉了，法理学者二十多年前就批评民法通则里面关于民事行为和民事法律行为这两个东西。这一次还不够彻底。比如说第六章民事法律关系，讲到了民事法律行为是自然人、法人或者其他组织通过意思表示设立、变更、终止权利和义务的行为，加了“意思表示”，把非意思表示的那些行为又排除出来，但是在后面又出现了“违法的民事法律行为”，而违法的民事法律行为有的时候并非一定是通过意思表示的，类似于这样的一些基本概念很模糊。从前年提出制定民法典，一开始我就讲了，权利、义务、行为、法律关系、法律责任作为整个法律体系通用概念必须保持它的一致性，社会主义法制的一致性也要通过这样一些核心概念、基本范畴的一致性来体现。我举的只是这样一个例子,类似的大家提了很多,一些概念的问题,我想还是要研究透彻。

第四,在一些重要的问题上可能还要思考。比如说第 9 条规定:处理民事法律关系应该依照法律规定,法律没有规定的也可以适用习惯,但不得违背公序良俗,这就把政策因素排除在民法典之外,这是一个严重的问题。1986 年的《民法通则》把政策作为特殊法源,是正确的,现在也没有过时,应当保留。我最近写一篇论文,提到习近平总书记多次讲到政策和法律的关系,明确地讲政策是立法的依据,政策是执法和司法的指导,在中央政法工作会议上讲的,而且收录到《习近平全面依法治国论述摘编》。在南昌讨论民法典的部门法哲学研讨会上,我们提了这个问题,但是我觉得有关部门还是没有注意这个问题,而且在全面深化改革的过程当中,很多重要的问题是政策和法律交互来调整的,现在司法实践当中很多问题恰恰是没有法律规定的时候要依照政策来办理。这是一个很普遍的现实问题。我作为法院院长处理过很多企业改革过程中、农村土地承包权改革中、城镇化过程中出现的纠纷,很多纠纷都是把法律和政策结合起来正确处理的。总书记还讲当政策和法律冲突的时候,要做到政策和法律一起有效实施,这些精神都是很明确的。

还有其他不少类似这样的问题,希望各位专家再进一步好好地研究一下,好的建议可以通过电子邮件或者书面的方式提出来。

下午研讨会的总结发言

今天下午的研讨会开得也很成功,成功的标志主要有三个方面:

第一,针对民法总则草案征求意见稿,各个专家从思想理念上或者说是从价值上、制度设计层面、技术操作层面和未来的实践层面这四个层面提出了非常好的修改意见和建议。

第二,大家畅所欲言,就像当年主持人大立法工作的习仲勋老领导讲的,在立法方面任何人都有发表不同意见的权利,甚至针锋相对的权利。我觉得这一点体现了民主立法、科学合作立法,在我们这个层面里面得到了体现。而且大家不仅有口头的发言,还有书面的意见稿,会后都会提上来。

第三,跨学科的探讨,在制定民法典开始的时候我就讲了一个观点,制定中国民法典,主体力量是民法学界,但是要编撰一部好的民法典,要依靠整个法学界乃至整个社会,因为毕竟是这个社会的基本规范。今天我们跨学科的有宪法这个根本大法的学科,还有商法、婚姻法、社会法、行政法、诉讼法等等。

今天提出来要解决的问题都很好,也提出了一些新问题,对于提出来的问题我概括为五个方面,这是下一步完善民法典草案征求意见稿要进一步深入研究的。现在讨论的是草案征求意见稿,这说明草案还是一个初步的文本。

要制定一部好的民法总则,或者说编纂一部好的民法典,面临着以下几个突出问题。

第一,我们今天讲民法总则不同于一般法律的总则,全国人大及其常委会制定的许多法律特别是基本的法律、重要的法律,都有总则,总则是相对正本和附则而言,是一部法律本身的一些原则。我们今天讨论的民法总则是民法典的总则,甚至可以说是中国民事法律体系的总则,为整个中国民法确立核心价值,基本原则、学理学说的,所以制定民法总则,首先要对这个民法总则有一个定位,是整个民法典、中国民事法律体系的灵魂和基础。制定民法总则的过程是一个凝聚共识的过程,首先是法学界的共识,然后是整个社会的共识。什么是共识?如何达成共识?我觉得习近平总书记对共识有深刻的理解,我们法学界也不妨深入地把握这一点。所谓的共识,就是思想认识的最大公约数,就是各种利益的最大公约数。我觉得制定民法总则,要达成共识,就是要凝聚法学界和社会各界对民事法律的思想认识的最大公约数。由此提出来一个什么问题呢?立法机关不必过分顾忌意见分歧和不同意见,立法机关要把握社会和法学界思想认识的最大公约数,如果有的意见是非常好的意见,尽管是少数人的意见,但是它可能是思想共识当中的最大公约数,共识不是一个量的概念而是质的概念,共识不是各种认识相加,而是认识中的公共部分,是公意。

我们每一个问题最后都归结到认识。刚才大家讲了,我们这些年那么好的思想认识,讨论过程中提出来那么多好的观点,就是因为有分歧,甚至政治性、意识形态性分歧,然后立法机关退回来,结果回到我们十年前、二十年前的认识水平上,回到我们那个时候的制度建构上。那对于我们中国法学不是一种讽刺吗?我觉得王卫国教授的观点很尖锐,应该把你的想法好好地扩展一下,直接送立法机关,让领导同志了解情况。

第二,民法总则征求意见稿,目前来讲是作为整个民法典的总则。而它与民法典的关系,现在的研究还不够。我觉得要把民法总则放在整个民法典的编纂当中来全面运筹,深入研究,研究透了才能抽象出科学的、有效的东西,统领整个民法典和民事法律体系,体现社会认识最大公约数,研究不透很难提炼出科学有效、统领全局的要素。现在这个征求意见稿似乎还缺乏这方面的全面、系统、透彻的研究,无论是内容还是体系,比如说第一条最后一句话,依据宪法制定"本法",好象民法总则就是完全独立的一部法律,与过去制定的民法通则的用语是一样的,这样就没有体现出民法总则与民法典和民法体系的关系,这怎么能体现党中央决策,编纂民法典首先先把民法总则搞起来,这是为整个民法典的制定开路的,我想这一条要体现十八届四中全会的决定精神。

第三,民法总则包括将来民法典的制定,特别是民法总则要为其他法律部门留有合理的空间或者说充分的空间,科学的界定民法与商法，民法与知识产权法，民法与婚姻家庭法等的界限。虽然有一些界限比较模糊，一部法律作为整个法律体系的一部分，肯定有一些交叉的，但是一个合理的界限还是能够划分出来，如果不是这样的话，我们的法律部门，我们的学科体系怎么分成民法学、商法学、知识产权法学、婚姻法学等等，这还是有学科上的界限和法律上的界限。

现在大家讲“民法帝国主义”，我倒不太赞成民法帝国主义，还是“民法沙文主义”。我在商法学研究会上讲过民法沙文主义，帝国主义是一个政治话语，沙文主义是一个思想认识上的话语。我曾经也讲过，民法和商法都是社会主义法律体系的重要组成部分，社会主义市场经济一方面需要民法典，另一方面需要商法典，随着市场经济发展，随着互联网时代的到来，随着经营模式、商业模式彻底的改变，商事规则更加重要。看看国务院的文件，把商事规则提得那么高。这样民法典和商法典就是车之两轮，市场经济车之两轮、鸟之两翼。我和其他教授交换过，我说你们要看到未来，面向未来，面向整个中国市场经济模式的发展前景。

第四，现在民法总则征求意见稿存在一个倾向，即司法中心主义倾向。我在一次讨论当中讲过，这个民法总则征求意见稿似乎是为司法服务的，为审判服务的，现在的民法总则严重的司法中心主义，这可能是来自司法机关的。民法总则和民法典其功能一是规范民事行为，二是调整民事关系，三是保障民事权利，其他延伸来讲促进经济发展，构建和谐社会等等，司法只是当这些功能发生扭曲的时候，它才出现的，所以不要一开始就以司法为中心。一开始的稿子里面讲人民法院审理民事案件应该怎么样、怎么样。现在的总则虽然没有人民法院如何如何，但是许多规定处理民事法律关系，实际上就是人民法院，原来有人民法院字眼，现在没有了，实际上还是讲的这个东西。这个司法中心主义完全地否定了民法总则本质的或者说本体的意义，我觉得下一步这个问题要注意的。

有的建议稿围绕着审判来,都忘了只是出现了违约、侵权的时候,才出现司法问题。

第五,最后一个问题,现在的民法总则征求意见稿有两个明显的短板,一个是实践面向的短板,另一个是国际面向的短板。实践面向问题,我觉得从民法通则实施以来,有 30 年,今年正好 30 年,中国的经济社会发生了根本的变化,民事法律关系的内涵,它的形式,不知道发生了多大的变化。社会生活方面变化了,法律关系变化了,民法的一些基本概念、专门概念的内涵必然要发生变化。法律是社会生活的形式,社会生活的无限丰富,难道不能创造出新的概念,凝练出、提炼出新的概念和范畴来适应社会变化和民事法律关系吗?刚才,有的教授讲我们党甚至清末的时候都提出了民情问题、国情问题,我觉得这方面的调查研究是不够的,北洋政府为了制定民法,搞了民商习惯的调研,这是北洋政府搞的,我们现在组织过这样大规模的调研吗?我们现在是从文本出发、文献出发、发言材料出发,缺乏调研。刚才有的教授提到了合伙的企业法人问题,我们整个法人的组织,包括中国法学会,全国总工会这样的社团,你一定要按照现在的框架做,有的时候就很难。现在三中全会、四中全会提出了要推进社会组织的发展,现在全国是 570 万个社会组织,多大的民事法律关系的主体,这些问题有没有调研,有没有分类,怎么样去概括,怎么样纳入法律调整范畴内,都要顾及社会实践当中的调研,这是短板。

面向国际实践,面向国际社会,相对于世界上法律发展的潮流,我们也有短板,我们过去有顾忌,我们讲要从国情出发,从实际出发,但是不要忘记了总书记最近有两段很精彩的话,一是讲法治是人类社会治理国家和治理社会的普遍原则。二是和平发展自由平等公正等是人类的共同价值。总书记在这个层面都承认了,而我们对世界上民事法律,民法立法当中的一些好的东西总结的到底怎么样,是不是都有专门的班子来做,我不太清楚。全国人大常委会完全可以组织几个专门的班子研究世界上的民事立法，比如说20世纪60年代以来，或者说20世纪末期或者说21世纪以来，世界上民事法律发展的最新情况到底是什么。中央政法委设计司法改革时，对全球范围内司法改革组织专门班子进行调研，对英国的、美国的、韩国的、日本的司法改革都调研了，咱们这做得怎么样。在实践面向和国际面向都不够的情况下，制定出来的民法总则肯定影响中国形象，人家会说中国法学界就是这样的水平，中国立法机关就是这样的。

商法学科与商事法治思维*

本次年会以“商法现代化与民法典的编纂”为主题，选题现实意义重大，学术意蕴深厚。围绕本次年会主题和商法学研究，我讲几点意见，供同志们参考。

第一，商法学的学科定位：商法学是一门独立的学科，有独立的研究对象，有独立的概念（范畴）体系、知识体系、理论体系。民国时期商法就是六法全书（六个主要法律部门）之一。我国现行的法律体系之中，民法和商法共同构成一个法律部门；商法学是教育部确定的法学本科专业十六门核心课程之一；民商法是国务院学位委员会确定的研究生专业之一。总之，无论从法律体系、法学课程体系来看，还是从研究生学位体系来看，商法与民法都是平起平坐的，具有相对独立性。基于这样的现实，我不赞成把商法当作“民法的特别法”。如果民法学家坚持这种观点，那是民法“沙文主义”；如果商法学家有这种观点，那是自己不把自己当回事。我也不赞成继续争论民商分立或是主张民商合一的问题，而是要走独立商法的发展道路，这是社会主义市场经济所决定、所需要的，也是完善和发展中国特色社会主义法律体系和法治体系的必然要

---

* 本文是作者 2015 年 9 月 29 日在中国商法学研究会 2015 年年会上的讲话，标题是收入本书时另加的。

求。商法的独特地位和作用更是由商品经济的一般规律所决定的。在马克思主义经典作家那里,商事规则先于其他法律规则出现,是人类社会进步和法治文明的首要标志。马克思在《资本论》中、恩格斯在《家庭、私有制和国家起源》等论著当中均揭示了这种客观规律,他们指出:由于交换、市场,产品成为商品,私人劳动产品成为社会劳动产品,私人劳动成为社会劳动,由此引发了社会分工;社会并由此成为因分工而相互依赖、互为联结的有机社会(即法社会学、法人类学所称谓的"连带社会");自然资源和社会资源因交换和竞争而价值最大,且因交换和竞争而充满活力。从这种历史逻辑,我们清楚地看到与交换和自由竞争相关的商事规则是法律规则体系的原型,是最原初的法律规则形式。

第二,如何推进商法学学科建设。学科建设是法学及各分支学科的基础性、根本性、长期性任务。商法学既然是一门独立学科,就要认真思考商法学自身的学科建设问题。学科建设是商法学家和商法学研究会需要认真对待的基础性、战略性、根本性问题,在全面深化改革、全面依法治国、全面建成小康社会和经济全球化的背景下,商法制度创新、商事法治改革和商法学科建设,更是商法学界的重大历史任务和重大现实课题。我在知识产权法学研究会年会上提出学科建设的重点是建构三个体系、推进三个创新。我想,这个观点也适用于商法学科建设。就商法学而言,"三个建构",就是建构具有中国特色、体现社会主义本质、符合市场经济规律和法治发展规律的商法学知识体系、商法学理论体系、商事法治话语体系;"三个推进",就是推进商法学学科体系、课程教材体系、人才培养体系的创新。我建议商法学研究会的同志们认真研究一下,如何进一步解放思想、改革创新,奋力推进新商法体系建构和新商法学科体系建设。

第三,如何推进商法学的转型升级。随着中国特色社会主义法律体系的形成和完善,党中央适时地提出建设中国特色社会主义法治体系，并将此作为全面推进依法治国的总目标。法治体系是与法律体系不同的法学理论概念，从本体论上说，法治体系不同于法律体系。法律体系是指由一国现行的全部法律规范按照不同的法律部门分类组合而形成的一个体系化的有机联系的统一整体，法律体系是法律的规范体系，而法治体系则是法律的运行体系，一个是静态，一个是动态。法治体系不仅包括立法及其形成的法律规范体系，而且包括执法、司法、守法等法律实施环节，还包括保证法律运行的保障机制、监督机制和法治队伍建设，体现了全面推进依法治国的整体要求，特别是突出了法律的实施和实效。随着依法治国从形成法律体系到建设法治体系的转型升级，商法学也应当与时俱进，把研究重心转向商事法治，从商事法律研究提升到商事法治研究，就是说不仅要研究商法规则，更要研究商事立法、商事执法、商事司法、商法文化、商法与其他法律的对接（衔接）等，以此，为商事法律体系的完善和商事法治改革提供科学的学理基础，提升商法学在建设中国特色社会主义法治体系、全面推进依法治国中的话语权和影响力。

第四，深入开展商法精神和商事法治思维研究。90 年代初期，在党的十四大决定建立社会主义市场经济体制之后，由我和江平、李步云先生发起在大连市召开了“市场经济与现代法的精神学术研讨会”，在法学界掀起了法的精神研究的高潮，推动了法学领域的思想解放。在商法学界也有一些学者撰写了研究商法精神的论著，近期仍有这一主题研究的成果发表。但是与宪法学界、民法学界、刑法学界、诉讼法学界、环境法学界关于法的精神的研究比较，尚不够深入。我认为在全面深化改革和全面依法治国的新阶段，商法学界应当深入研究这个问题，这个问题的研究对于商法学理论创新至关重要。党的十八大提出法治是治国理政的基本方式，同时要求运用法治思维和法治方式深化改革、推动发展、化解矛盾、维护稳定。法治思维是具体的，不是抽象的，要落实为宪法思维(或如宪治思维)、民法思维、商法思维、诉讼法思维、法理学思维等。这就要求法学各学科都应深入研究本领域的法治思维,例如商事法治思维是一种什么样的思维。让我们的领导干部、企业家、商人在市场经济活动中,甚至在社会活动中善于运用商事法治思维,我们就要告诉他们什么样的思维是商事法治思维。我从网络进行查询,了解到商法学界关于商法思维有不少思考与讨论,但是关于商事法治思维的专题研究不多。商法思维与商事法治思维有联系又有很大区别,正如法律思维与法治思维的一般联系与区别。我曾经将民事法治思维与商事法治思维进行过比较,试图寻找二者的不同特征。我认为,民事法治思维注重"物有其主",而商事法治思维强调"物尽其用";民事法治思维偏重"定分止争",商事法治思维偏重"物畅其流";民事法治思维专注公平,公平统领效率,而商事法治思维则专注效率,效率优先、兼顾公平;民事法治思维注重侵权责任,商事法治思维注重保险责任。

第五,商法典与民法典的关系。我注意到这次会议的议题之一是商法与民法典。我认为,研究这个问题之前,在学术上应该确立这样一种基本观念:就社会主义法治经济和市场经济而言,民法典与商法典是鸟之两翼、车之两轮。因此,大家不要觉得现在四中全会提出制定民法典,将来就不制定商法典了,这只是意味着民法典制定的动机更强劲,基础更好点,绝不意味着商法典不重要、没必要。在这个问题上不要过分依赖民法典,而要大力推进研究和制定商法典;不要把精力投放在如何在民法典中塞进商法的内容,寄希望于在民法典中切一块"蛋糕",而是要自己制作商法典蛋糕。民法典不是民法体系、更不是私法体系,不可能包罗万象。商法学界前几年推进《商法通则》,草案已经形成,基础很好,需要继续推进。同时,要研究和论证制定商法典的必要性和可行性,组织专门小组着手起草商法典专家建议稿。我认为,商法学界和商法学研究会应该有强烈的商法典意识和坚持不懈的志向,就像民法学家和民法学研究会对民法典的执着那样,不达目的誓不罢休。现在,正在起草十三五规划,商法学界应当努力争取把制定商法典写进十三五规划当中。

坚持依法治理
不断提高社会治理法治化水平*

“社会治理”是与“国家治理”对应的概念。改革开放以来，我们党既高度重视国家治理，也十分重视社会治理，不断推进社会治理创新。社会治理创新的重要标志，就是实行依法治理，不断提高社会治理法治化水平。

一、坚持依法治理是我党社会治理理论和实践的重要组成部分

进入改革开放新时代以来，我们党先后提出了“社会治安综合治理”、“社会管理”、“社会治理”等概念，提出建设社会主义和谐社会，建设法治社会。在这些概念和决策当中，都包含着依法治理的理念，并且是不断深化和发展的。

20世纪80年代初期，中共中央提出了社会治安综合治理的方针，这可以看作是社会治理的最初概念。1991年，中共中央在社会治安综合治理基本经验的基础上，作出了《中共中央、国务院关于

---

* 本文是作者2015年6月17日在第十一次中越两党理论研讨会上的主题发言。

加强社会治安综合治理的决定》,明确提出了社会治安综合治理的指导思想、基本原则、主要任务和工作措施。2001 年,中共中央、国务院又做出了《关于进一步加强社会治安综合治理的意见》。在这两个文件当中,都明确提出要“依法治理”,指出:通过依法治理,把各项管理工作纳入法制轨道。

之后,2006 年 10 月 11 日,中国共产党第十六届中央委员会第六次全体会议通过《中共中央关于构建社会主义和谐社会若干重大问题的决定》。在这个决定中,党中央明确提出了“社会管理”概念,并强调“必须创新社会管理体制,整合社会管理资源,提高社会管理水平,健全党委领导、政府负责、社会协同、公众参与的社会管理格局,在服务中实施管理,在管理中体现服务。”同时提出坚持科学立法、民主立法,完善“推进社会事业、健全社会保障、规范社会组织、加强社会管理等方面的法律法规。”2012 年,党的十八大进一步将法治保障纳入社会管理格局,将“四位一体”的社会管理格局变更为“五位一体”的社会管理体制,提出“要围绕构建中国特色社会主义社会管理体系,加快形成党委领导、政府负责、社会协同、公众参与、法治保障的社会管理体制”,把立法、执法、司法机关和法律服务组织及其法治活动作为社会管理体制不可缺少的重要组成部分。

十八大之后,依据推进国家治理体系和治理能力现代化的总体战略思想和总体部署,党中央在一系列重要文件中用“社会治理”概念取代了“社会管理”概念。十八届三中全会通过的《中共中央关于全面深化改革若干重大问题的决定》提出创新社会治理体制,进一步凸显法治在社会治理中的作用。习近平总书记指出:“治理和管理一字之差,体现的是系统治理、依法治理、源头治理、综合施策。”[1]四中全会通过的《中共中央关于全面推进依法治国若干重大问题的决定》进一步提出“推进多层次多领域依法治理。坚持系统治理、依法治理、综合治理、源头治理,提高社会治理法治化水平”。坚持依法治理，就是要把法治作为社会治理的基本方式，运用法治思维和法治方式进行社会治理，善用法律调节社会关系、规范人们的行为、强化法律在权利救济和解决纠纷中的权威性作用，依法化解社会矛盾、维护社会稳定、促进社会和谐。

同一时段，习近平总书记提出建设法治中国。建设法治中国，就要坚持依法治国、依法执政、依法行政共同推进，坚持法治国家、法治政府、法治社会一体建设。党的十八届三中全会《决定》和四中全会《决定》明确地肯定了这一重要思想。“法治社会”概念的提出，极大地丰富、创新和发展了依法治理的思想和实践。法治社会的基本标志和法治社会建设的基本要求是：党和政府依法治理（社会）；社会主体依法自治；全体人民信仰法治、自觉守法；社会矛盾纠纷依法、有效化解。由此可见，法治社会建设理论是我们党社会治理思想的重大发展。

当然，我们党在强调依法治理的同时，也高度重视借鉴古今中外特别是中国历代治国理政的成功经验，充分发挥道德的作用，始终坚持依法治国和以德治国相结合，强调国家和社会治理需要法律和道德共同发挥作用。必须坚持一手抓法治、一手抓德治，大力弘扬社会主义核心价值观，弘扬中华传统美德，培育社会公德、职业道德、家庭美德、个人品德，既重视发挥法律的规范作用，又重视发挥道德的教化作用，以法治体现道德理念、强化法律对道德建设的促进作用，以道德滋养法治精神、强化道德对法治文化的支撑作用，实现法律和道德相辅相成、法治和德治相得益彰。

我们党也十分重视继续发挥政策在社会治理中的重要作用。在社会主义国家，执政党的政策和国家的法律是两种最重要的社会调整机制。党的政策和国家法律都是人民根本意志的反映，在本质上是一致的。我们认为，党的政策是国家法律的先导和指引，是立法的依据和执法司法的重要指导，要善于通过法定程序使党的主张成为国家意志、形成法律，通过法律保证党的政策有效实施，确保党总揽全局、协调各方的领导核心作用。党的政策成为国家法律后，实施法律就是贯彻党的意志，依法办事就是执行党的政策。政策和法律各有自己的优势，各有自己的调整方式。一种社会关系，究竟是由政策来调整，还是由法律来调整，要以其性质和特点来决定。我们在社会治理领域，始终坚持发挥政策和法律各自优势，促进党的政策和国家法律互联互动，确保党的政策和国家法律得到统一正确实施。

二、依法治理的丰富实践

我们党在社会治理实践中坚持依法治理，积累了丰富的实践经验，并不断与时俱进，推动实践创新。具体而言，主要有这样一些方面：

（一）加强社会治理和社会建设立法，为社会治理提供法律依据

1997 年党的十五大提出依法治国、建设社会主义法治国家的时候，明确提出要形成中国特色社会主义法律体系。全国人大常委会根据党的十五大精神，在充分调研和科学论证的基础上，提出了中国特色社会主义法律体系结构设计，把社会法与宪法及宪法相关法、民法商法、行政法、经济法、刑法、诉讼与非诉讼程序法一道，作为中国特色社会主义法律体系的重要法律部门。社会法是调整劳动关系、社会保障和社会福利关系，保护社会弱势群体、规范社会治理活动、社会组织运行等法律的总称，体现着国家积极参与社会分配，保障和改善民生，维护社会公平正义、促进社会和谐与安定有序。十八届四中全会把社会治理和社会建设立法作为全面深化改革和全面推进依法治国的重点立法领域，强调指出：要完善教育、就业、收入分配、社会保障、医疗卫生、食品安全、扶贫、慈善、社会救助和妇女儿童、老年人、残疾人合法权益保护等方面的

法律法规。加强社会组织立法,规范和引导各类社会组织健康发展。制定社区矫正法,推进社区矫正法治化。

(二)推进多层次多领域依法治理

十八届四中全会在总结依法治理经验的基础上,创新性地提出要推进多层次多领域依法治理,反映了我们党对依法治国和社会治理规律性认识的深化。

多层次多领域依法治理,首要的是党和政府对社会实施依法治理。党是社会治理的领导者和组织者,政府是社会治理的主要实施者,因此,党和政府在社会治理中承担着重要职能,发挥着根本性作用,主要表现为:在法治轨道上维护社会正常秩序、协调各种社会利益关系、推动各项社会事业发展;建立健全依法维权和化解纠纷机制、利益表达机制、救济救助机制;畅通群众利益协调、权益保障法律渠道;完善立体化社会治安防控体系,保障人民生命财产安全;以法治的思维和方式处理维稳和维权的关系,善于引导和支持人们依法理性表达诉求,依法律按程序维护权益,把维稳建立在维权的基础上;健全重大决策社会稳定风险评估机制;改革行政复议体制,健全行政复议案件审理机制,纠正违法或不当行政行为;完善人民调解、行政调解、司法调解联动工作体系,建立调处化解矛盾纠纷综合机制;改革信访工作制度,把涉法涉诉信访纳入法治轨道解决,建立涉法涉诉信访依法终结制度;始终坚持依法严厉打击各种严重犯罪活动的方针,有效地保护人民群众的生命财产,确保社会大局稳定。

(三)构建以司法为中心的社会矛盾纠纷多元化解机制

进入21世纪之后,社会矛盾纠纷以司法案件的形式大量地涌入法院,致使中国社会持续呈现诉讼"井喷"、诉讼"爆炸",中国社会超乎人们预想地提前进入"诉讼社会"。"诉讼社会"这一概念表征一个社会呈现涉法纠纷急剧增长、诉讼案件层出不穷的态势。据统计,35 年前,即 20 世纪 80 年代初期,我国法院每年受理的各类案件总量在 40 万件左右,到 2014 年,我国全国各级人民法院受理案件超过 1500 万件,达到 1566.27 万件。

诉讼社会的到来使法院成为各种利益的竞技场、各种社会矛盾的集散地,人民法院成为社会矛盾纠纷化解的主渠道。在传统中国,老百姓是“忌讼”、“厌讼”的,他们把邻里之间打官司看作“丢脸”、“丢人”、“恶心”的事情,遇到官府迫害多数情况下是忍气吞声。然而,随着社会主义法治国家建设进程的进一步加快,随着权利时代的到来,人民群众的维权意识和诉讼观念显著提升,人们越来越习惯于从法律的角度提出利益主张和诉求,越来越寄希望于通过司法程序解决矛盾纠纷,把定分止争、维护公正、救济权利的最后诉求付诸人民法院,寄希望于人民法官。这表明在法律与社会现代化过程中,公民理性和社会文明显著提升。

当然,如果所有的社会矛盾纠纷都依赖法院来解决,也是不可能的,首先是法院会不堪重负,其次打官司也不是一件轻松的事情,费时、费钱、费力,请律师,还要走各种程序,全部到法院来解决会造成巨大的司法资源的浪费。因此要充分发挥社区调解、村民委员会和居民委员会调解的职能,发挥有影响力的民间组织、民间人士的作用,引导他们依据法律规定和善良风俗调处社会纠纷,将大量社会矛盾纠纷化解在基层和民间,降低司法治理社会的成本。据统计,近几年全国经济仲裁和劳动仲裁部门受理合同及财产纠纷仲裁、劳动纠纷仲裁、土地承包权纠纷仲裁 100 万件,人民调解组织处理各类民间矛盾纠纷 767 万件。这说明我国已经形成了多元化社会矛盾纠纷化解机制。

(四)推进法律服务体系建设

在推进依法治理方面,我党十分重视法律服务体系建设。良好的社会治理在于公民学法尊法守法用法的良性循环。然而,在浩繁复杂的法律规范面前,我们无法要求每一个公民都具有专业的知识,更无法奢望人们能够通晓法律规范的要义并具备运用法律的专业技能。所以,建设全民自觉守法、积极用法的法治社会也就需要建设完备的法律服务体系,帮助人们克服自身在运用法律手段维护切身权益过程中的障碍,为营造学法尊法守法用法的社会氛围提供助推力。目前,全国共有律师27万余人,公证员1.2万余人,基层法律服务工作者7.1万余人,法律援助机构工作人员1.4万余人。总体上,我国法律服务体系建设与经济社会发展是相适应的,但也还存在总量不足、布局不均衡、结构不协调的问题。为此,我们提出一要建立完备的法律服务体系,一方面要以法律服务规范化体系化作为基础,实现法律服务资源的均衡化和法律服务行为的规范化,统筹城乡、区域法律服务资源,推进覆盖城乡居民的公共法律服务体系建设;另一方面要在法律服务队伍的专业化、法律服务对象的多元化、法律服务内容的丰富化、法律服务方式的多样化等方面进行推进。其中,法律服务队伍的专业化,即是要形成一个包括律师、法律顾问、公证员、基层法律服务工作者、法律援助机构工作人员等群体在内的,具有较强法律专业素能、较硬思想政治素质、较高职业道德素养的法律服务综合性队伍。二要拓展法律服务领域,着力服务保障和改善民生,立足国家公共服务体系的重点领域,拓展教育、就业、社会保障、医疗卫生、住房保障、文化体育等领域的法律服务;着力服务社会和谐稳定,健全完善法律服务人员参与信访、调解、群体性案(事)件处置工作机制。

三、支持社会主体依法自治,提高社会自治法治化能力

对社会进行高度行政化的控制曾经是国家与社会之间关系的主要特征,国家通过公共权力对社会实行直接管理,社会事务基本都由国家来实施,国家包办一切。这种单一的治理模式造成社会

活力不足、创造力缺乏、生产效率低下、公共服务短缺等问题。而依法自治为公民、社会组织等各类社会主体通过自我协商、平等对话、参与社会治理、依法解决社会问题留出了广阔空间。自治是指个人或团体管理自身事务并对其行为负责的一种治理形态,它既是社会治理的一种形式,也是社会生活的一个价值目标。党的十八届三中全会《决定》提出正确处理政府和社会关系,“加快实施政社分开,推进社会组织明确权责、依法自治、发挥作用”,“限期实现行业协会商会与行政机关真正脱钩”等一系列措施,放宽社会组织准入门槛,实现依法直接管理。四中全会决定提出建立健全社会组织参与社会事务、维护公共利益、救助困难群众、帮教特殊人群、预防违法犯罪的机制和制度化渠道。支持行业协会商会类社会组织发挥行业自律和专业服务功能。发挥社会组织对其成员的行为导引、规则约束、权益维护作用。深入开展多层次多形式法治创建活动,深化基层组织和部门、行业依法治理,支持各类社会主体自我约束、自我管理。据悉,截至 2015 年 3 月底,全国共有社会组织 61.3 万个,其中社会团体 31.2 万个,基金会 4190 个,民办非企业单位 29.7 万个。一个上下分权、自我管理、互动良好、运转有序的社会自治格局正在快速形成。社会组织的整体实力不断提升,已成为政府职能转移的主要承接者、社会政策的重要执行者和社会服务的重要提供者,成为我国社会主义现代化建设不可或缺的重要力量。

在支持社会自治方面,我们党重点抓了以下几个方面的工作:一是尽量放开管制,鼓励和支持社会组织依法自治。推动对社会组织的“政府同意制”向“认证制”过渡。二是制定和实施政社分开的具体方案,限期实现社会组织与行政机关脱钩,真正放开对社会组织的直接管理。2015 年底前实现行业协会商会类社会组织与行政机关真正脱钩。三是改革社会组织登记制度,实施行业协会商会类、科技类、公益慈善类和城乡社区服务类四类社会组织直接登记。不再经由业务主管单位审查和管理。四是创新社会组织培养扶持机制,加快政府职能转移,为社会组织健康有序发展和积极发挥作用创造良好的社会环境。五是建立健全政府购买服务机制。目前,教育、就业、社保、医疗卫生、住房保障、文化体育及残疾人服务等基本公共服务领域,通过委托、承包、采购等方式,普遍加大了政府向社会力量购买服务的力度。

在支持社会组织自治的同时,我们也大力推进社会组织依法自治。一是加快社会组织立法,为社会组织的成立和运行提供明确的法律依据;二是建立社会组织联合执法机制,加大对社会组织违法违规行为的查处力度;三是推进社会规范(社会软法)建设。社会依法治理需要加快完善各种"民间法"、行业协会规范、市民公约、乡规民约、团体章程等"软法"性质的社会规范,形成一个具有多层位阶和效力的软法体系。软法是相对于具有国家强制力的"硬法"而言的,指的是那些不能或不必运用国家强制力保证实施的类法规范,社会共同体创制的各类自治规范就属于软法的一种类型。十八届三中全会和四中全会都提出要发挥市民公约、乡规民约、行业规章、团体章程等社会规范在社会治理中的积极作用,发挥各种社会规范在法治社会建设中的积极作用。

注　释

〔1〕"推进上海自由贸易试验区建设,加强和创新特大城市社会治理",载《人民日报》2014年3月6日,第1版。

必须解决权大于法的问题*

就领导干部如何运用法治思维和法治方式治国理政，中国法学会副会长、吉林省高级人民法院原院长张文显指出，核心就是树立宪法至上，解决权大于法还是权在法下的问题。

2013 年 2 月，张文显从吉林省高院院长职位卸任后，被邀请参加中组部、中宣部、中政委等六部门组织的“百名法学家百场报告会”的法治宣讲活动。

十八大报告中首次提出要提高领导干部运用法治思维和法治方式深化改革、推动发展、化解矛盾、维护稳定的能力。全国巡讲中，张文显宣讲的内容正与此相关，题目是“领导干部如何运用法治思维和法治方式治国理政”。

早在 2006 年，张文显提出“和谐法治”的概念。2007 年 12 月，从吉林大学调任吉林高院工作后，张文显致力于在吉林全省法院大力推进和谐司法建设。2008 年，张文显任吉林省高级人民法院党组书记、院长、国家二级大法官。彼时，张文显作为法学家从政引起舆论关注。

2003 年起，张文显一直兼任中国法学会副会长。2013 年 11

---

* 本文是作者接受《中国新闻周刊》记者采访形成的文稿，发表于《中国新闻周刊》2014 年第 3 期。

月末,再次当选中国法学会副会长并担任学术委员会主任。

张文显认为,建国以后很长时期革命家担当了治国理政的责任,之后又经历了经济技术专家治国,现在更多则是依靠法治来治国理政。党的十八届三中全会后,这个理念进一步提升。

“我认为树立宪法至上,必须解决权大于法还是权在法下的问题。”2014年1月13日,在位于北京兵马司胡同的中国法学会,中国法学会副会长、国家2011计划·司法文明协同创新中心理事长兼联席主任、吉林省高院原院长张文显在接受《中国新闻周刊》采访时如是说。

中国新闻周刊:在社会转型过程中,领导干部如何学会运用法治思维和法治方式?

张文显:我认为,在法治社会转型的过程中,学会法治思维和法治方式,首先要树立社会主义法治理念,诸如尊重和保障人权、公平正义,法治是以和平理性的方式处理社会矛盾的最佳途径。

其次要认真学习法律知识,对法理学、即法律的一般理论有所了解,因为法治思维是借助于权利、义务、法律行为、法律关系、法律责任等法律概念以及定分止争、惩恶扬善、程序公正、罪刑法定、疑罪从无、税收法定等法律命题和法律话语进行的,如果对法学理论和法律话语缺乏基本了解是不可能进行法治思维的。

再次要学法、懂法,对中国特色社会主义法律体系的主要法律部门及其法律原则、基本规范比较熟悉,否则很难有真正的法律思维和法律思维基础上的法治思维。例如,如果对物权保护、合同自由、权利义务平等、损害赔偿等民法基本原则不熟悉、不掌握,遇到拆迁、征用等与公民财产权利保护的矛盾时就不可能运用法治思维正确处理问题。

最后要注重法律实践,并注意总结实践中的经验和教训。例如,在行政诉讼中,需要行政机关负责人出庭应诉时,就放下官架子,在法庭上与公民平起平坐,依照法律和事实与行政相对人辩论,如果确实属于行政机关违法就勇敢认错;如果确属行政相对人的诉求于法无据或者超出法律界限,就与行政相对人讨论清楚,向他释法明理。有这么几次实践,就会增强法治观念,并大大提升法治思维水平。

中国新闻周刊:领导干部如何才能树立宪法至上、维护法制尊严的法治思维?

张文显:我认为必须解决权大于法、还是权在法下的问题。当法律规定与领导干部个人意志、偏好、利益发生冲突时,是法律高于个人意志,还是个人意志凌驾于法律之上,是"人依法"还是"法依人",就很难说了。

有些人这个时候就会把法律甚至宪法放在一边,弃之不用。例如,最近几年,一些省市试图出台征收房产税的地方政策、地方法规或规章,这些做法显然违反了《宪法》和《立法法》,在全国两会上人大代表和政协委员大声疾呼"给宪法留点面子",这种倾向才得以遏制。党的十八届三中全会《决定》强调坚持"税收法定原则",就是针对这样一些错误做法的。

中国新闻周刊:作为领导干部,除了树立理性精神,坚定法治的信念之外,如何学会理性平和地运用法律机制处理各种问题和矛盾?

张文显:在当前各类社会矛盾较为突出并且互相叠加的背景下,理性文明执法既关系到执法的实际效果,也关系到法治的权威。

"理性"行使权力和执法,首先要从本质上注重法律的公理性,即法律当中所体现的正义、平等、自由、人权、尚善等基本价值属性,注重政府理性、公共理性和制度理性。从形式上,要合乎理性、合乎情理、客观适度地行使权力和执行法律。

"平和"就是要求以平等谦和而不是居高临下的态度对待人民群众,要以公心、诚心和耐心解决人民群众的诉求,疏导和化解社会矛盾,最大限度地增加和谐因素,减少对抗因素。要改进方式方法,坚决纠正简单执法甚至粗暴执法的问题,不要动不动就用国家暴力、警力、国家强制力来推行自己的决策或意志,即使是正确的决策、好的愿望也不行。特别是在土地征用、房屋拆迁、重大工程建设当中,滥用国家强制力和暴力强迫民众就范的现象仍然比较严重,引发了一系列恶性事件和群体性事件,教训极为深刻。

中国新闻周刊:那么,民众在推进法治过程中可以做些什么?

张文显:民众是法治的主体,民众对法治日益增长的需求是法治进步的强大的不竭动力。所以,法治建设应以人为本,紧紧依靠人民深化法治改革,推进法治建设。人民群众在推进法治进程中大有作为。

首先,民众对保障人权、发展民主、维护公正、促进和谐的祈求与呼唤推动法的精神转换、法制制度创新、执法司法体制改革,推动法治现代化。

其次,民众中很多人对法律有精深的领悟,有些人还有专业研究,有些人有丰富法律实践经验,可以为法律的制定、解释、实施与完善,为中国特色社会主义法律体系的发展提供科学的理论和经验支撑。

再次,民众构成的社会舆论的力量也是推动法治改革发展的助力。最近十年来,收容遣送制度、劳动教养制度等的废止,国有土地上房屋拆迁司法审查制度、涉诉信访依法终结制度、严格证据规则制度等的建立,无一不是由广大人民群众直接推动的结果。

中国新闻周刊:如何培养民众的法治思维呢?

张文显:党的十八届三中全会强调法治中国建设要坚持依法治国、依法执政、依法行政共同推进,坚持法治国家、法治政府、法治社会一体建设。

在法治社会的范畴内,法治首先意味着法治精神、法律规则和法治方式融入社会生活领域,无论是公民,还是法人,都应当信仰法治,崇尚法治,尊重宪法法律,维护社会主义法制的统一、尊严和权威,包括尊重和支持司法的权威和公正。

法治还意味着全体公民和法人学法懂法尊法用法守法护法,树立正确的权利和义务观念,正确行使权利,忠实履行义务;对一切合法的权利(包括个人的、集体的、国家的、人类的权利)给予同等的尊重和维护;树立依照法律有序参与的意识,无论是提出政策、法律建议和工作意见,还是表达意愿、诉求,宣泄不满情绪,都应当依据法律规定,遵循法定程序;更进一步要树立社会主义民主法治、自由平等、公平正义、诚实守信、尊法尚善等理念。

法治也意味着广泛的社会自治。社会自治为公民及公民组织通过自我协商、平等对话、利益平衡依法解决社会自身的问题留有广阔空间。民众要学会在公共治理、城乡社区治理、基层公共事务和公益事业中依法自我管理、自我服务、自我教育、自我监督。

反腐关键在于依法治权*

在世界范围内,腐败主要指权力腐败。腐败首先是利用公共权力谋取私利,其次是侵害公共利益和群众利益。当下中国,腐败已成为侵犯人权、损害公共利益和人民群众利益、危害国家安全、社会和谐的首位政治祸害,是人民群众深恶痛绝并强烈要求从严治理的突出问题。

一、权力腐败的集中表现

所谓腐败,主要指国家权力(公共权力)腐败,权力腐败集中表现为:

权钱交易,用公共权力作为权钱交易的两个方面,行贿与受贿是一根藤上结出的两个毒瓜。从落马的这些进行权钱交易的人来看,的确有一部分人是开始就主动伸手要钱的,但绝大多数人第一次受贿是被动的,是经不住金钱的诱惑而被打开裂缝的。老百姓生动地说:权生钱,钱得权。二者相互依附,相互庇佑。这就是所谓的“权钱交易”。

权色交易,一方利用权力和权力带来的利益与另一方发生性

---

* 本文是作者 2013 年 11 月 16 日在中国社会科学院论坛暨“法治与反腐治权”国际研讨会上的主题演讲。

关系以达到满足生理欲望和感情需要的目的，而另一方或利用自身姿色与对方发生或者保持不正当性关系，或借用、雇佣美色勾引对方，从对方手中获取财物和利益。这几年查办的党政领导干部和国有企业高管的腐败案件，几乎都与用公共权力换取情人、二奶、小三等有关，足以说明权色交易达到何等程度。

权权交易：权权交易是指一个部门领导利用在本部门中提拔另一部门领导的亲属为代价换取另一部门领导在其部门中提拔自己亲属的权力交易行为，该行为发展的极致是一个具有绝对强势的领导在自己的势力范围内直接安插自己的亲属（包括符合公职人员任职回避规定的安插与违反该规定的安插两种情形）。如张书记提拔李局长的原任秘书，李局长提拔张书记的儿子，形成"官选官、大官选小官"的"小圈子"。而干部任用的腐败比一般的权钱交易、权色交易这两种形式的腐败要可怕得多。因为一般权钱交易、权色交易通常只是导致国家财产、集体财产、公民个人财产的损失，导致社会风气的败坏、堕落，而干部任用的腐败除了直接导致社会风气的败坏、堕落外，还导致社会的领导——政府的无能以致腐朽。没有比这更可怕的事了。通常不需要以钱或色为媒介，而是以权力为中心，以既得利益为联盟；权权交易形成权力上的垄断，导致社会阶层流动困难，从而造成社会板结化；而板结一旦形成，社会就非常危险。

从执行权领域的权权交易到决策权、监督权领域及其相互间的权权交易。从这些年来已查处的典型腐败案件来看，政府系统的规划建设、资源审批、资金管理等掌握行政审批权力的部门属腐败高发区，同时党委、人大决策系统和执法执纪监督部门的腐败案件也明显增多。

权力寻租，是政府各级官员或企业高层领导人利用手中的权力，避开法律法规和各种监控、审核，从而寻求并获取自身经济利益的一种非生产性活动。权力寻租是把权力商品化，或曰以权力为资本,去参与商品交换和市场竞争,谋取金钱和物质利益。权力寻租涉及群众的切身利益,是人们关注的热点,已成为社会不稳定因素。另外,寻租活动客观上对市场经济的基本规则也会造成破坏。“跑部钱进”反映出权力寻租已成为比较普遍的现象。因此,非常有必要对权力寻租行为进行治理。

权力暴征,主要表现为地方政府或以地方政府的名义对农民土地、市民房屋的强制征收,在征收中以极其低廉的价格向农民征用土地,转换为国有土地,再以高价出售出去,赚取丰厚利润。有的地方从农民手中征用土地只有几万元一亩,而挂牌出让价格每亩 30 万元甚至过百万元!对市民的房屋实行强拆,补偿很低,而且不及时、不到位,严重地损害了人民群众的利益。权力暴征也表现为超越法律规定增加公民、法人的税负,例如有些地方政府在没有宪法、立法法和税法依据的情况下,变相开征房产税。据有的经济学家统计,在我国的数十种税负当中,大约 2/3 没有法律依据。诸如,税务部门曾经先后出台过许多被网友戏称为“幺蛾子”的税收项目,从房产加名税、离异财产分割税、误餐补助税、建筑业农民工个税到月饼税、加班税、“大病医保”个税,等等,名目繁多、五花八门,真可谓“雁过拔毛”。一些地方政府,更是打着改革的旗号,继“土地生财”之后,又搞了许多征收项目,想尽办法从老百姓腰包里掏钱。这种公然违反征税法定主义原则的征税,就是对公民和法人财产的剥夺,属于侵犯人权的行为。

二、权力腐败的体系性、制度性

在当下中国,权力腐败呈现出明显体系性,是公共权力的普遍腐败,而不是单一的权力腐败。也就是说,腐败之“权”的范围很广、概率很高。尽管不同的权力腐败,其特点、程度有所不同,但是其危害都是不能忽视的。

行政权力的腐败。行政权无孔不入,从摇篮到坟墓,行政权几乎垄断了公共资源,垄断了财政收入,垄断了拨款权、规划权、土地征用权、项目审批权,等等。

司法权力的腐败。这里的司法权力包括侦查权、批捕权、公诉权、审判权、执行权等。尽管有各种程序法的规范与制约,但司法权力滥用的空间仍然较大,造成关系案、人情案、金钱案、假案错案。

立法权力的腐败。立法腐败是指掌握国家立法权的立法机关及其工作人员利用立法权限或职务之便,为特定族群、团体或个人牟取经济、政治及宗教利益的行为或现象;或指立法机关及其工作人员滥用立法权力的行为。立法腐败涉及面更广,危害更大。法律、法规,特别是某些行政规章等规范性文件的制定、修改当中,利益集团的影响比较明显;与立法权滥用并行的,是各种决策权的滥用。据公开资料显示,原商务部条约法律司巡视员郭京毅在《外国投资者并购境内企业暂行规定》和《关于外国投资者并购境内企业的规定》两部法规的制定过程中,故意通过含糊性和难以操作性的条文为外商能够逃避监管进入敏感行业留下漏洞。所谓“郭京毅问题”,不过是他在参与外资法律和投资法律制定与修改的过程中,一边拿了利益群体的好处,一边在法律中为这些利益群体夹带私货。立法腐败,还可以解释为负责立法的政府公务人员接受企业(或集团)的贿赂,有意识地为企业制定有利于其获得长期利润的法律法规。以往人们常见的立法腐败,主要是政府部门主导立法,实现“行政权力部门化、部门权力利益化、部门利益法制化”,将政府部门利用权力谋取私利的行为合法化。从现在初步披露的情况看,郭京毅案揭示的是另一种立法腐败,即官员使得制定、修改的法律、法规、规章对政府部门之外的某些利益群体有利,同时官员“有功而受禄”,以各种形式享用这些利益群体奉上的好处。

决策权力的腐败。决策腐败是指公共决策过程中公共权力非公共运作的一类腐败现象,它既在主观要素上与“决策失误”存在显著的差异,又在权限、效力等行为的客观表现上呈现出有别于执行腐败和监督腐败的特征。如城乡发展规划、重大基础设施建设、重大干部人事任免、重大资金使用等。

人事权力的腐败。买官卖官,带病上岗,民意基础很差,甚至没有获得基本的民主推荐票,照样可以升官晋级。固然不排除却有一些人是因为失察,但是恐怕与人事权腐败直接关联。

三、权力腐败的制度根源

权力腐败源于权力滥用,而权力滥用则源于制度缺陷,缺乏权力不易腐败、不能滥用、不敢滥用的监督制约制度和预防惩治机制。

为此,要客观、深入分析权力为什么能够滥用、容易滥用。

一是权力授予和运行缺乏公开、透明、规范的程序。中国有一些国家权力(公共权力),包括常规权力和非常规权力的授予和运行,缺乏法律程序。例如,现在无论是中央层面,还是地方层面,都存在大量在宪法和法律上根本找不到依据的“临时机构”、“协调机构”,它们或者是完全独立的,或者是相对独立的,实际权力都很大,实际掌握着各种资源的配置、各种项目的审批、各种计划的决策,但是在宪法和法律上却没有任何明确的法定授权,更谈不上权力运行的程序性规定,无法保证权力运行的公开性、透明型、规范性等基本要求,也就无法接受国家权力和公众的监督,很容易导致权力滥用。

二是权力边界不清。我们有许多国家机构和公共机构,它们到底有什么权力,哪些事情该管、那些事情不该管,并不甚清晰,权力之间存在过多交叉,导致有利的事情各个机关一哄而上,乱作为;不利的事情各个机构事不关己,高高挂起,不作为,由此导致多头执法、重复执法、执法扰民、执法坑民、执法空白。权力边界不清，还表现在一些地方政府，由于掌握着编制、人事、财政大权，往往把司法机关当作自己的下属部门，行政权力堂而皇之地介入和插手司法权力的运行，导致严重的地方保护主义和部门保护主义，损害司法公正和司法权威。究竟权力边界在哪里，并没有法律边界；所以，县委书记、市委书记都可以修改规划、乱批条子，都可以任意增减编制。

三是权力没有边际。与权力边界不清更危险的是权力根本没有边界，或者说事实上没有边界。这突出表现在一些地方党政不分，在“一元化领导”惯性思维下，某些地方、某些单位的党委书记大权独揽，权力过分集中，在大权独揽的情况下，插手项目审批、资源配置、人事安排、土地出让、工程指挥，看起来和做起来都很“合法”。许多成为腐败分子的领导干部，问题就出现在这里。由于“一把手”监督制度的缺失，在一些地方实际上形成了以“一把手”为主导的“管理层内部控制”问题，逐渐实现了对区域内经济资源、文化资源、社会资源到政治资源的全面垄断和控制，“一把手”成为腐败的高发岗位。

四是权力行使自由裁量权过大，特别是行政执法自由裁量权过大。自由裁量权过大，时常导致权力被滥用。人们常说，恣意的权力与绝对的权力一样导致腐败。当前腐败现象得不到有效遏制，在很大程度上与行政自由裁量权幅度过宽、过大直接关联。一些政府机关及其工作人员，利用自由裁量权空间，在行政审批、资源配置等方面以权谋私、徇私枉法，进行权钱交易、权色交易等。一些行政机关及其工作人员在行政处罚中显失公平，畸轻畸重，为所欲为，引发社会矛盾；一些行政机关及其工作人员在行政征收中乱摊派、乱收费。一些国有企业的负责人甚至动用数十亿元、数百亿元资金为腐败分子政绩上涂金。滥用行政自由裁量权大搞腐败的典型要数原铁道部部长刘志军、原能源局局长刘铁男。他们都是利用职务上的便利和自由裁量权为他人谋取利益，本人及其亲属收受巨额钱物;违规为其亲属经营活动谋取利益;收受礼金礼品;道德败坏。据说刘铁男在出事前几天还突击审批了数十个能源项目,谋取私利。

五是权力缺乏有效的监控。监督、制约形同虚设,尤其是对一把手的监督和制约往往是形同虚设、软弱无力、无能为力。

四、遏制权力腐败,重在依法治权

既然权力能够滥用,权力滥用必然导致腐败,那么,反腐败工作的关键就是依法治权,其着力点有三:

一是完善权力不能腐败、不易腐败的法律制度,从源头上管控权力滥用。

二是强化监督,形成授权者、掌权者、行权者不愿、不敢、不能滥用职权的环境,预防和减少权力滥用。“三不”当中,“不能”最重要。

三是把权力关进制度的笼子里。人们通常说把老虎关进笼子里,把权力比喻为老虎,可见权力猛于虎。如何把权力这只老虎关进笼子里,使其不能滥用、不能腐败。这是一个永恒的又带有现实紧迫性的课题。期待着本次会议就这个问题能得出各种各样科学的、管用的答案。

社会公平的公民观*

社会公平（公平正义）是我们这个社会的全民诉求和党政关怀，公平中国与法治中国、富强中国、民主中国、文明中国、和谐中国、美丽中国、法治中国、平安中国等要素共同构成中国梦的核心元素。《中共中央关于全面深化改革若干重大问题的决定》把“促进公平正义”与“增进人民福祉”并列作为全面深化改革的出发点和落脚点，并作为改革的指导思想，强调“让发展成果更多更公平惠及全体人民”。加快转变经济发展方式，推动经济“更有效率、更加公平、更可持续发展”。“紧紧围绕更好保障和改善民生、促进社会公平正义深化社会体制改革，改革收入分配制度，促进共同富裕，推进社会领域制度创新，推进基本公共服务均等化，加快形成科学有效的社会治理体制，确保社会既充满活力又和谐有序。”“保障公平竞争。”“国家保护各种所有制经济产权和合法利益，保证各种所有制经济依法平等使用生产要素、公开公平公正参与市场竞争、同等受到法律保护，依法监管各种所有制经济。”“公平参与竞争。”“必须加快形成企业自主经营、公平竞争，消费者自由选择、自主消费，商品和要素自由流动、平等交换的现代市场体系，着力清

---

* 本文是作者 2014 年 2 月 23 日在北京大学沈宗灵法学基金“正义与制度建构”学术研讨会上的专题发言。

除市场壁垒,提高资源配置效率和公平性。"[1]"建立公平开放透明的市场规则。""按照统一税制、公平税负、促进公平竞争的原则,加强对税收优惠特别是区域税收优惠政策的规范管理。""建立农村产权流转交易市场,推动农村产权流转交易公开、公正、规范运行。""深化司法体制改革,加快建设公正高效权威的社会主义司法制度,维护人民权益,让人民群众在每一个司法案件中都感受到公平正义。"[2]"确保依法独立公正行使审判权检察权。""完善文化市场准入和退出机制,鼓励各类市场主体公平竞争、优胜劣汰,促进文化资源在全国范围内流动。""实现发展成果更多更公平惠及全体人民。"[3]"大力促进教育公平。""建立更加公平可持续的社会保障制度。"通览《决定》,"正义"、"公平"、"公正"在《决定》中出现了 31 处。

然而,如何理解社会公平,如何在具体的经济社会政策和法律上体现出公平正义,还没有形成共识。由于市场经济不可避免地引发利益分化,导致利益格局深刻变动,甚至将社会撕裂为不同的利益阶层、利益群体、利益集团。与此相应,以利益为实体的公平观念和正义标准急剧分化,各个阶层、各个利益群体、利益集团普遍认同和接受的公平观念、正义标准、道德正义已经缺乏其经济社会基础。在这种情况下,迫切需要我们从公民立场去理解社会公平。

为什么要选择公民立场来看待社会公平呢?因为:第一,公民是国家的细胞、社会的基元,如果从纯粹的公民立场观察评判社会现象,可以免受阶级、集团、阶层、群体的私利或偏见的影响,获得相对客观正确的判断和结论。第二,公民身份是平等的,不仅人格平等,而且在法律、真理和事实面前也是平等的,公民的平等性决定了其在观察评判社会现象时,可以较少受到外部的干扰和影响,因而接近客观公正。总之,只有站在公民的立场,才能超越阶级、集团、群体利益的狭隘限制从而客观表达公正的公平观。

党的十八大以解决人民最关心最直接最现实的利益问题为着力点，提出逐步建立以权利公平、机会公平、规则公平为主要内容的社会公平保障体系，同时强调司法公正，把司法作为维护社会公平正义的最后一道防线。本文就这四个带有根本性的公平问题发表作为一个公民的见解和观念。

一、关于权利公平的公民观

权利公平包括三个基本方面：一是权利主体平等，不分性别、身份、出身、地位、职业、财产、民族等各种附加条件的限制，公民皆为权利主体，而不能被排除在主体之外；对每个公民“不偏袒”、“非歧视”。在一个相当长的时间内，我国公民的权利主体地位是很不平等的，例如虽说都是国家主人，都有当家作主的权利，可是在2011 年修改选举法之前，城乡按不同的人口比例分配人大代表名额，农村的权利主体地位受到限制。2011 年之后，城乡按相同人口比例选举人大代表，在法律上宣告了主体公平。然而，由于给各级领导干部和特殊人士留下的代表数量过大，实际上还是城市人口占有明显优势。再如户籍制度加剧了城市与农村的二元化结构，农民得不到与市民一样的教育和就业机会以及均等的公共服务，农民事实上仍然是不充分的权利主体；换言之，在很多权利面前，农民还不算是真正的或充分的主体。因此，在权利问题上，占全国人口近二分之一的农民的权利问题仍然的是中国社会的根本问题和突出问题。[4]

二是享有的权利特别是基本权利平等。在基本权利方面不允许不平等的存在、更不能让任何组织或者个人有超越宪法和法律的特权。基本权利主要是指人权和公民基本权利。通常划分为三类，第一类是公民政治权利和自由，诸如知情权、参与权、选举权与被选举权、监督权，以及言论、出版、集会、结社、游行、示威自由、宗教信仰自由，人身自由，人格尊严，通信自由，住宅不受侵犯，秘密通信受法律保护，等等。第二类是经济、社会、文化权利，主要包括受教育权，劳动权，休息权，在年老、疾病或者丧失劳动能力的情况下有从国家和社会获得物质帮助的权利，退休养老的权利，医疗服务和保障的权利以及环境权等等。第三类是特殊人群、社会相对弱势群体的权利，主要是少数民族、妇女、儿童、老年人、残疾人等的权利。在这些权利当中，生存权是首要人权，发展权是根本权利。随着经济社会的发展，人们对"权利"的认知与诉求将从生存层面上升到发展层面，从直接的经济层面上升到政治、文化层面，权利关注将升温，新兴权利将不断涌现。我国现行宪法详细规定了公民的基本权利，2004 年更是将"国家尊重和保障人权"写进宪法，确立人权和公民权利体系。

三是权利保护和权利救济平等。无救济则无权利。任何人的权利都有可能受到侵害或削弱，当权利受到侵害或者削弱的时候，应当获得平等的法律保护和救济。不能因为保存证据的意识和取证能力不强、交不起诉讼费用、请不起律师等原因而导致打官司难、胜诉难、胜诉之后执行难。我在法院工作五年，我深切地感受到，尽管各级法院做了大量努力，但要实现权利救济公平，特别是受到政府侵害的权利的救济公平，还是很艰难的。

有一篇震撼心灵的讲演，揭示出了权利主体平等的真谛，并迸发出主体平等的怒吼：这就是美国民权运动领袖马丁·路德·金的著名讲演"我有一个梦想"（I Have a Dream）：

"朋友们，今天我要对你们说，尽管眼下困难重重，但我依然怀有一个梦。这个梦深深植根于美国梦之中。

我梦想有一天，这个国家将会奋起，实现其立国信条的真谛：'我们认为这些真理不言而喻：人人生而平等。'

我梦想有一天，在佐治亚州的红色山岗上，昔日奴隶的儿子能够同昔日奴隶主的儿子同席而坐，亲如手足。

我梦想有一天，甚至连密西西比州——一个非正义和压迫的热浪逼人的荒漠之州,也会改造成为自由和公正的青青绿洲。

我梦想有一天,我的四个小女儿将生活在一个不是以皮肤的颜色,而是以品格的优劣作为评判标准的国家里。

我今天怀有一个梦。

我梦想有一天,亚拉巴马州会有所改变——尽管该州州长现在仍滔滔不绝地说什么要对联邦法令提出异议和拒绝执行——在那里,黑人儿童能够和白人儿童兄弟姐妹般地携手并行。

我今天怀有一个梦。

我梦想有一天,深谷弥合,高山夷平,歧路化坦途,曲径成通衢,上帝的光华再现,普天下生灵共谒。这是我们的希望。这是我将带回南方去的信念。有了这个信念,我们就能从绝望之山开采出希望之石。有了这个信念,我们就能把这个国家的嘈杂刺耳的争吵声,变为充满手足之情的悦耳交响曲。有了这个信念,我们就能一同工作,一同祈祷,一同斗争,一同入狱,一同维护自由,因为我们知道,我们终有一天会获得自由。”

二、关于机会公平的公民观

机会公平,也称作机会平等。机会公平是人类从身份社会进入契约社会的过程中提出来的反对封建等级制度和世袭制度的革命纲领。机会公平纲领要求摒弃先赋性特权、身份等级等不公正因素的影响,保证每个社会成员能够有一个平等竞争的条件,从而拓展个人自由创造的空间,最大限度地发挥每一个人的能力和潜能。在现代社会,机会公平堪称是最重要的正义原则,因为机会公平是起点平等,如果没有起点平等,后续的平等就是画饼充饥。机会公平意味着对发展进步权利的普遍尊重。它要求在公共领域公正地对待和确保每一个人的权利,各种职位对一切符合条件的人开放,允许并鼓励不同阶层、地域互相开放,允许社会成员互相流动。

机会公平不仅要求在进入上平等,也要求在退出上平等。如果没有退出机制和流动机制,在职位有限的情况下优秀人才便无法脱颖而出,那也是一种机会不公平。所以,要坚决废除国家领导职务的终身制以及事实上的职务终身,反对领导职务的世袭制、接班制,实行领导职务任期制、退休制,为优秀人才施展才华创造良好的制度环境,让每个人都有出彩的机会,都有一个"升官发财富学"的梦,都有梦想成真的预期。

机会公平当中最重要的是教育公平,教育公平是最大的公平,教育公平就是为人人提供同等的受教育的机会和均等的教育资源,为所有人创造自由而全面发展的均等条件,使人们在公平正义的阳光普照下,从同一起跑线上起跑,向着共同的幸福未来进发。

机会平等还应当包括代际平等,不仅要切实保证当代人平等机会,而且应当关注和保证后代人机会平等。当前,我国有相当多的农民、农民工、普通工人和困难群众子女享受不到社会公认的公共教育资源,不能接受平等教育,这必将导致他们普遍缺乏在未来社会的生存能力和竞争能力,形成新的代际不公。

机会公平是近年来的社会热点话题。无论是原国家主席胡锦涛,还是原国务院总理温家宝都反复强调社会公平。在他们的话语当中,在党和国家的诸多文献中,机会公平往往和以下表述相关联:促进人人平等获得发展机会,推动包容性增长;营造平等竞争、共谋发展的法治环境、政策环境和市场环境,营造公平的社会环境,保证人民平等参与、平等发展权利;优先开发人力资源,加快完善社会保障体系,推进基本公共服务均等化,保证社会成员都能够接受教育,都能够进行劳动创造,都能够平等地参与市场竞争、参与社会生活,都能够依靠法律和制度来维护自己的正当权益;要使所有的人都能通过自己的努力获得应有的利益。说的都是机会公平。

去年,习近平主席在十二届全国人大第一次会议闭幕式上的讲话,也可以说是他的就职演说,多次讲到机会公平。他说:生活在我们伟大祖国和伟大时代的中国人民,共同享有人生出彩的机会,共同享有梦想成真的机会,共同享有同祖国和时代一起成长与进步的机会。有梦想,有机会,有奋斗,一切美好的东西都能够创造出来。[5]

机会公平也是国际性、世界性话语。美国总统奥巴马 2009 年就职演说中讲道:“上帝赋予所有人平等、所有人自由和所有人充分追求幸福的机会。”“如果一个国家仅仅施惠于富裕者,其富裕便不能持久。我们的经济成功从来不是仅仅依赖国内总产值的规模,而是还依赖繁荣的普及,即为每一位愿意致富的人提供机会的能力——不是通过施舍——因为这才是最可靠的共同富裕之路。”2013 年奥巴马在连任美国总统的就职演说中,再次讲到机会公平:“我们美国人民知道我们的国家要想取得成功,就不能建立在少数人的基础上。我们相信美国的繁荣必须建立在繁荣的中产阶级的基础上。我们知道每一个人能够找到在工作上的满足感,使家庭免于受到破产的危机。小女孩出生的时候,知道可以同其他人一样有着平等的机会取得成功,她是自由的、她是平等的,不仅仅在上帝的眼中,也在我们的眼中是平等自由的,只有这样我们才能取得成功。”

根据联合国大会的《发展权利宣言》,各国应采取一切必要措施确保“所有人在获得基本资源、教育、保健服务、粮食、住房、就业、收入公平分配等方面机会均等”。

机会公平并不保证“结果平等”,但它为每个成员的发展提供了公平参与和实现梦想的可能性。在社会各个领域,人们之间能力有高低,结果会不同,但机会公平了,心态也就平和许多。最近几年频频曝光的“官二代”、“官三代”违规担任公职和领导干部的事件在媒体上广泛议论,根源就在于它们破坏了机会公平、平等竞争的基本原则,泯灭了其他竞争者脱颖而出的梦想和预期,触动了广大平民百姓渴望机会公平的神经。

三、关于规则公平的公民观

规则是一个统合概念，包括了所有的法律规则、政策规则、显规则、潜规则、硬规则、软规则等。这里讲的规则公平主要是政策和法律规则要公平。规则公平有三重含义：第一，形式上公平，就是人们经常说的法律（政策）面前一律平等，即立法上、决策上的平等，全体公民，不分民族、种族、职业、宗教信仰、财产状况、受教育程度、居住年限与社会地位，在法律规则和政策标准面前人人平等。第二，实体公平，就是权利义务对等，既不允许存在无权利的义务（奴役），也不允许存在无义务的权利（特权），每个人都既享有权利又承担义务，自由地行使权利，忠实地履行义务。第三，在法律（政策）实施中"无例外"，对任何公民的合法权益，都应当依法保护；对任何公民的违法犯罪行为，都平等地依法追究。既不容许不受保护的"例外"，也不容许不受处罚的"例外"。总之，不论职位高低，不论贫富差异，法律上一视同仁。

规则公平当中首要的应当是法律公平，因为在当今中国最普遍的规则、最影响人的思想和行为、最具有权威性质的规则是法律规则。公平正义是法律的核心意蕴，无论是在西方还是在东方，从词语上、语境上，法律总是意味着某种公平。西方法学家认为法律是公平正义的艺术，我国近代资产阶级启蒙思想家梁启超极其深邃地主张："法者，天下之公器也。"[6]从法律的固有语义和内涵，可以合乎逻辑地得出一个结论：公平正义是法的内在要求，保障和维护公平正义是法治的核心价值。

"规则公平"是"权利公平"和"机会公平"的制度设置和保障，也是实现权利平等和机会平等的有效途径，所以带有根本性和前提性。在我国社会发展的现阶段，法律和政策规则总体上是公平的。但是，不公平的规则仍然大量存在，且由于利益集团的牵制和其他社会原因而难以修改或废止。例如,同样是社会主义市场经济体系的组成部分,但由于行业垄断规则的存在,民营企业在行业准入、金融贷款、产品销售等方面却受到重重限制和阻碍,致使我国经济缺乏活力;由于数十年不变的户籍制度把公民人为地分成市民和农民,分成三六九等,致使城乡征地价格存在“剪刀差”,城乡居民“同命不同价”、“同命不同判”;因为身份的“双轨制”,有的是临时工,有的是正式工,结果是同一个单位、干同样的活,工资收入却相差好几倍,福利待遇更是悬殊。

要做到规则公平,最主要的是扩大民主,让人民群众平等地参与民主对话、民主协商、民主立法,让各个阶层、各个群体,特别是社会弱势群体在制定规则方面有发言权,有话语权。当前,面对利益格局深刻变动和利益主体多元分化,面对人民群众对规则平等的强烈要求,必须加快建立正确、及时反映各方利益的法律机制,让不同社会利益群体和社会阶层都能有平等的机会和渠道充分表达自己的利益诉求。目前,“三农”、农民工、流动人口、城市拆迁户、大学生就业等社会问题之所以迟迟得不到有效解决,很大程度上与这些群体没有一个真正能为自己说话、争取自身利益的“代言人”,进而造成他们在公共政策和法律制定中缺失话语权有关。由于弱势群体的资源有限,合法渠道不通,不得不采取施压型群体行动(例如静坐、集体上访、非法举行集会游行、围堵和冲击党政机关)来宣泄利益诉求。这样的利益诉求方式必然导致社会的不稳定、不和谐。为此,我们主张以共产党领导的多党合作与政治协商制度为基本制度,建立健全各利益群体和社会阶层的利益表达和协商机制,诸如民意调查制度、信息公开制度、听证会制度、对话协商谈判制度、公民投票表决制度、非政府组织参与机制等,为所有人提供以理性、合法的形式表达利益诉求和政策博弈的制度性平台,使各种利益诉求能够通过公正、规范、有效的渠道输入公共决策过程中,供决策机关和立法机关整合和选择,从而制定出得到社会普遍认可的公共政策和法律。在利益表达和民主协商过程中，决策和立法机关要尽可能保持“程序中立”。

四、关于司法公正的公民观

中国特色社会主义法律体系形成之后，我国法治建设的重心从立法转向了司法；随着我国依法治国进程加速，人民群众的维权意识和诉讼观念显著提升，越来越寄希望于通过司法程序解决矛盾纠纷，致使社会矛盾纠纷以司法案件的形式大量地涌入法院，持续呈现诉讼“井喷”、诉讼“爆炸”的态势，我国超乎预料地提前进入“诉讼社会”；加上司法领域频频发生“问题案件”和冤假错案，司法公正问题成为全社会关注的热点和焦点。

公正是司法的本质，司法公正是社会公平的底线。客观公正地说，我国的司法基本上是公正的，但不公正的案件时有发生，造成了恶劣影响。影响司法公正的首要因素是法官、法庭、法院难以做到依法独立公正办案，遭遇的干扰和干涉太多。习近平总书记去年 2 月 23 日在中央政治局第四次集体学习时尖锐地指出：群众反映，现在一个案件，无论是民事案件还是刑事案件，不托人情、找关系的是少数。尤其到了法院审判环节，请客送礼、打招呼、批条子的情况很严重。这说明依法独立公正司法的外部环境很差，司法独立和司法公正受到不应有的干扰。地方保护、部门保护的干扰和干涉，以权压法、权大于法、迫使司法机关滥用职权、违法办案的现象时有发生，导致司法不公、冤假错案，甚至引发大规模群体性事件，特别是在土地征用、房屋拆迁、社会保障、高速公路建设、新农村建设等领域尤为突出。越是往下，司法机关依法独立公正办案的压力越大。影响司法公正的另一个重要因素是法官、检察官的职业素养、能力、作风参差不齐，司法保障水平还比较低。

司法公正是社会公平的最后防线，如果这一防线被突破，人民群众对公平正义的信心、对法律的信任、对法治的期待，就会一落千丈。正如英国哲学家培根说过："一次不公正的裁判，其恶果甚至超过十次犯罪。因为犯罪虽是无视法律——好比污染了水流，而不公的审判则毁坏法律——好比污染了水源。"[7]我所理解的"弄脏了水源"，就是破坏了司法和法律的公正，也摧毁了司法和法律的公信力。党的十八大之后，习近平总书记多次强调指出：全面推进依法治国，必须坚持公正司法。要依法公正对待人民群众的诉求，努力让人民群众在每一个司法案件中都能感受到公平正义，绝不能让不公正的审判伤害人民群众感情、损害人民群众权益。在近期召开的中央政法工作会议上，习近平总书记明确提出维护公平正义是司法与法治的核心价值。这表明党和人民对司法提出了更高的标准和更严格的要求。为了做到司法公正，所有司法机关都要紧紧围绕公正这个问题来改进工作，重点解决影响司法公正和制约司法能力的深层次问题，要优化司法职权配置，规范司法行为。同时，要坚持和改进党的司法的领导，加强和改进人大对司法工作的监督，进一步深化司法改革，确保人民法院、人民检察院依法独立公正地行驶审判权和检察权，切实维护司法权威和公正；要大力培养理性的司法文化，尊重司法公正和司法权威，为司法机关创造公正司法的制度环境、文化环境和物质条件。

注　释

〔1〕《中共中央关于全面深化改革若干重大问题的决定》，人民出版社 2013 年版，第 14 页。

〔2〕《中共中央关于全面深化改革若干重大问题的决定》，人民出版社 2013 年版，第 38—39 页。

〔3〕《中共中央关于全面深化改革若干重大问题的决定》，人民出版社 2013 年版，第 51 页。

〔4〕 2012 年 8 月，中国社科院发布《城市蓝皮书·中国城市发展报告 NO. 5》，指出，

2011 年中国城镇人口达到 6.91 亿,城镇化率达到 51.27%,城镇人口首次超过农村人口。参见潘家华、魏后凯编:《城市蓝皮书·中国城市发展报告 NO.5:迈向城市时代的绿色繁荣》,社会科学文献出版社 2012 年版。

〔5〕 习近平:"在第十二届全国人民代表大会第一次会议上的讲话",载《人民日报》2013 年 3 月 18 日,第 1 版。

〔6〕 转引自张国华主编:《中国法律思想史》,法律出版社 1982 年版,第 449 页。

〔7〕 W. Aldis Wright M. A., Bacon's Essays and Colours of Good and Evil with Notes and Glossarial Index, New York: the Macmillan Company, 1899, p. 222.

推进国际关系法治化
构建民主公正合理的世界新秩序*

十八大之后,以习近平同志为总书记的党中央统筹国内法治与国际法治、国家治理和全球治理两个大局,就推进国际关系民主化法治化合理化、推动全球治理体系和治理规则变革、构建更加公正合理的国际经济政治新秩序,进行了深刻论述和全新布局。

2014 年 11 月 29 日,习近平总书记出席中央外事工作会议时强调:“要切实推进多边外交,推动国际体系和全球治理改革,增加我国和广大发展中国家的代表性和话语权。”2015 年 10 月 12 日,习近平总书记在主持中共中央政治局以“全球治理格局和全球治理体制”为主题的第二十七次集体学习时强调,我们要审时度势,努力抓住机遇,妥善应对挑战,统筹国内国际两个大局,推动全球治理体制向着更加公正合理的方向变革。习近平指出:当前,国际力量对比发生深刻变化,新兴市场国家和一大批发展中国家的国际影响力不断增强,这是近代以来国际力量对比中最具革命性的变化。数百年来列强通过战争、殖民、划分势力范围等方式争夺利益和霸权逐步向各国以制度规则协调关系和利益的方式演进。全

* 本文是作者 2016 年 4 月 13 日在中共中央党校为全体学员所作的专题报告。

球治理体制变革正处在历史转折点上。“现在，世界上的事情越来越需要各国共同商量着办，建立国际机制、遵守国际规则、追求国际正义成为多数国家的共识。”[1]习近平强调，随着全球性挑战增多，加强全球治理、推进全球治理体制变革已是大势所趋。中央政治局就“全球治理格局和全球治理体制”进行专题学习研讨，一方面是因为国际格局的变化对全球治理提出了更新的要求；另一方面也表明中国希望在全球治理体制的变革中作出积极的贡献。

在一系列国际重大场合，习近平主席也是旗帜鲜明地主张推进全球治理变革，建设新型国际关系（新型国际关系就是新型世界秩序）。

2013 年 3 月 27 日，习近平在金砖国家领导人第五次会晤时强调“不管全球治理体系如何变革，我们都要积极参与，发挥建设性作用，推动国际秩序朝着更加公正合理的方向发展，为世界和平稳定提供制度保障。”

2014 年 3 月 28 日，习近平在德国科尔伯基金会演讲时指出：“我们将从世界和平与发展的大义出发，贡献处理当代国际关系的中国智慧，贡献完善全球治理的中国方案，为人类社会应对 21 世纪的各种挑战作出自己的贡献。”

2014 年 7 月 15 日，习近平在金砖国家领导人第六次会晤上的讲话中再次主张：我们应该坚持合作精神，继续加强团结，照顾彼此关切，深化务实合作，携手为各国经济谋求增长，为完善全球治理提供动力。

2014 年 7 月 16 日，习近平在巴西国会的演讲时提出：我们应该加强在联合国、世界贸易组织、二十国集团、金砖国家等国际和多边机制内的协调和配合，凝聚发展中国家力量，积极参与全球治理，为发展中国家争取更多制度性权力和话语权。

2015 年 9 月 22 日，习近平在接受《华尔街日报》采访时阐述了推进全球治理体制变革的必要性：世界上很多有识之士都认为，随着世界不断发展变化,随着人类面临的重大跨国性和全球性挑战日益增多,有必要对全球治理体制机制进行相应的调整改革。

为什么十八大以来党中央和习近平总书记大力推进全球治理格局和治理体制变革、建构世界新秩序?我们要建立一种怎样的世界新秩序?中国在建构世界新秩序中应补哪些短板?如何以国际关系法治化来引领和保障世界新秩序?这几个问题就是我今天要讲的重点。

一、为什么要推进全球治理格局和治理体制变革、建构世界新秩序?

第一,为我国改革发展创造更加良好的外部环境。2015 年 10 月 12 日,在中央政治局就全球治理格局和全球治理体制进行第二十七次集体学习时,习近平总书记发表了重要讲话,强调:"我们参与全球治理的根本目的,就是服从服务于实现'两个一百年'奋斗目标、实现中华民族伟大复兴的中国梦。我们推动全球治理体制向着更加公正合理方向发展,是为我国发展和世界和平创造更加有利的条件。"[2]

第二,推动全球治理体制更加均衡地反映国际力量变化。世界历经两极、单极到走向多极的进程,格局之变异常艰难,需要理论和秩序的相应调整。只有改革和调整陈旧的国际关系,才能切实反映国际格局的变化,推动各国在国际经济合作中权利平等、机会平等、规则平等,推进全球治理规则民主化、法治化,努力使全球治理体制更加平衡地反映大多数国家意愿和利益;也才能更有效地坚持联合国宪章的宗旨和原则,更好地维护、发展和确立以联合国为核心的国际体系,进而创造人类更光明的未来。习近平主席还指出:国际规则需要不断革故鼎新,以适应全球增长格局新变化,让责任和能力相匹配,推动国际经济秩序顺应新兴市场国家和发展中国家力量上升的历史趋势。国际社会应该推动变革全球治理体制当中不公平和不合理的安排，使全球治理体制能够更加平衡地反映大多数国家的意愿和利益。目前全球治理的主要问题在于，占世界总人口七成以上的发展中国家拥有的国际话语权与自身规模和日益增长的经济实力不相匹配。一些发展中国家希望中国能够在推进更加公正合理的全球治理机制方面多作贡献。我们中国也有责任积极参与全球经济治理、推进全球治理体系变革，提高发展中国家在全球治理中的制度性话语权，构建广泛的利益共同体，推动国际格局的良性构建和国际力量对比趋向平衡。

第三，有效应对全球性挑战。目前，全球治理体制变革正处在历史转折点上。经济全球化深入发展，把世界各国利益和命运更加紧密地联系在一起，形成了你中有我、我中有你的利益共同体。很多问题不再局限于一国内部，很多挑战也不再是一国之力所能应对，全球性挑战需要各国通力合作来应对。例如，2015 年后发展议程、气候变化谈判、国际货币基金组织改革、反恐、反腐败、网络安全等全球治理重点问题，扶贫减灾、粮食安全、能源安全、人道援助、防范重大传染性疾病等问题。这就决定了中国不可能独善其身，不能关起门来搞治理，必须融入世界，积极构建开放合作的治理格局，努力使国内治理与国际治理有效衔接、相辅相成。

第四，争夺话语权和发展的制高点。当今世界，发达国家总体上仍然主导着全球治理规则和世界秩序。中国的快速崛起必定要面临既有国际规则和国际秩序的限制，受到美国等西方守成大国的钳制。推进全球治理体制变革，就是冲破旧秩序、建构新秩序，给国际治理格局和国际体系定规则、定方向，争取在国际秩序和国际体系长远制度性安排中体现和尊重中国应有的地位和作用，就是要争夺发展的制高点。

二、建立什么样的世界新秩序?

建构什么样的国际关系和世界新秩序？世界上有不同的答案

和方案。西方学者中的新现实主义一派提出“霸权稳定论”,主张打造一个无所不能的超级大国来统领国际事务。自由主义一派提出“全球治理论”,主张各国弱化或让渡一部分主权,制定共同的规则来管理世界。建构主义一派抛出“普世价值论”,主张推广西方价值观和社会制度来一统天下。[3]

但这些学说在解释复杂而深刻变化的世界时捉襟见肘,在指导现实社会实践时表现出严重的保守性和僵化性,甚至成为世界局部地区和少数国家社会失序、政治动荡的思想根源。很多发展中国家和新兴国家领导人和学者看到了西方这些学说的局限和危害,但缺乏理论创新的能力,提不出系统的全球治理新理论。习近平主席顺应时代发展潮流,代表新兴经济体和发展中国家的利益和愿望,在世界舞台发出与不断增长的经济实力和不断提升的国际地位相匹配的声音,提出了变革国际关系和建构世界新秩序的重大理论。

2014 年 6 月 28 日,习近平主席在和平共处五项原则发表60 周年纪念大会上,首次系统阐述了世界新秩序,并给出中国定位和中国方略,这就是民主化、法治化、合理化(公正化)。

国际关系民主化。习近平主席指出:“我们应该共同推动国际关系民主化。世界的命运必须由各国人民共同掌握,世界上的事情应该由各国政府和人民共同商量来办。垄断国际事务的想法是落后于时代的,垄断国际事务的行动也肯定是不能成功的。”[4]

习近平主席还在其他很多场合论述过国际关系民主化。2014 年 7 月 15 日,在金砖国家领导人第六次会晤上的讲话中提出:我们应该坚持包容精神,推动不同社会制度互容、不同文化文明互鉴、不同发展模式互惠,做国际关系民主化的实践者。我们应该坚持合作精神,继续加强团结,照顾彼此关切,深化务实合作,携手为各国经济谋求增长,为完善全球治理提供动力。我们应该坚持共赢精神,在追求本国利益的同时兼顾别国利益,做到惠本国、利天下,推动走出一条大国合作共赢、良性互动的路子。

2015年7月8日，在会见俄罗斯总统普京时强调，我们赞成金砖国家一致向世界发出维护第二次世界大战胜利成果、促进世界和平与安全、推动国际关系民主化的积极信号，巩固金砖国家在完善全球治理、加强多边主义等方面的重要作用，推进全球治理规则民主化。

2015年9月28日，习近平主席在第七十届联合国大会一般性辩论时发表了题为“携手构建合作共赢新伙伴同心打造人类命运共同体”的讲话，对国际关系民主化进行了全面而深入的阐述，指出：我们要坚持多边主义，不搞单边主义；要奉行双赢、多赢、共赢的新理念，扔掉我赢你输、赢者通吃的旧思维。协商是民主的重要形式，也应该成为现代国际治理的重要方法，要倡导以对话解争端、以协商化分歧。我们要在国际和区域层面建设全球伙伴关系，走出一条“对话而不对抗，结伴而不结盟”的国与国交往新路。大国之间相处，要不冲突、不对抗、相互尊重、合作共赢。大国与小国相处，要平等相待，践行正确义利观，义利相兼，义重于利。不管国际格局如何变化，我们都要始终坚持平等民主、兼容并蓄，尊重各国自主选择社会制度和发展道路的权利，尊重文明多样性，做到国家不分大小、强弱、贫富都是国际社会的平等成员，一国的事情由本国人民作主，国际上的事情由各国商量着办。

国际关系法治化。“我们应该共同推动国际关系法治化。推动各方在国际关系中遵守国际法和公认的国际关系基本原则，用统一适用的规则来明是非、促和平、谋发展。‘法者，天下之准绳也。’在国际社会中，法律应该是共同的准绳，没有只适用他人、不适用自己的法律，也没有只适用自己、不适用他人的法律。适用法律不能有双重标准。我们应该共同维护国际法和国际秩序的权威性和严肃性，各国都应该依法行使权利，反对歪曲国际法，反对以‘法治’之名行侵害他国正当权益、破坏和平稳定之实。”〔5〕“我们应当创造一个奉行法治、公平正义的未来，提高国际法在全球治理的地位和作用，确保国际规则有效遵守和实施，坚持民主、平等、正义，建设国际法治。”[6]

国际关系合理化、国际关系公正化。习近平主席指出：“我们应该共同推动国际关系合理化。适应国际力量对比新变化推进全球治理体系改革，体现各方关切和诉求，更好维护广大发展中国家正当权益。”[7]合理化实质上就是公正化。所以，习近平总书记通常用的比较多的词语是“公正合理”。“大道之行也，天下为公。”公平正义是世界各国人民在国际关系领域追求的崇高目标。在当今国际关系中，公平正义还远远没有实现。

习近平主席近年来在许多国际场合呼吁构建更加公正的国际秩序。2013 年 3 月 27 日，习近平在金砖国家领导人第五次会晤时强调：我们要在全球治理体系变革中发挥建设性作用，推动国际秩序朝着更加公正合理的方向发展。

2014 年 7 月 20 日，习近平同阿根廷总统克里斯蒂娜举行会谈时强调：双方要在全球治理、国际经济金融体系改革等重大问题上密切沟通配合，维护好新兴市场国家和发展中国家权益，推动国际秩序朝更加公正合理的方向发展。

2014 年 9 月 19 日，习近平在印度世界事务委员会发表重要演讲指出：中印两国要做战略协作的全球伙伴，推动国际秩序朝更加公正合理的方向发展。中印两国要继承和发扬和平共处五项原则，坚持主权平等、公平正义、共同安全，坚持共同发展、合作共赢、包容互鉴，以自身发展为世界经济增长和全球治理作出更大贡献，为全球性问题提供代表广大发展中国家利益的方案。

在推动国际治理变革，构建民主法治公正合理的世界秩序的基础上，向着建设利益共同体和命运共同体的方向前进。党的十八大报告首次明确提出“倡导人类命运共同体意识”。十八大以来，习近平主席针对“国强必霸”、“中国威胁论”，提出了建设利益共同体和命运共同体的主张。2014 年 3 月 27 日,习近平在联合国教科文组织总部的演讲中首次明确向世界阐释命运共同体,指出:“当今世界,人类生活在不同文化、种族、肤色、宗教和不同社会制度所组成的世界里,各国人民形成了你中有我、我中有你的命运共同体。”[8]2015 年 9 月 28 日,在第七十届联合国大会一般性辩论时的讲话中,习近平主席全面系统地阐释了打造人类命运共同体的方向,指出:“当今世界,各国相互依存、休戚与共。我们要继承和弘扬联合国宪章的宗旨和原则,构建以合作共赢为核心的新型国际关系,打造人类命运共同体。”[9] 为此,我们需要作出各种努力。我们要建立平等相待、互商互谅的伙伴关系;我们要营造公道正义、共建共享的安全格局;我们要谋求开放创新、包容互惠的发展前景;我们要促进和而不同、兼收并蓄的文明交流;我们要构筑尊崇自然、绿色发展的生态体系。

习近平还在一系列双边和多边重要外交场合强调树立人类命运共同体意识,提出了共建中国—东盟命运共同体、中国巴基斯坦命运共同体、亚洲命运共同体、中拉命运共同体、中非命运共同体等,表明中国同世界各国共同致力于促进世界的和平、稳定、繁荣与进步的善意和决心。

人类命运共同体理念,是在洞察国际形势和世界格局演变大趋势的基础上,对人类社会发展潮流的前瞻性思考,是习近平主席给未来世界秩序的中国定位和中国方略,构成了新型国际关系和世界秩序的理论基石。总而言之,打造人类命运共同体,在实践中,就是要创造一个各尽所能、合作共赢的未来,摈弃“零和博弈”狭隘思维,多一点共享、多一点担当;要创造一个奉行法治、公平正义的未来,确保国际规则有效遵守和实施,坚持民主、平等、正义,建设国际法治;要创造一个包容互鉴、共同发展的未来,倡导和而不同,允许各国寻找最适合本国国情的应对之策;促进世界经济政治更加平衡、全球治理更加有效、国际关系更加民主公正。这些主张蕴含中华文化智慧,同广大发展中国家呼声共鸣共振,描绘了世界新秩序的愿景和模式。

三、构建世界新秩序需要澄清的误读、补齐的短板

关于构建世界新秩序的主张时常引起误读误解,国外别有用心的人甚至把它说成“中国危险论”的证据。对此,需要指出的是:

第一,推进全球治理改革,构建世界新秩序,并不是把现行秩序推倒重来,也不是另起炉灶,而是推动全球治理体系朝着更加公正合理有效的方向发展。习近平主席特别指出,构建新秩序并不是指推翻美国主导的目前体制,中国希望的是美国和发达国家修正目前世界秩序中不公正不合理的部分,将目前的国际体制变得更为完美。境外媒体称,中国国家主席习近平呼吁构建更公正的国际秩序,以在亚非两大洲的影响力已比过去大幅提升之际反映亚洲和非洲国家的新声音。中国还没有推翻美国主导体制那样的能力,也没有那样的意思。

第二,构建新秩序,或者像国外媒体所讲的“重组世界秩序”,并不是要人为地放弃韬光养晦的外交策略。邓小平同志当年提出中国应该静候它在世界舞台上的机遇,“韬光养晦”。对于我国而言,韬晦策略为我国营造了三十年的宽松发展环境,使我国的经济发展取得巨大成功。但是,随着中国经济实力强大,美国和欧洲都看透了韬光养晦策略,试图改变经济全球化过程的规则制度,逆转中国经济起飞对西方实力的不利后果,迫使我们不得不面对和参与充满陷阱的国际强权政治;不管中国情愿与否,中国政府在国际舞台上“韬光养晦,绝不当头”的时代已经基本结束,连“反恐”战争为中国带来的政治回旋余地也在迅速消失。当美国和日本等部分周边国家不断碰触中国国家核心利益、我们不得不坚强回应的情况下,我们在国际上保持低姿态的日子不复存在,而必须积极参与全球治理,参与国际游戏规则的制定,以有效维护和扩大中国的国

家利益。

第三,在构建世界新秩序方面,我们仍有很多短板。过去几十年,特别是十八大以来,在以习近平为总书记的党中央领导下,中国以更加自信、更加主动的姿态在全球治理中发挥了重要参与者、建设者和贡献者的作用。在全球治理议程上,中国正从规则接受者向制定者转变,从被动参与者向主动制定者转变,从外围协商者向核心决策者转变。但是,总体上我们还存在一些短板。

首先是话语权脆弱。习近平总书记深刻指出:世界范围话语权上"西强我弱"的格局还没有根本改变,不少方面还没有话语权,甚至处于"无语"或"失语"状态,我们设置议题的能力、参与和主导规则制定的能力仍比较弱,在不少问题上甚至西方国家和敌对势力信口雌黄,我们也有理说不清。这其中的原因是多方面的,有国际传播能力方面的问题,有西方受众心理方面的问题,但一个重要原因是我们的话语体系还没有建立起来,我国发展优势和综合实力还没有转化为话语优势。而没有自己的话语体系,不能有效论证或证成自己的主张和行为,也就更谈不上对国际事务的支配力。话语权的功能可以体现为两个方面:在国内方面,它表现为话语的引领力、主导力,亦即引领意识形态和公共舆论的能力;在国际方面,它表现为话语的影响力、支配力,以及转化为参与国际事务决策和国际规则制定的能力。话语权的主要标志是话语的国际影响力,而这又取决于我们能否创造出具有自己思想内涵、符合人类社会发展规律和全球化趋势同时又具有感召力和普遍示范效应的话语体系,即我们能否创造出让世界接受的思想体系。我们可能不同意亨廷顿的"文明冲突论"、福山的"历史终结论",但我们尚未提出同样有影响力的理论。2014 年 3 月 27 日,习近平总书记在巴黎联合国教科文组织总部发表演讲时曾引用拿破仑的一句名言:世上有两种力量:利剑和思想;从长而论,利剑总是败在思想手下。这正说明产生思想和形成思想体系、进而形成话语体系具有重大意义,也表明中国供给世界的不应当仅仅是各种商品,而也应该包括思想和文明成果。

话语权当然以实力为基础,经济、政治、军事等硬实力是强势话语权的支撑力量,但并不是唯一的决定力量。实力与话语权并不是当然的正相关关系。比如英国,经济实力虽已下降,但在全球事务上依然拥有比较强大的话语权。话语的力量一旦形成,就具有相对的独立性,因为话语权的基础仍在于一个国家能否产生出具有世界影响力的思想体系。中国目前经济和政治的硬实力显著增强,但面临着严重的话语缺失和"话语逆差"问题。话语与话语权的基础在于真正的理论创新和话语质量。因此,建构自己的学术话语体系和思想体系,对于争夺话语权是至关重要的。

构建我们自己的话语体系要体现世界共同价值。我们反对西方把自己的价值观和价值体系作为"普世价值"强加于人,但是我们不能够因此而否认人类社会的共同价值。在联合国大会上,习近平主席鲜明地提出"和平、发展、公平、正义、民主、自由是全人类的共同价值,也是联合国的崇高目标"。[10]我认为,"和平、发展、公平、正义、民主、自由"共同价值观的提出,使我们在价值问题上从被动转向了主动,站在了价值和道德的制高点。在当今世界,关起门来搞话语体系是根本不可能的,我们不可能再重新创造出一个与世界完全不同的表达体系,当前我们所能做到的创新在很大程度上是通过注入中国实践、中国智慧、增强理论和价值共识来实现的。这就是习近平总书记所提出的"着力打造融通中外的新概念新范畴新表述,讲好中国故事,传播好中国声音"。2014 年以来,习近平总书记在许多重大的国际场合,提出并阐述了一系列具有国际共同价值的命题和观念,例如,"全球利益共同体";"人类命运共同体";"和平与发展仍然是当今时代两大主题";"文明是多彩的、平等的、包容的";"构建和平、发展、合作、共赢的新型国际关系"。这些命题和观念产生了广泛的思想和政治影响,为我们如何提炼科学概念、提出思想命题、提供理论观点、推出中国方案,提升中国话语权,树立了典范。

其次,我们主导国际关系和世界秩序的硬实力还远远不够。经过多年努力,中国发展取得了历史性进步,经济总量跃居世界第二位,外汇储备世界第一,货物贸易世界第一,成为主要对外投资国,等等。但是,作为有着近 14 亿人口的国家,人均国内生产总值排在世界第 80 位左右,发展中不平衡、不协调、不可持续问题依然突出。而如果把我们的社会建设以及社会秩序和社会文明程度,我们的生态环境因素、食品药品安全、生产安全状况等因素加在一起,我相信排名还会靠后。所以,习近平主席提醒我们要坚持从我国国情出发,坚持发展中国家的定位。作为一个发展中国家,即使是最大的发展中国家,要想主导世界游戏规则和经济政治秩序,谈何容易。在提升话语权、建构世界秩序问题上,关键还是要增强实力。这也就是为什么习近平总书记强调:要把自己的事情办好、办得更好,我们才能有更大的国际话语权,才能把握游戏规则,才能掌握我国发展主动权。

四、推进国际关系法治化是构建世界新秩序的必由之路

法治化是推进全球治理格局和治理体制变革、构建世界新秩序的必然要求。在推进国际关系法治化、建设国际法治和全球法治体系方面,我们应当努力做好以下工作:

(一)坚决维护以《联合国宪章》为基石的世界秩序

习近平主席在联合国大会上指出:70 年前,我们的先辈以远见卓识,建立了联合国这一最具普遍性、代表性、权威性的国际组织,寄托人类新愿景,开启合作新时代。这一创举前所未有。70 年前,我们的先辈集各方智慧,制定了联合国宪章,奠定了现代国际秩序基石,确立了当代国际关系基本准则。这一成就影响深远。中国

是第一个在联合国宪章上签字的国家,中国共产党创始人之一、伟大的革命家、杰出政治家法学家董必武同志作为中国政府代表团成员在联合国宪章上庄严签字。在国际关系和世界秩序上,联合国是我们参与全球治理、推进国际关系重组和建构世界新秩序的最重要的平台。试想,如果中国不是联合国创始国,不是安理会常任理事国,如果1971年恢复中华人民共和国在联合国一切合法权利时没有同时确认安理会常任理事国地位,我国在国际上的地位会是什么样?所以,我们将继续维护以联合国宪章宗旨和原则为核心的国际秩序和国际体系,维护国际法和国际秩序的权威性和严肃性。习近平主席指出,当今世界发生的各种对抗和不公,不是因为联合国宪章宗旨和原则过时了,而恰恰是由于这些宗旨和原则未能得到有效履行。联合国应对全球性威胁和挑战的作用不可替代,仍然是加强和完善全球治理的重要平台。

除了联合国及其所属国际组织之外,我国还广泛利用G20、世界贸易组织、金砖国家组织、APEC、中美、中欧、中法对话、七十七国集团、上合组织等全球性和区域性对话与合作平台。利用这些平台,中国领导人阐发中国对世界重大问题的深刻理解和中国方案。以G20为例,G20是中国首次以塑造者、创始国和核心参与方身份参与的全球经济治理机制。2013年以来,中国积极与发达国家联手加强国际宏观经济政策协调,加强金融风险管控,推动全球治理架构和国际货币基金组织和世界银行的份额改革。积极支持能源、气候变化、粮食安全、基础设施投资、反腐败等非传统议题相继纳入G20议程。中国领导人每一次在G20峰会上提出的主张都引人注目。2013年9月,习近平主席在俄罗斯圣彼得堡举行的第八届二十国集团领导人峰会上发表《共同维护和发展开放型世界经济》的发言,主张二十国集团要"坚定维护和发展开放型世界经济",提出了以"发展创新"、"增长联动"、"利益融合"为三大核心理念的全球经济治理思想。2014年11月,在澳大利亚布里斯班举行的第九届二十国集团领导人峰会上，习近平主席做了题为“推动创新发展，实现联动增长”的讲话，进一步丰富了这三大理念及其政策指导意义。今年秋季，G20 峰会将在杭州举行。作为主席国，我们将致力于推动 G20 真正成为世界经济的“稳定器”、全球增长的“催化器”和全球经济治理的“推进器”。

（二）积极参与国际立法

积极参与国际立法，力争主导某些重要立法。十八届四中全会《决定》提出：“积极参与国际规则制定，推动依法处理涉外经济、社会事务，增强我国在国际法律事务中的话语权和影响力，运用法律手段维护我国主权、安全、发展利益。”在 2015 年中央经济工作会议上，习近平总书记说：“要用好我国国际话语权和规则制定权上升的机遇，主动参与规则重构，……为我国发展创造有利国际环境。”“十三五”规划明确提出中国将积极参与网络、深海、极地、空天等新领域国际规则制定。这些都是推进国际关系法治化的重大举措。通过积极参与国际立法，把我们的立场主张、利益诉求和价值观注入国际法律之中，推进全球治理领域的良法善治。在国际立法上，我们不能缺席。

（三）积极参与国际执法

中国将始终做国际秩序的维护者。特别是中国作为联合国安理会常任理事国，参加联合国维和行动已经 25 年，向世界多个热点地区派驻 2700 余名维和人员，成为维和行动主要出兵国和出资国，受到国际社会的肯定与赞誉。2015 年，习近平主席在联合国大会上宣布，中国将加入新的联合国维和能力待命机制，决定为此率先组建常备成建制维和警队，并建设 8000 人规模的维和待命部队。中国决定在未来 5 年内，向非盟提供总额为 1 亿美元的无偿军事援助，以支持非洲常备军和危机应对快速反应部队建设。十八届四中全会《决定》还提出要“积极参与执法安全国际合作,共同打击暴力恐怖势力、民族分裂势力、宗教极端势力和贩毒走私、跨国有组织犯罪”。

(四)积极参加国际司法机构和司法活动

司法是维护公平正义的防线,也是人类社会文明的标志。改革开放以来,我们对国际司法采取积极合作的态度,尊重和支持说公道话、做公正裁决的国际司法。先后有三位法学家担任联合国国际法院法官(倪征燠 1984—1993;史久镛 1993—2010,其中 2003—2010 年担任国际法院院长;薛捍勤 2010—2020),三位法学家担任联合国前南斯拉夫问题特设国际刑事法庭法官(李浩培、王铁崖、刘大群)。出于对国际法和国际司法的尊重,我国多部法律都明确规定:中华人民共和国缔结或者参加的国际条约同中华人民共和国的法律有不同规定的,适用国际条约的规定,但中华人民共和国声明保留的条款除外。中华人民共和国法律和中华人民共和国缔结或者参加的国际条约没有规定的,可以适用国际惯例。十八届四中全会《决定》提出:“深化司法领域国际合作,完善我国司法协助体制,扩大国际司法协助覆盖面。加强反腐败国际合作,加大海外追赃追逃、遣返引渡力度。”在国际司法领域,我们充分尊重和支持公正司法,但是,在涉及国家核心利益的案件上我们绝不接受滥用司法权、歪曲公正和法理的裁决。

(五)做好涉外和国际法律服务

“强化涉外法律服务,维护我国公民、法人在海外及外国公民、法人在我国的正当权益,依法维护海外侨胞权益。”同时,要为发展中国家提供良好的法律培训和法律服务。

(六)加强国际法治人才队伍建设

我国的法治人才队伍极不适应推进国际关系法治化、建构民主公正合理的世界新秩序的现实需要,也不适应中国对外开放的需要。在全国律师工作会议上,中共中央政治局委员、中央政法委书记孟建柱同志指出:从经济全球化新趋势看,随着人流、物流、资金流、信息流在全球范围内加速流动,各国之间经济贸易、人员往来不断增多,国际法律服务业进一步扩大。我国作为世界第二大经济体,随着"引进来"和"走出去"战略深入实施,涉外法律事务不断增多,迫切需要一大批通晓国际规则、善于处理涉外法律业务的律师。但目前,全国能够熟练办理涉外法律业务的律师不到3000名,能够办理"双反双保"(反倾销、反补贴、保障措施和特定产品保障措施)业务的律师不到50名,能够在WTO上诉机构独立办理业务的律师只有数名。目前,全球35%的反倾销调查和71%的反补贴调查针对中国出口产品,由于我们缺乏相应的律师服务,损失巨大。所以,习近平指出要高度重视全球治理方面的人才培养。十八届四中全会《决定》要求:"建设通晓国际法律规则、善于处理涉外法律事务的涉外法治人才队伍。"

(七)统筹国内法治和国家法治两个大局

统筹两个大局是我们党治国理政的基本理念和基本经验。党的十八届五中全会通过的《中共中央关于制定国民经济和社会发展第十三个五年规划的建议》和今年全国人大通过并发布的《中华人民共和国国民经济和社会发展第十三个五年规划纲要》,提出全面建成小康社会必须遵循六大原则,其中之一就是"坚持统筹国内国际两个大局"。在法治建设和法治发展领域,同样要坚持统筹国内法治和国际法治两个大局,正确处理国内法治与国际法治的关系。通过统筹国内法治和国际法治两个大局,更好地运用国内和国际两个法治维护我国的合法利益,为中国的繁荣富强、持续稳定发展构建一个良好的外部环境。统筹两个大局包含丰富的思想内涵。核心是积极参加国际公共事务的商讨,参与全球治理对话,善于运用法治的话语表达中国的观点。将中国对于国际公共事务的关切明确地表达出来，并鲜明的建立和维护国际法治的立场，促动在各个方面和领域形成国际法治的格局。这种方式不仅能够使世界认识到中国的法治国家形象，也会使中国在积极参与国际事务中确立法治自信。这种方式还能够促进中国法治与国际法治的良性互动，在国际法治的建立和运行中更为妥当地表达和维护中国的利益，国际法治也会因中国的积极参与呈现出更加平衡和全面公正的状态。当中国建成法治国家、实现法治强国，在国际上显现出法治国家良好形象时，我们在全球治理中的地位和作用会得到革命性的提升。

（八）积极开展法律外交

“法律外交”是观察和思考外交问题的一个新的视野，是处理对外关系的一个新的维度。法律外交是与政治外交、经济外交、文化外交、军事外交、政党外交等同样重要的外交事务。“法律外交”不仅包括传统外交中的涉法活动，比如司法协助、签订条约、国际诉讼等，还指以法律为内容、机制和媒介的外交活动，也就是将法治思维和法治方式贯穿在外交活动之中，善于将某些外交问题转化为法律问题、将涉外矛盾纠纷转化为司法个案，以法律的规则和程序处理外交事务、依法化解外交纠纷，转变外交方式方法，开辟外交工作新局面。要顺应国际关系法治化的大趋势，善于将政治、经济、文化、军事、环境等方面的问题，作为法律议题开展外交活动（披上法律外衣）。事实上，联合国等国际组织和西方大国都将法律外交作为其外交的重要内容，放在政策和策略的关键领域。要善于运用法治的方式解决国家之间的矛盾、区域之间的矛盾、利益集团间的矛盾，通过积极开展法律外交来推动国际法治，有助于在扩大共识、求同存异的前提下维护和平、促进发展和加强合作。外交是一门艺术。将某些外交问题转化为法律问题，一方面可以淡化政治意识形态，外交实践屡次证明，政治意识形态过于明显就会在国际关系中处于被动地位；另一方面，可以通过法律渠道和方法实现定分止争，实现矛盾转移，或者将问题锁定在法律层面，或者将某些矛盾转化为“司法个案”。通过法律外交能够促进我国与其他国家和国际组织在法治问题上进行有益的交流，对于增进了解，扩大共识，加强国内和国际两级法治具有积极意义。从这个意义上，法律外交必将促动我国外交事业向更高的层次全面发展。善于运用法律外交化解“中国威胁论”，争取外交主动权。法律外交的交往方式是平等的、稳定的、长期的，是以规范为基础的，对于法律的尊重和遵守，会让国外对我国有更多的信心，会让世界更相信我国是一个不会称霸、热爱和平、信守承诺的负责任大国。法律外交还可以使我们的国家利益和外交主张更具有正当性、合法性，更具有说服力，更容易得到国际社会的认可，因此可以掌握外交工作的主动权。

注　释

〔1〕“推动全球治理体制更加公正更加合理　为我国发展和世界和平制造有利条件”，载《人民日报》2015年10月14日，第1版。

〔2〕“推动全球治理体制更加公正更加合理　为我国发展和世界和平制造有利条件”，载《人民日报》2015年10月14日，第1版。

〔3〕参见李文：“描绘世界共同发展新图景——深入学习习近平同志关于构建新型国际关系的重要论述”，载《人民日报》2015年5月26日，第7版。

〔4〕习近平：“弘扬和平共处五项原则　建设合作共赢美好世界——在和平共处五项原则发表60周年纪念大会上的讲话”，载《人民日报》2014年6月29日，第2版。

〔5〕习近平：“弘扬和平共处五项原则　建设合作共赢美好世界——在和平共处五项原则发表60周年纪念大会上的讲话”，载《人民日报》2014年6月29日，第2版。

〔6〕 习近平:“携手构建合作共赢、公平合理的气候变化治理机制——在气候变化巴黎大会开幕式上的讲话”,载《人民日报》2015 年 12 月 1 日,第 2 版。

〔7〕 习近平:“弘扬和平共处五项原则　建设合作共赢美好世界——在和平共处五项原则发表60 周年纪念大会上的讲话”,载《人民日报》2014 年 6 月 29 日,第 2 版。

〔8〕 习近平:“在联合国教科文组织总部的演讲”,载《人民日报》2014 年 3 月 28 日,第 3 版。

〔9〕 习近平:“携手构建合作共赢新伙伴　同心打造人类命运共同体——在第七十届联合国大会一般性辩论时的讲话”,载《人民日报》2015 年 9 月 29 日,第 2 版。

〔10〕 习近平:“携手构建合作共赢新伙伴　同心打造人类命运共同体——在第七十届联合国大会一般性辩论时的讲话”,载《人民日报》2015 年 9 月 29 日,第2 版。

中国的法学精英教育*

一、中国法学教育分哪几类?

根据法学教育的方向、功能、体系、教师队伍建设等因素,可以把中国法学教育体系划分为精英教育、职业教育和大众教育三类。

第一种是法学精英教育,以培养具有很高学术造诣的法学家和治国理政高端人才为目标,塑造法学家团队和政治法治精英群体。

第二种是法学的职业教育。十八届四中全会明确提出要推进法律专业队伍的专门化、职业化、正规化的建设。这个专业队伍包含着立法工作人员、执法工作人员、司法工作人员和法律服务人员。法学的职业教育以培养德才兼备的法治专门人才为目标。

第三种就是法学的大众教育,指面向社会、公众、党政机关工作人员和领导干部的法律和法治教育。

二、法学精英教育怎么做?

精英教育就是要抓好中国特色社会主义法律知识体系、中国

---

* 本文是作者 2015 年 1 月 10 日在浙江大学所作的专题演讲的摘要,发表于浙江大学求是新闻网。

特色社会主义法学理论体系、中国特色社会主义法治话语体系、中国特色社会主义法治体系共四个体系的教育和培养。

一个法学专业学生,特别是研究生阶段的学习,如果能够在这四个体系方面接受卓有成效的教育,并且有非常深刻的理解和准确的把握,那么离法治精英的距离就非常接近了。只有在这四个体系的教育方面卓有成效,才有望成为治国理政的精英人才、法治建设的精英人才。

三、什么是中国特色社会主义法律知识体系?

中国特色社会主义法律知识体系包括两个方面:一是法律规范体系的知识,二是法律制度体系的知识。

2011 年时,中国特色社会主义法律体系已经形成。目前,中国已拥有宪法 1 部,其他有效法律 242 部,行政法规 721 部,地方法规超过 9200 部。如果再加上两万多部国务院部门规章和省级人民政府的政府规章,我们的法律规范性文件总量是 30000 余部,已经成为世界上的法律大国。

法律制度体系包括的内容非常广泛。比如说规范和保障社会主义民主政治的法律制度、尊重和保障人权的法律制度、规范和保障市场经济的法律制度、保护环境资源和生态文明的法律制度、行政管理法律制度、司法与诉讼法律制度、涉外法律制度等等。在每个制度之下又包含着许多具体的制度,比如司法制度就包含着审判制度、检察制度等。就审判制度来讲,还包含着审判制度、辩护制度、证据制度等等。就是在证据制度下面,还包含着一系列规范所构成的具体的制度,比如有严格的证据规则、非法证据排除、科学证据等等。

四、什么是中国特色社会主义法学理论体系?

中国特色社会主义法学理论体系可以说是一个体系完备、逻辑一致、结构严谨的有机整体。包括中国特色社会主义法律基本理论、中国特色社会主义法律体系主要法律部门的核心理论和社会主义法治理论三大板块。从内容上还可以分为法理学层面的基本理论和宪法学、民法学、商法学、行政法学、刑法学、诉讼法学、环境法学、社会法学、国际法学等部门法学当中起支架性作用的理论。

理论的教育在我们法学教育中还相当薄弱。我给博士生上课,就提出这些问题:什么是司法?什么是司法权?什么是司法权运行的规律?什么是司法的一般职能和中国司法的职能?没有一个同学能够说得很准确、很全面。再如,司法权是一种什么权力?如果司法权是一种裁判权,那么检察机关行使的权力是不是司法权?司法权运行的规律是不是就是裁判权的规律?

作为法治精英群体,一定要对法治理论、法律理论和法学理论三个层面理解得非常精到。当年美国总统尼克松讲了一句话,他说从从事公共事务的角度来讲,他在大学法学院里面受教育最深的还是法理学的教育。

五、什么是中国特色社会主义法治话语体系?

法治话语体系是由诸多关于法治理念、信念和实践经验等构成的思想体系,它以民族语言的形式集中表达了一个民族和一个时代关于法治本质和法治理念的理解,并担负着辩护真理与合法性的宏大理论话语。法治话语体系的形成是以成熟的理论体系为基础的,可以说是法治理论、法学理论体系发展的高级阶段。法治话语体系也代表了一种价值和信仰体系,而且法治话语体系的形成也有助于这种价值和信仰体系在社会中的建立,这是话语的观念功能和价值建构功能所在。正因为价值和信仰体系的确立,法治话语体系的形成方能体现一种成熟的得到普遍接受的获得内在认同的法治理论观点和理论体系。

任何一个法治话语体系都包括形式层面的话语,也包括实质层面的话语。中共十八届四中全会决定充分体现了形式法治与实质法治的结合,就是两种话语的结合。四中全会提出社会主义法治必须坚持党的领导,党的领导必须依靠社会主义法治;人民是法治的主体,法治建设为了人民、依靠人民、造福人民、保护人民;法律是治国之重器,良法是善治之前提;公正是法治的生命线;法律红线不可以逾越,法律底线不可碰触;等等。这样一些经典性的话语,可以说都是中国共产党原创性的法治话语。这个法治话语体系的形成意义非常重大。我们现在不仅是法治话语的输入国,同样也是法治话语的输出国。中国特色社会主义法治话语体系、法治理论体系的形成,必将打破西方法治话语体系的支配地位,消解西方法治中心主义的影响,必将提升中国在国际社会的法治话语权和影响力。

六、什么是中国特色社会主义法治实践体系?

法治实践体系也就是法治体系,是描述一国法治运行与操作规范化、有序化程度,表征法治运行与操作各个环节彼此衔接、结构严整、运转协调状态的概念,也是一个规范法治运行操作,使之充分体现和有效实施法治核心价值的概念,它既是一个描述的概念,也是一个规范的概念,也就是说既描述法治体系是什么样,又规范法治体系应当是什么样。

构建中国特色社会主义法治体系就是要形成完备的法治规范体系、高效的法治实施体系、严密的法治监督体系、有力的法治保障体系、完善的党内法规体系等五个体系,并要大力促成科学立法、严格执法、公正司法、全民守法、人才强法等五种局面。要保证党的领导、人民当家作主、依法治国有机统一。三者有机统一,讲二十年了,但是没有回答一个核心的问题,统一到什么地方?习近平总书记在全国人民代表大会成立60周年大会上对这个问题破了题。他讲，人民代表大会制度是实现党的领导、人民当家作主、依法治国有机统一的制度安排。也就是说“三者统一”于人民代表大会这一根本政治制度。建设中国特色社会主义法治体系是当代中国最伟大的法治实践，包括了立法实践、执法实践、司法实践、法治监督实践、法治保障实践等等，这就是法治实践体系。

加快构建中国特色法学话语体系*

在全面推进法治中国建设的历史进程中，在全国上下学习贯彻习近平主席在“在哲学社会科学工作座谈会上的讲话”、推进中国特色哲学社会科学体系建构的浓浓氛围中，由浙江大学光华法学院和《法制与社会发展》杂志社举办的第二届“走向世界的中国法哲学”国际研讨会召开了。我代表中国法学会学术委员会，并以《法制与社会发展》杂志主编的名义，向研讨会的举办表示热烈祝贺，向来自国内外的著名学者和中青年法学家表示热烈欢迎，向具体承办本届研讨会的各位同事和同学表示衷心感谢！

下面，我围绕本届研讨会主题、结合学习习近平主席在哲学社会科学工作座谈会上的讲话精神，就如何建构中国特色法学话语体系、提高中国法治话语权，谈几点认识，与大家交流。

近代以来，从清末到中华人民共和国建立，从建国初期到改革开放新时期，在法治领域基本上是“西学东渐”，照抄照搬。其原因是多方面的。经过改革开放近四十年，我们有可能提出，也必须提出中国法学理论和法治思想的输出，实现中西法学理论和法治思想的双向交流和互鉴。我想我们这个会议议题的设置正是基于这

---

* 本文是作者2016年5月29日在第二届“走向世界的中国法哲学”国际研讨会上的主题发言。

一历史环境、历史机遇、历史责任。

五年前,党中央就明确提出“打造具有中国特色、中国风格、中国气派的哲学社会科学学术话语体系”,在国家层面上提出了以对中国实践的创新性解读为基础、建构中国特色哲学社会科学话语体系,以及在世界层面上争夺话语权的重大课题。五年过去了,建构中国话语体系、占领世界话语体系高地、掌握话语主动权的能量仍显不足,正如习近平主席所分析的那样:“实际上我国哲学社会科学在国际上的声音还比较小,还处于有理说不出、说了传不开的境地。”[1]特别是在法治和全球治理领域,“西强我弱”的格局还没有根本改变,不少方面还没有话语权,甚至处于“无语”或“失语”状态,我们设置法治议题的能力、参与和主导规则制定的能力仍比较弱。这其中的原因是多方面的,有国际传播能力方面的问题,有西方受众心理方面的问题,但一个重要原因是我们的话语体系还没有真正建立起来,我国发展优势和综合实力还没有转化为话语优势。针对这种情况,习近平主席强调把争取国际话语权作为必须解决好的重大问题。争取话语权,前提是话语体系的形成,关键是繁荣和发展哲学社会科学。习近平主席在全国党校工作会议上指出:“支撑话语体系的基础是哲学社会科学体系。没有自己的哲学社会科学体系,就没有话语权。”[2]在哲学社会科学工作座谈会上,习近平主席再次指出:“面对世界范围内各种思想文化交流交融交锋的新形势,如何加快建设社会主义文化强国、增强文化软实力、提高我国在国际上的话语权,迫切需要哲学社会科学更好发挥作用。”[3]这就向包括法学在内的哲学社会科学界提出了新的使命和任务,即通过进一步繁荣和发展哲学社会科学,加强学科体系和话语体系建设,服务于增强话语权的国家战略目标,在全球治理格局中展现中国思想、发出中国声音、提出中国方案。

一个国家的“话语体系”,是以本国语言和文字对由诸多观念、概念、理论、价值、信念和经验所组成的思想体系的系统表达。“话语权”是指“话语体系”以其自身所负载的思想体系的力量而形成的权威性和影响力。话语体系的形成为话语权的形成创造前提;话语权一旦形成就具有了支配力。依循这一规律,话语权的功能主要体现为两个方面:在国内方面,它表现为话语体系的引领力、主导力,亦即引领思想理论、公共舆论和社会意识形态的能力;在国际方面,它表现为话语体系的影响力、支配力,以及转化为参与国际事务决策和国际规则制定的能力。因而,构建话语体系的目的也就包括两个方面,一是主导和引领思想理论、公共舆论和社会意识形态,为实施“四个全面”战略布局、实现中华民族伟大复兴创造良好的思想基础和舆论环境;二是增强中国在世界舞台的话语权,为建设民主法治、公正合理的世界新秩序打造软实力。

在当今世界,话语权首先以实力为基础,经济、政治、军事等硬实力是强势话语权的支撑力量。在这方面,我们的实力还远远不够,虽然经过多年努力,我国经济发展取得了历史性进步,经济总量跃居世界第二位,外汇储备世界第一,货物贸易世界第一,全球主要对外投资国,但是,作为有着近 14 亿人口的国家,人均国内生产总值排在世界第 80 位左右,发展中不平衡、不协调、不可持续问题依然突出,而如果加上其他因素,例如社会建设以及社会秩序和社会文明程度,生态环境、食品药品安全、生产安全状况等,我国的排名可能还会靠后。所以,习近平主席提醒我们要坚持从国情出发,坚持发展中国家的定位。作为一个发展中国家,即使是最大的发展中国家,要想拥有强大的话语权,参与主导世界游戏规则和经济政治秩序,关键还是要增强实力。这也就是为什么习近平主席反复告诫国人:要加强能力建设,继续做强自己,把自己的事情办好、办得更好,我们才能有更大的国际话语权,才能把握游戏规则,才能掌握我国发展主动权。

当然,必须看到经济政治军事实力并不是唯一的决定力量,实力与话语权并不是当然的对应关系。比如英国,经济实力虽已下降,但在全球事务上依然拥有较强的话语权。这是因为话语的力量一旦形成,就具有相对的独立性,因为话语权的重要基础在于一个国家能否产生出具有世界影响力的思想体系,能否创造出具有自己思想内涵、符合发展规律同时又具有感召力和普遍示范效应的话语体系,在于哲学社会科学的理论创新和话语体系的质量。一言以蔽之,在于我们能否创造出让世界认可或接受的思想体系和话语体系,而这正是当下我国哲学社会科学的庄严使命和重大任务所在。

构建自己的思想体系和话语体系,对于争夺话语权是至关重要的。2014 年 3 月 27 日,习近平主席在巴黎联合国教科文组织总部发表演讲时曾引用拿破仑的一句名言:“世上有两种力量:利剑和思想;从长而论,利剑总是败在思想手下。”这正说明产生思想和形成思想体系、进而形成话语体系具有重大意义,也表明中国供给世界的不应当仅仅是“中国制造”的各种商品和“利剑”,也应该包括思想成果和文明成果。

构建中国的思想体系和话语体系,必须立足中国特色社会主义实践致力于理论创新。从世界范围来看,哲学社会科学研究的本土化是题中应有之义,其真正的理论创新是基于本国的文化传统和社会实践的,是一个国家和民族文化传统和时代精神精华的反映,是对自己现实问题的理论回应和理论表达。中国改革开放和社会主义现代化伟大实践向我们所提出的时代性问题以及对这些问题的解决构成了我国哲学社会科学理论创新的动力和源泉。新中国成立以来,特别是经过改革开放近四十年的成功实践,我们走出了一条中国特色社会主义道路,创造了经济发展奇迹,形成了中国模式和中国经验,为我国哲学社会科学学术研究和理论创新积淀了极其丰富、极其鲜活的资源,在此基础上打造具有中国特色、中国风格、中国气派的哲学社会科学理论体系和话语体系,讲好中国故事,传播好中国声音,是完全有可能的,也是完全应该的。

如果我们这一代哲学社会科学工作者做不到这一点，我们就对不起伟大的人民，有负于伟大的时代。

构建中国特色理论体系和话语体系，提高中国在国际社会的话语权，必须注重提高中国思想体系和话语体系的国际融通力，我们不能自我封闭、自说自话，而是要着力打造融通中外的新概念、新范畴、新表述，建构体现人类文明互鉴和价值共识的新理念新思想新境界。2015 年 9 月 28 日，在第七十届联合国大会上，习近平主席提出“和平、发展、公平、正义、民主、自由是全人类的共同价值，也是联合国的崇高目标”。人类共同价值的提出，使我们站在了价值和道德的制高点，也有助于消解有些西方国家强加于人类社会的所谓的“普世价值”。在当今世界，在全球化的时代背景下，构建哲学社会科学思想体系和话语体系，不能照抄照搬西方理论体系和话语体系，不能跟在西方后面亦步亦趋；但也不能关起门来搞话语体系建设。无论是从文明互鉴，还是从实际出发，我们都不可能重新创造出一个与世界完全不同的表达体系。2014 年以来，习近平主席在许多重大的国际场合，提出并阐述了一系列体现人类社会共同价值的命题和观念，例如，“全球利益共同体”；“人类命运共同体”；“和平与发展仍然是当今时代两大主题”；“文明是多彩的、平等的、包容的”；“构建和平、发展、合作、共赢的新型国际关系”；“推进国际关系民主化、法治化、合理化”。这些命题和观念产生了广泛的思想、政治和舆论影响力，不但加深了国际社会对中国立场、中国理论的理解，从感情上拉近了中国与世界特别是发展中国家的距离，而且让西方国家的政要和民众感觉很新鲜，听得懂、听得进，以致从内心深处接受。习近平主席为如何提炼科学概念、提出思想命题、提供理论观点、推出中国方案，提升中国话语权，用世界各国易于理解和接受的概念、命题、观念和表达方式传播中国思想和主张，指出了路径。在“哲学社会科学工作座谈会”上，习近平主席记进一步强调“要善于提炼标识性概念，打造易于为国际社会所理解和接受的新概念、新范畴、新表述，引导国际学术界展开研究和讨论”。[4]

构建中国哲学社会科学思想体系和话语体系，应当着眼于长期规划和努力，着眼于严谨的科学探索，着眼于思想权威的产生。话语体系的形成不是设立几个课题、组织几个团队，在短期内就可达到的目标，急功近利的短期行为是难以奏效的。当今世界，西方有影响的话语体系都是历经几十年甚至上百年的积淀而形成的。在这方面，我们存在明显的短板。学术界和理论界有一个共识：近些年来，我国哲学社会科学研究虽有较大发展，但整体上仍然水平较低，缺乏原创性，重数量轻质量的现象依然存在，学术创新能力不足，具有原创性、体现世界水准的重大标志性成果还不多，真正有影响力的科学研究还不多，代表时代高度的学术大家、学术流派和学术群体没有形成；在哲学、经济学、管理学、政治学、法学等学科领域，远没有形成足以与西方哲学、经济学、管理学、政治学、法学抗衡的理论体系和话语体系，跨学科宏观领域更是处于严重的弱势地位，我们还没有形成比较成熟、比较定型，且具有说服力、感染力、穿透力的社会科学理论体系和话语体系。为了补齐这一短板，应当调整哲学社会科学研究和发展政策，制定科学的学术评价标准和绩效考核办法，打造有利于理论家和思想库学者厚积薄发、十年磨一剑的政策法律机制，营造有利于哲学社会科学工作者解放思想、理论创新、对话交流，包容歧见、宽容失败、允许试错的学术环境。

注　释

〔1〕 习近平：《在哲学社会科学工作座谈会上的讲话》，人民出版社 2016 年版，第 24 页。

〔2〕 习近平：《在全国党校工作会议上的讲话》，人民出版社 2016 年版，第 20—

21页。

〔3〕 习近平:《在哲学社会科学工作座谈会上的讲话》,人民出版社2016年版,第7页。

〔4〕 习近平:《在哲学社会科学工作座谈会上的讲话》,人民出版社2016年版,第24页。

致　谢

本书编辑过程中，苗炎、丰霏等青年教师，蒋楠楠、徐清博士后，章安邦、周冰、雷婉璐、郭栋等博士研究生，参与了部分书稿的整理、校勘和清样的校对工作。彭巍全程参与本书的策划、编辑和校勘工作。《清华法学》编辑部主任徐雨衡女士协助作者核查诸多引文、注释和原始文献并进行校勘。

法律出版社教育分社丁小宣社长、陈慧编辑以极大的热情和科学、专业、严谨、高效的作风，确保了本书的编辑质量和出版进度。设计师乔智炜同志的创意使本书在与《张文显法学文选》保持一致风格的同时又有所改善。

值本书即将付梓之际，我向上述各位同志、同学以及其他关心和帮助本书编辑出版的领导、同事和朋友表示衷心的感谢。

张文显

2016年8月28日于净月书屋

图书在版编目(CIP)数据

法治中国的理论建构 / 张文显著. —北京:法律出版社,2016.9
ISBN 978 - 7 - 5118 - 9963 - 7

Ⅰ.①法… Ⅱ.①张… Ⅲ.①社会主义法制—建设—中国—文集 Ⅳ.①D920.0 - 53

中国版本图书馆 CIP 数据核字(2016)第 215917 号

责任编辑/陈 慧
装帧设计/乔智炜

出版/法律出版社
编辑统筹/法律教育出版分社
总发行/中国法律图书有限公司
经销/新华书店
印刷/北京嘉恒彩色印刷有限责任公司
责任印制/沙 磊

开本/720 毫米×960 毫米 1/16
印张/32 **字数**/400千
版本/2016 年 9 月第 1 版
印次/2016 年 9 月第 1 次印刷

法律出版社/北京市丰台区莲花池西里 7 号(100073)
电子邮件/info@ lawpress. com. cn
销售热线/010 - 63939792/9779
网址/www. lawpress. com. cn
咨询电话/010 - 63939653

中国法律图书有限公司/北京市丰台区莲花池西里 7 号(100073)
全国各地中法图分、子公司电话:
第一法律书店/010 - 63939781/9782
西安分公司/029 - 85388843
重庆公司/023 - 65382816/2908
上海公司/021 - 62071010/1636
北京分公司/010 - 62534456
深圳公司/0755 - 83072995
苏州公司/0512 - 65193110

书号:ISBN 978 - 7 - 5118 - 9963 - 7
定价:56.00 元
(如有缺页或倒装,中国法律图书有限公司负责退换)